쇼펜하우어처럼 의심하고

니체처럼 행동하는

_____님께

드립니다.

쇼펜하우어가 묻고
니체가 답하다

일러두기

미주는 저자 주, 본문 각주는 옮긴이 주다.

ESSAYS ON SCHOPENHAUER AND NIETZCHE VALUES AND THE WILL
OF LIFE, FIRST EDITION

비관마저 낙관한
두 철학자의 인생론

쇼펜하우어가 묻고
니체가 답하다

크리스토퍼 재나웨이 지음
이시은 옮김 · 박찬국 감수

**Essays on
Schopenhauer
and Nietzsche**

21세기북스

한 발짝 더 깊이

이 책을 펼친 독자라면 최근 몇 년간 출판가에 불고 있는 쇼펜하우어 열풍을 알고 있을 확률이 높으리라 짐작한다. 책에 관심이 많다면 쇼펜하우어 열풍보다 조금 더 오래된 니체 열풍도 알고 있으리라. 이 책은 이렇게 시대를 뛰어넘어 세간의 주목을 받는 두 철학자, 쇼펜하우어와 니체의 철학을 체계적으로 다룬다.

이 책은 쇼펜하우어와 니체로부터 듣기 좋은 문장 몇 개를 추려 전달하는 책은 아니다. 만약 삶에 도움이 되는 몇 가지 격언을 얻는 용도로 철학책을 읽어왔다면, 이 책을 읽을 때는 조금 다른 태도로 접근할 필요가 있다. 두 사람은 철학자이고, 철학은 '좋은 말씀'만 전하는 학문은 아니기 때문이다. 철학자들은 치열한 고민을 거쳐 자신만의 철학적 세계를 구축하고 그에 따라 삶과 세계에 대한 자신의 주장을 전개한다. 그 주장의 일부를 우리는 '좋은 말씀'으로 가져다 쓰곤 하는 것이다.

그러므로 이 책은 그러한 격언이 어떤 사유 과정을 통해 도출되었는지를 꼼꼼히 살피는 기회가 될 것이다. 그리고 그것이 철학의 본질에 더 가까운 일이다. 몇 가지 문장을 받아 적고 그 문장이 가르치는 대로 따르는 게 아니라, 그 문장들을 숙고하고 그에 반문하는 일 말이다. 이건 꽤 재미있는 일이다. 나는 자유의지를 가지고 있을까? 사랑은 구원일까? 고통에는 의미가 있을까? 이와 같은 질문에 대한 쇼펜하우어와 니체의 답이 이 책에 수록되어 있다. 당신은 동의할 것인가? 반대할 것인가? 반대한다면 어떤 근거로 반대할 것인가?

이처럼 이 책은 쇼펜하우어와 니체의 철학과 그에 대한 해석을 나루는 책이므로, 철학적 텍스트에 대한 약간의 독해력을 요구한다. 이를테면 어떤 독자들은 서문에서부터 등장하는 '의지'나 '물物자체'와 같은 철학적 개념어를 낯설게 느낄 수 있다. 이러한 개념어는 그 단어만으로도 풍부한 철학적 내용을 담고 있기 때문에 매끄럽게 읽지 못하거나 읽더라도 오해할 수 있지만, 그러한 단어를 검색하고 공부해가며 이해의 지평을 넓히는 일은 생각하는 힘을 기르는 좋은 계기가 될 것이라 믿는다.

한편, 평소 철학에 관심을 가지고 쇼펜하우어와 니체의 철학에 대해 어느 정도의 지식을 가지고 있는 독자에게는 이 책이 둘의 철학에 더 깊이 있게 접근하는 계기가 되리라 생각한다. 두 철학자에 대한 여러 입장과 해석, 엄정한 논증과 비판이 길을 안내할 것이다. 철학 연구가 어떤 식으로 이뤄지는지를 살짝 훔쳐볼 수 있는 기회 역시 될 것이다.

김겨울 (작가, 유튜브 채널 '겨울서점' 운영)

맹목적인 욕망의 세계에서 철학 읽기

최근 우리나라에서는 쇼펜하우어 열풍이라고 불릴 정도로 쇼펜하우어에 대한 관심이 뜨거웠다. 니체는 서양철학자 중에서 최근뿐 아니라 전세계적으로 사람들로부터 지속적으로 가장 큰 관심과 사랑을 받고 있다. 쇼펜하우어와 니체가 이렇게 많은 관심을 받는 것은, 이들이 아마도 고통의 문제와 가장 직접적으로 대결한 사상가이기 때문이 아닌가 한다. 이들은 우리가 삶에서 느끼는 고통이 어디서 비롯되고 그것을 어떻게 극복할 수 있을지에 대해 귀중한 통찰을 제시하고 있다.

물론 두 사람이 제시하는 통찰의 내용은 정반대라고 할 정도로 다르다. 쇼펜하우어는 고통은 탐욕에서 비롯되기 때문에, 탐욕에서 벗어나야 한다고 주장한다. 이에 반해 니체는 고통은 인간의 삶에 불가피할 뿐 아니라 고통은 우리가 자신을 강화하고 성장하는 토대가 될 수 있다고 본다. 따라서 니체는 우리에게 필요한 것은 고통에서 벗어나는 것이 아니라 고통을 긍정할 정도로 강해지는 것이라고 말한다.

이렇게 서로 대립하는 통찰을 제시하고 있는 두 사상가 중에서 누구를 택할 것인지를 독자의 몫이다. 그러나 이를 위해서는 우선 이 두 사상가의 사상을 깊이 있게 파악하면서 서로 비교해야 할 것이다. 크리스토퍼 재너웨이의 『쇼펜하우어가 묻고 니체가 답하다』는 쇼펜하우어와 니체의 사상과 두 사상가 사이의 관계를 심도 있게 이해하고 싶은 사람들에게 큰 도움이 될 수 있는 책이다. 크리스토퍼 재너웨이는 쇼펜하우어와 니체에 정통한 영국의 철학자로서 쇼펜하우어와 니체에 관한 연구에서 세계적으로 높은 명성을 갖고 있다.

니체는 쇼펜하우어의 사상을 단순히 개인적 사상이 아니라 낭시 유럽에서 큰 영향력을 떨치고 있던 염세주의적인 경향을 대표하고 있다고 보았다. 니체는 쇼펜하우어의 사상이 장차 유럽을 지배할 수 있다고 염려했다. 따라서 니체의 철학은 쇼펜하우어와 대결하면서 유럽에 새로운 정신적인 방향을 제시하려는 시도였다. 이러한 새로운 정신적인 방향이란 염세주의가 아닌, 그 어떠한 고난과 고통에도 불구하고 운명과 세계를 긍정하는 '위대한 건강'을 실현하는 것이다.

이렇게 니체와 쇼펜하우어는 서로 대립적인 입장을 취하지만, 다른 한편으로 니체는 쇼펜하우어의 의지의 철학을 비판적으로 계승 발전시켰다고 볼 수 있을 정도로 쇼펜하우어로부터 지대한 영향을 받았다.

기독교가 서양을 지배한 이래 서양철학은 기독교의 지배 아래 있었지만, 쇼펜하우어는 기독교를 끌어들이지 않고 철저하게 경험과 관찰에 입각한 철학을 전개하고자 했다. 그는 기독교가 말하는 것처럼 선한 신이 이 세상을 창조한 것이 아니라 맹목적인 욕망으로 가득 찬 세계의지에서 이 세상이 형성되었다고 보았다. 선한 신이 이 세상을 창조했다면, 이 세상에 악이 그렇게 많을 수가 없다는 것이다. 이 세상의 모든 개체는 맹목적인 욕망으로 가득 찬 세계의지에서 비롯된 것이기에, 모든 것이 욕망에 사로잡혀 서로 갈등하고 투쟁한다는 것이다. 이와 함께 쇼펜하우어는 기독교뿐 아니라 인간을 이성적 동물로 보는 서양의 전통철학마저 부정하면서 인간을 욕망의 존재로 본다. 인간은 생존욕망과 종족번식욕망이라는 맹목적인 욕망에 사로잡혀 있으며, 이성은 이러한 욕망을 충족시키는 도구에 불과하다는 것이다.

니체는 쇼펜하우어의 이러한 의지의 철학을 비판적으로 발전시켰다. 니체는 인간의 가장 근본적인 욕망을 생존욕망과 종족번식욕망으로 보지 않고, 보다 강한 힘을 갖고 자신의 우월함을 느끼고 싶어 하는 욕망, 즉 힘에의 의지라고 보았다. 니체의 철학은 인간과 세계에 대한 고찰에서뿐 아니라 윤리와 예술에 대한 고찰에서도 쇼펜하우어와의 대결을 통해서 수행된다. 따라서 니체를 이해하려고 한다면 쇼펜하우어의 철학을 먼저 알아야 하며, 쇼펜하우어 철학에 대한 대안이 될 수 있는 철학을 알고 싶다면 니체의 철학을 최우선적으로 살펴보아야 한다.

앞에서 언급했듯이 『쇼펜하우어가 묻고 니체가 답하다』는 두 사상가를 서로 비교하면서 이해하는 데 좋은 길잡이가 될 것이다. 한국어 번역도 술술 읽힐 정도로 유려하면서도 정확하게 행해졌다. 옮긴이에게 깊은 감사를 표한다.

박찬국 (서울대학교 철학과 교수)

쇼펜하우어와 니체를 함께 읽어야 하는 이유

이 책은 내가 2010년부터 2021년까지 쇼펜하우어와 니체의 철학에 대해 썼던 글들을 모아 한 권으로 엮은 것이다. 각기 다른 발표를 위해 쓴 글들인 데다 일부는 전문가가 아닌 일반인을 대상으로 했기에, 같은 영역을 서로 다른 방향에서 교차하는 경우도 있다. 여러분이 이 글들을 두루 읽으면서 만족스러운 통일성을 느끼고, 중심 주제를 보다 균형 잡힌 시각으로 바라볼 수 있기를 바란다. 이 책에서 쇼펜하우어와 니체라는 두 사상가를 한데 묶어 논하는 것은 니체가 쇼펜하우어와 타협해야 했던 문제들, 즉 신의 죽음, 존재의 의미, 고통, 연민, 의지, 기독교적 가치, 삶의 긍정이나 부정 등이 니체 철학에서 가장 성과 있고 핵심적인 측면이자, 철학사에서 쇼펜하우어가 가장 강력하게 참여하는 영역임을 발견했기 때문이다. 나는 방법론에 대해 교조적이지 않은 편이며, 이 글들을 철학과 문헌학으로 둘러싸인 공간에서 써 왔다는 사실을 돌이켜 보면 새삼 놀라울 정도다. 나는 초기에 고전학자로 교육을 받았고, 나중에는 독일어 학자가 됐다. 이 학문들을 배우면서, 비모국어로 쓰인 과거의 글을 대할 때 필요한 주의 깊은 감각을 유지하는 법을 익혔다. 그래서 쇼펜하우어와 니체의 영어 번역본을 인용하면서도 전반적으로 독일어 원문을 참조한다. 분석철학을 통해서는 주로 명확성을 중요시하고, 텍스트가 제시하는 사상과 적극적으로 교류하는 습관을 익혔다. 이를 위해 나는 분석철학으로 과거를 바라볼 때 빠지기 쉬운 지나친 시대착오와 자만을 피하고, 쇼펜하우어와 니체의 철학에 생명을 불어넣을 정도만 개입하면서 다분히 절제된 태도로 이 작업을 수행하려고 노력한다.

쇼펜하우어에게 인간 세계는 불안정한 것이었다. "기온이 아주 조금만 올라도 모든 강과 샘이 말라"버리고 "인류의 10분의 9는 끊임없이 빈곤과 싸우고, 항상 파멸의 위기에 처해 있으며, 오직 고생과 노력으로만 그 자리"에 머무를 수 있다고 여겼다. 나는 상대적으로 안전한 위치에서 글을 쓰고 있음을 의식하며 제한과 봉쇄, 사건과 차별이 이어진 지난 시간을 통과하며 이 두 철학자의 사상이 지금 여기에 놓여 다른 이들을 사유하고 위로할 수 있기를 바란다. 가족과 친구, 동료들에게 감사하며 무엇보다도 이 책의 부제를 제안하고 모든 지원을 아끼지 않은 아내이자 철학자 크리스틴 로페스Christine Lopes에게 감사를 표한다.

인간의 삶에는 어떤 의미가 있는가

쇼펜하우어와 니체를 연구하는 데는 여러 가지 접근 방식이 있을 수 있다. 두 철학자는 다양한 영향을 받았고, 많은 후대 저자들에게 영향을 미쳤으며, 그들의 시대 전후에 등장한 다양한 사상과 흥미롭게 비교될 수 있다. 두 철학자 사이의 연관성을 전면으로 부각시키는 것은 다른 서사보다 특정한 종류의 서사에 우선적으로 초점을 맞추는 것이다. 만약 니체가 존재하지 않았거나 『의지와 표상으로서의 세계』를 읽지 않았다면, 우리는 쇼펜하우어를 지금과는 다르게 바라볼지도 모른다. 물론 단지 니체가 처음에는 경도됐다가 나중에는 거부한 이론을 제시했다는 이유만으로 쇼펜하우어를 흥미로운 인물이라 여겨서는 안 되며, 이 거부 행위가 두드러지긴 해도 니체가 남긴 업적의 총화라고 여겨서도 안 된다. 그러나 니체가 쇼펜하우어에게 어떻게 반응하는지의 측면에 집중하다 보면 그런 반응을 유발하는 쇼펜하우어의 측면까지 조명하게 되므로, 나는 이를 통해 두 철학자 모두에게 가장 중요한 몇 가지 주제를 더 명확히 살펴볼 수 있다고 생각한다.

두 철학자 모두 신은 죽었다고 봤다. 니체는 쇼펜하우어를 독일철학자 중 "최초로 공인되고 타협하지 않는 무신론자"[1] 라고 평가했다. 두 사람 다 신이 죽은 결과로 기독교가 세계에 부여하던 의미가 상실됐다고 믿었다. 이제 유럽은 새 시대에 접어들며 새로운 질문에 직면하게 됐다.

> 자연을 신의 자비와 가호의 증거로 바라보는 것, 역사를 신성한 이성을 기리는 것이자 도덕적 세계 질서와 궁극적인 도덕적 목적에 대한 지속적인 증언으로 해석하는 것, 모든 것이 영혼의 구원을 위해 설계되고 정해진 섭리이자 계시라는 관점에서 …… 자신의 경험을 해석하는 것, 이제 모든 것이 끝났다. …… 이렇게 기독교식 해석을 거부하고 그 '의미'를 위조된 것으로 정죄하자, 우리는 즉시 쇼펜하우어의 다음과 같은 두려운 질문에 직면하게 된다. 존재에 과연 어떠한 의미라도 있는가?[2]

1887년에 이 글을 쓸 당시, 니체는 이미 쇼펜하우어 철학에 대한 젊은 시절의 열정을 버린 지 오래였다. 이제 쇼펜하우어와 철저히 반대 입장이 되긴 했어도, 니체는 여전히 쇼펜하우어를 유럽 문화에서 특별히 중요한 인물로 묘사한다. ("그는 선한 유럽인으로서 질문을 제기했다."[3]) 그리고 같은 해에 "나는 거의 홀로 내 위대한 스승 쇼펜하우어와 대결해야 했다."[4]라고 말하며 쇼펜하우어가 자신의 발전에도 특별히 중요했다고 언급한다. 따라서 쇼펜하우어의 관점에서 니체를 바라보기로 선택한다면, 니체 자신이 보낸 분명한 신호에 따르는 것이다. 니체는 쇼펜하우어에게서 자신이 마주해야 할 문제를 발견했다.

쇼펜하우어가 보기에 우리는 우리를 돌보지도 않고 선하지도 않은 자연에 뿌리를 두고 있다. 인간 개개인은 생명을 보존하고 또 다른 개체를 만들려는 욕구가 있지만, 그 이유는 잘 알지 못한다. 이에 대해 쇼펜하우어는 인간 개체란 더 크고 모든 존재에게 공통된 근본적인 충동의 발현으로, 이 충동은 그들의 내적 본질을 구성하지만 그들의 통제에서 벗어나 있다고 설명한다. 그는 이것을 '삶에의 의지Wille zum Leben'라고 부른다. 하지만 삶에의 의지는 우리에게 조금도 이로울 것이 없다. 이 때문에 우리는 자기중심적인 욕망에 갇히고, 인간 개체를 참된 자기와 잘못 동일시하며, 선에 대한 이기적 개념을 갖고, 다른 존재들과 갈등을 빚으며, 고통으로 얼룩진 삶을 산다. 삶에의 의지 반대편에는 예술, 도덕, 과거에 세계 여러 종교의 신비주의자들이 깨달은 고통으로부터의 구원 등 진정한 가치를 지닌 모든 것이 있다. 쇼펜하우어는 세계의 고통에 대한 이타적인 도덕적 연민을 옹호하지만, 기독교, 불교, 브라만교가 모두 수렴된 우리 존재의 유일한 해결책은 의지의 중단과 개체성의 초월을 통해 완전한 무아 상태로 돌아가는 것이라고 주장한다. 우리는 삶에의 의지가 스스로를 부정할 때 이 지복의 해방 상태에 도달할 수 있다.

　니체는 이 모든 것에 반기를 든다. 그가 보기에 도덕은 의문스러운 현상이며, 이기심은 부당하게 비난받고 있다. 고통은 삶을 향상시키며, 고통을 없애려는 시도는 삶을 빈곤하게 만든다. 예술은 의지가 고갈된 것이 아니라 의지로 가득하며, 우리 삶에서 구원받는다는 모든 개념과 세계의 종교는 현대 문화가 어떻게든 극복해야 할 병폐의 증상이다. 니체는 쇼펜하우어의 자기부정에서 "종말의 시작, 정체, 뒤돌아보는 데 따른 피로, 삶에 반하는 의지, 부드럽고 우울하게 존재를 드러내는 마지막 병"[5]을 감지한다. 우리에게는 내신 우리 안의 자연적인 것을 긍정하거나 '예'라고 말하는 방법이 필요하다. 니체는 쇼펜하우어에 대한 저항의 일환으로 '삶에의 의지'라는 중심 개념을 거부한다. 니체는 노트에 "삶에의 의지라고? 나는 항상 그 자리에서 힘에의 의지밖에 발견하지 못했다."[6]라고 쓴다. 그러나 니체는 쇼펜하우어의 개념을 살짝 비틀어, 힘에의 의지를 모든 살아 있는 것에 속하는 '삶의 의지Lebenswille'라고 표현한다. "크고 작은 투쟁은 어디에서나 우월함을 중심으로, 성장과 확산을 중심으로, 권력을 중심으로 돌아간다. 이때 힘에의 의지에 따르는데, 이것이 바로 삶의 의지der Wille des Lebens다."[7] 이 말은 니체의 견해에도 여전히 삶 자체에 결부된 일종의 노력이 존재한다는 것을 시사한다. 이런 맥락에서 니체의 희망은 종교라는 전제 조건과 연민의 도덕 너머를 볼 수 있는 사람들이 단순히 자신을 영속시킬 뿐만 아니라 성장하고 자기를 긍정하는 삶의 자연적 경향성에 맞춰 스스로를 조율해 가는 것이다.

이 책에 실은 글 몇 편은 쇼펜하우어 철학 전체의 중심 개념인 '의지'의 다양한 측면을 조명한다. 방향성을 제시하는 차원에서 이 개념에 대해 몇 가지만 간단히 언급하겠다. 첫째, 쇼펜하우어는 종종 '의지'와 '삶에의 의지'를 서로 바꿔 쓸 수 있는 개념으로 다룬다. 그러나 실제로 의지는 더 광범위하고 다양한 개념이다. 잘 알려져 있듯 쇼펜하우어는 물자체가 의지라고 주장한다. 다시 말해 공간, 시간, 인과율, 개체성을 넘어서는 형이상학적 실재, 그의 표현에 따르면[8] 이마누엘 칸트가 결코 그 본질을 알 수 없다고 '절망'했다는 그것이 바로 의지라고 말하는 것이다. 하지만 이 핵심 주장을 얼마나 신뢰할 수 있을까? 우리는 물자체의 본질을 알 수 있을까? 그리고 결국 의지는 물자체일까? 1844년 출간된 『의지와 표상으로서의 세계』 2판 중 자주 인용되는 구절에서 쇼펜하우어는 "이 의지는 궁극적으로 그 자체로 무엇인가?" 또는 "의지가 스스로를 드러낸다는 사실, 즉 일반적으로 …… 의지로서 나타난다는 것 외에 그것은 무엇인가?"라는 질문을 제기하며 "이 질문은 결코 답을 얻지 못할 것이다. 왜냐하면 …… 인식된다는 것은 본질적으로 그 자체로 존재한다는 것과 모순되며, 우리가 인식하는 모든 것은 단순한 현상에 불과하기 때문이다."라고 말한다. 따라서 "(우리가 의지 안에서 가장 직접적으로 인식하는) 물자체는 …… 우리의 이해나 인식을 완전히 벗어난 결정, 속성, 존재 방식을 지닐 수 있음을 보여 주지만, …… 의지로서 스스로를 자유롭게 소멸시킬 때도 물자체의 본질로 남을 것이다."[9] 이 구절은 쇼펜하우어의 "의지는 물자체다."라는 흔히 쓰이는 명제를 문자 그대로 받아들여서는 안 된다는 것을, 단일한 의미로 받아들여서는 안 된다는 것을 시사한다. 최근 다른 논평가들도 이 의견에 동조하고 있다.[10] 여기에는 논쟁의 여지가 많다. 물자체가 어떤 의미에서는 의지일 수 있지만 어떤 의미에서는 아닐 수 있고, 여기서 쇼펜하우어가 두 입장 사이의 긴장 상태에 놓였을 수도 있으며, 시간이 지나면서 그의 사상이 그가 인정하는 것보다 훨씬 더 많이 변했을 수도 있다. 그러나 이 책에 실은 글들은 대부분 쇼펜하우어의 물자체 개념을 둘러싼 거대한 형이상학적 및 인식론적 문제를 해결하려 하지 않고, 대신 인간의 삶에서 나타나는 의지, 그중에서도 특히 풍부한 심리적, 윤리적 측면을 강조하고 있다.

"철학적 명료성을 높이기 위해 …… 개별적, 현상적, 경험적 의지will와 물자체로서의 의지Will를 철자 표기로 구분하는"[11] 일반적인 관행을 채택한다면, 내 초점은 대문자 의지보다 소문자 의지에 더 맞춰져 있다고 말할 수도 있다. 하지만 나는 두 가지 이유로 이 구분을 거부한다. 우선 이 이분법은 영어권 해석의 산물일 뿐 쇼펜하우어의 텍스트에는 존재하지 않기 때문이다. 독일어 철자법에서는 모든 명사의 첫 자를 대문자로 써야 하므로, 쇼펜하우어는 이 단어를 사용할 때마다 항상 Wille라고 쓸 수밖에 없다. 그리고 이로써 철학적 명료성을 달성하는 것도 그리 쉽지는 않아 보인다. 왜냐하면 쇼펜하우어는 Wille를 앞서 언급한 두 가지 의미로만 쓰지 않기 때문이다. 예를 들어 그는 종종 '나의 의지' 또는 (임의의 개인을 가리키며) '그의 의지'에 대해 이야기한다. 여기서 우리는 한 인간에게 고유하므로 개별적이지만 동시에 경험적이지는 않은 뭔가를 생각해야 한다. 예를 들어 "모든 사람은 자신의 의지를 개별 행위의 연쇄 속에서만 인식하며, 온전한 그 자체로는 인식하지 못한다. 따라서 아무도 자신의 성격을 선험적으로 알지 못하고, 오직 경험적으로만 알게 된다."[12] 여기서 만약 '그의 의지'가 개인에게 고유한 성격이라면, "모든 존재에서 전체이고 나뉘지 않는 물자체로서의 의지"[13]와 쉽게 동일시할 수 없다. 따라서 '그의 의지'나 '나의 의지'는 대문자 의지가 아니다. 하지만 다른 한편으로는 그것을 순전히 경험적인 것과 쉽게 동일시하기도 힘들다. 따라서 의지Wille의 모든 용례를 어느 한쪽에 억지로 끼워 맞추기보다, 아예 구분하지 않는 쇼펜하우어의 용법에 따르는 것이 내 방침이다.

쇼펜하우어가 의지에 관해 쓴 글들은 주로 인간 개개인의 삶에서 의지가 발현되는 다양한 측면에 초점을 맞추고 있다. 이 측면에는 의도적인 의지 행동과 그 행동이 자유로운지에 대한 질문, 이기적인 욕망의 자연스러움과 타인의 행복을 바라는 의지의 가능성, 개인의 무의식적인 소망과 감정, 인간의 생식 충동, 욕망과 고통의 관계, 욕망을 충족시키는 것과 욕망을 갖지 않는 것의 상대적 가치, 정동과 정념이 인간의 객관적 인식능력에 미치는 영향, 모든 정동이 제거된 인식과 무의지 상태로 존재하는 의식 주체의 가능성 등이 포함된다.

대부분의 경우, 우리 삶에 독특하고 종종 불안한 성격을 부여하는 의지의 이런 측면들은 물자체의 본질이나 인식 가능성에 대한 의문을 해결하지 않고도 이해할 수 있다. 그러나 5장에서 한 가지 예외가 발생한다. 5장에서 나는 개체성을 초월하고 궁극적으로 실재하는 일자Oneness에 행복하게 흡수된다는 쇼펜하우어의 이야기가, 오로지 그 일자가 의지가 아닌 경우에만 일리가 있다고 주장한다. 니체의 경우에는 물자체가 의지라는 논제를 진지하게 받아들이지 않으며, 물자체라는 개념 자체에도 회의적이다. 하지만 그는 앞서 언급한 것과 같은 의지를 가진 개인의 삶의 측면에는 대단한 관심을 보인다.

* * * * *

    이 선집은 두 철학자의 사상을 상당히 균형 있게 다루고 있다. 모든 글은 개별적으로 작성됐지만, 주제별로 크게 네 부분으로 나뉜다. 간단히 소개하자면, 1부와 2부는 쇼펜하우어에 관한 내용으로, 니체 이야기는 거의 또는 전혀 등장하지 않는다. 4부에서는 쇼펜하우어를 가끔 언급하면서 니체의 주제를 탐구한다. 3부의 글들은 더 혼합적인 성격을 띠어, 쇼펜하우어에 대한 니체의 해석적이고 비판적인 반응을 보다 직접적으로 살펴본다. 그러나 여러분은 이 책의 '쇼펜하우어적인' 부분과 '니체적인' 부분을 가로지르는 주제들을 찾아내 이 선집에 어느 정도 통일성을 부여할 수 있을 것이다.

    1장 「인간의 진정한 본질: 쇼펜하우어와 무의식적 의지」는 존재, 삶, 번식을 향한 맹목적인 노력으로서의 의지에 초점을 맞춘다. 쇼펜하우어에 따르면 인간은 세계의 다른 모든 의지의 발현과 동일한 본질을 지니며, 이는 쇼펜하우어의 인간성 개념에 여러 가지 영향을 미친다. 인격의 진정한 핵심은 자기의식적인 '나'나 지식의 주체가 아니라 근본적으로 맹목적이고 지식이 없는 의지며, 이 의지는 지성과는 거의 별개의 동인으로서 지성과 상호작용을 한다. 쇼펜하우어는 지성과 의지의 상호작용에 대해 다양한 심리학적 관찰을 한다. 여기에는 우리의 경험 속이나 아래에 편재하는 성적 욕망, 자기의식적인 지성에 알려지지 않는 욕망과 정동의 지속성, 지성에서 특정 감정을 불러일으키기 쉬운 표상을 금지하는 의지의 능력, 의지에 고통스러운 기억이 지성에서 차단되고 임의의 표상으로 대체될 때 발생하는 광기 등이 포함된다. 이 장에서는 또 이런 생각들이 프로이트의 무의식 개넘에 어느 정도 영향을 미쳤는지도 논의한다.

2장 「필연성, 책임감, 성격: 쇼펜하우어의 자유의지」에서는 쇼펜하우어가 쓴 「의지의 자유에 관하여Über die Freiheit des menschlichen Willens」를 둘러싼 논의를 그의 다른 저작들도 참조해 검토한다. 쇼펜하우어는 인간 개개인의 의지행위가 자유롭지 않다고 주장한다. 인간의 모든 행위는 경험적 특성이 있는 다른 모든 사건들과 마찬가지로 인과적으로 필연적이므로, 전통적인 개념인 무차별성의 자유라는 의미로는 절대적인 자유가 존재하지 않는다는 것이다. 그럼에도 불구하고 우리의 책임감이나 ('행위의 수행자'로서의) 주체성은 여전히 흔들리지 않는다. 이를 설명하기 위해 쇼펜하우어는 칸트의 경험적 성격과 예지적 성격의 구분을 끌어들인다. 2장에서 나는 예지적 성격에 대한 쇼펜하우어와 칸트의 개념 차이를 강조한다. 쇼펜하우어에게 예지적 성격은 이성적일 수 없고 어떤 것과도 인과적으로 상호작용을 할 수 없다. 나는 예지적 성격이 쇼펜하우어의 입장에 불필요하지 않은지, 그리고 그것이 개별 주체에 일관되게 속할 수 있는지 의문을 제기하며, 쇼펜하우어의 보다 일관된 입장은 개인의 자유의지를 전적으로 부정하는 것이었으리라 주장한다.

쇼펜하우어는 "인간의 삶은 모든 현상이 그렇듯이 의지가 객관화된 것이며, 의지는 목적도 없고 끝도 없는 노력이다."라고 주장한다. 3장 「쇼펜하우어와 의지의 무목적성」은 이 진술을 출발점으로 삼는다. 이 진술을 내 식대로 해석하면, 내가 특정 욕망의 특정 목표를 얼마나 많이 달성하든지 간에 그 어떤 것도 내 '전체로서의 의지'를 종결짓는다는 의미에서 최종 목표는 아니며, 나를 의지 없는 존재로 바꾸지도 않는다는 것이다. 쇼펜하우어의 주장을 이해하려면 행복과 무의지 상태의 핵심적인 대조를 인식해야 한다. 행복은 개별적인 욕망이 충족되는 것이지만, 개별적인 욕망을 충족시키는 어떤 의지행위도 궁극적인 목표를 달성하지 못한다. 어떤 의지행위도 주체가 더 이상 미충족된 욕망을 경험하지 않는 의식 상태에 이르지 못하기 때문이다. 이런 상태가 쇼펜하우어의 관점에서 존재의 궁극적인 목표지만, 행복은 이런 상태에 도달할 수 있는 경로를 제공하지 않는다.

쇼펜하우어는 『의지와 표상으로서의 세계』에서 의지가 우리 자신의 가장 실재적인 부분임을 설파하고 나서 의지의 부정을 권하는 것으로 마무리한다. 일부 논평가들은 쇼펜하우어에게는 의지의 부정이 '최고선'이라고 주장하기도 한다. 그러나 4장 「의지의 부정은 무엇이 좋은가: 쇼펜하우어와 최고선의 문제」 서두에서 내가 분명히 밝히듯, 쇼펜하우어는 최고선summum bonum이 문자 그대로 존재할 수 없으며 비유적으로만 존재한다고 언급한다. 어째서 이렇게 양가적인 입장을 취하는 것일까? 쇼펜하우어는 선을 의지에 이로운 모든 것으로 정의하는데, 이 기준에 따르면 의지의 부재는 선이 될 수 없으며 최고선은 더더욱 될 수 없다. 나는 쇼펜하우어가 암묵적으로 두 가지 선을 인정하며, 이는 두 가지 의지에 상응한다고 주장한다. 바로 개인의 안녕을 목표로 하는 평범한 의지와 이 평범한 개인주의적 의지에서 해방되려는 의지다. 그러므로 쇼펜하우어는 의지의 부정이 최고선이라고 주장하면서도, 의지의 부정이 평범한 개인주의적 의지로 도달할 수 있는 최고의 선이 아님을 명시할 수 있다. 그러나 그의 입장이 두 번째 종류의 의지를 필요로 함에도 불구하고, 그의 형이상학이 이 의지를 어떻게 수용할 수 있는지는 여전히 불분명하다.

2부에서는 사랑, 죽음, 염세주의 등 쇼펜하우어의 견해가 독특하고 영향력 있는 주제들을 다양하게 다룬다. 그중 두 편에서는 니체 외의 인물들, 즉 리하르트 바그너, 에두아르트 폰 하르트만, 그리고 부당하게 외면당한 철학적 염세주의의 연대기 작가 올가 플뤼마허Olga Plümacher가 초기 쇼펜하우어를 어떻게 받아들였는지를 만나

볼 수 있다. 폰 하르트만의 방대한 저서『무의식의 철학Philosophy of the Unconscious』은 1868년에 처음 출간돼, 니체가 살아 있는 동안 줄곧 철학 주류에 속했으며 20년 동안 12판을 거쳤다. 플뤼마허는 저서『과거와 현재의 염세주의Der Pessimismus in Vergangenheit und Gegenwart』(1884, 1888)에서 폰 하르트만을 현대적인 염세주의의 주창자로 옹호하며, 그가 쇼펜하우어의 몇 가지 결점을 제거해 그의 작업을 완성했다고 평가한다. 니체는 플뤼마허의 책을 꼼꼼히 읽었고, 1887년에는 일부 구절을 자신의 저서에 무단으로 인용하기도 했다. 그러나 그는 쇼펜하우어가 훨씬 더 우월하다고 여기며 폰 하르트만을 경시한다.[14] 니체에게는 항상 가치 있는 적수를 두는 일이 중요했다.

바그너가 쇼펜하우어 작품에 탐닉했다는 사실은 잘 알려져 있다. 미발표 논문인 5장 「개인을 넘어: 쇼펜하우어, 바그너, 그리고 사랑의 가치」에서는 쇼펜하우어가 사랑을 다루는 방식과 바그너가 연인 트리스탄과 이졸데의 이야기를 통해 쇼펜하우어에 반응한 방식을 고찰한다. 쇼펜하우어는 사랑에 대해 성적 사랑Geschlechtsliebe과 자애Menschenliebe라는 두 가지 대조적인 개념을 제시한다. 그는 후자가 모든 존재에 대한 보편적 연민에서 비롯된다고 보며, 이를 기독교의 아가페agapē 및 카리타스caritas 개념과 일치시킨다. 에로틱한 종류의 사랑은 인간을 번식으로 몰아가는 '종의 의지'에 현혹된 개인에게는 무가치하다. 반면 이타적이고 도덕적인 사랑은 의식 속에서 욕망과 개인-자기를 소멸시켜 구원의 길로 나아가는 단계다. 〈트리스탄과 이졸데〉에서 바그너는 성적 사랑을 개체성을 초월한 구원의 여정으로 만들어 쇼펜하우어의 철학을 수정하려 시도했다. 그러나 바그너의 개입은 쇼펜하우어의 철학을 수정한다기보다 사실상 양립하기가 어렵다. 두 가지 사랑 모두 개체화가 환상이라는 아이디어에 기초하고 있지만, 서로 구분될 필요가 있다. 성적 사랑이 인간의 조건에 대한 쇼펜하우어의 진단 중 일부인 반면 자애는 그가 인간의 조건에 대해 제시하는 처방에 해당하기 때문이다.

　개체에 대한 환상은 또 쇼펜하우어가 죽음에 대해 보이는 다소 복잡한 태도에도 중요한 역할을 하는데, 이 문제는 6장 「위안이 되는 쇼펜하우어의 죽음관」에서 다룬다. 쇼펜하우어에 따르면 인간이 죽음에 대해 느끼는 공포는 합리적이지 않다. 그것이 우리의 본질인 비합리적인 삶에의 의지로부터 비롯되기 때문이다. 그러나 우리는 이 자연스러운 삶에 대한 집착을 극복할 수 있고, 또 극복해야만 한다. 쇼펜하우어는 삶이 고통으로 이루어져 있으며, 차라리 존재하지 않는 편이 더 나았을 것이라고 주장한다. 죽음은 온갖 문제를 떠안은 인간 개체로 더 이상 존재하지 않을 수 있는 기회를 제공한다. 하지만 그는 고통 때문에 삶을 끝내는 것은 잘못이라고 말한다. 나는 쇼펜하우어의 이 견해가 일관성 있다고 주장한다. 자살은 고통을 끝냄으로써 일종의 선을 이룰 수 있지만, 그것이 이기적인 욕망에서 기인한다면 의지의 부정을 통해 구원받을 수 있는 보다 가치 있는 결과를 가로막기 때문이다. 그럼에도 쇼펜하우어는 우리가 일반적으로 죽음을 환영해야 한다고 주장하는데, 그가 건네는 위로의 본질을 처음에는 선뜻 이해하기 어려울 수도 있다. 그는 죽음을 출생 이전의 비존재와 마찬가지로 두려워할 필요가 없는 소멸로서 환영할 수 있다고 주장하는 듯이 보인다. 그러나 실은 우리가 죽어도 우리에 관한 뭔가는 파괴되지 않는다고 주장한다. 쇼펜하우어는 인도철학의 유사한 견해를 인용하면서 개체성을 환상으로 간주하고, 개인이 죽더라도 그가 참된 자기라고 묘사하는 근본적인 의지는 지속된다는 생각으로 우리를 위로한다.

　7장 「가능한 최선이 염세주의보다 더 나쁜가?」는 철학적 염세주의가 두 가지 명제로 이루어진다는 플뤼마허의 설명으로 시작한다. 두 가지 명제란 "불쾌의 총합이 쾌락의 총합보다 더 크다."와 "따라서 세

계가 존재하지 않는 것이 존재하는 것보다 더 낫다."다. 그녀는 쇼펜
하우어를 이 입장의 최초 주창자로, 에두아르트 폰 하르트만을 이 입
장을 최대한 발전시킨 사상가로 꼽는다. 플뢰마허는 여러 측면에서
쇼펜하우어를 강하게 비판한다. 그가 염세주의자기 때문이 아니라 그
가 염세주의를 충분히 제대로 구현하지 못했다는 점에서 다음과 같
은 주요한 근거를 들어 비판하는 것이다. 쇼펜하우어가 쾌락을 단지
결핍으로 설명하는 것은 설득력이 없고, 개체화에 대한 설명은 혼란
스러우며, 기독교적인 죄책감 개념을 고수하는 것은 불필요하고, 그
녀가 '세계고Weltschmerz'라 부르는 자기연민에 사로잡힌 주관성에 빠져
있으며, 그의 철학이 정적주의로 이어지기 때문에 염세주의와 낙관주
의를 조합해 사회적 진보를 가능하게 하는 폰 하르트만의 철학에 비
해 열등하다는 것이다. 플뢰마허가 폰 하르트만의 다소 납득하기 어
려운 입장을 옹호하는 것은 설득력이 떨어지지만, 그녀의 쇼펜하우어
에 대한 비판은 예리하며 후대의 몇몇 논평을 예고하는 측면이 있다.

　3부에서는 니체를 소환해 쇼펜하우어 철학과 보다 직접적인 논쟁
을 벌이게 한다. 8장 「쇼펜하우어의 기독교적 관점」은 니체가 『즐거
운 학문』 357절에서 쇼펜하우어에 대해 언급한 내용을 바탕으로 논
의를 시작한다. 나는 쇼펜하우어가 '신에 대한 믿음을 버리면서도' 기
독교의 '금욕주의적 도덕 관점'에서 가치를 옹호한다는 니체의 주장
이 옳다고 주장한다. 이 장에서 내 주된 목표는 다음과 같다. (1) 쇼펜
하우어가 진정한 무신론자임을 입증하는 것, (2) 그럼에도 불구하고
그가 지지하는 기독교적 가치, 즉 이타적 동정심과 세계로부터의 금
욕적 해방이란 가치의 본질을 이해하는 것, (3) 기독교가 진리를 우화
적으로 표현한다는 쇼펜하우어의 주장을 평가하는 것, (4) 그의 입장
의 일관성 또는 타당성을 검토하는 것 등이다. 단순히 기독교적 가치
를 고수하는 것과 그 가치에 '갇혀 버리는' 것은 다르다(니체가 플뢰마

허에게서 차용한 표현이다). 니체의 주장은 신의 죽음 이후에도 기독교적 가치가 살아남아서는 안 된다는 것이며, 쇼펜하우어에 대한 니체의 설명을 지지했던 나는 이 평가에서도 니체가 옳은지 의문을 제기하며 마무리한다.

　　많은 논평가들이 니체가 경력 전반에 걸쳐 또는 특정 시기에, 고통을 정당화하거나 고통에서 의미를 찾는 일종의 '신정론'에 관심을 뒀다고 말한다. 9장 「'고통의 정당화'라는 생각에 대하여」에서는 이런 개념들을 검토하면서 '신정론'이나 '고통의 정당화' 같은 용어가 니체의 견해를 파악하는 데 도움이 되는지 여부를 질문하고, 이런 용어들 자체가 이해되는 방식에 대해 몇 가지 불명확한 점을 지적한다. 이 글에서 나는 『비극의 탄생』에 나오는 '미학적 정당화' 개념을 논의하며 여기서 '정당화'가 '긍정적인 태도를 가능하게 한다'라는 매우 느슨한 의미로 사용된다고 주장한다. 그런 다음에 니체의 회고적인 「자기비판의 시도」를 검토하며 니체가 미학적 정당화에 대한 자신의 초기 개념을 지지하지 않고, 오히려 존재에서 도덕적 의미를 찾으려는 시도를 거부했다는 점에서 『비극의 탄생』을 칭찬하고 있다고 주장한다. 이 부정적인 미덕은 형이상학이 발견할 수 있는 도덕적 의미가 세계에 존재한다는 쇼펜하우어의 주장과는 명확히 대조된다. 쇼펜하우어는 유신론이 제공하는 낙관적인 도덕적 의미를 거부하고, 세계 자체가 존재하지 않는 편이 더 나았을 것이라는 염세적인 의미로 대체한다. 이것은 존재에 긍정과는 상관없는 의미가 존재할 수도 있음을 보여 준다. 후기 니체는 유신론과 함께 '형이상학적 욕구'를 서부하며, 형이상학적 낙관주의도 형이상학적 염세주의도 모두 실행할 수 없다는 입장에 도달한다. 나는 니체의 후기 입장이 고통의 가치를 더 넓은 전체와 연관시키려는 신정론의 전통과 연속적이면서도, 고통 자체에 고정된 규범적 가치가 있다거나 고통 자체에 의미가 있다거나 고통에는 다 이유가 있다거나 고통이 정당화된다고 주장하지 않으며, 더 나아가 고통이 포함된 세계가 우리의 이익과 일치한다거나 고통이 있어 어떤 식으로든 우리 삶을 가치 있게 여겨야 한다고 주장하지 않기 때문에 신정론의 전통과 불연속적이라고 결론짓는다.

10장 「쇼펜하우어와 니체의 정동과 인식」은 두 사상가의 명확한 견해 차이에 기반을 둔다. 쇼펜하우어는 정동과 감정이 인식을 저해한다고 보는 반면, 니체는 정동과 감정이 인식에서 제거될 수 없으며 오히려 인식을 향상시킨다고 주장한다. 쇼펜하우어에 따르면 인간의 인식은 일반적으로 그가 '의지의 움직임'으로 분류한 정동적 상태에 봉사한다. 그는 인간 본성에 속하는 감정, 욕망, 충동을 떨쳐 내지 못해 인식이 손상되고 왜곡되고 오염된다고 본다. 예외적으로 개인이 '순수 인식주체'가 되는 드문 형태의 인식이 존재하기는 한다. 니체는 인식과 정동의 관계에 대해 쇼펜하우어의 서술적 입장과 유사한 견해를 받아들인다. 하지만 쇼펜하우어의 평가적 입장은 단호히 거부하고, 순수하고 객관적이며 감정이 없는 인식의 가능성을 부정한다. 니체는 정동이 인간의 인식에 미치는 영향이 필수적일 뿐만 아니라 유익하다고 주장한다. 이 장에서 나는 이 점이 니체의 유명한 '관점주의perspectivism'의 핵심이라고 주장한다. 또 『도덕의 계보』[15]의 관점주의 구절에 대한 내 해석을 발표한 뒤에 제기된 몇 가지 반론을 검토하고 이에 답변한다.

4부의 네 편은 니체의 견해를 독자적으로 논의하며 쇼펜하우어를 거의, 때로는 전혀 언급하지 않는다. 그럼에도 쇼펜하우어는 여전히 배후에서 맴돈다. 니체가 고통이 삶에 대한 반론인지를 묻는 질문, 염세주의, 삶을 부정하기보다는 긍정할 수 있는 능력에 관심을 두기 때문이다. 11장 「아름다움은 거짓이고 진실은 추하다: 니체의 예술과 삶」은 이런 문제의 맥락에서 니체가 예술에 부여하는 역할을 살펴본다. 니체의 저작에는 예술에서 파생될 수 있는 삶에 대한 평가적 태도가 단순히 환상, 왜곡, 기만의 문제라고 생각하는 듯한 구절이 있다. 이 장에서 나는 예술과 진실의 관계에 대한 니체의 해석이 언제나 겉으로 보이는 단순한 인상보다는 더 미묘하다고 주장한다. 『비극의 탄생』에는 예술과 진실의 세 가지 다른 관계, 즉 아폴론적, 비극적, 소크라테스적 관계가 나란히 제시된다. 이후 저작, 특히 『즐거운 학문』에는 삶을 견딜 수 있게 만드는 환상의 제공자로서 예술이 필요하다는 암시가 자주 등장한다. 그러나 동시에 이 장에서 나는 니체가 '있는 그대로'의 삶을 긍정하는 데 전념하는 '지적 양심'을 권장한다고 주장한다. 또한 이런 긴장이 해소될 수 있는 방법을 고려하지만, 니체에게 예술과 진실의 관계는 여전히 불안정하다고 주장한다.

12장 「고통을 대하는 태도: 파핏과 니체」에서는 고통이 그 자체로 나쁘지 않다는 니체의 주장을 해명하면서, 니체를 포함한 그 누구도 이 주장을 믿지 않는다는 반론을 중심으로 주제에 접근한다. 데릭 파핏은 『중요한 것에 관하여On What Matters』에서 니체는 '우리'가 가진 중심적인 규범적 신념에 동의하지 않는다고 주장한다. 이런 의견 불일치는 규범적 신념을 직관적으로 알 수 있다는 파핏의 주장을 위협할 수 있다. 그러나 니체는 고통이 그 자체로 고통받는 사람에게 나쁘다는 파핏의 규범적 주장에 도전하는 안녕 개념을 옹호한다. 니체는 '고통을 통한 성장' 현상을 안녕의 필수 요소로 인식한다. 그러므로 모든 고통을 제거하면 안녕이 감소할 수 있다는 것이다. 파핏은 니체가 파핏의 객관주의적 의미로 규범적 개념을 이해한다면 고통이 그 자체로 나쁘다는 주장, 즉 고통에 대한 내재적인 사실 때문에 우리가 고통을 원하지 않을 수 있다는 주장에 반대하지 않을 것이라고 주장한다. 그러나 나는 니체가 이에 동의하지 않을 것이라고 주장한다. 니체에게 고통은 단순히 심리적 성장을 위해 도구적으로 필요한 것이 아니며, 그 자체는 나빠도 선한 전체의 일부로서 가치에 기여하는 것으로 해석하기도 쉽지 않다. 성장을 통해 의미를 부여받을 수 있는 고통은 우리가 원할 만한 이유가 있는 것이고, 해석되지 않은 채 그대로 남아 있는 고통은 우리가 원하지 않을 이유가 있는 것이다. 그러나 니체가 보기에 고통 그 자체에는 모든 상황에서 불변하는 가치가 없다.

니체는 자기 자신이나 자신의 삶을 전체적으로 긍정할 수 있는 능력을 이상으로 제시한다. 이 능력은 아무것도 달라지기를 바라지 않고 '영원회귀' 개념을 받아들일 수 있는 능력으로 테스트된다. 이런 자기긍정의 능력은 인간에게 가장 가치 있는 상태지만, 극히 드문 사람만이 그런 상태에 머물기를 원할 것이다. 반면에 니체는 때때로 인간의 본능이나 충동의 속성 또는 그런 관계의 관점에서 위대함을 이야기하는데, (최고의) 인간은 강한 충동, 충동의 다원성, 하나의 통일체를 이루는 내적으로 대립하는 충동을 지니고 있을 것이다. 13장 「니체의 도덕, 충동, 인간의 위대함」은 이 위대함의 개념에 대한 분석을 도모한다. 위대함에 필수적인 충동 사이의 통합을 이루고 구성하는 것이 무엇인지에 대해 니체는 때로는 우연의 결과로, 때로는 일부 자연주의 독자들이 부정하고 싶어 하는 종류의 의식적 행위가 개입된 과업으로 설명하며 흔들리는 모습을 보인다. 13장의 중심적인 질문은 자기긍정의 이상과 충동의 내적 구성으로서 위대함의 이상이 서로 어떻게 관련돼 있는가 하는 것이다. 나는 니체의 충동과 본능이, 행위자가 충분히 이성적으로 통제하지 못하는 특정 종류의 성향이라고 주장한다. 그러나 니체에게 이런 성향은 가변적이며 문화적 환경에 의해 달라질 수도 있다. 충동이나 본능은 환경에서 공급받는 영양분의 수준에 따라 강화되거나 약화되며 심지어 소멸될 수도 있다. 따라서 니체가 도덕성과 연결시키는 '자기부정'과 '자기희생' 같은 본능은 문화적으로 후천적으로 습득할 수 있다. 도덕적 신념과 그 밖에 의식적으로 유지되는 도덕적 태도는 충동 상태의 결과로 봐야 하지만, 니체는 도덕성을 인간 번영이 쇠퇴하는 증상인 동시에 위험으로 간주하므로 이는 또한 충동 상태에 인과적으로 영향을 미치는 것으로도 볼 수 있다. 이와 반대로 자기긍정의 태도는 위대함의 특징인 충동 상태의 증상으로 작용할 수 있을 뿐만 아니라, 그 상태를 촉진하는 역할도 할 수 있다.

14장 「누가, 무엇이 삶에 '예'라고 말하는가」에서도 유사한 문제를 다룬다. 이 장에서는 니체가 '긍정Bejahung' 또는 '예라고 말하기Jasagen'라고 부르는 태도 또는 과정을 살펴본다. 니체는 자주 개인이 아닌 다른 뭔가를 긍정의 주체로 언급한다. 『아침놀』 시기 이후 니체의 용례를 살펴보면 Bejahung, Jasagen과 그와 유사한 표현들이 다양한 문법적 주어와 함께 등장하며, 인간 개인, 문화적 산물, 예술 형식과 가치 체계 같은 관행, 본능과 충동 같은 개인의 하위 항목을 지칭한다. 이는 그가 '예라고 말하기'라는 태도나 과정을 어떻게 이해하는지에 대한 질문을 제기한다. 14장에서 나는 켄 제메스Ken Gemes가 구분한 순진한 긍정과 성찰적 긍정의 차이를 이용해, 니체가 본능이나 충동이 행동으로 직접 표현되는 긍정을 우선시한다고 주장한다. 그러나 니체가 보기에는 많은 충동이나 본능이 문화적으로 획득되기도 한다. 행동, 감정, 사고에 대한 성향은 문화적 전파를 통해 본능이나 충동이 될 수 있으며, 이는 의식적 통제 없이 작동해 다시 문화에 영향을 미친다. 우리 안의 충동이 삶에 '예'라고 말한다는 것과 주변 문화가 삶에 대해 '예'라고 말한다는 개념은 상충되는 것이 아니라 같은 동전의 양면과도 같다. 14장은 니체 자신이 가상의 자라투스트라와는 달리, 긍정을 방해하는 방식으로 그의 충동을 형성하는 문화에 살고 있기 때문에 최고로 긍정적인 이상을 구현하는 데 실패할 수밖에 없다는 반성으로 마무리된다.

차례

1부 쇼펜하우어의 의지

2부 쇼펜하우어: 존재, 비존재, 개체

3부 니체가 쇼펜하우어에게 답하다

4부 니체: 고통, 긍정, 예술

**Essays on
Schopenhauer
and Nietzsche**

1부

쇼펜하우어의 의지

1장
인간의 진정한 본질
쇼펜하우어와 무의식적 의지

1절 서론

아르투어 쇼펜하우어는 『의지와 표상으로서의 세계』(1819, 1844)에서 세계 자체의 본질에 대한 이론인 세계 형이상학을 지향한다. 그는 이 본질을 '의지Wille'라고 부르며, 간단히 말해 존재, 삶, 번식을 향한 맹목적인 노력으로 이해한다. 인간은 세계의 다른 모든 의지의 발현과 동일한 본질을 지니며, 이는 쇼펜하우어의 인간성 개념에 여러 가지 영향을 미친다. 합리성이나 의도적 행동, 의식은 인간에게 주요하지도, 근본적이지도 않다. 인격의 진정한 핵심은 자기의식적인 '나'나 지식의 주체가 아니라 근본적으로 맹목적이고 지식이 없는 의지며, 이 의지는 지성과는 거의 별개의 동인으로서 지성과 상호작용을 한다. 앞으로 살펴보겠지만, 쇼펜하우어는 지성과 의지의 상호작용에 대해 다양한 심리학적 관찰을 한다. 여기에는 우리의 경험 속이나 아래에 편재하는 성적 욕망, 자기의식적인 지성에 알려지지 않는 욕망과 정동의 지속성, 지성에서 특정 감정을 불러일으키기 쉬운 표상을 금지하는 의지의 능력, 의지에 고통스러운 기억이 지성에서 차단되고 임의의 표상으로 대체될 때 발생하는 광기 등이 포함된다. 1장에서는 쇼펜하우어의 의지 개념, 의지와 무의식에 관한 개념의 관계를 설명하고 고찰하면서 철학적 심리학의 실천으로서 의지의 중요성을 논하고자 한다.

2절 무의식 역사에서의 쇼펜하우어

1장은 비교 연구나 계보학적인 의미에서 역사적이라기보다는 주해적인 성격이 강하다. 쇼펜하우어는 오히려 자신의 저작을 반역사적으로 바라볼 것을 권한다. 그는 이전의 모든 사상가들이 '세계의 수수께끼'를 푸는 데 실패했다고 지적하며 세계는 의지라고 대답하고, 또 이전의 모든 사상가들이 의지가 인간에게 일차적인 것임을 깨닫지 못하고 앎이나 이성, 영혼, 지성 등에 비해 부차적인 것으로 여겼다고 주장한다. 그는 칸트의 비판서●가 나온 이래 철학사에서 벌어진 일 대부분이 부정직하고 무가치하며 무의미하다고 악명 높게 비판하지만, 이런 말을 항상 곧이곧대로 받아들여서는 안 된다. 쇼펜하우어는 그가 암시하는 것보다 훨씬 더 칸트주의자가 아니며, 당대의 독일 관념론자와 대학 교수에 대한 비판이 풍기는 인상보다 훨씬 더 당대를 살았던 사람이다. 또 철학, 문학, 과학 분야의 다양한 과거 및 동시대 저자들을 끊임없이 인용할 만큼 독서량이 많았다.

괴테의 경우, 쇼펜하우어는 1810-1820년 바이마르에서 어머니의 문학 모임을 통해 그와 개인적인 친분을 맺었다. 쇼펜하우어는 『의지

● 『순수이성 비판』(1781), 『실천이성 비판』(1788), 『판단력 비판』(1790) 등.

와 표상으로서의 세계』에서 괴테의 구절을 풍부하게 인용하지만, 더 중요한 점은 그의 중심 개념인 의지와 괴테 소설의 연속성을 인정하는 발언을 했다는 사실이다. 그는 괴테의 소설『친화력』(1809)에 대해 이렇게 말한다. "제목이 이미 암시하듯이, 이 소설은 (괴테 자신도 의식하지 못했을 수 있지만) 우리의 본질적 근원인 의지가 가장 하등한 무생물적 현상에서도 동일하게 나타난다는 생각에 기반을 둔다."[1]

쇼펜하우어가 남긴 기록을 보면, 그가 1800년대 초반에 쓰인 셸링의 저작, 특히『초월적 관념론 체계』(1800)를 연구하는 데 시간을 바쳤음을 알 수 있다.[2] 쇼펜하우어가 셸링의 중심 개념을 일부 차용했다는 주장도 있다. 앤드루 보위Andrew Bowie는 "쇼펜하우어는 '절대자'라는 용어를 피하지만, 그의 의지 개념은 〔그의〕 논증 구조에서 절대자와 동일한 기능을 한다."[3]라며, 쇼펜하우어의 입장은 "〔셸링의〕'지적직관intellectual intuition'이라는 개념이 의도한 바를 반영한다."라고 썼다. 비록 쇼펜하우어는 지적직관이란 개념 전체를 피할 뿐 아니라 수차례에 걸쳐 정교하게 비판하고, 일반적으로 셸링에 대해 상당히 무례했음에도 불구하고 말이다. 서배스천 가드너Sebastian Gardner는 최근 쇼펜하우어의 의지 이론이 셸링의 이론과 어느 정도 유사한지에 대해 의문을 제기했다. 그러면서 쇼펜하우어의 철학이 진정한 의미에서 초월철학에 속하지 않고 특히 자기의식의 조건 안에서 세계를 설명하는 데 관심이 없으며, 대신 궁극적으로 실재론적 형이상학에 기초한 일종의 자연주의를 제시한다는 점을 근거로 들었다.[4] 이 문제를 더 논하면 1장의 목표에서 너무 멀어질 것이다. 다만 이것이 가치 있고 흥미로운 논의라는 점은 부인하지 않겠다.

시간을 거슬러 올라가 영향을 찾아보면, 쇼펜하우어는 무의식의 역사에서 중심적인 위치를 차지하고 있다.[5] 에두아르트 폰 하르트만과 프리드리히 니체는 각기 다른 방식으로 명시적이고 주제적으로 쇼펜하우어에게 빚지고 있다. 프로이트와 융 역시 쇼펜하우어의 저작을 익히 잘 알았으나, 쇼펜하우어가 정신분석의 발전에 미친 영향의 성격과 경로는 명확히 드러나지 않는 경우가 많다. (앞서 언급한 논문에서 가드너가 효과적으로 리뷰한) 쇼펜하우어와 프로이트의 연관성을 밝힌 일련의 문헌[6]을 살펴보면, 쇼펜하우어가 프로이트를 놀랍도록 앞질러 예고했음을 알 수 있다. 잘 알려져 있듯이 프로이트는 이 사실을 조심스럽게 인정했다. 예를 들어 1916-1917년에는 "정신분석의 선구자로 거론할 만한 유명한 철학자들이 있다. 특히 위대한 사상가 쇼펜하우어의 무의식적 '의지' 개념은 정신분석학에서 말하는 정신적 충동instinct에 해당한다."[7]라고 말했다. 또 그보다 앞선 1905년에는 "철학자 아르투어 쇼펜하우어는 일반적으로 인간의 행동이 어느 정도까지 성적 충동에 의해 결정되는지를 인류에게 보여 줬다."[8]라고 말했다. 1914년에는 "현실에서 고통스러운 부분을 받아들이지 않으려는 투쟁에 대해 [쇼펜하우어가] 하는 말은 내 억압 개념과 너무도 완전히 일치해, 다시 한 번 내가 억압 개념을 발견한 것은 내 독서량이 많지 않았던 덕분이라고 할 수 있다."[9]라고 말했다. 마지막으로 1925년 발표한 『나의 이력서』에서는 다음과 같이 말한다.

> 정신분석학이 쇼펜하우어의 철학과 상당 부분 일치한다는 점, 즉 쇼펜하우어가 정동의 우위와 무엇보다 성욕의 중요성을 주장했을 뿐만 아니라 억압의 기제까지 인식하고 있었다는 점이 내가 그의 가르침을 알고 있었다는 근거가 되지는 않는다. 나는 내 인생에서 아주 늦게 쇼펜하우어를 읽었다.[10]

누군가는 프로이트가 여기서 주장하는 것보다 더 직접적으로 쇼펜하우어의 이론을 알았음을 입증하려고 더 깊이 파고들 수도 있다.[11]

그러나 프로이트의 발언을 있는 그대로 받아들이더라도 쇼펜하우어가 19세기 후반의 지적, 문화적 생활 전반에 미친 막대한 영향력을 통해 정신분석의 이론적 주장이 쉽게 성장할 수 있는 토양을 제공했다는 점은 분명해 보인다. 이런 의미에서 쇼펜하우어를 "정신분석학의 진정한 철학적 아버지"[12]라고 부를 수도 있다. 그러나 여기서는 제한된 지면 관계상 이러한 연관성을 전후로 추적하기보다, 쇼펜하우어의 의지 개념과 그 특징에 대한 내적 고찰에 집중하고자 한다.

3절 무의식에서 깨어나다

번역문으로 접해도 여전히 인상적인 쇼펜하우어의 산문 두 구절을 소개하며 시작하겠다. 둘 다 1844년에 처음 출간된 『의지와 표상으로서의 세계』 2권에 실려 있다.

> 무의식Bewußtlosigkeit은 만물의 본래적이고 자연스러운 상태로, 각각의 종들이 가장 고등하게 발현될 때 의식이 생성되는 기반이며, 이 경우에도 항상 지배적인 상태로 남아 있다. 그러므로 대부분의 존재는 의식이 없음에도 불구하고 본성의 법칙, 즉 의지에 따라 행동한다. 식물은 기껏해야 의식의 매우 약한 유사체를 지니고, 가장 하등한 동물도 희미한 의식의 흔적이 있을 뿐이다. 그렇지만 의식이 모든 동물 종을 거쳐 인간과 인간의 이성적 능력 수준까지 발달한 뒤에도 태초의 상태인 식물 특유의 무의식이 여전히 기본 토대를 이루며, 그 흔적은 수면의 필요성뿐만 아니라 근본적이고 심각한 모든 결함, …… 생리적 기능의 산물인 모든 지성에서 발견할 수 있다. 그 외에 우리에게는 다른 개념이 없다.[13]

무의식의 밤에서 깨어난 의지는 끝도 한계도 없는 세계, 모두 애쓰고 고통받고 길을 잃은 수많은 개인들 사이에서 한 개인으로서 자신을 발견하고, 마치 나쁜 꿈을 꾼 것처럼 옛 무의식으로 다시 서둘러 돌아간다. 하지만 그때까지 의지의 욕망은 무한하고, 요구는 끝이 없으며, 충족된 모든 욕망은 새로운 욕망을 낳는다. 어떠한 세속적인 충족도 의지의 갈망을 잠재우거나 욕망에 최종 목표를 부여하거나 밑 빠진 마음속 구멍을 채울 수 없다. …… 인생의 모든 것은 지상의 행복이 헛되거나 환상으로 인식될 운명임을 분명히 보여 준다. 환상의 근거는 사물의 본질 깊숙이에 자리 잡고 있다.[14]

여기서 드러나는 세 가지 주제를 강조하면, 첫째는 인간의 본질과 자연 전체의 본질의 연속성, 둘째는 인간에게서 가장 근본적인 부분인 의지와 복잡하게 상호작용을 하는 인간 지성의 이차적이고 피상적인 특성, 마지막은 의지의 발현으로서 우리가 살아가는 삶의 불행, 무가치함, 허무Nichtigkeit와 이로 인해 쇼펜하우어가 보기에 이런 존재로부터 구원돼야 할 필요성이다.

4절 진정한 본질로서의 의지

우리는 의지라는 개념에 유의해야 한다. 쇼펜하우어는 바람, 욕망, 의도적 행위 등을 그가 의미하는 의지의 구성 요소로 보지 말고 개념을 훨씬 더 확장해서 보도록 요구한다. 따라서 의지와 전통적으로 연관된 정신성, 의식, 합리성 등과 의지를 별개로 생각해야 한다. 의지는 정신적이고 의식적이며 이성적인 형태로 나타날 수도 있고, 정신적이고 의식적이지만 이성적이지 않은 형태로 나타날 수도 있으며, 정신적이지만 의식적이지도 이성적이지도 않은 형태로 나타날 수도 있고, 이 모든 것과 관계없는 형태로 나타날 수도 있다.

인간은 의지행위Willensakte를 보이는데, 이는 의식적인 정신 상태로서 그렇게 행동할 이유를 부여하는 이성적으로 형성된 신념에서 비롯되는 경우 이성적일 수도 있다. 그러나 쇼펜하우어는 행위에 대해 근본적으로 반이원론적 입장을 취하며, 의지행위는 물리적 효과를 일으키는 순수한 정신적 의지가 아니라 신체적 행동과 똑같다고 주장한다. 따라서 내가 의도적으로 뭔가를 하는 과정에서 일어나는 신체적 움직임은 의지가 작용하는 한 예다. 실제로 쇼펜하우어는 바로 이 지점에서 의지로서의 세계에 대한 그의 논의를 시작한다. 이 첫 번째 의미의 의지는 칸트의 자연 개념, 즉 시공간 속에서 인과법칙에 따르는 객체들의 영역으로는 포착되지 않는 독특한 방식으로 각 주체에게 즉각적으로 알려진다. 의욕하는● 주체인 나는 그러한 객관적인 관점으로 내 신체를 이해하지 않으며, 그렇게 이해할 수도 없다. 자기 자신을 주체와 신체의 결합으로 보는 즉각적인 내적 지식이 있는데, 쇼펜하우어에게는 이것이 우리의 외부 지식에 경험적 객체로 나타나는, 우리와 구별되는 모든 것들의 내적 본질inneres Wesen을 여는 열쇠다. 그것들은 모두 동일한 본질의 객관적 발현으로, 의지의 객체화Objektivation나 객체성Objektität 또는 의지 현상Willenserscheinung이다.

이에 대한 쇼펜하우어의 초기 주장은 다음과 같다. 나는 나 자신을 알고 나 자신이기도 하지만, 다른 모든 것의 경우 그것을 알 수만 있을 뿐 그것이 될 수는 없다. 그런데 다른 것들을 내가 알거나 알 수 있는 범위에서만 고려한다면, 그것들의 실재하는 본질Wesen을 완전히

● 쇼펜하우어 저작의 기존 국내 번역서들에 따라 이 책 전반에서 명사 will은 '의지'로, 동사 will은 '의욕하다'로 번역했다. 이때 의욕이란 "일정한 목표를 향해 의지가 적극적으로 작용하는 일"을 의미한다(표준국어대사전 참조).

부정하는 셈이고 그것들은 "단순한 표상, 즉 단순한 환영"[15]으로만 남는다. 그러면 외부의 것들은 진정한 내적 핵심 없이 그저 알 수 있는 외부에 불과할 것이다. 만약 우리가 자신의 내적 본질을 직접적으로 알 수 있다면 다음과 같은 선택의 기로에 서게 된다. 우리가 독특하게 이 본질을 가지고 있다는 이유로 자신을 세계와 분리된 존재로 볼 것인가, 아니면 우리가 세계에 속하는 존재로서 이 본질을 세계와 공유한다고 추론할 것인가. 여기에 깔린 전제는 내 본질이 무엇이든 그것은 세계의 모든 것, 또는 적어도 본질을 가진 모든 것의 본질이어야 한다는 것이다. 그래서 쇼펜하우어가 인간에 대해 취한 접근 방식에는 처음부터 형이상학적 성격을 띤 자연주의가 뿌리 깊게 자리 잡고 있다. 그렇지만 생리적 기능을 통해 형성되지 않는 어떠한 형태의 지성도 떠올릴 수 없다는 그의 말에서 알 수 있듯이 경험적 차원의 설명에서는 보다 과학적인 자연주의를 받아들인다. 쇼펜하우어는 또한 과학에서 제공되는 모든 경험적 설명이 그 자체로는 완전한 질서를 이루지만 결국에는 설명 불가능한 것으로 귀결되며, 그것들은 궁극적으로 전체 현실의 본질에 대한 통합적인 형이상학적 설명으로 완성될 필요가 있다고 믿는다.

쇼펜하우어는 의도적 행위에서 신체와 의지의 밀접한 연관성을 확인한 뒤, 그 연관성을 보여 주는 다른 사례를 발견한다.

> 신체에 미치는 모든 영향은 즉각적으로 의지에 미치는 영향이기도 하다. 이것이 의지에 반할 때는 고통이라 불리고, 의지에 따를 때는 안락함이나 쾌락이라 불린다. …… 신체와 의지의 동일성은 …… 의지의 모든 격렬하고 과도한 움직임, 즉 모든 정동이 즉각적으로 신체와 그 내부 기관을 동요시켜 생명 유지에 필수적인 기능의 수행을 방해한다는 사실로 입증된다.[16]

쇼펜하우어가 말하는 의지의 움직임에는 다음과 같은 것들이 포함된다.

> 모든 욕망, 노력, 소원, 갈망, 동경, 희망, 사랑, 즐거움, 기쁨 등뿐만
> 아니라 의욕하지 않거나 저항하고, 혐오하고, 도망가고, 두려워하
> 고, 화내고, 미워하고, 슬퍼하고, 고통받는 것 등 요컨대 모든 정동
> 과 정념…… 이런 정동과 정념은 단순히 한 사람의 의지가 억제되
> 거나 해방되고 충족되거나 충족되지 않은 상태에서 일어나는 약하
> 거나 강한, 때로는 격렬하고 폭풍우 같고 때로는 부드럽고 고요해
> 지는 움직임이기 때문이다.[17]

이런 정동과 정념은 의지의 '행위'로 분류될 수는 없어도 (적어도 종종) 주체가 의식하는 정신 상태다. 정동과 정념이 신체적 의지행위와 결합되는 것은 그 역동적인 특성 때문이다. 정동과 정념은 부분적으로 그것을 경험하는 개인의 욕망 또는 노력 상태에 의해 구성된다. 쇼펜하우어는 또한 정동과 정념이 무의식적으로 존재할 수 있다는 점을 분명히 밝힌다.

> 우리는 수년 동안 어떤 소망을 키우면서도 스스로 그것을 인정하지
> 않거나 심지어 지성이 알아차리지 못하도록 그것이 의식에 명확히
> 떠오르는 것을 막을 수 있다. …… 하지만 막상 소망이 이루어지면
> (일말의 수치심과 함께) 기쁨을 느끼면서 그것이 우리가 원했던 일
> 임을 알아차린다. 이를테면 우리에게 유산을 물려줄 가까운 친척의
> 죽음 같은 경우 말이다.[18]

쇼펜하우어는 이런 예를 다수 제시하는데, 뒤에서 의지와 지성의

관계를 논할 때 다시 이야기하겠다.

앞서 말한 정신 상태와 신체의 밀접한 연관성에 따라 쇼펜하우어는 신체 자체가 좁은 의미에서 의욕의 조건이며, 또한 의지가 객관화된 것이 분명하다고 주장한다. 내가 특정한 방식으로 행동하게 만드는 동기는 내 의욕을 설명하지 못하며, 이런 특정한 의식적 방식에서 내가 의욕하는 토대는 내 의지행위나 정동의 원인이 아닌 다른 데 있을 것이다. 쇼펜하우어는 "전체 신체는 내 의지가 가시화된 것에 불과하다."[19]라며 신체는 '의지의 객관화Objektivation des Willens'라고 결론짓는다. 이는 의지의 '맹목적 활동blinde Thätigkeit', 또는 그가 자주 쓰는 표현으로 '인식이 없는erkenntnißlos'[20] 상태의 주요 사례로, 이때의 의지는 정신적이지도 의식적이지도 이성적이지도 않다. 내 신체의 매우 조직적인 구조와 정상적인 기능, 성장, 그리고 의식이나 정신이 전제되지 않는 모든 신체 과정은 쇼펜하우어가 말하는 '삶에의 의지'의 발현이다. 인간의 내적 본성은 생명을 유지하고 번식하려는 경향이 있으며, 이 같은 내적 본성은 유기적 생태계를 이루는 모든 생명체에 공통된다. 호랑이, 해바라기, 단세포생물은 모두 내적 본성 또는 본질이 동일하다. 쇼펜하우어는 심지어 가장 근본적인 수준에서 유기체뿐만 아니라 중력, 자기, 결정 형성 과정의 근간이 되는 무기체 영역에서도 동일한 내적 본성이 전체 현상계의 본질일 것이라고 주장한다.

> 만물은 존재를 향해, 가능하다면 유기적 존재를 향해, 즉 생명을 향해, 그리고 이것의 가능한 최고 수준을 향해 긴장하며 나아간다. 동물의 본성에서는 삶에의 의지가 그 본질의 으뜸음, 즉 유일하게 불변하고 무조건적인 속성임이 분명하다.[21]

하지만 내 본질은 세상 만물의 본질과 동일하다. 인간의 의욕과 다른 유기체의 목적 지향적인 과정의 경계는 형이상학적인 종류의 경계가 아니다. 나는 주체로서 '내적 본성'이 있으며, 그 덕분에 생명 유지와 번식 등 삶의 전반적인 목적과 지엽적인 목적들을 향해 나아간다. 그리고 자연 전반에서 생존을 위한 노력은 본질적으로 의식에 의해 매개되지 않고 '맹목적'이므로, 내 본질 역시 그러할 것이다. 따라서 "나는 본질적으로 무엇인가."라고 물으면 맹목적으로 생존을 향해 나아가는 존재라고 말할 수 있다. 또 쇼펜하우어에게는 내가 본능적으로 나 자신의 생명을 보존할 뿐만 아니라 더 많은 생명체를 번식시키려는 경향이 있다는 사실도 중요하다. 쇼펜하우어가 보기에 생식 목적의 성sexuality은 자신의 존재를 유지하려는 충동만큼이나 인간 개체의 기본적인 본질이다. 그는 생식기가 "의지의 진정한 초점"[22]이라고 말한다. 뇌를 포함한 몸 전체가 의지의 대상이지만, 생식기관은 삶에의 의지가 본래 어떠한 것인지 가장 분명하게 드러나는 곳이다.

따라서 인간의 고유한 특징처럼 보이는 의도적 행동 능력은 자연에서 발현되는 의지의 또 다른 사례일 뿐이다.[23] 실제로 "참된 자기는 삶에의 의지다."[24] 다시 말해 진정한 자기란 존재와 번식을 향한 맹목적인 노력의 원리가 나라는 유기체, 즉 신체를 가진 개체로 나타난 것이지만 내게만 국한되지는 않는다. 인간의 의욕은 유기체가 궁극의 목적telos을 향해 나아가는 수많은 방식 중 하나며, 단지 유기체의 경로를 결정하는 인과적 선행 조건의 종류에 의해 다른 유기체의 과정과 구별된다.

인간을 이렇게 바라보면, 전체 세계의 특징 중 일부를 우리 자신에게도 귀속시켜야 한다. 의지(세계)는 그 자체로 근거가 없으며 외부적인 목적도 없다. 의지는 단지 끝없이 노력하는 개체들로서 끝없이 발현될 뿐이라는 것이 무자비한 사실이다. 세계의 어떤 것도 궁극적인 이유가 있어서 노력하거나 추구하는 것이 아니다. 식물이나 결정체가 성장하거나 물체가 지구의 중력에 이끌리는 것도 어떤 합리적인 목적을 달성하기 위해서나 도달해야 할 바람직한 최종 상태가 있어서가 아니다. 인류도 마찬가지다. 우리 각자는 맹목적으로 아무런 이유 없이 생존과 번식을 향해 '이끌리는' 개별적인 유기체로서 존재한다. 합리적인 사고와 선택이 인간의 특성이라고 해도 인간 정신의 핵심은 아니며, 쇼펜하우어는 그것이 보다 근원적인 삶에 대한 의지의 도구에 불과하다고 믿는다. 일찍이 철학의 진정한 출발점으로 선포된 자기의식은 말할 것도 없고, 심지어 의식조차도 더 근본적인 본성이 그 밑바탕에 깔려 있다는 것이다.

쇼펜하우어는 자신의 의지 이론을 처음부터 칸트적 용어로 표현한다. 표상의 세계는 공간, 시간, 인과율 법칙의 지배를 받지만, 그 너머에는 칸트가 수수께끼로 남겨 둔 물자체의 영역이 있다. 쇼펜하우어는 이 수수께끼에 대한 답을 제시하는데, 바로 물자체가 의지라는 것이다. 의지가 주체의 객체표상 영역 너머에 있다는 개념은 의지가 개체화의 원리 너머에 있다는 생각을 가능하게 한다. 따라서 쇼펜하우어는 의지를 복수의 개체들로 나뉘지 않은 완전히 미분화된 전체로 간주하지만, 엄밀히 말하면 의지는 다수성과 단일성의 문제를 초월하는 것이다. 의지는 또 어떠한 것과도 인과적으로 연관되지 않고, 시간 속에 존재하지 않으며, 변화하지도 않는다.

돌이켜 보면 쇼펜하우어가 그의 이론을 칸트주의의 틀에 억지로 끼워 맞춘 것은 그의 가장 불행한 행보 중 하나라고 볼 수 있는데, 그로부터 일관성과 명료성 측면에서 수많은 문제가 야기되기 때문이다. 여기서 모든 문제를 다룰 수는 없지만, 두 가지 결과는 주목할 만하다. 첫째, 쇼펜하우어가 한편으로 모든 인식 가능성에서 분리된 세계로 간주되는 물자체의 개념과, 다른 한편으로 우리에게 인식될 수 있는 세계의 가장 일반적인 형태로서의 의지 개념을 일관되게 구분하기

란 어렵다. 후자의 의미에서 의지는 물자체지만, 전자의 의미에서는 그렇지 않은 것이다.[25]

둘째, 쇼펜하우어는 자연의 만물이라는 객체적인 현상으로 발현되는 미분화된 의지와 나라는 개체의 본질 또는 진정한 본성인 내 안의 의지를 구분하기 힘들다. 그는 이 문제를 해결하기 위해 칸트의 용어인 '예지적 성격intelligibler Charakter'을 차용한다. 예지적 성격이란 인간 개체에 고유한 선험적이고 변하지 않는 의지 성향을 의미한다. 시간과 공간 너머에 존재해, 개체성을 초월하는 물자체 개념만 적용해서는 개개인 안의 '본질적'인 측면을 설명하기 어렵다. 그렇지만 쇼펜하우어의 심리학은 개인의 모든 의식 상태와 행동의 기저에 존재하며 개인 특유의 성격을 이루는 영원불변의 의지를 필요로 한다.

5절 의지와 지성

쇼펜하우어의 가장 흥미로운 심리학적 통찰은 『의지와 표상으로서의 세계』 2권 중 「자기의식에서 의지의 우위에 관하여Vom Primat des Willens im Selbstbewußtseyn」라는 장에서 잘 드러난다. 쇼펜하우어는 이 장에서 자기의식 경험에서 일차적인 의지와 이차적인 지성의 관계성이 나타나는 다양한 양상을 분류한다. 의지는 정신에서 더 원시적이고 정말 단순하며 유치한 부분이다. 쇼펜하우어는 지성이 거의 발달하지 않은 시기에 유아들이 어떻게 의지로 가득 차 있는지에 주목한다.

그들은 폭발할 정도로 의지로 가득 차 있으며, 비록 그들의 의욕에는 아직 대상이 없어 자신이 무엇을 의욕하는지조차 알지 못하더라도 제멋대로의 목적 없는 분노와 비명을 통해 이런 압박감을 드러

낸다.[26]

성인이 돼서도 어릴 때보다 발달한 지성이 생각이나 상상 속에서 뭔가를 표상하자마자 이 같은 의지가 변함없이 반응한다.

예를 들어 우리가 혼자 있으면서 개인적인 일을 생각하다가 실제로 존재하는 위험의 위협이나 불행한 결과의 가능성 같은 것을 생생하게 떠올리면, 우리의 신장은 즉시 불인으로 수축되고 정맥에서 피가 얼어붙는 느낌이 든다. 그러나 지성이 반대되는 결과의 가능성으로 넘어가 상상력을 발휘해 오랫동안 바라던 행복한 장면을 그리면, 지성이 그 꿈에서 깨어날 때까지 우리의 모든 맥박은 즐거운 리듬으로 뛰놀고 마음은 깃털처럼 가벼워진다.[27]

그리고 다음과 같은 수많은 예를 들어 설명한다.

지성이 놀기 시작하면 의지는 그 장단에 맞춰 춤을 춰야 한다. 실제로 지성은 보모가 들려주는 이야기에 따라 기쁨과 슬픔을 번갈아오가는 기분 상태에 놓인 아이의 역할을 의지에 떠맡긴다.[28]

그러나 의지는 비록 지성보다 단순해도 다음과 같은 방식으로 진정한 헤게모니를 다시 거머쥔다.

이런 상황은 의지가 지성에게 특정한 표상을 금지하고 특정한 사고의 흐름을 단순히 차단해 버릴 때 발생한다. 의지는 (이미 지성으로부터 배운 바를 통해) 그런 표상이나 사고가 앞서 언급한 감정 중 하나를 촉발할 것임을 알기 때문이다. 그러면 의지는 지성을 억제하

고 다른 일에 집중하도록 강요한다.[29]

    원시적인 의지는 지성에서 특정한 사고 흐름이 발생하는 것을 절대적으로 막을 힘이 있다는 점에 주목하자. 그런 사고 흐름은 어찌 보면 우리의 생각이지만, 결코 우리가 의식적으로 품는 생각은 아니다. 따라서 이런 예방 과정은 무의식적으로 이루어지며, 의식적인 지성은 이 과정에 저항할 수 없다.

> 의지가 그것을 진지하게 받아들이는 순간 …… 그 과정은 반드시 성공한다. 관련된 저항이 (항상 무심한 상태로 남아 있는) 지성에서 비롯되는 것이 아니라 의지 자체에서 발생하기 때문이다. 의지는 한편으로는 특정한 표상에 끌리지만 다른 한편으로는 그것을 혐오한다. 그 표상은 의지를 움직였다는 점에서 본질적으로 의지에 흥미로운 것이지만, 동시에 추상적인 인식은 그 표상으로 인해 의지가 동요돼 지독히 고통스럽거나 수치스러운 상황에 무분별하게 노출될 것임을 의지에게 경고한다.[30]

    쇼펜하우어는 여기서 이야기하는 '의지의 생각 억압'의 연장선상에서 광기Wahnsinn를 설명할 수 있게 된다. 그에게 광기는 일종의 기억 결함이다. 그는 이렇게 말한다.

> 만약 어떤 인식을 받아들이는 데 대한 의지의 저항과 거부가 너무 심해 도저히 작업을 수행할 수 없는 지경에 이르면, 그 결과 의지가 어떤 사건이나 상황을 보는 것조차 견딜 수 없어 지성에서 그것을 완전히 억압해 버리고, 그로 인해 생겨난 공백을 일관성을 유지하기 위해 다른 꾸며 낸 이야기로 채우면, 그때 광기가 발생한다.[31]

쇼펜하우어는 일상생활의 다른 예들, 즉 "주의 깊은 사람이라면 누구나 …… 자신에게서 관찰할 수 있는 일들"[32]도 소개한다. 이런 예들에서 의지는 지성이 배제된 채로 '비밀리에' 결정을 내리거나 계획을 세우며, 지성은 "마치 낯선 사람이 그러듯이 의지를 엿듣거나 불시에 기습해야만 그런 결정을 알 수 있고, 의지가 그 결정에 따라 행동하는 동안 무방비 상태의 의지를 포착해야만 의지의 진정한 의도를 파악할 수 있다."[33] 그러므로 나는 내가 특정한 의무나 행동 방침에 얼마나 애착하는지를 사실상 알지 못한다. 쇼펜하우어는 어떤 행동이 바람직하거나 바람직하지 않다는 의식적 판단이 "내게는 놀랍게도" 내 근본적인 의지의 진정한 방향을 드러내는 "환희와 저항할 수 없는 기쁨"에 밀려 완전히 사라지는 예들을 이야기한다.[34] 이 설득력 있는 많은 구절들은 다른 문헌에서도 자주 인용되며, 무의식에 관한 사상사에서 가장 눈에 띄는 쇼펜하우어의 공헌으로 평가된다. 그의 표현대로 의지는 "인지에 …… 직접적이고 무의식적이며 해로운 영향을 미친다."[35] 그리고 우리가 자연적인 상태일 때의 단점은 앞으로 더 강조될 것이다.

6절 성적 의지

쇼펜하우어의 주요 주제 중 하나는 자연의 의지가 개별 생명체보다 더 크며, 개체는 그 의지에 따라 좌우된다는 것이다. 대표적인 예를 인간의 성에 대한 논의에서 찾아볼 수 있다.[36] 앞서 인간에게서 신체의 성적 기능이 삶에의 의지의 기본적인 표현임을 살펴봤다. 성욕 또는 성적 충동Geschlechtstrieb은 "삶에의 의지의 핵심이며 …… 집중된 형태의 의욕 그 자체다."[37]

인류는 성교 행위로 생겨났고, 인류가 바라는 모든 소원은 성교에 참여하는 것이며, 이 충동만이 인류의 현상 전체를 영속시키고 하나로 묶기 때문에 인간은 구체화된 성적 충동이라고 말할 수 있다. 삶에의 의지가 주로 개체를 보존하려는 노력으로 표현되는 것은 사실이지만, 이는 종을 보존하려는 노력의 한 단계에 지나지 않는다. …… 따라서 성적 충동은 삶에의 의지의 가장 완전한 표현이다.[38]

그러므로 타인을 향한 성적 사랑Geschlechtsliebe이 인간의 삶에서 강력한 힘을 발휘하는 것은 놀라운 일이 아니다.

그것은 거의 모든 인간 활동의 최종 목표로 작용하고, 가장 중요한 일에 해로운 영향을 미치며, 매시간 가장 심각한 작업을 방해하고, 때로는 가장 위대한 지성조차 한동안 정신을 못 차리게 만들며, 국무 장관의 협상과 학자들의 연구에 방해되는 사소한 일들을 주저 없이 받아들이게 하고, 장관의 서류철과 철학서 원고에 연애편지와 머리카락을 슬며시 끼워 넣는 방법을 알고 있다. …… 전반적으로 볼 때 그것은 모든 일을 뒤엎어 버려 혼란과 혼돈 속에 빠뜨리려는 못된 악마처럼 등장한다.[39]

여기서 '그것'은 분명히 개인의 의식적 통제에 완전히 종속되지 않는 어떤 행위나 목적을 의미하지만, 쇼펜하우어는 그것을 의식적으로 통제할 수 있기를 바랐던 것 같다. 그에게 성은 어디에나 존재할 뿐만 아니라 고통스러운 것이다.[40]

성적 사랑에 대한 쇼펜하우어의 설명은 두 가지 수준에서 작동한다. 하나는 개인의 의식 수준이고, 다른 하나는 욕망의 대상으로 선택되고 이상화되는 수준이다. 어떤 사람은 그가 독특하게 소유한 가치 있는 특성 때문에 사랑받는 것처럼 보이며, 대체 가능한 다른 대상을 통한 욕망 충족은 배제된다. 사랑에 빠진 개인은 이렇게 생각한다. 그러나 쇼펜하우어에 따르면, 이 모든 것은 착각이다. 개개인은 단지 이용당하고 있을 뿐이다. 더 깊은 수준에서 모든 (이성애적) 성욕은 오직 생식을 가능하게 하는 기능적 용도로만 이해될 수 있다.

> 성적 충동은 …… 속이기 위해 매우 교묘하게 객관적인 감탄의 가면을 쓰는 방법을 안다. 사연은 그 목적을 위해 이런 책략이 필요하다. 그러나 이 감탄이 아무리 객관적이고 숭고해 보일지라도, 사랑에 빠지는 모든 경우의 유일한 의도는 특별히 구성된 개체를 재생산하는 것이다.[41]

쇼펜하우어는 '종의 의지Wille der Gattung'[42]가 개인의 행동을 지시하면서도 개인들이 쾌락을 추구하는 등 자신의 개인적 선호와 목적을 선택적으로 추구하고 있다고 착각하도록 속인다고 주장한다. 물자체로서의 의지는 개체성을 초월하기 때문에 미래 세대에도 계속 살아남는다. 따라서 '우리 존재의 핵심Kern unsers Wesens'은 파괴될 수 없으며 우리 종 전체에 공유된다.[43] 쇼펜하우어는 심지어 남녀가 서로를 사랑하도록 이끄는 것은 아직 잉태되지도 않은 아이가 지닌 삶에의 의지라고 주장한다.[44] 일반적으로 성적 행동에 수반되는 열정의 유별난 강렬함과 성적 행동을 추구하는 (때로는 터무니없고 파괴적인) 심각함은 그것이 인간의 내적 본성의 핵심인 삶에의 의지를 표현한다는 쇼펜하우어의 견해를 확인시켜 준다.

7절 의지에서 벗어나기

쇼펜하우어가 묘사하는 많은 상황에서 인간의 행복은 좌절되거나 실현 불가능해진다. 의지는 우리의 의식적인 삶에 침투해 훼방을 놓는다. 정동, 정념, 숨겨진 충동, 성향, 혐오 등이 항상 우리의 판단과 지각을 "변형시키고 물들이고 왜곡한다"[45]는 점에서 우리에게는 오직 관점적인 앎만이 존재할 뿐이다. 의지는 모든 일에 결정권을 휘두르며 결코 우리를 평화롭게 내버려두지 않는다. 성적 충동은 우리를 지배하고 괴롭힌다. 의지는 시간을 초월하며 결코 충족될 수 없기에, 어떠한 욕망의 충족도 일시적으로만 고통에서 해방시킬 수 있을 뿐 곧바로 또 다른 충족되지 않은 욕망으로 이어진다. 의지는 우리의 본질이지만, 바로 이 본질이 우리의 존재를 병들게 한다. 의지의 개별적인 표현으로 존재하는 것의 조건은 목적 없이 고통을 겪는 것이므로, 쇼펜하우어는 우리가 사물의 본질을 완전히 이해한다면 차라리 존재하지 않는 편이 훨씬 더 나을 정도라고 봤다. 그는 죽음을 "더 이상 나로 존재하지 않을 수 있는 좋은 기회"[46]라고 표현한다. 무의식적인 자연의 의지로 돌아가는 것이 개체성과 고통으로부터 해방되는 길이다.

쇼펜하우어의 철학은 전체적으로 그가 보기에 긍정적인 가치가 부재하는 삶을 구원하는 일련의 상태를 제시한다. 의식이 무심해지며 의지로부터 잠시 해방되는 미적 경험이 스펙트럼의 한쪽 끝에 있으며, 개체의 소멸이 다른 쪽 끝에 위치한다. 개별적인 의지의 실현이 감소하는 만큼 가치를 되찾을 수 있다. 의욕하는 일이 점점 더 줄어들고, 우연히 자신이 된 개별적인 생명체의 의지의 발현에 점점 더 의미를 두지 않게 된다. 미적 경험에서는 의욕이 완전히, 그러나 일시적으로 약해지고, 자신을 개별적인 존재로 인식하는 것을 멈추게 된다. 하지만 이와 유사한 무아 상태의 객관성 개념이 쇼펜하우어의 윤리학과 종교철학에서도 적용된다. 그는 자신이 '의지의 부정'이라 부르는 궁극적인 구원을 경험한 사람들을 묘사하면서, 우리에게 미적 경험이 "순수하고 의지가 없고 고통이 없고 영원한reines, willenloses, schmerzloses, zeitloses"주체의 경험이라는 자신의 말을 떠올리며 그런 상태가 무한히 지속된다고 상상해 보라고 요청한다.[47] 미적 객관성은 노력하는 물질적 개체에 가치를 두는 능력의 해체를 예고하는데, 이 해체는 삶에서 진정하고 긍정적인 가치의 공허감을 없앨 수 있는 유일한 희망이다. 쇼펜하우어의 철학이 '염세주의'라는 칭호를 받을 자격이 있느냐는 질문이 종종 제기되는데, 인간 개개인과 인류, 세계 전체의 본질이 오로지 슬픔을 유발할 뿐이며, 가능하다면 어떠한 대가를 치르더라도 벗어나야 할 대상이라고 주장하는 그의 일관된 중심 사상으로 볼 때 그렇다고 봐야 할 것이다.

2장

필연성, 책임감, 성격
쇼펜하우어의 자유의지

긴 인생이 가르쳐 주는 교훈 중 하나는 우리가 전적으로 통제할 수 없는 특성에 의해 형성된다는 것이다. 우리는 과거에 그런 사람이 었기 때문에 우리가 했던 방식으로 행동할 수밖에 없었다. 다르게 행동하려면 다른 사람이 됐어야 한다. 어쩌면 더 나은 사람이 됐어 야 한다. 비극적이거나 불공평해 보일지 몰라도 세상에는 좋은 사람, 그다지 좋지 않은 사람, 나쁜 사람이 존재하니 말이다. 그리고 우리 인생의 중요한 발견은 우리가 어떤 사람으로 자신을 드러내는 가를 아는 것이다.[1]

1절 서론

1841년 쇼펜하우어는 노르웨이 왕립과학학회가 주최한 경연 대회에서 인간의 자유에 관한 에세이를 발표했다. 그는 익명으로 에세이를 제출했기 때문에 자신이 20년 전 출간해 거의 주목받지 못한 『의지와 표상으로서의 세계』에서 발전시킨 형이상학적 체계를 자세히 언급할 수 없었고, 그래서 오히려 문제 자체에 집중할 기회를 얻었다. 그는 이 대회에서 당선돼 매우 흡족해했다. 학회는 "자기의식이 있다고 해서 인간에게 의지의 자유가 있다고 결론 내릴 수 있는가?"라는 상당히 구체적인 질문을 제시했다. 이 질문에 대한 쇼펜하우어의 대답은 기본적으로 '아니오'인데, 적어도 다음과 같은 의미에서 그렇다. 만일 자유를 필연성의 부재, 무차별성의 자유liberum arbitrium indifferentiae[2] ─쇼펜하우어에게 진정으로 만족스러운 유일한 '자유'의 의미─로 해석하고, 인간이 의욕하는 에피소드가 필연적으로 일어나지 않아야만 의지의 자유가 있다고 볼 수 있다면, 자기의식으로는 의지의 자유를 증명할 수 없다. 왜냐하면 자기의식은 어떤 의욕이 필연적인지 아닌지를 파악할 수 없기 때문이다. 현상학적 관점에서 나는 내 의욕이 필연적이라고 여기지 않지만, 자기의식만으로는 의욕의 필연성 여부를 결정할 수 없다. 그리고 자기의식 너머로 눈을 돌리면, 칸트의 방식에 따라 특정한 시간과 공간 속에서 경험 가능한 모든 사건은 인과법칙의 지배를 받는다는 것을 알게 된다. 내 의지행위인 그런 사건들도 시간과 공간 속에서 경험할 수 있는 세계의 일부이므로 역시 인과적인 필연성에 따라야 한다. 내 의지행위의 인과적인 역사가 자기의식에 명확히 알려지지 않는다는 사실은 우리가 왜 스스로 필연성에 얽매이지 않는다고 여기려는 유혹을 받는지 설명해 주며, 더 중요하게는 어째서 자기의식이 인간 의지의 자유를 증명할 수 없는지를 설명해 준다.

따라서 쇼펜하우어의 대답은 크게 두 부분으로 요약된다. 내가 자기의식에서 아는 모든 것에서는 내 의욕이 이전의 근거에 의해 얼마든지 필연적으로 결정될 수 있으므로 자유롭지 않을 수도 있다. 그러나 내가 자기의식과 별개로 아는 모든 것에서는 내 의욕이 이전의 근거에 의해 필연적으로 결정되므로 결코 자유로울 수 없다. 이 치밀한 논리적 구조는 쇼펜하우어 에세이 특유의 장황함, 여담과 문학적 예시, 그리고 화려한 수사적 표현 속에서도 분명히 드러난다. 다음의 아주 유명한 구절을 살펴보자.

> 길거리에 서서 혼자 이렇게 말하는 사람을 생각해 보자. "저녁 6시, 하루 일과가 끝났다. 이제 산책을 갈 수도 있고, 클럽에 갈 수도 있고, 탑에 올라가 지는 해를 바라볼 수도 있고, 극장에 갈 수도 있고, 이 친구 저 친구를 만날 수도 있고, 심지어는 대문을 열고 넓은 세상으로 뛰쳐나가 다시는 돌아오지 않을 수도 있다. 이 모든 것은 전적으로 내게 달려 있고, 나는 이 결정에 대해 완전히 자유롭다. 그런데도 나는 그 어떤 일도 하지 않고, 자유의지에 따라 아내가 있는 집으로 돌아가고 있다." 이는 마치 물이 이렇게 말하는 것과 같다. "나는 높게 파도칠 수 있고(그렇지! 바다와 폭풍 속에서) 급물살로 흘러갈 수도 있고(그렇지! 시냇물 바닥에서) 물거품과 물보라를 일으키며 떨어질 수도 있고(그렇지! 폭포에서) 자유롭게 공중으로 솟구칠 수도 있고(그렇지! 분수에서) 결국에는 끓어올라 증발해 사라질 수도 있지만(그렇지! 80도 열기에서) 나는 지금 그 어떤 일도 하지 않고 거울처럼 맑은 연못에 자유의지로 머물고 있지 않은가?" 물이 어떤 결정적인 원인이 발생해야만 그 모든 일을 할 수 있듯 인간도 그 같은 조건이 아니면 자신이 할 수 있다고 생각하는 일을 결코 할 수 없다. 원인이 발생하기 전까지는 그 일을 하기가 불가능하지만, 원인이 발생한 뒤에는 해당 상황에 놓인 물과 마찬가지로 반드시 그렇게 해야만 한다.[3]

이로써 논의가 끝난 것일까? 글쎄, 완전히 그렇지는 않다. 여전히

'행위의 수행자'로서 자신의 행동에 책임감을 느끼는 불가피한 행위의 감각이 남아 있기 때문이다. 아내가 있는 집으로 돌아가는 것은 이 남자가 '행하는' 일이고, 그는 스스로 이것이 자신이 행하는 일임을 인식한다. 만약 그가 집으로 돌아가는 대신 넓은 세상으로 사라진다면 아내는 그에게 책임을 묻고 비난하겠지만, 강풍에 휩쓸려 탑에서 추락하는 것처럼 그의 행위가 아닌 사건에 대해서는 책임을 묻지 않을 것이다.

상식적으로는 당연한 일이지만, 이런 행위의 감각은 당혹스럽다. 쇼펜하우어가 보기에 행위의 감각은 우리가 의욕하는 행동에서 필연성의 부재, 근거 없음, 원인 없는 자발성을 요구할 수 없다. 우리가 하는 일은 필연적으로 하는 일이기 때문이다. 그럼에도 불구하고 쇼펜하우어는 책임감이나 행위자라는 느낌이 정당화될 것이라고 확신한다. 이로써 그의 입장에는 까다로운 조합의 주장이 포함된다. 개인의 의지와 행위의 현상학이 그의 행위가 인과적으로 결정되지 않는다는 확신을 제공한다면 잘못된 것으로 간주돼야 하지만, 책임감 있는 행위의 감각을 제공한다는 점에서는 신뢰할 만한 것으로 간주돼야 하기 때문이다. 여기서 지적해야 할 점은 두 가지다. 첫째, 동일한 현상학이 전달하는 바가 인과율에 관해서는 잘못됐고 책임에 관해서는 진실하다고 봐야 할 근거가 무엇인가? 인과적 필연성의 부재가 환상이라면, 어째서 책임에 대해서는 똑같이 말할 수 없는가? 둘째, 이렇게 나눠 생각하기 때문에 쇼펜하우어는 결정론과 책임 사이의 일종의 양립가능론compatibilism, 즉 행위가 인과적으로 결정되는 것은 사실이지만 행위자가 그 행위에 대해 책임이 있는 것도 사실이라는 생각에 암묵적으로 동의하게 된다. 이 문제는 뒤에서 다시 다루기로 한다.

쇼펜하우어의 해결책은 우리가 행위의 필연성 앞에서도 진정한 책임감을 지키려면 우리의 행위가 아닌 성격에 대해 진심으로 책임을 느끼고 책임을 져야 한다는 것이다. 행위는 그저 성격을 드러낼 뿐이며, 우리가 느끼는 것은 어떤 행위가 필연적으로 비롯되는 사람으로서의 깊은 자각이다. 쇼펜하우어는 이 구분을 설명하기 위해 칸트의 경험적 성격empirical character과 예지적 성격intelligible character 개념을 차용하며, 이것이 "이 위대한 영혼의 가장 아름답고 가장 심오한 사유의 산물, 그리고 사실상 전 인류의 가장 위대한 사유의 산물에 속한다."[4] 라고 말한다. 그러나 여기서 우리는 위험한 영역으로 들어가게 된다. 예지적이고 경험적이지 않은 성격이라는 개념은 아무리 봐도 이해하기 어렵다. 예지적 성격에 대한 칸트의 본래 개념 자체도 난해함과 논란으로 가득한 데다, 일부 해석에 따르면 그것은 일관성이 없거나 믿기 어려운 개념으로 보인다. 그런데 쇼펜하우어가 칸트의 개념을 자신만의 독특한 방식으로 사용하면서, 칸트와는 근본적으로 다른 주체성과 책임의 이론에 끼워 맞추려 시도하다 보니 문제가 더욱 복잡해진다.

헨리 앨리슨Henry Allison은 칸트의 자유 이론에 대해 쓴 글에서 다음과 같은 일반적인 관찰을 제시하는데, 이는 유용한 출발점으로 삼을 만하다.

> 아주 거칠게 말해서 행위 귀속에는 두 가지 상충하는 요구 사항이 적용된다. 첫째, 행위는 뭔가가 행위자에게 '행해진' 결과가 아니라 반대로 행위자가 스스로 '행한' 것으로 간주돼야 한다. 이는 '행위 요건'이라 할 수 있으며, 행위가 행위자에게 귀속되기 위한 필요조건이다. 둘째, 행위는 행위자의 성격이나 특성 관점에서 설명될 수 있어야 한다. 이는 '설명 가능성 요건'이라 할 수 있으며, 행위자에게 동기를 부여하기 위한 필요조건이다.[5]

앞서 논의하던 문제를 이런 용어로 표현하면, 칸트는 "행위 요건이 자유에 대한 양립불가론incompatibilism●의 개념에 의해서만 충족될 수 있다고 주장한다."[6] 따라서 행위자의 경험적 성격 관점에서 행위를 설명하면 뭔가가 '행해진' 행위자에게 행위를 귀속시킬 가능성이 열린다고 생각할지도 모르지만, 칸트는 이런 설명은 언제나 결정론적이므로 행위를 '행해진' 것으로, 행위자를 행위의 '수행자'로 적절하게 개념화할 여지를 남기지 않는다고 주장한다. 대신 우리는 비경험적인 성격, 즉 행동하는 주체의 예지적 성격, '물자체로서의 성격' 개념을 필요로 한다. 이는 "실제 현상으로 나타나는 행위의 원인이지만, 어떠한 감각적 조건하에도 있지 않고 그 자체가 현상도 아닌 것이다."[7]

이런 관점에서 문제를 설명한다면 쇼펜하우어의 입장은 어떠할까? 쇼펜하우어 역시 행위 요건과 설명 가능성 요건이 모두 충족돼야 하고, 둘 다 충족될 수 있으며, 나아가 행위자의 성격과 동기 측면에서 행위의 경험적 설명 가능성은 행위자가 '행위의 수행자'라는 경험적 설명의 여지를 남기지 않는다고 주장한다. 따라서 행위 요건은 '초월적인' 방식으로 충족돼야 하며, 여기서 다시 행위자의 '예지적 성격'을 언급하게 된다. 그러므로 여기까지만 보면 쇼펜하우어의 견해는 칸트의 진정한 변형이라고 말할 수 있다. 그러나 이 지점에서 칸트의 용어를 차용하면서 쇼펜하우어 입장의 본질을 심각하게 오해할 소지가 생긴다. 『의지와 표상으로서의 세계』에서 쇼펜하우어는 『순수이성비판』의 제3 이율배반Third Antinomy이 "칸트의 철학이 내 철학으로 이어지는 지점, 또는 내 철학이 칸트의 줄기에서 자라나는 지점"[8]이라고 말한다. 그러나 쇼펜하우어는 도덕, 성격, 자기성selfhood에 대한 관

● 자유의지와 결정론이 동시에 성립될 수 없다는 입장으로, 다시 결정론determinism과 비결정론indeterminism으로 나뉜다.

점이 칸트의 관점과 현저히 다르며, 칸트가 의도적으로 피했던 주제인 물자체로서의 의지에 대해 실질적인 형이상학적 주장을 하고자 한다. "나는 칸트가 물자체에 대해 말할 때마다 이미 그의 마음속 가장 깊은 곳에서는 〔쇼펜하우어의 개념인〕 의지에 대해 어렴풋이 생각하고 있었을 가능성이 높다고 생각한다."[9]라고 대담한 주장을 펼치는 쇼펜하우어를 막을 재간은 없다. 그러나 만약 칸트가 살아서 자신의 이론이 이렇게 엉뚱한 방향으로 흘러가는 것을 봤다면, 쇼펜하우어 이론과의 연관성을 극구 부인했으리라 생각할 만한 이유가 있다.

이번 장은 다음과 같은 순서로 진행된다. 2절에서는 의지행위와 관련해 자유에 대한 쇼펜하우어의 반론을 보다 상세히 설명하고, 3절에서는 '행위' 요건을 충족시키려는 쇼펜하우어의 시도를 설명하며, 4절에서는 예지적 성격에 대한 쇼펜하우어와 칸트의 입장 차이를 개괄한다. 이어 5절에서는 예지적 성격이 쇼펜하우어의 입장에 불필요할 수 있음을 시사하는 주장을 하고, 6절에서는 그의 입장에서 예지적 성격은 일관되게 개별 행위자의 성격이 될 수 없으며 그 결과 개인은 의지의 자유가 없다는 주장을 전개하고자 한다.

2절 자유의지에 대한 반론

쇼펜하우어가 관심 있는 자유의지의 문제는 사실상 이것이다. 어떤 시점에 특정한 개인의 인식 범위에 포함되고 실제로 특정한 의욕하는 행동을 유발하는 요인이 존재할 경우, 그 특정한 개인은 당시에 수행한 것과 다른 의욕하는 행동을 수행할 수 있었을까? 그가 뭔가 다른 것을 의욕할 수도 있었을까? 그의 의욕은 자유로웠을까? 하지만 쇼펜하우어는 여기서 평범하거나 '대중적인' 자유 개념에 이상한 일이 벌어지고 있음을 발견한다. 일반적으로 어떤 사람이 자신의 의지대로 행동하는 데 방해 요인이 없다면 그는 자유롭다고 간주된다. "이 관점에서 '자유롭다'는 것은 '자신의 의지에 따른다'는 뜻이다."[10] 그러나 만약 어떤 사람이 자신의 의지에 따라 행동하는 데 방해 요인이 없다면, 애초에 그의 의지가 자유로운지 여부를 어떻게 물을 수 있을까? "당신은 당신의 의지에 따라 의욕할 수 있는가?"라고 묻는다는 말인가? 이 질문은 쇼펜하우어가 지적한 대로 부조리한 소급으로 귀결되고 만다. 따라서 이 질문을 의미 있게 만들려면 자유의 개념을 수정해 '일반적으로 모든 필연성의 부재'와 동일시해야 한다. 그러면 다음과 같은 핵심적인 질문이 대두된다. "인간의 의지는 필연성에 종속되는가, 그렇지 않은가?"

다음으로 쇼펜하우어는 그의 최초 출판물인 1813년 박사 학위논문 『충족이유율의 네 겹의 뿌리에 관하여』에서 설명한 내용을 바탕으로 '필연성'을 정의한다. 이 논문에서 쇼펜하우어는 '근거Grund'라는 개념이 모호하며 모든 근거가 같은 종류는 아니라고 주장했다. 예를 들어 어떤 도형에 세 변이 있으면 삼각형이라고 볼 수 있듯이, 판단은 경험적 증거나 선행 판단을 그 (정당화의) 근거로 삼고, 원인은 결과의 근거며, 동기는 행위의 근거다. 그러나 쇼펜하우어가 강조하는 한 가지 논지는 근거와 그 결과의 관계가 필연성을 띤다는 것이다. 그리고 이 논문 전체에서 통용되는 '필연성'의 정의는 '주어진 충분한 근거에서 나오는 것'이다. 그렇다면 노르웨이 학회의 질문은 다시 "인간의 행위가 주어진 충분한 근거에서 필연적으로 나오는 것인지 아닌지를 자기의식이 결정할 수 있는가?"라는 보다 명확한 질문으로 재해석될 수 있다.

쇼펜하우어는 내가 나 자신이나 (그가 자주 사용하는 표현처럼) 나의 내부 또는 내면, 혹은 내 경험이 일어나는 무대를 나의 외부에서 나타나는 객체에 반하는 것으로 의식할 때 다음과 같은 상태를 발견한다고 주장한다.

> 즉시 행위가 되는 결정적인 의지행위, …… 공식적인 결정 …… 모든 욕망, 노력, 소원, 갈망, 동경, 희망, 사랑, 즐거움, 기쁨 등뿐만 아니라 의욕하지 않거나 저항하고, 혐오하고, 도망가고, 두려워하고, 화내고, 미워하고, 슬퍼하고, 고통받는 것 등 요컨대 모든 정동과 정념을 겪게 된다.[11]

쇼펜하우어는 이 모든 것을 다양한 극성, 색채, 강도를 지닌 '의지의 움직임'으로 분류한다. 그는 우리가 우리의 인식 속에서 스스로를 인식하는 존재로 만나지 않는다고 주장한다. 이 주장은 자유에 관한 에세이의 자매편인 『도덕의 기초에 관하여』에서도 반복된다.

> 내적 감각을 통해 우리는 외부 동기에 따라 발생하는 일련의 지속적인 노력과 의지행위를 인식하고, 마지막으로 모든 내적 감정이 환원될 수 있는 우리 자신의 의지의 다양한 약하거나 강한 움직임도 인식한다. 이것이 전부다. 인식das Erkennen은 그 자체가 다시 인식되지 않기 때문이다.[12]

의식의 영역에서 우리 '내면'과 만나는 자기는 근본적으로 의욕적이고 정동적인 존재로, 시도하고 노력하고 행동하고 사물을 긍정적 또는 부정적으로 느끼는 일과 관련된다. 만약 자기의식이 이런 식으로 의지에 배타적으로 접근한다면, 의지에 자유가 있는 경우 의지의 자유를, 의지에 자유가 없는 경우 필연성에 종속된 것을 발견하는 주요 수단이 돼야 한다고 생각할 수 있다. 하지만 그렇지 않다. 쇼펜하우어는 자기의식이 의지의 자유를 드러낸다고 '생각하는' 것은 쉽고 거의 피할 수 없는 실수지만, 자기의식은 이 중요한 문제를 결정할 능력이 없다고 주장한다. 실제로 우리가 외부 세계를 전혀 고려하지 않고 우리 '내면'만 살펴서는 의지행위와 그 근거의 관계에 대해 아무것도 밝혀내지 못한다는 것이다.

평범한 사람들은 "나는 내 의지대로 할 수 있다."라는 말을 진실로 인식한다. 이것이 바로 평범한 사람들이 의지의 자유라고 생각하는 바다. 그리고 부연하자면, 고전적 양립가능론이라는 비교적 단순한 철학적 입장도 마찬가지다. 고전적 양립가능론은 "인간의 자유는 …… 그가 하고 싶은 의지, 욕망, 의향이 있는 일을 하는 데 있어 멈추지 않는다는 발견으로 구성된다."[13]라는 홉스의 입장이나 "의지의 결정에 따라 행동하거나 행동하지 않을 수 있는 힘, 즉 우리가 가만히 있기로 선택하면 그럴 수 있고, 움직이기로 선택하면 또한 그럴 수 있는 힘"[14]이라는 흄의 개념에서 찾아볼 수 있다. 그러나 쇼펜하우어는 행위나 행동의 자유와 의지의 자유는 본질적으로 다르다고 반박한다. 만약 우리가 오른쪽으로 방향을 바꾸려는 의지가 있고 구속이나 마비, 약물 복용 등의 제약이 없다면 그렇게 행할 것이고, 마찬가지로 왼쪽으로 방향을 바꾸려는 의지가 있다면 그렇게 행할 것이다. 하지만 이것은 애초에 오른쪽으로 돌리려는 의지와 왼쪽으로 돌리려는 의지가 똑같이 있었는지에 대해서는 아무것도 알려 주지 않는다. 쇼펜하우어는 여기서 일종의 근본 원리에 도달하기 때문에 자기의식만으로는 이것을 알 수 없다고 주장한다.

만약 지금 "당신의 의지 자체는 무엇에 달려 있나요?"라고 묻는다면 그 사람은 자기의식에 따라 "다른 것이 아닌 오로지 나한테 달려 있지요! 나는 내가 의욕하는 일을 의욕할 수 있고, 내가 의욕하는 일이 내 의욕입니다."라고 대답할 것이다. …… 여기서 극한으로 밀어붙이면, 그는 자신의 의욕에 대한 의욕을 이야기하는데, 이는 마치 그의 나가 곧 나라고 이야기하는 것과도 같다. 그를 자기의식의 핵심으로 몰아가 그의 나와 그의 의지를 구분할 수 없는 상태에 이르면, 이 두 가지를 판단할 수 있는 것은 아무것도 남지 않는다.[15]

내 행동의 근원이 나라는 익숙하고도 포착하기 어려운 감각은 외부의 원인이 아닌 내 의지가 내 행동의 근원이라거나 외부의 원인이 아니라 내가 내 행동의 근원이라는 말로 표현할 수 있다. "내가 오른쪽이 아닌 왼쪽으로 돈 것은 내게 달려 있었다."라거나 "나는 순전히 내 의지에 따라 오른쪽이 아닌 왼쪽으로 돌았다."라고 말할 수 있다. 하지만 쇼펜하우어가 여기서 지적하듯이, 이런 말을 다른 표현으로 바꿔 설명하려 하면 더 이상 아무 말도 할 수 없다. 내가 내 의지의 원천이라거나 왼쪽으로 돌려는 내 의지는 내게 달려 있었다고 말해 봤자 사실상 아무런 정보도 추가되지 않는 것이다.

쇼펜하우어는 우리가 의욕하는 바를 할 수 있다는 것을 자기의식 속에서 알 수 있고, 그로 인해 우리 의지가 자유롭다고 인식한다고 느끼는 것이 자연스럽더라도 이것은 착각이라고 주장한다. 그의 말처럼 이는 "자기의식이 있다고 해서 인간에게 의지의 자유가 있다고 결론 내릴 수 있는가?"라는 앞서 제시된 질문에 '아니오.'라는 답을 제시한다. 하지만 쇼펜하우어는 자신의 주장을 더 보강할 방법을 찾아 나선다. 만약 우리가 자기의식 너머를 살펴본다면 어떻게 될까? 만약 외부 세계에 대한 우리의 인식을 검토해 필연성에서 벗어난 자유로운 의지란 없다는 것을 발견한다면, 우리는 단순히 자기의식으로부터 의지의 자유를 증명할 수 없을 뿐만 아니라 자기의식 속에는 의지의 자유를 증명할 근거가 있을 수 없음을 깨달을 것이다. 애초에 존재하지도 않는 것을 우리 내면에서 인식하기란 불가능하기 때문이다. 쇼펜하우어는 자기의식에서 '다른 것들에 대한 의식'으로 이행하면서, 객관적 세계 어디에서든 어떤 일이 일어난다면 그것이 필연적으로 어떤 근거에 따른 결과라는 규칙에는 예외가 없다고 주장한다. 따라서 우리의 외부 경험의 세계, 즉 직관적이거나 경험적인 세계에는 자유의지가 존재하지 않는다. 쇼펜하우어는 여기서 두 가지 노선의 기본적 주장에 따른다. (1) 칸트적 주장: 경험적 영역의 모든 사건에는 필연적으로 그 사건을 유발하는 원인이 있다는 것은 선험적으로 알 수 있는 보편적 원칙이다. (2) 자연 전반의 연속성에 대한 주장: 무생물 영역부터 식물, 모든 동물, 마지막으로 인간에 이르기까지 모든 지점에서 인과율이 작동하며, 단계적인 진행 과정에서 필연성이 사라지는 급격한 단절 지점은 발견할 수 없다. 쇼펜하우어는 인과율의 세 가지 다른 표현을 구분한다. 물리학과 화학 수준에서 작동하는 순수한 원인과 결과, 다음으로 식물과 동물이 감응하는 자극과 반응, 다음으로 세계를 인지하고 의지행위의 동기가 되는 정신적 표상을 제공할 수 있는 정신을 가진 생물의 영역인 동기와 행위다. 이 위계에서 마지막에 나타나는 것이 이성이다. 이 경우에 생명체는 단순히 지금 여기에 대한 직관뿐만 아니라 일반적인 개념을 고안할 수 있는 능력을 갖는다. 개념이 있으면 과거와 미래에 대해 생각하고 판단하고 추론하고 숙고해 행동할 수 있고, 그런 판단과 추론이 우리의 의욕하는 행동을 일으키는 동기가 된다. 이 마지막 경우에는 사고와 행위가 복잡하고, 이를테면 10년 전에 형성된 신념과 지난주에 했던 추론이 오늘의 행동을 초래하는 식으로 어떤 행위와 원인 사이가 매우 멀리 떨어진 경우가 많기 때문에, 우리는 이성적으로 동기가 부여된 인간의 행위를 단순한 인과관계의 경우와는 전혀 다른 종류로 보려는 유혹에 빠지기 쉽다. 그러나 이성적인 인간의 행위 역시 자연계의 일부로서 발생하므로 다른 종류의 사건, 예컨대 먹이를 보고 움직이는 비이성적 동물, 햇빛 자극에 반응해 움직이는 식물, 또는 (앞에서 살펴본 것처럼) 다양한 원인에 따라 다양한 행동을 하는 물과 마찬가지로 필연성에 따르게 돼 있다.

동기는 "인지를 통과하는 인과율이다."[16] 동기는 인식의 대상이며, 따라서 쇼펜하우어가 보기에 동기는 인식주체를 위한 표상이다. 동기는 의욕하는 행동을 일으키는 표상이다. 뒤에서 살펴보겠지만, 쇼펜하우어는 여러 동기들의 숙고 가능성을 인정하므로, 어떤 동기는 사실상 행동으로 옮겨지지 않고 의욕하는 행동으로 이어지지 않는다는 점을 유념해야 한다. 따라서 동기는 주체의 의식에서 비롯돼 주체의 의욕하는 행동을 유발하거나, 적어도 유발할 가능성이 있는 의식적 지각 또는 사고라고 할 수 있다. 쇼펜하우어는 더 나아가 이렇게 말한다.

> 의지행위는 그 자체로 처음에는 자기의식의 대상일 뿐이지만, 다른 것들에 대한 의식에 속하는 어떤 계기로 인해 발생한다. 이 계기는 인식능력의 대상으로, 이 관계에서 '동기'라고 불리는 동시에 의지행위의 재료가 된다. 이는 의지행위가 동기를 지향하며, 그것의 어떤 변화를 목표로 하거나 그것에 반응한다는 의미다.[17]

쇼펜하우어에게 '의지행위act of will'는 '의욕하는 행동willed action'과 동일하다는 것을 항상 염두에 둬야 한다. 신체적 행동과 인과관계에 있는 순전히 정신적인 '의지행위' 또는 자유의지란 존재하지 않는다.[18] 신체적인 의지행위는 현재 일어나는 동기가 원인이 된다. 의지행위는 거기에 특정한 목표나 내용을 부여하는 인지 상태의 결과다.

쇼펜하우어의 의지 개념은 복잡하고 어떤 면에서는 도무지 이해하기 힘들다. 하지만 여기서는 방향성을 제시하는 몇 가지 언급만 해도 적절할 것이다. 우선 쇼펜하우어에게 의지행위란 빙산의 꼭대기로, 의욕이나 의지의 발현이라 불리는 상태의 위계 구조에서 가장 높은 위치에 있다. 사실 그에게 모든 유기체의 모든 행동은 이 용어로 포괄될 수 있으며, 이런 의미에서 의지는 '목적 지향적 활동'에 해당한다. 이 활동이 이성적이든 비이성적이든, 학습된 것이든 본능적인 것이든, 의식적이든 무의식적이든, 심지어 유기체 전체의 활동이든 유기체의 하위 기능에 불과하든 아무 상관이 없다. 심장이 뛰는 것은 유기체의 혈액순환과 생명 유지를 위해서고, 말벌이 둥지를 짓는 것은 새끼를 보호하기 위해서고, 고양이가 풀숲에 몸을 숨기는 것은 작은 동물을 잡기 위해서고, 내가 움찔하는 것은 날아오는 물체를 피하기 위해서고, 내가 기차를 타는 것은 베를린으로 가기 위해서다. 우리는 보통 이런 활동을 '의욕willing'이라 부르지 않는데, 일상어에서 의욕이란 의지행위에 적용되고, 위에서 말한 활동은 대부분 의지행위가 아니기 때문이다. 그러므로 일반적인 의미에서 용어를 이런 식으로 확장하는 것은 어리석은 일이다. 그러나 쇼펜하우어는 자연의 이 모든 목적 지향적 활동이 어떻게 공통된 본질을 지니는지 살펴봐야 한다고 생각한다. 자연 만물은 끊임없이 노력하며, 세계의 공통적인 본질은 확장된 의미에서 의지다. 모든 종과 자연 과정의 이런 공통성은 쇼펜하우어에게 형이상학적 기초다. 그래서 "실재에는 무엇이 존재하는가?"라는 물음에 그는 "노력하는 활동"이라고 답하고, 이는 다양한 별개의 시공간에서 개체와 사건의 경험으로 나타난다. 그러나 모든 개체와 사건은 동일한 본질을 공유하므로, 의식적/무의식적, 이성적/비이성적, 개인적/비개인적 등의 이분법은 쇼펜하우어에게 형이상학적 기초가 아니다.

다시 의지행위로 돌아가 보자. 의지행위는 유기체 입장에서 특정한 종류의 자연적인 목적 지향적 활동이다. 즉 활동에 특정한 목적을 부여하는 의식적인 객관적 인식에서 기인하는 목적 지향 활동의 에피소드다. 인간은 선택할 수 있는 능력Wahlentscheidung[19]이 있다는 점에서 다른 동물과 구별되며, 쇼펜하우어는 이 능력이 인간에게 '상대적 자유'를 준다고 인정한다. 그러나 이는 단순히 인간 행위의 원인이 감각을 통한 현재의 직관적 경험에만 국한되지 않는다는 것을 의미한다. 다른 동물과 달리 인간은 "자신의 동기인 생각에 따라 현재의 대상과는 독립적으로 자신을 결정한다."[20]

> 인간은 사고 능력을 활용해 자신의 의지에 영향을 미치는 동기를 자신이 원하는 순서대로 번갈아 가며 반복해서 자신의 의지 앞에 제시할 수 있는데, 이를 성찰reflecting이라 부른다. 인간은 심사숙고할 수 있으며, 이 능력 덕분에 동물보다 훨씬 더 많은 선택의 여지가 생긴다. …… 〔그러나〕 매우 피상적인 관점만이 이런 상대적이고 비교적인 자유를 절대적인 자유, 즉 무차별성의 자유로 받아들일 수 있다. 실제로 이런 자유를 통해 얻은 숙고 능력은 여러 동기 사이의 갈등을 초래해 자주 문제가 되며 우유부단한 상태에 이르기 쉽다. 또한 이런 갈등은 인간의 정신과 의식 전반을 전쟁터로 만든다. 인간은 반복적으로 여러 동기가 서로 경쟁하면서 의지에 힘을 미치도록 허용하며, 이로써 의지는 다양한 힘이 서로 다른 방향으로 작용하는 신체와 마찬가지인 상태에 놓인다. 이 상태가 계속되다가 결국에는 가장 강력한 동기가 다른 동기들을 물리치고 의지를 결정하는데, 그 결과는 '결심Entschluß'이라 불리며 순전히 갈등의 결과로서 필연적으로 발생한다.[21]

이것은 숙고에 대한 설명으로 얼마나 설득력이 있을까? 만약 우리가 이것을 숙고의 현상학에 대한 묘사로 받아들인다면 현실과는 크게 어긋난다고 여길 것이다. 왜냐하면 숙고하는 인간은 보통 자신이 전쟁터의 방관자라거나 인간의 결심이 단순히 물리적 사물의 움직임처럼 다양한 힘의 산물일 뿐이라고 느끼지 않기 때문이다. 우리는 어떤 결과가 적어도 다른 동기에 의해 필연적으로 결정되지 않는 듯이 보일 때만 결심이라고 여긴다. 그런데 쇼펜하우어는 때때로 이 현상학조차 부정하는 것처럼 보인다. 예를 들어 그는 우리의 지성이 숙고의 결과를 쉽게 가늠할 수 없다고 보는 '방관자'로서 그것이 "마치 수직으로 서 있어 다른 사람의 의지인 것처럼 수동적으로, 그리고 열렬한 호기심으로 진정한 결정을 기다린다."라고 말한다. 또 그 과정이 원리적으로 "마치 균형을 잃고 좌우로 흔들리는 막대를 바라보면서 이것이 '오른쪽으로도 왼쪽으로도 쓰러질 수 있다.'라고 말하는 것과 같다."라고도 말한다.[22] 그러나 나는 이런 구절을 해석하는 더 좋은 방법이 있다고 주장하고 싶다. 우리는 수동적으로 자신의 결심을 기다리는 상태가 아니라 스스로 통제하고 능동적으로 결정을 내리는 상태로 자기 자신을 경험한다. 결국 쇼펜하우어가 말하듯이 평범한 사람의 순진한 관점은 "내가 하는 모든 일은 전적으로 내게 달려 있다."라는 것이다. 결심을 기다리는 지성의 이미지, 쓰러지려는 막대처럼 의지를 사방으로 밀어내는 힘이 작동하는 이미지는 이 평범한 사람의 현상학을 바로잡으려는 의도지, 그것을 부추기려는 기이한 시도가 아니다. 이는 앞서 인용한 물의 예시에서 오로지 그 현상학이 얼마나 잘못됐는지를 드러내기 위해 현상학을 가진 무기물을 상정하는 것과도 마찬가지 기능을 한다. 쇼펜하우어의 결론은 인간의 숙고 능력이 결코 무차별성의 자유를 가리키지 않는다는 것이다.

그래서 쇼펜하우어는 이성적이든 아니든 모든 동기는 일종의 원인이기 때문에 필연적으로 우리에게 의욕하는 행동을 일으킨다고 주장한다. 그러나 이 이론을 완성하려면 동기가 어디에 작동하는지를 설명해야 한다. 여기서 그는 성격 개념으로 눈을 돌린다. 원인이 영향을 미치는 대상의 행동을 설명하려면, 그 대상의 구성이 어떤 종류든 간에 원인과 상호작용을 해 필연적인 결과를 초래한다고 가정해야 한다. 쇼펜하우어의 예시와 비슷한 예를 들자면, 태양열은 물, 밀랍, 열매, 사람 피부에 각기 다른 영향을 미친다. 열은 같더라도 그 효과는 영향을 받는 대상의 성격에 따라 달라지는 것이다. 동기가 인간 행위에 미치는 효과도 마찬가지로 인간 개개인의 성격에 따라 달라진다. 쇼펜하우어는 인간이라는 종의 특성이 있기는 해도 인간의 성격은 개별적이라고 확신한다.

쇼펜하우어는 인간의 성격이 타고난 것이며, 결코 변하지 않는다고 해도 경험적으로 발견된다고 주장한다. 나아가 이 본질적이고 변하지 않는 성격을 개인의 의지라고 부른다. 의지는 인지의 가변적인 매체인 지성과 대조되며, 한 사람의 핵심, 즉 그 사람의 존재 자체를 구성한다. 쇼펜하우어는 성격이 변하지 않는다는 주장을 뒷받침하기 위해 대중적인 속담과 태도, 시인과 극작가의 작품, 고전적인 고대 권위자들로부터 얻은 일화적인 증거를 제시한다.[23] 하지만 이런 증거는 사실상 성격이 개별적이고 선천적이며 변하지 않는다는 믿음이 오랫동안 유지돼 왔음을 입증할 뿐이다. 쇼펜하우어는 이런 대중적인 견해에 동조하면서도 개인의 행위에 일부 도덕적 개선의 여지를 남겨 둔다. 성격은 바꿀 수 없지만, 같은 사람이 같은 상황에 처하더라도 의지에 동기를 부여하는 인지 상태가 바뀌면 행동은 크게 달라질 수 있다는 것이다. 따라서 사람들이 세상에 대한 지식을 넓히고 자신의 성격과 처한 상황을 더 잘 이해하도록 하면 새로운 동기에 더 민감해지도록 가르칠 수 있다.

어떠한 도덕적 영향도 인식을 바로잡는 수준을 넘어서지 못한다. 대화와 훈계를 통해 사람의 성격적 결함을 없애고 그의 성격 자체, 즉 타고난 도덕성을 재형성하려는 시도는 마치 외부적 영향을 가해 납을 금으로 바꾸거나 참나무를 세심하게 가꿔 살구가 열리게 하려는 시도나 다를 바 없다.[24]

앨리슨은 쇼펜하우어의 입장과 칸트와의 관계를 다음과 같이 간결하게 요약했다. "쇼펜하우어가 의지의 자유를 부인한 것은 인과율의 보편적인 범위, 동기를 원인으로 보는 개념뿐만 아니라 성격의 불변성이라는 그의 핵심 원리에 기반을 두고 있다."[25] 그러나 엄밀히 말하면, 쇼펜하우어의 자유의지에 대한 반론이 성격의 불변성을 요구하는지는 분명하지 않다. 대신 내 성격이 시간이 지남에 따라 어떤 식으로든 발전하고 변화한다고 가정해 보자. 나는 t_1에서 t_n까지의 기간에는 특정한 상황에서 심술궂고 화를 내는 경향이 있지만, t_n 이후에는 같은 종류의 상황에서 더 관대하고 용서하는 경향을 보인다. 쇼펜하우어는 여기서 변한 것은 성격에 대한 우리의 지식뿐이라고 말할 것이다. 성격은 애초에 생각했던 것보다 훨씬 더 복잡했고, 새로운 맥락은 기존에 존재하던 성격의 새로운 측면을 드러냈다는 것이다. 그러나 만약 이런 예가 진정한 성격적 변화로 이루어진다고 주장한다면 전체적인 그림이 달라져야 할까? 쇼펜하우어는 여전히 개별적 인간의 의욕하는 행동은 그의 인지에 유입되는 동기와 그 동기가 영향을 미치는 특정 성격의 조합으로 결정된다고 말할 수 있다. 이때 필요한 질문은 내 인생의 매 순간에 질적으로 동일한 경험의 자극하에서 내가 특정 순간에 실제로 했던 행동과 다르게 행동할 가능성이 있었는가가 아니다. 유일한 질문은 과거에 행동할 당시의 나라는 사람과 내 경험을 고려할 때 내 행위가 필연적이었는가 하는 것뿐이다. 만약 변함

없는 그 상황에서 내가 같은 생각과 경험을 지닌 같은 성격의 사람이라고 상상한다면, 쇼펜하우어의 논리에 따라 내 행동은 여전히 같을 것이라고 결론지어야 한다. 이런 의미에서 우리는 어떤 행위든 필연적으로 하게 된다. 따라서 성격의 불변성은 적어도 쇼펜하우어의 자유의지에 대한 반론, 즉 개별적이고 경험적인 의지행위의 자유에 반대하는 주장에 한해서는 굳이 없어도 되는 전제다. 앨리슨은 쇼펜하우어의 입장이 "우리의 (경험적) 성격은 타고난 것으로서 바꿀 수 없다."[26]는 것이라고 표현한다. 그렇지만 여기서 차이점에 주목해 보자. 우리가 자기 성격을 바꿀 수 없다고 한다면 맞다. 만약 쇼펜하우어가 그런 변화가 가능하다고 생각했다면 그의 입장은 꽤나 달라졌을 것이다. 하지만 그것은 불가능하다. 우리의 성격은 우리의 의지, 즉 근본적인 행동 성향의 집합이고, 우리는 당연히 의지를 마음대로 바꿀 힘이 없기 때문이다. 그렇다고 해서 우리의 행동 성향의 집합이 시간이 지나도 절대 변할 수 없다는 의미는 아니며, 이 주장은 다른 근거를 들어 입증될 필요가 있다. 하지만 설령 그 주장이 입증되지 않는다고 해도, 앞서 말했듯이 쇼펜하우어의 자유의지에 대한 반론은 여전히 유효하다.

3절 우리 행위의 수행자

앞서 언급했듯이 쇼펜하우어의 자유에 관한 에세이의 마지막 장은 우리를 더 긍정적이고 더 도전적인 다른 방향으로 안내한다.

지금까지의 발표를 통해 인간 행위의 모든 자유를 완전히 없애고 그것이 가장 철저한 필연성에 따르는 것임을 인식했다면, 바로 그

과정에서 우리는 이제 더 높은 종류의 진정한 도덕적 자유를 이해
할 수 있는 지점에 도달했다.[27]

무차별성의 자유는 존재하지 않는다. 그래도 어쨌든 자유라 불리
는 뭔가는 존재한다. 지금까지의 설명은 '행위 요건'을 무시했기 때문
에 만족스럽지 않다. 우리는 자신이 하는 일에 '책임을 느낀다'는 사
실, 즉 "우리 자신이 행위의 수행자라는 흔들림 없는 확신"[28]을 고려
하지 않았다. 이런 자기감각은 너무도 확고해, 결정론이 진리고 우리
의 의욕은 필연적이라는 확신조차 이 감각을 무마할 수 없다. 쇼펜하
우어가 말하듯이[29] 아무리 그의 이론적 주장과 예시를 전적으로 확신
하는 독자라도 자신의 행위가 현재의 동기와 성격에서 필연적으로 발
생한다는 이유로 책임을 모면하려 들지는 않을 것이다. 이 말은 우리
가 자신의 행동에 대해 갖는 지속적인 태도를 거칠지만 정확히 묘사
하고 있다. 물론 이 지점에서 따를 수 있는 경로는 확신의 느낌을 단
순한 착각으로 치부하거나, 행동에 대한 주관적 관점과 객관적 관점,
또는 실천적 관점과 이론적 관점의 이중성을 언급하거나, 우리의 행
위를 결정된 것으로 보는 이론적 관점보다 우리 자신을 책임 있는 존
재로 보는 태도가 자기이해에 더 중요하다고 주장하는 등 다양할 수
있겠지만 말이다.[30]
　쇼펜하우어의 주장은 다음과 같다. 이 흔들림 없는 확신은 착각이
아니며, 우리는 실제로 책임이 있으나, 다만 우리의 행위가 아닌 우리
의 존재나 본질에 대해 책임이 있다는 것이다. 쇼펜하우어의 주장은
그가 지금 상기시키듯이 특정한 인간 행위가 발생하는 데 '절대적인'
필연성이 있음을 보여 주지 않는다. 예를 들어 누군가 배가 고파서 시
장 가판대에서 먹음직스런 사과를 훔쳤다고 가정해 보자. 지금 여기
서 그런 사건이 발생하는 것은 당연히 필연적이지 않다. 그저 하필 그

사람에게 특정한 동기와 상황이 작용했기 때문에 훔치는 행위가 벌어
진 것이다.

> 만약 그가 다른 사람이었다면, 전혀 다른 행위나 실제로는 그와 정
> 반대의 행위가 얼마든지 가능하고 또 일어날 수 있었다. 이것만이
> 정해져 있던 부분이다. 그가 다른 사람이 아니라 그 사람이기 때문
> 에, 그가 그런 성격이기 때문에 다른 행위는 사실상 불가능했지만,
> 다른 행위 자체는 객관적으로 봤을때 일어날 수 있었다. 따라서 그
> 가 의식하는 책임은 잠정적이고 표면적으로 행위와 관련되지만 근
> 본적으로는 그의 성격과 관련된다. 그가 책임을 느끼는 것은 그의
> 성격 때문이다. 그리고 다른 사람들이 그에게 책임을 묻는 것도 그
> 의 성격 때문이다. …… 행위는 동기와 더불어 단지 행위자의 성격
> 에 대한 증거로 고려될 뿐이지만, 성격의 확실한 징후로서 바로 이
> 행위로 인해 성격이 변하지 않고 영원히 발견된다.[31]

  그러나 쇼펜하우어는 이런 종류의 책임이 우리의 경험적 존재가
아니라 우리의 예지적 성격, 즉 시간을 초월하는 물자체와 관련된다
고 주장한다.

> 경험의 대상으로서 경험적 성격은 인간 전체가 그렇듯이 단순한 현
> 상에 불과하며, 따라서 모든 현상, 시간, 공간 및 인과관계의 형식에
> 구속되며 해당 법칙에 따라야 한다. 반면에 물자체는 이런 형식과
> 무관하고 시간 구분에도 종속되지 않으므로, 이 전체 현상의 지속
> 적이고 불변하는 조건이자 기반은 그의 예지적 성격, 즉 물자체로
> 서의 의지다. 이런 성격에는 확실히 (단순한 현상의 형식인) 인과법
> 칙과는 무관한 절대적인 자유가 포함된다. 그러나 이 자유는 초월

적이며, 즉 현상에 나타나는 것이 아니라 모든 시간을 벗어나 인간 자신의 내적 본질로 생각되는 바에 도달하기 위해 현상과 그 모든 형식을 추상화하는 한에서만 존재한다. 이 자유가 있기 때문에 인간의 모든 행위는 아무리 경험적 성격과 동기가 동시에 작용해 필연적으로 발생한다고 해도 자기 자신의 산물이 된다. 왜냐하면 이 경험적 성격은 우리의 인식능력 안에서 예지적 성격의 현상에 불과하고 …… 우리 존재의 본질 자체가 인식능력에 드러나는 방식과 형태에 불과하기 때문이다. 따라서 의지는 실제로 자유롭지만, 오직 그 자체 안에서나 현상 밖에서만 자유롭다. ……

이런 식으로 보면 쉽게 알 수 있듯이 우리 자유의 산물을 일반적인 견해에서처럼 더 이상 개별적인 행위에서 찾지 말고 인간 자신의 전체 존재와 본질에서 찾아야 한다는 결론에 이른다. 인간의 존재와 본질은 비록 인식능력에 맞춰 자유로운 행위로 드러나고 시간, 공간, 인과율에 연결된 무수히 다양한 행위들로 표현될 뿐이지만, 그럼에도 불구하고 인간 존재와 본질의 본래적 통일성 때문에 모든 행위들은 정확히 동일한 성격을 지녀야 하며, 따라서 그 행위들을 불러내고 각각의 경우에 개별적으로 결정하는 동기에 의해 철저히 필연적으로 나타나게 된다.[32]

여기까지 보면 쇼펜하우어는 경험적 성격과 예지적 성격의 구분에 아낌없는 찬사를 보내며 칸트와 같은 진영에 속하는 것처럼 보인다. 이제 두 사람의 매우 다른 입장을 동화시키는 데서 비롯한 까다로운 문제들을 살펴보겠다.

4절 예지적 성격: 쇼펜하우어와 칸트

여기서 한 가지 쟁점은 예지적 성격에 대한 담론의 인식론적, 존재론적 지위에 관한 것이다. 나의 예지적 성격, 물자체로서의 성격은 실제 존재하는 것으로 상정되는가? 아니면 그저 심각한 존재론적 주장 없이 내가 그런 성격'이라는 생각하에' 내가 그런 성격'인 것처럼' 움직여야 하는 것일까? 그리고 예지적 성격은 알 수 있는 것일까? 나의 예지적 성격이라는 것이 존재한다거나 그것이 무엇이고 뭘 하는지에 대한 주장이 지식의 주장으로 간주될 수 있을까? 우리가 어떻게 읽느냐에 따라 칸트는 이런 질문에 쇼펜하우어보다 더 신중하고 더 복잡하게 대답한다. 만약 칸트가 비경험적인 성격이 실제로 존재한다고 상정한다면, 우리는 그것의 가능성만을 주장할 수 있을 뿐 그것에 대한 지식을 가질 수 없으며, 앨런 우드Allen Wood의 표현처럼 "엄격한 형이상학적 회의주의자"[33]로 남아야 한다. 또 다른 최근 해석에 따르면, 예지적 성격은 실제로 존재하는 비경험적인 존재로 여겨서는 안 되며, 오히려 우리 스스로를 이성적 행위자로 간주하기 위해 필요한 관점이나 측면, 사고방식으로 이해해야 한다. 우드[34]는 이런 해석에 대해 칸트의 저작에서 어떠한 근거도 찾을 수 없다고 비난하지만, 이것은 크리스틴 코스가드Christine Korsgaard의 주장처럼 실천적 관점과 이론적 관점의 이중성으로 설명할 수 있다. "자유의 개념과 이성적 세계의 역할은 …… 실천적인 것이다. 그것은 우리가 도덕법칙에 따르도록 동기를 부여하는 우리 자신에 대한 개념을 제시한다."[35] 또는 앨리슨의 말처럼 "[초월적] 이상주의는 행위자를 …… 두 가지 관점에서 고려해 볼 가능성을 허용한다." 즉 "본체론적 형이상학을 제시하는 것이 아니라 단순히 책임 있는 도덕적 행위자로서 주체들이 어떻게 자신을 인식해야 하는지 설명하는 것이다."[36]

쇼펜하우어에게 예지적 성격이란 확실히 형이상학적으로 실재하는 것이다. 그는 예지적 성격을 '그 자체로 본질'이고 나의 존재existentia며 경험적 세계의 어떠한 현상보다 더 근본적으로 실재한다고 여긴다. 그는 또 예지적 성격에 대한 지식을 갖는 것이 가능하다고 생각했을까? 후기의 성찰에서는 우리가 과연 물자체를 알 수 있을지, 또 어떠한 의미에서 알 수 있을지에 대해 다소 주저함에도 불구하고,[37] 쇼펜하우어는 칸트의 엄격함을 절망적인[38] 입장으로 치부하며 경험적 영역 너머에 관한 형이상학적 지식의 전반적 전망에 대해 대담한 입장을 취한다. 그는 자기 지식에 관해 한편으로는 "우리는 …… 오직 경험적으로만 자신을 알게 되며 우리의 성격을 선험적으로 인지하지 못한다."[39]라고 말하지만, 다른 한편으로는 "인간 자신의 내적 본질로 생각되는 바에 도달하기 위해 현상과 그 모든 형식을 추상화……"한다는 말에서 우리의 본질 자체에 대한 일종의 지식이 있음을 암시하는 듯 보인다. 우리는 적어도 우리 내면에 진정한 본질이 있음을 알 수 있고, 비록 그것이 의욕하는 바는 우리의 행동이 전개됨에 따라 경험적으로만 드러날지라도 그것이 의지임을 알 수 있다.

하지만 쇼펜하우어와 칸트의 더 확연한 차이는 합리성 및 인과율의 개념과 관련된다. '이성의 인과율'은 그 정확한 지위가 어떻든 간에 칸트의 자유에 대한 설명에서 근본적인 개념이다. "이제 이성이 현상과 관련해 인과율을 지닌다고 말할 수 있다고 가정해 보자. 그렇다면 이성의 행위는 그 경험적 성격에서 …… 모든 것이 정확히 결정되고 필연적인 경우에도 자유롭냐고 말할 수 있을까?"[40] 칸트에 따르면 자유는 '순수이성이라는 순수한 예지적 능력'과 '예지적 성격에서의 이성의 인과율'이라는 개념 안에 위치한다. 칸트는 자신의 '예지적 성격'이란 용어가 명백히 이성적이지 않고 어떠한 의미에서도 인과율이 없는 곳에 적용된다는 것을 알면 놀라겠지만, 이것이 바로 쇼펜하우어의 '예지적 성격' 개념에서 실제 일어나는 일이다. 쇼펜하우어에게 예지적 성격이란 인간 개개인 안에서 일관되게 표현되는 의지다. 그는 『의지와 표상으로서의 세계』에서 (칸트에게도) 경험적 성격과 예지적 성격의 구분은 "물자체인 의지와 그것이 시간 속에 나타나는 현상 사이의 관계"[41]와 관련되며, 예지적 성격은 "특정 개인에게 나타나는 범위 안에서 물자체로서의 의지"[42]라고 말한다. 그러나 앞서 살펴봤듯이 쇼펜하우어의 의지는 본질적으로 이성적이지 않고, 본질적으로 비합리적이다. 각 개인의 본질 또는 '핵심'은 다양한 종류의 목표를 향해 특정한 목적 지향적 방식으로 노력하려는 경향이다. 합리성이란 원인의 특정한 하위분류가 이 핵심적인 성향을 특정한 방식으로 행동에 옮길 때 발생하는 것이다. 이성은 개인의 근본적인 노력 성향에 인과적으로 영향을 미치고 행동을 유발하는 사고와 추론 과정의 측면에서 온전히 경험적으로 설명될 수 있다. 따라서 이성은 합리적 존재의 본질이나 그 자체로 근본적인 것이 아니며, 우리의 행동을 일으키는 이성적 동기는 "오직 이 현상〔경험적 성격〕의 비본질적인 특징, 즉 우리 인생행로의 외형만을 나타낼 뿐이다."[43]

쇼펜하우어는 만일 칸트가 그의 원칙을 고수했다면 예지적 성격과 경험적 의지행위의 관계를 분명히 밝혔어야 한다고 생각하는 바를 말한다. 즉 예지적 성격과 경험적 의지행위 사이에는 인과관계가 성립될 수 없다는 것이다. "원인과 결과를 말할 때, 의지와 그 현상의 관계(또는 예지적 성격과 경험적 성격의 관계)를 잘못 혼동해서는 안 된다. …… 왜냐하면 그것은 인과관계와는 완전히 다르기 때문이다."[44] 쇼펜하우어는 이 기회를 빌어 칸트의 '최초 반대자들'[45]이 제기했던 더 일반적인 불만을 다시 언급하는데, 바로 칸트의 인과율 및 물자체 개념에 심하게 일관성이 없다는 비판이다. "칸트는 범주들, 따라서 인과관계의 범주 역시 가능한 경험에만 적용될 수 있다고 끊임없이 주장한 뒤에 그 범주들은 단지 감각계의 현상을 설명하는 역할을 하는 이해의 형식에 불과하며 그 외에는 아무런 의미가 없다고 주장하지만", 그럼에도 불구하고 세계가 현상으로 나타나려면 물자체와 예지적 원인이 필요하다고 추론하는 듯한 인상을 준다.[46] 그러나 '예지적 인과율'이 무엇이든 간에 엄밀히 말해 인과관계가 될 수는 없다. 혹은 그것을 인과관계라고 생각하도록 강요한다면, 그 생각은 은유의 지위에 놓일 뿐이다. 쇼펜하우어의 간단명료한 입장은 예지적 인과율이 인과관계인지 아닌지에 대한 혼란스러운 갈등에 직면해 꽤히 임시방편으로 둘러댄다는 의혹을 사지 말고, 그냥 인과율은 경험적 영역에서만 작동한다는 원칙을 고수하고 논의를 끝내자는 것이다. 모종의 근거와 결과의 관계로 취급하는 모든 인과율의 개념에도 비슷한 지적을 적용할 수 있다. 쇼펜하우어가 보기에 근거와 결과를 연관시키는 모든 형태의 충족이유율은 오로지 주체를 위한 표상들 사이의 관계에만 해당될 뿐이다(이것이 『충족이유율의 네 겹의 뿌리에 관하여』 전반에 걸친 논증의 주된 요지다). 따라서 쇼펜하우어는 경험적 영역이 예지적 영역에 근거하거나 그로부터 필연적으로 결정된다고 추론하려는 모든 시도를 배제한다.

물론 쇼펜하우어 자신도 예지적 성격이 경험적 성격을 '결정한다bestimmt'고 말하지만, 곧바로 그것은 "모든 개인의 행위에 똑같이 존재하며 마치 봉인 천 개에 담긴 인장Petschaft처럼 모든 행위에 찍혀 있다."[47]라고 설명한다. 또 다른 데서는 경험적 성격을 단지 "시간을 초월한 …… 예지적 성격이 시간 속에서 펼쳐지는 것"[48]이라 규정하며, 다음과 같은 비유를 든다.

나무 전체는 하나의 동일한 충동이 끊임없이 반복해서 나타난 현상에 불과하고 …… 그 충동은 잎, 자루, 가지, 줄기의 구성에서 반복되며 쉽게 알아볼 수 있듯이, 마찬가지로 인간의 모든 행위도 형태가 조금씩 달라질 뿐 그의 예지적 성격이 끊임없이 반복되는 표현에 불과하며, 경험적 성격은 이런 표현의 총합에 기초한 귀납이다.[49]

이렇듯이 우리가 경험적 행위와 예지적 성격 사이에서 찾으려는 관계는 '펼쳐짐', '표현', '존재 드러내기'에 해당한다. 우리는 근본적이고 단일하며 영원한 실재가 오랜 시간에 걸쳐 여러 예시에서 그 자체의 명백한 측면을 드러낸다는 다소 전통적인 개념을 가지고 있는 듯하다. 여기서 이 개념의 일반적인 장점을 논하기는 힘들지만, 이는 자유의지를 설명하기에 신비롭고 존재론적으로 많은 대가가 따르는 방법일 것이다.

쇼펜하우어의 예지적 성격에 대한 설명에서 받아들이기 어려운 구체적인 부분 중 하나는 그것을 의지행위나 행동으로 묘사한다는 점이다. "시간에서 벗어나 있어 나눌 수 없고 변화시킬 수 없는 의지행위",[50] "단지 인식능력에 맞춰 드러나고 시간, 공간, 인과율에 연결돼 무수히 다양한 행위들로 표현되는 자유로운 행위"[51] 등의 구절을 보라. 칸트에게서도 이와 비슷한 아이디어가 보인다. 예를 들어 『순수이성 비판』에서는 "순수이성은 순수한 예지적 능력으로서 시간이라는 형식에 종속되지 않는다. ······ 예지적 성격에서 이성의 인과율은 어떤 특정 시점에 발생하거나 작동하기 시작해 효과를 낳는 것이 아니다.",[52] "예지적 성격에서는 ······ 이전이나 이후가 적용되지 않으며, 모든 행동은 ······ 순수이성의 예지적 성격에 따른 즉각적인 결과다."[53]라고 말한다. 그의 윤리 저작들에서는 한 사람의 전반적인 성향이나 성격인 심정Gesinnung의 시간을 초월한 선택에 대해 이야기한다.[54] 이로 인해 후대 논평가들은 시간을 벗어난 자유 행위에 대한 쇼펜하우어의 진술과 칸트 사이의 적어도 피상적인 유사성에 주목하게

됐다.[55]

쇼펜하우어는 우리가 자신의 성격을 선택하며, 이 선택은 시간을 초월한 단 한 차례의 행위로 이루어져 영원히 지속되고, 우리는 그 성격에서 기인하는 모든 시간 속의 문제에 운명 지워진다고 생각하는 것처럼 보인다. 이에 대한 증거는 플라톤의 『국가』 끝부분에 나오는 에르 신화가 예지적 성격과 경험적 성격에 관한 핵심을 비유적으로 표현한 것이라는 그의 발언에서 찾아볼 수 있다. 쇼펜하우어가 인용한 포르피리오스의 텍스트 중 이 신화의 주해를 보면 다음과 같다.

> 영혼은 육체나 다양한 생명 형태에 정착하기 전에 이러저러한 생명체를 선택할 자유가 있으며, 그 후 영혼에 적합한 생명이나 육체를 통해 구현된다. 그러나 이 자유는 영혼이 어느 하나의 생명 형태를 얻자마자 사라진다.[56]

쇼펜하우어는 영혼과 육체의 이원론을 거부하고, 실제로 영혼이라는 개념을 전혀 사용하지 않았기 때문에 여기서 우화만을 발견할 수 있다. 그의 관심사는 오로지 시간을 초월한 자유로운 선택과 그로부터 비롯된 성격의 고정성을 대조해 강조하는 것이다.

쇼펜하우어는 에르 신화가 칸트의 입장을 예견한다고 주장하지만, 이 해석은 미심쩍다. 일부 칸트 학자들은 칸트의 말이 때때로 이런 해석을 이끌어 낸다고 인정하면서도, 칸트가 쇼펜하우어처럼 운명론을 받아들였다고 볼 필요는 없다고 주장한다. 두 가지 예를 들어 보자. 앨런 우드는 칸트가 단 한 번의 영원한 성격 선택이라는 개념을 고수한다고 해도, 그런 선택에 이른바 운명론이 수반되지는 않는다고 주장한다. 왜냐하면 "우리의 시간을 초월한 선택도 시간 속에서 발생하는 행위처럼 각 개체의 행위를 자발적으로 결정한다고 봐야 하기 때문이다. ……우리의 영원한 선택은 우리의 행위를 미리 결정하는 것이 아니라 각 행위에 즉각적인 영향을 미친다."[57] 그러므로 나는 행동할 때마다 자유롭다. 나의 영원한 자유로운 선택이 그 순간에 작용하고, 이 선택은 "내가 어떤 사람이 될 것인지에 대한 결정, 혹은 칸트가 『이성의 한계 안에서의 종교』에서 말했듯이 내 행동이 따라야 할 '근본 원칙'의 결정[58]"[59]이기 때문이다. 이것은 쇼펜하우어식 운명론이 아니다. 앨리슨은 칸트에게 영원한 선택이란 개념은 심리적이거나 형이상학적이거나 어떤 종류의 실제 사건이 아니라 이성에 대한 관념을 표현하는 것으로 볼 수 있다고 주장한다. 이 관점에서는 영원한 성격 선택이란 존재하지 않고, 단지 이성이 선택한 근본 원칙이나 일련의 원칙에 따라 규칙을 정해 의지를 결정한다는 규제적인 개념이 존재할 뿐이다.[60] 그러나 우리의 목적상 더 중요한 점은, 그것이 어떻게 읽히든 간에, 칸트에게 영원한 선택의 개념은 이성의 힘과 행위자가 따라야 할 규칙에 관련된다는 사실이다. 그리고 바로 여기에 칸트와 쇼펜하우어의 결정적인 차이점이 있다.

칸트가 예지적 성격을 언급하는 것은 내가 내 행위의 근원이거나 내 행위에 통제력을 갖는다는 확실한 감각을 추구하기 때문이다. 이 생각의 핵심은 이성이 자연에서 발견되는 인과적 힘과는 전혀 다른 힘을 갖고 있다는 것이다. '예지적 인과율'이라는 용어로 불충분하게나마 표현되는 이 대체적인 힘이 없다면 '행위 요건'은 충족될 수 없으며, 나는 나 자신을 온전한 행위자로 간주할 수 없다. 이성이 내 행동 규칙을 설정하고, 내가 그 규칙에 따라 행동하려면 자발적으로 그것을 규제력을 가진 규칙으로 받아들여야 한다. 앨리슨의 말에 따르면 다음과 같다.

합리적 행위자는 (라이프니츠-흄의 모델에서처럼) 가장 강한 욕망에 따라 준기계적으로 결정되는 것으로 간주되지 않는다. 오히려 진정한 주체성의 발현으로 행동을 취하는 한 …… 거기(행동)에는 행위자의 자발적인 행위가 수반된다고 여겨진다. 이로써 성향이나 욕망이 적절한 행동의 근거로 간주되거나 받아들여진다. …… 나아가 …… 성향이나 욕망을 실천적 규칙이나 원칙하에 포용할 때 적절한 행동이 이루어진다.[61]

우리는 이미 쇼펜하우어의 설명이 이와 얼마나 다른지 살펴봤다. 합리적 주체성과 숙고에 대한 그의 생각은 경험적 성격(행위자의 의지)과 현재 일어나는 동기가 행동을 결정한다는 의미에서 '준기계적'이다. 하지만 그가 말하는 예지적 성격은 무엇이든 간에 합리적이지 않기 때문에 칸트가 거기에서 추구하는 종류의 대안적 힘을 제공할 수 없다. 실제로 쇼펜하우어의 예지적 성격은 행위자가 자연 속에 더욱 확고히 뿌리내리게 하려고 고안된 개념이다. 왜냐하면 그는 예지적 성격을 행위자의 진정한 본질로 간주하며, 자연에 존재하는 모든 것의 본질인 의지 및 노력과 공통된다고 보기 때문이다. 따라서 쇼펜하우어식 예지적 성격은 칸트식 예지적 성격과 같은 역할을 할 수 없다.

5절 왜 예지적 성격인가

칸트의 입장과 쇼펜하우어의 입장 간의 몇 가지 차이점을 지적했으니, 이제는 왜 쇼펜하우어의 이론에 예지적 성격이 필요한지를 질문해야 한다. 쇼펜하우어도 칸트와 마찬가지로 책임감이나 주체성이 위치할 지점을 찾고 있다. 그러나 쇼펜하우어의 입장에서는 이성과 동기가 이미 경험적 측면에 존재하고 예지가 어떻게 행동에 영향을 미치는지 명확하지 않은 상황에서, 책임감이나 주체성을 지속적인 경험적 성격에 위치시키는 편이 더 나은 해결책 아니었을까? 그는 경험적 성격이 자연에 깊이 뿌리내린 목적 지향적 행동을 하려는 성향이고 발생적 동기와 함께 모든 개인의 행동을 유발한다고 보니까 말이다. 그렇게 되면 나는 나라는 특정한 인간의 의지가 내가 나라고 생각하는 의식 안의 특정한 인지적 사건에 의해 움직이게 되는 일종의 사태에 책임을 져야 한다(쇼펜하우어의 표현[62]대로). 이는 내가 내 행위의 수행자라는 설명, 이른바 '행위 요건'을 충족시키는 설명의 근거가 될 수 있으며, 시간을 초월하거나 비경험적인 개념에 전혀 의존할 필요가 없다. 그렇다면 왜 이것만으로 충분하지 않은 것일까? 쇼펜하우어의 대답을 간단히 재구성해 보면 다음과 같다.

(1) 우리가 우리 행위의 수행자라는 확실한 느낌을 통해 우리에게 책임이 있음을 확인한다.
(2) 책임은 자유로운 행위에만 부여된다.
(3) 자유는 필연적인 근거가 없는 것이다.
(4) 경험적 영역의 어떠한 것에도 필연적 근거가 부재할 수는 없다.

이로부터 우리의 일부 또는 한 측면이 경험적 영역 밖에 있어야 한다고 결론 내릴 수 있다. 이는 마치 우리의 주체라는 느낌이 우리에게 본성의 경험적 부분 이상이 돼야 한다고 요구하는 것과도 같다. 쇼펜하우어는 (3)을 자유의 정의 중에 유일하게 온전한 내용으로 받아들인다. 또 (4)를 선험적으로 필연적인 오성의 원칙으로 받아들인다. 따라서 이 두 전제 중 어느 한쪽을 포기하도록 설득할 방법은 없다. 그렇지만 (1)과 (2)는 더욱 취약해 보인다. 니체는 『인간적인 너무나 인간적인』의 '예지적 자유의 우화'[63]에서 다음과 같이 (1)을 정면으로 공격한다.

> 쇼펜하우어는 …… 이렇게 결론을 내렸다. 특정한 행동에는 불쾌감('죄의식')이 뒤따르기 때문에 책임감[64]이 존재해야 한다. …… 이 불쾌감을 느낀다는 사실로부터 쇼펜하우어는 인간이 자신의 행동이 아닌 자신의 본성에 대해 어떻게든 획득한 자유를 증명할 수 있다고 믿는다. …… 여기서 불쾌감의 사실로부터 이 불쾌감의 정당성, 즉 합리적인 인정 가능성이 추론될 수 있다는 잘못된 결론이 도출된다. …… 그러나 행위 후의 불쾌감은 절대적으로 합리적이어야 할 의무가 없으며, 오히려 합리적일 수가 없다. 그 감정은 바로 그 행위가 필연적으로 일어날 필요가 없었다는 잘못된 전제에 근거하기 때문이다.[65]

그러나 니체의 지적은 (2)(책임은 자유로운 행위에만 부여된다.)에 초점을 맞추는 듯 보인다. 그가 막으려는 추론은 우리가 행위자라는 느낌에서 필연적이지 않은 행동에 대한 책임감으로 넘어가기 때문이다. 니체는 우리의 행위가 필연적이기 때문에 우리에게는 책임이 없다고 주장한다. 이는 앞서 제기된 지적, 즉 의욕하는 행동의 현상학이 우리를 우리의 행동에 필연적이지 않다고 제시하는 것이 잘못이라면, 자연히 우리를 책임 있는 행위자로 제시하는 것 역시 잘못이라는 지적과 맞물린다.

그러나 쇼펜하우어의 설명 (2) 자체가 취약해 보인다는 주장도 가능하다. 쇼펜하우어는 두 가지 측면에서 논의의 진전을 보였다. 즉 우리의 행위가 무차별성의 자유에 귀속될 수 없음을 보여 줬고, 그럼에도 불구하고 우리에게는 흔들림 없는 행위의 감각이 존재함을 보여 줬다. (2)는 이 두 주장을 함께 유지하는 데 불필요한 장애물처럼 보인다. (여전히 자유는 필연적인 근거가 부재한다는 가정하에) 우리가 책임지기 위해서는 자유로워야 한다는 주장을 포기한다면 한층 더 일관된 설명이 가능하지 않을까? (2)를 포기하면 어디선가 '자유로운' 뭔가를 찾으려는 부질없는 시도를 미연에 방지할 수 있다. 다시 말해 쇼펜하우어는 우리에게 자유가 있다는 모든 긍정적 주장을 일관되게 포기하고, 경험적 측면뿐 아니라 모든 면에서 우리에게 자유가 없다는 것을 인정하면서도, 자유가 결핍되더라도 우리 행위의 감각이 사라지지는 않는다는 주장을 유지했어야 한다는 지적이 제기될 수 있다.

6절 개체성의 문제

이 마지막 절에서는 설령 책임이 있다면 시스템 어딘가에 자유가 있어야 한다는 단계를 인정하고 자유가 있는 것은 무엇이든 예지적이거나 비경험적이어야 한다는 추가적인 단계를 인정한다고 해도, 쇼펜하우어에게는 이 비경험적인 것이 어떻게 일관되게 개별적인 것이 될 수 있는가라는 심각한 문제가 여전히 남아 있음을 주장하고자 한다. 쇼펜하우어가 누누이 반복하듯이 공간과 시간은 개체화의 원리다. 물자체는 공간과 시간에 종속되지 않으므로 개별적으로 나눌 수 없다. 그렇다면 예지적 성격은 물자체로서 시간과 공간을 초월하므로 개인별로 나눌 수 없을 텐데 어떻게 특정한 개인의 본질 자체가 될 수 있겠는가? 개체화는 예지적 성격이 위치하는 물자체의 수준에서는 이루어질 수 없다. 이후에 쇼펜하우어는 이 난제를 인정하는 발언을 하며 본인도 이 문제를 해결할 수 없다고 조용히 시인한다.

개체성은 개체화의 원리principium individuationis에만 의존하지 않으며, 따라서 단순히 현상에만 그치지 않는다. 대신 개체성은 물자체, 개인의 의지에 뿌리를 두는데, 이는 개인의 성격 자체가 개별적이기 때문이다. 이제 이 뿌리가 얼마나 깊은지는 내가 여기서 대답하려는 질문에 해당하지 않는다.[66]

쇼펜하우어가 이 상황에 대응할 한 가지 방법은 바로 그의 이데아Ideas 개념에 있다. 그의 이데아는 복수로, 서로 구별되면서도 시공간을 초월하는 개념이다. 쇼펜하우어는 예술적 초상화 이론에서 인간 개개인의 성격이 각기 고유한 이데아를 표현한다고 주장한다.[67] 그러나 자유의 맥락에서는 비경험적 개체화라는 이 문제를 다루지 않기 때문에 개체는 반드시 경험적이어야 하고 경험적인 것은 필연적이어야 한다는 도전에 여전히 열려 있게 된다. 이는 필연적이지 않고 자유로운 책임의 원천은 비경험적일 뿐만 아니라 비개체적이어야 한다는 결론으로 귀결된다. 그 결과, 내 행동에서 스스로 펼쳐지는 자유롭고 필연적이지 않은 내적 본질은 철저히 개별적이어야 하고 나라는 개체에만 고유하게 해당해야 한다는 이 생각에는 적어도 심각한 불일치가 존재하고, 최악의 경우에는 완전한 모순이 존재한다. 마찬가지로 쇼펜하우어가 시도하는 바를 자유롭고 초시간적인 의지행위, 즉 에르신화처럼 고정된 본성의 선택이라는 측면에서 본다면, 그 행위가 내 것이어야 하고 그러려면 그가 명시하듯이 특정한 인간 개인에게서 행위가 비롯돼야 한다는 점에서 동일한 난제에 처하게 된다.

이런 어려움은 쇼펜하우어가 『의지와 표상으로서의 세계』에서 그의 형이상학을 본격적으로 전개할 때 더욱 심화된다. 그는 "진정한 자유, 즉 충족이유율에서의 독립은 오직 물자체로서의 의지에서만 가능하며 그 현상에서는 가능하지 않다."[68]라고 주장한다. 그러면 이제는 공간과 시간을 벗어나 어떠한 근거나 필연에도 종속되지 않는, 세계의 단일한 내적 본질인 의지만이 진정으로 자유로울 수 있다는 점이 분명해진다. 이 의지는 나와 내 행동을 포함한 무수히 많은 개체와 행동으로 시공간 속에서 자유롭게 발현되지만, 개체인 나는 전혀 자유롭지 못하다. 결국 쇼펜하우어적인 개인이 말할 수 있는 것은 "만약 내가 다른 사람이었다면"이란 말뿐이다.[69] 개인은 무력한 존재로 밝혀지고, 세계가 그를 통해 발현되면 적합하다고 본 개체성에 대한 책임감과 죄책감에 사로잡혀 있다. 그리고 쇼펜하우어의 체계에서 개체성은 그 자체로 우리가 벗어나야 하는 저주이자 오류로 나타난다. 죽음은 "더 이상 나로 존재하지 않을 수 있는 좋은 기회"[70]며, 이렇게 개체를 상실해야만 의지는 진정한 자유를 되찾을 수 있다. 미적 경험, 자비로운 행동, 고통스러운 삶이 필요로 하는 '구원'에서 발견되는 가치 등은 전부 경험의 주체를 개체와의 동일시에서 분리시키는 의식의 변화를 중심으로 전개된다. 쇼펜하우어는 더욱 종교적인 순간에 이르면 의지의 개별적 표현으로 존재하는 것 자체가 이미 죄를 짊어진 것이라고 기꺼이 말하며, 이 견해를 기독교의 원죄 교리와 연관시킨다.

> 우리가 되지 말아야 할 존재가 돼 있기 때문에 우리는 필연적으로
> 해서는 안 될 일을 하게 된다. …… 죄는 우리의 행동이나 행위에
> 있다고 해도 죄의 근원은 여전히 우리의 본질과 존재에 있다. 내가
> 「의지의 자유에 관하여」라는 에세이에서 입증했듯이 그런 행동은
> 필연적으로 본질과 존재에서 기인하기 때문이다. 그러므로 우리의
> 유일한 진정한 죄는 사실 원죄다.[71]

따라서 쇼펜하우어의 인간 존재에 대한 이론에는 진정한 개인의 자유가 들어설 여지가 전혀 없다. 다양한 생명 형태로 발현되려는 자

연의 근본적인 충동은 내 모든 행동에서 어김없이 드러나는 본질을 지닌 나라는 개별적 존재를 자유롭게 의욕한다. 나는 내 행동에 책임감을 느끼는데, 이것은 내 모든 행동이 불가피하게 나로부터 생성되고, 거기에 내 인장이 찍혀 있기 때문이다. 그렇지만 개별적인 인간인 나는 고정된 채 타고난 성격을 다르게 만들 수도 없고, 또 내게는 이 성격만 있고 다른 성격은 없으므로 다르게 행동할 수도 없다. 그럼에도 불구하고 책임감과 특히 죄책감은 나를 끝없이 짓누른다. 이때의 죄책감은 궁극적으로 내가 세계가 자유롭게 의욕하는 개체로서 존재하는 데서 기인할 뿐 내 진정한 자유에서 유래하는 것은 아니다.

3장

쇼펜하우어와
의지의 무목적성

1절 서론

『의지와 표상으로서의 세계』에서 아르투어 쇼펜하우어는 고통과 의지의 충족 간의 관계에 대해 다음과 같은 여러 가지 주장을 펼친다. (1) 의지의 충족은 결코 고통 없이 존재하지 않는다. 충족은 의지나 욕망이 있어야 가능한데, 의지나 욕망은 그 자체가 고통의 한 형태이기 때문이다. (2) 어떠한 충족도 영구적이지 않다. (3) 고통은 확연히 느껴지지만 충족은 그렇지 않다. (4) 충족의 발생은 결코 고통의 발생을 보상하지 못한다.[1] 이런 주장은 모두 철학적 논쟁과 해석학적 논의의 주제가 될 수 있지만, 여기서는 쇼펜하우어가 표면상으로는 더 근본적인 것으로 제시한 또 다른 주장에 집중하고자 한다.

> 이 고찰로 분명히 밝히려는 모든 것, 즉 지속적인 충족의 실현 불가능성과 모든 행복의 소극성negativity은 2권 말미에서 말한 것으로 설명된다. 다시 말해 인간의 삶은 모든 현상이 그렇듯이 의지가 객관

화된 것이며, 의지는 목적도 없고 끝도 없는 노력이다.[2]

이로써 쇼펜하우어의 관점에서는 우리가 지향하는 목적이 단번에 모두 달성될 수도 없고, 목적을 달성한 상태가 영구적이지도 않으며, 목적을 달성했다는 확연한 느낌이 들지도 않는다는 것을 알 수 있다. 오히려 어떤 의미에서는 의지의 목적 자체가 결여돼 있다. 의지는 어떠한 최종 목적도 없기 때문에 원칙적으로 충족될 수가 없다. 여기서 지금부터 살펴보려는 것은 바로 이 "의지는 목적도 없고 끝도 없는 노력이다."라는 명제다.

나는 먼저 "의지는 목적도 없고 끝도 없는 노력이다."라는 주장에 대한 조르디 페르난데스Jordi Fernández의 해석에 반론을 제기한다. 페르난데스는 쇼펜하우어의 이 말이 우리의 특정한 욕망에는 목적이 없다는 의미며, 그가 우리에게 욕망이 있는 한 고통은 피할 수 없다는 비관적인 결론을 뒷받침하기 위해 이런 전제를 필요로 한다고 주장한다. 그러나 나는 이런 해석이 모든 의지행위에는 지향하는 대상이 있다는 쇼펜하우어의 명시적 견해와 일치하지 않음을 지적한다. 쇼펜하우어가 "의지는 목적도 없고 끝도 없는 노력이다."라고 말한 것은 행복을 결코 얻을 수 없다는 결론이 아니라, 행복을 얻더라도 인간의 본질을 이루는 삶에의 의지와 관련된 이기적이고 자연스러운 의욕은 여전히 사라지지 않으므로 행복의 달성이 결코 끝이 아니라는 결론을 강조하려는 의도에서다. 그는 이 주장을 통해 개체의 안녕에 초점을 두고 의욕하는 목적을 달성하는 행복과 무의지Will-lessness 상태를 대조시킨다. 쇼펜하우어에게 무의지는 욕망이 더 이상 발생하지 않는 진정한 최종 상태로서, 행복보다 단연 우월한 상태다.

2절 목적 없는 욕망

최근 논문에서 조르디 페르난데스는 쇼펜하우어의 "의지는 목적도 없고 끝도 없는 노력이다."라는 주장에 대해 단호한 해석을 제시한다. 그는 이 주장을 다음과 같은 명제로 해석한다.

(AD) 욕망에는 목적이 없다.

페르난데스의 해석처럼, AD가 참이라면 "우리는 어떠한 대상을 소유해도 의욕을 멈출 수 없을 것이다. 간단히 말해 우리의 의욕에는 대상이 없기 때문이다."[3] 페르난데스는 쇼펜하우어가 조건적 염세주의 Conditional Pessimism 입장을 지지한다고 표현한다.

(CP) 우리 안에서 욕망이 생겨나는 한 고통은 피할 수 없다.

페르난데스의 분석에 따르면, 쇼펜하우어는 CP를 지지하기 위해 적어도 암묵적인 전제로서 AD에 의존해야 한다. 나는 페르난데스가 해석한 의미로는 쇼펜하우어가 AD를 전혀 지지하지 않는다고 주장할 것이다. 하지만 먼저 페르난데스가 AD에 부여한 역할을 살펴보자.

CP에서는 고통이 욕망의 발생이나 의욕의 에피소드나 의지가 충족되지 않는 에피소드에 따라 조건부로 발생한다고 주장한다. 이는 절대적 염세주의가 아니다. 만약 욕망이 발생하지 않는다면 고통에서 벗어날 가능성을 허용하기 때문이다. 그러나 쇼펜하우어에게는 의지가 모든 생명체의 본질에 해당하므로 고통의 조건적인 불가피성조차 중대한 문제로 남는다. 욕망은 우리 모두에게 거의 항상 자연스럽고 지속적으로 일어난다. 따라서 CP가 참이라면, 우리의 자연적인 상태를 고려할 때 대부분의 사람들은 대부분의 시간 동안 고통을 피할 수 없다. 이때 고통을 끊임없는 괴로움과 달래지지 않는 아픔으로만 생각한다면, 이것은 미심쩍은 주장일 수 있다. 그러므로 페르난데스가 상기시키듯이 한 가지 더 주의할 점이 있다. "CP는 어떤 고통이 아무리 일시적이거나 경미하더라도 분명히 존재한다는 의미로 읽어야 한다."[4] 따라서 쇼펜하우어는 어떤 사람의 삶에는 욕망의 충족이 빈번하고 충족되지 않는 욕망은 상대적으로 적다는 사실을 인정할 수 있다. 그렇다면 그런 경우에 어째서 신성한 행복이 불가능하다는 말인가? 페르난데스의 설명처럼 "쇼펜하우어가 행복의 기준을 매우 높게 설정"해 "일부 충족되지 않은 욕망의 지속적인 존재가 행복의 부재를 보장하기에 충분하기" 때문이다.[5]

그러므로 CP는 특별히 논란의 여지가 없는 것처럼 보일 수 있다. CP는 그저 모든 인간의 삶에는 자연스럽게 지속적으로 욕망이 발생하며, 그 결과 일시적이든 장기적이든 크고 작은 고통이 모든 인간의 삶에 불가피하게 존재한다는 것을 의미할 뿐이다. 그렇지만 문제는 CP 자체가 어떻게 뒷받침되는가에 있다. 페르난데스는 '충족감 결여 논증'과 '권태 논증'[6]이라는 두 가지 논거를 제시하는데, 그의 분석에 따르면 AD는 두 가지 논증에서 필수적인 역할을 한다.

우리는 페르난데스의 도식적 표현을 사용해 충족감 결여 논증을 다음과 같이 요약할 수 있다.[7]

(D → N) 모든 욕망은 욕구에 의해 발생한다.
(N → P) 모든 욕구 경험은 고통스럽다.

이로부터 다음과 같이 도출된다.

(D → P) 욕망을 갖는 것은 고통스럽다.

새로운 전제:

(LS) 우리의 모든 욕망을 충족시키란 불가능하다.

그러므로

(CP) 우리 안에서 욕망이 생겨나는 한 고통은 피할 수 없다.

이 논증은 '욕망을 갖는 것'을 '충족되지 않은 욕망을 경험하는 것'으로 해석한다면 타당해 보인다. 이 논증에 따르면 충족되지 않은 욕망을 경험하는 것은 항상 고통스러울 터이고, 우리가 경험하는 욕망 중 일부는 항상 충족되지 않을 것이다.

이 논증과 이를 구성하는 각 단계에 대해서는 많은 잠재적 의문이 제기될 수 있는데, 그중에는 D → P를 정말 신뢰할 수 있는가라는 의문도 포함된다.[8] 그러나 페르난데스는 전제 LS와 관련된 한 가지 핵심 질문에 주목한다. 우리의 모든 욕망을 충족시키기란 왜 불가능한가? 그는 쇼펜하우어가 숨겨진 전제로서 AD에 의존한다고 주장한다.

(AD) 욕망에는 목적이 없다.

AD의 의미는 "우리는 어떠한 대상을 소유해도 의욕을 멈출 수 없을 것이다. 간단히 말해 우리의 의욕에는 대상이 없기 때문이다. 따라서 우리의 욕망을 단번에 온전히 충족시킬 수 없는 것은 당연하다."[9]는 것이다. 페르난데스는 "LS의 요지는 누구든 특정한 욕망을 영구적으로 충족시킬 수 없다는 것"[10]임을 분명히 밝힌다. 따라서 AD는 '특정한 욕망'에 목적이 없다는 견해로 간주된다. 즉 각각의 욕망에는 어떠한 목적도 결여돼 있다는 것이다. 이 관점에서는 단지 우리가 의욕하는 대상이 얻기 어렵거나 너무 많거나, 우리가 대상 또는 대상 획득 방법을 찾는 데 서툴러서가 아니라, 애초에 욕망의 대상이란 것이 존재하지 않기 때문에 욕망의 대상을 획득하기가 불가능하다는 것이다. 욕망은 감질나게 어떤 대상을 추구하는 척하지만, 실상은 아무런 대상이 없다. 페르난데스의 말처럼 "우리 욕망의 목표는 우리가 체계적으로 그것을 잘못 인식한다는 의미에서 '단지 표면적인 것'이 아니다. 엄밀히 말하면 우리 욕망의 목표라는 것이 존재하지 않는다는 의미에서 '단지 표면적인 것'이다."[11]

페르난데스에 따르면, AD는 또 쇼펜하우어의 권태 논증[12]에도 전제로 요구된다. 이 논증의 전제는 다음과 같다.

(D → P) 욕망을 갖는 것은 고통스럽다.
(SB) 우리는 욕망이 충족되면 권태를 느낀다.

이로부터 도출되는 결론은

(CP) 우리 안에서 욕망이 생겨나는 한 고통은 피할 수 없다?

여기에는 권태도 고통의 한 형태라는 가정을 추가할 필요가 있다. 하지만 그렇더라도 SB를 왜 받아들여야 할까? 페르난데스의 대답은 SB도 AD에 근거를 둔다는 것이다. 그는 다음과 같이 설명한다.

우리가 분명히 원하던 것을 얻고 나서 권태에 빠진다면, 그 이유는

우리가 애초에 그것을 진정으로 원하지 않았기 때문이다. …… 우
리가 추구해 마침내 손에 넣은 특정한 대상을 진정으로 원하지 않
았다면, 그 성취를 즐기지 못더라도 놀라운 일이 아니다.[13]

여기서 분명한 구분이 필요하다. 사람들이 기존에 갈망하던 자동
차, 집, 휴가 등을 얻고 나서 권태를 느낀다면, 자신이 그런 것들을 진
정으로 원하지 않았다는 사실을 발견하기 때문일 수 있다. 그러나 페
르난데스는 쇼펜하우어가 다른 점을 지적한다고 본다. 사람들이 뭘
얻든 간에 권태에 빠지는 이유는, 그것을 얻기 전까지는 간절히 원하
고 열망하며 결핍감을 느끼고 (따라서 고통을 겪고) 있었기 때문이다. 하
지만 엄밀히 말해서 그들이 원하거나 갈망하던 것은 아무것도 없다.
그들의 욕망은 아무 대상도 추구하지 않는다. 마찬가지로 앞서 이야
기한 충족감 결여 논증으로 돌아가면, 만일 내가 겉보기에 자동차, 집,
휴가를 갈망하고 있다면 이 갈망은 결코 충족될 수 없도록 보장된다.
다시 말지만, 나는 그저 갈망하고 있을 뿐이지 진정으로 어떤 것을
갈망하는 것은 아니기 때문이다. 그러므로 내가 우연히 얻는 것은 무
엇이든 내 갈망의 대상이 될 수 없으며, 이는 어떠한 욕망에 대해서도
충족감을 느낄 수 없는 이유를 설명해 준다.

이제 페르난데스는 AD에 대해 비판적인데, AD는 매우 특이하고
기이하므로 당연한 일이다. 인간은 자신이 욕망하는 바를 잘못 판단
하거나 자기기만을 하는 경향이 있고, 어떠한 식별 가능한 목적도 없
는 전반적인 자신의 상태에 대해 초점이 빗나간 갈망과 불만족을 느
끼기 쉽다. 하지만 그렇다고 AD 같은 것을 욕망에 대한 최초의 가정
으로 삼는 것은 옳지 않아 보인다. 욕망, 바람, 의지, 갈망 등의 상태를
생각하는 데 있어 적어도 직관적인 출발점은 욕망이 의도적인 대상을
갖는 것, 즉 무엇에 대한 욕망이나 무엇을 하려는 욕망이라는 것이다.

이 논문의 목적상 페르난데스가 제기한 더 중요한 비판은 AD의 가정이 쇼펜하우어의 전체적인 입장을 일관성 없게 만든다는 점이다. AD의 가정은 "모든 욕망은 욕구에 의해 발생한다."라는 D → N과 충돌하기 때문이다. 이 전제의 쇼펜하우어식 표현은 "모든 의지는 욕구에서, 따라서 결핍에서, 따라서 고통에서 나온다." 또는 "모든 의지의 근거는 욕구, 결핍, 따라서 고통이며, 고통은 그 본질로 인한 의지의 원초적 운명이다."[14]이다. 페르난데스는 이 전제를 이해하려면 "욕망은 그것을 발생시키는 욕구의 제거를 목적으로 한다."[15]라는 의미로 해석해야 한다고 주장한다. 하지만 이렇게 해석하면 D → N은 욕망에 목적이 있다고 말함으로써 AD와 모순된다. 페르난데스의 조언은 쇼펜하우어가 "욕망에는 목적이 없다는 견해를 버리는 편이 더 낫다."[16]는 것이다. 그러나 나는 쇼펜하우어가 애초부터 욕망에 목적이 없다는 견해를 갖고 있지 않으므로 (지금까지 해석된 것처럼) 욕망에는 목적이 없다는 견해를 버릴 수 없다고 주장할 것이다.

3절 의지행위에는 목적이 있다

이번 절에서는 쇼펜하우어가 AD를 지지한다고 주장하면서 페르난데스가 제시한 증거가 그의 주장을 뒷받침하지 않는다고 주장할 것이다. 페르난데스[17]는 쇼펜하우어의 다음 구절을 인용한다.[18]

(i) 사실 아무 목적과 한계가 없다는 것은 그 자체로 끝없는 노력인 의지의 본질적 속성이다. …… 따라서 물질의 노력은 항상 저지되기만 할 뿐 결코 성취되거나 충족될 수 없다. 하지만 이것은 모든 의지의 현상의 노력에도 정확히 적용된다.[19]

(ii) 우리는 가장 낮은 단계부터 가장 높은 단계에 이르는 모든 단계의 현상에서 의지가 어떻게 궁극적인 목적과 대상을 전적으로 배제하는지를 확인했다. 의지는 항상 노력하는데, 이는 노력이 의지의 유일한 본질이기 때문에 어떠한 목표의 달성으로도 노력을 끝맺을 수 없기 때문이다. 따라서 이런 노력은 최종적인 충족에 도달할 수 없다.[20]

(iii) 이 고찰로 분명히 밝히려는 모든 것, 즉 지속적인 충족의 실현 불가능성과 모든 행복의 소극성은 2권 말미에서 말한 것으로 설명된다. 다시 말해 인간의 삶은 모든 현상이 그렇듯이 의지가 객관화된 것이며, 의지는 목적도 없고 끝도 없는 노력이다.[21]

내 주장은 위의 인용문 중 어느 것도 쇼펜하우어가 특정한 욕망에는 목적이 없다는 주장 AD를 지지한다는 증거가 되지 못한다는 것이다. (i)에서 페르난데스는 원문 몇 문장을 생략하는데, 그중 하나는 물질의 중력이 "비록 최종 목표는 명백히 불가능하지만 …… 끊임없이 노력하는 것."이라는 문장이다. 여기서는 최종 목표letztes Ziel가 없다는 데 방점이 찍힌다. 쇼펜하우어는 이 구절에 이어서 바로 "모든 달성된 목표jedes erreichte Ziel는 동시에 새로운 과정의 시작이며, 이런 과정이 무한히 이어진다."라는 (역시 페르난데스가 인용하지 않은) 문장을 덧붙인다. 따라서 이 구절의 요지는 특정 노력의 경우에는 달성 가능한 목표나 목적이 존재하지만 노력 자체에는 최종 목표가 없음을 대조적으로 설명하는 것이다. 쇼펜하우어는 같은 문단의 끝부분, 즉 페르난데스가 나중에 인용하는 문장[22]에서 이 대조를 극명히 드러낸다. "모든 개별적인 행위에는 목적이나 목표가 있지만, 전체적인 의지에는 목적이 없다jeder einzelne Akt hat einen Zweck; das gesamte Wollen keinen." 페르난데스는 이 문장이 방금 살펴본 더 긴 인용문과 상충한다고 주장하지만, 여기에는 상충하는 부분이 없다. 긴 인용문은 특정 행위의 목표나 목적과 의지 자체(전체적인 의지, 의지)의 무목적성 사이의 동일한 대조가 드러나는 구절에 속한다.

인용문 (ii)에서는 의지가 궁극적인 목표와 목적eines letzten Zieles und Zweckes을 전적으로 배제한다는 데 똑같이 중점을 두면서도 곧이어 "어떠한 목표의 달성으로도 의지의 본질인 노력을 끝맺을 수 없다."고 언급한다. 이 말은 달성할 목표가 있음을 시사한다. 이 구절은 의지의 최종적인 충족endliche Befriedigung의 불가능성을 다시 언급하는 것으로 끝난다. 따라서 다시 한 번 의욕의 에피소드가 추구하는 목표가 있고 실제 그 목표가 달성될 수도 있지만, '전체적인 의지'에는 최종 목표가 없다는 점을 확인할 수 있다. 인용문 (iii)에서는 의지가 목적도 끝도 없는 노력이기 때문에 지속적인 충족이 불가능하다는 주장을 반복한다. 하지만 이로부터 어떠한 특정 욕망에도 목적이 없다거나 쇼펜하우어가 다른 데서 일관되게 주장하는 대조를 명백히 폐기했다고 추론할 수는 없다. 따라서 나는 이런 구절들이 쇼펜하우어가 "욕망에는 목적이 없다." 즉 AD를 지지한다는 제대로 된 증거가 되지 못하고, 적어도 페르난데스가 그의 해석을 뒷받침하는 데 필요한 의미에서는 그렇다고 주장한다.

페르난데스의 해석에 반하는 더 긍정적인 증거도 있다. 특정한 욕망이나 의욕의 에피소드에 대상이 있다는 것은 쇼펜하우어의 긍정적인 의지 및 행동 이론의 초석이다. 그는 자유에 관한 에세이에서 이렇게 말한다.

> 만약 인간이 의욕한다면, 그는 뭔가를 의욕하는 것이다. 그의 의지 행위는 모든 경우에 하나의 대상Gegenstand을 향하며, 오직 대상이 관련해서만 이해될 수 있다. 그렇다면 의욕한다는 것은 무슨 의미

일까? 그 의미는 이렇다. 의지행위는 그 자체가 처음에는 자기의식의 대상으로서, 다른 것들에 대한 의식에 속하는 어떤 계기로 인해 발생한다. 이 계기는 인식능력의 대상으로, 이 관계에서 '동기'라고 불리는 동시에 의지행위의 재료가 된다. 이는 의지행위가 동기를 지향하며, 그것의 어떤 변화를 목표로 하거나 그것에 반응한다는 의미다. 의지행위의 존재 전체가 이 반응으로 이루어진다. 이로부터 이미 대상 없이는 의지행위가 발생할 수 없다는 점이 분명해진다. 대상 없이는 계기와 재료가 모두 부족할 터이기 때문이다.[23]

그러므로 목적을 갖는 것이 의지행위를 구성하는 요소다. 목적이 없는 의지행위나 의욕의 에피소드는 있을 수 없다. 의욕의 에피소드에는 각각의 '재료'나 내용이 있어야 한다. 의욕한다는 것은 자기 경험의 대상과 관련해 목적을 갖고 행동한다는 의미이며, 여기서 대상의 경험이 발생하는 것은 또 행동의 원인으로 작용한다. 따라서 AD를 "우리의 특정한 욕망에 각각의 목적이 없다."라는 의미로 해석한다면, 이는 옳지 않을 뿐만 아니라 쇼펜하우어에게는 이해할 수 없는 개념이다. 그의 "의지는 목적도 없고 끝도 없는 노력이다."라는 말은 다른 방식으로 해석할 필요가 있다.

4절 대문자 의지의 무목적성

지금까지 살펴본 바와 같이 쇼펜하우어는 특정한 욕망에는 반드시 목적이 있어야 하는 반면 '의지' 또는 '전체적인 의지'는 목적이 없는 것이 특징이라고 주장한다. 이런 주장을 일관되게 설명하는 한 가지 방법은 경험적으로 이해되는 '의지'와 초월적으로 이해되는 '의지'를

구분하는 것이다. 마크 미고티Mark Migotti는 이런 모순을 피하려면 소문
자 '의지will'와 대문자 '의지Will'를 형이상학적으로 구분하는 것이 필
수적이라고 제안, 이런 해석을 명료하게 표현한다.

> 쇼펜하우어의 의지 이론은 …… 시공간적으로 위치한 의지 주체
> 가 관여하는 '경험적 의지'와 형이상학적으로 궁극적이고 시공간
> 을 초월한 의지 주체가 관여하는 '초월적 의지', 즉 쇼펜하우어의
> 체계에서 만물의 본질인 대문자 의지 자체를 구분할 것을 요구한
> 다. 이런 구분의 필요성은 다음 두 가지 주장을 병치해 보면 알 수
> 있다. ……
> 1. 모든 의지(경험적)는 뭔가를 지향하고, 거기에는 목표, 즉 의욕하
> 는 목적이 있다.[24]
> 2. 사실 모든 목적과 모든 한계의 부재는 끝없는 노력이라는 의지
> (초월적) 자체의 본질적인 특성에 해당한다.[25]
> 이 두 가지 차원 또는 수준의 의지를 구별하지 않으면 …… 이런 진
> 술들은 서로 정면으로 모순된다.[26]

그러나 페르난데스의 견해에 따르면, 특정한 욕망과 달리 이 '형이
상학적으로 궁극적인' 의지에만 목적이 없다고 해석하려는 시도는
쇼펜하우어의 염세주의 주장에 도움이 되지 않는다. 초월적 수준에서
무엇이 진실이든 간에, 특정한 욕망에 목적이 있다고 주장하는 한(즉
AD를 부정하는 한) 조건적 염세주의(CP)는 지지받지 못할 것이나. 따라
서 페르난데스는 다음과 같이 말한다.

> 대문자 의지에 목적이 없다는 주장은 무의미해 보인다. …… LS의
> 요지는 특정한 욕망을 영구히 충족시킬 수 없다는 것이다. 만약 이

런 욕망에 목적이 있음을 인정한다면, 대문자 의지에 목적이 없다는 사실이 왜 우리의 모든 목표 달성 가능성을 가로막는지 이해하기 어렵다.[27]

또 다른 쟁점은 쇼펜하우어가 의지에 목적이 없다는 취지로 한 발언이 항상 여기서 말하는 대문자 의지만을 배타적으로 지칭하는지 여부다. 영어권 논평가들은 일반적으로 대문자로 시작하는 의지를 쇼펜하우어식 물자체, 즉 쇼펜하우어가 세계 자체와 동일시하는 나뉘지 않는 형이상학적 본질을 가리키는 데 사용한다. 그러나 이것은 논란의 여지가 있는 용법이다. 독일어에서는 모든 명사의 첫 자를 대문자로 쓰기 때문에, 쇼펜하우어 자신은 소문자 의지와 대문자 의지를 철자법으로 구분하지 않는다. 따라서 영어에서 대문자 표기를 도입하는 것은 이미 '의지der Wille'라는 단순한 단어를 모든 맥락에서 타당하지 않을 수 있는 특정한 방향으로 해석하는 셈이다.[28] 분명히 der Wille가 형이상학적인 물자체를 가리키는 것으로만 읽힐 수 있는 문맥들이 존재하는데, 예를 들면 쇼펜하우어가 『의지와 표상으로서의 세계』 2권 마지막에 쓴 다음 구절이 그렇다.

> '우리에게 세계의 본질 그 자체로 제시되는' 의지, 이것은 궁극적으로 무엇을 추구하며 무엇을 위해 노력하는가? …… 사실 모든 목표의 부재 …… 는 끝없는 노력이라는 의지 자체의 본질에 해당한다.(필자 강조)[29]

그러나 쇼펜하우어가 der Wille란 단어를 쓸 때마다 전반적으로 동일한 해석이 적용되지 않을 수도 있다. 그가 말하는 것이 물자체인지, 개별적인 경험적 존재의 의지인지, 경험적 존재의 특정한 욕망인지,

모든 경험적 존재의 모든 특정한 욕망인지, 아니면 사실상 이 중 하나 이상을 동시에 의미하는지는 문맥에 따라 결정될 것이다.

또한 쇼펜하우어에 따르면, 물자체로서의 의지의 무목적성이 그 경험적 발현으로도 전이되는 측면이 있음을 이해하는 것이 중요하다. 인간 행위자는 의지의 경험적 발현이다. 다른 모든 자연현상도 마찬가지지만, 이 3장의 주제가 인간의 충족 불가능성과 인간의 행복 소극성인 만큼 여기서 의지의 다른 자연적 발현을 고려할 필요는 없다. 형이상학적 의지의 경험적 발현인 모든 개개인은 (직어도 실석으로) 동일한 본질을 공유한다. "그가 자신의 본질로 인식하는 것은 세계 전체의 본질을 구성하는 것과 동일하다."[30] 동물이나 인간의 경우, "의지와 노력이 그들의 전체 본질sein ganzes Wesen을 구성한다."[31] 그리고 중요한 점은 이 본질을 공유하는 것은 무엇이건 간에 동일하게 무목적성을 공유한다는 것이다. 다시 말해 '의지를 나타내는 모든 개별적인 경험적 존재'의 본질은 최종 목적이 없는 끝없는 노력이다. 앞서 페르난데스가 인용한 세 구절 모두 정확히 이렇게 말한다. "〔그 자체뿐만 아니라〕 가장 낮은 단계부터 가장 높은 단계에 이르는 '모든 단계의 현상〔또는 외관, Erscheinung〕'에서 의지는 궁극적인 목적과 대상을 전적으로 배제한다." "이것은 '모든 의지의 현상의 노력'에도 정확히 적용된다." "'인간의 삶은 모든 현상이 그렇듯이 의지가 객관화된 것'이며, 의지는 목적도 없고 끝도 없는 노력이다."(필자 강조) 따라서 무목적성은 의지가 발현되는 모든 경험적 존재와 특히 인간의 삶에도 똑같이 적용되므로 초월적인 영역으로만 치부할 수 없다.

이 문제를 적절한 맥락에서 파악하려면 쇼펜하우어의 중심 개념인 '삶에의 의지'를 인정해야 한다. 그는 "단순히 '의지'라고 말하는 대신 '삶에의 의지'라고 말해도 …… 결국 같은 의미다."[32]라고 말한다. 따라서 쇼펜하우어는 의지와 노력이 나의 전체 본질을 구성한다고 말할 때 더 구체적으로 나는 시공간적이고 개체화되며 의지가 발현되는 자연의 살아 있는 일부로서 자연스럽게 한 개체 위주의 목적을 추구하려는 성향을 지닌다는 것을 의도한다. 다른 말로 표현하면 다음과 같다.

> 동물과 마찬가지로 인간의 가장 근본적이고 주요한 동기는 이기심, 즉 존재와 안녕에 대한 충동이다. …… 동물과 인간 모두에게 이기심은 그의 가장 깊은 내면의 핵심 및 본질과 가장 정확한 방식으로 연결돼 있으며 실제로 그것과 동일시된다. …… 인간은 무조건적으로 자신의 존재를 유지하기를 의욕하고, 무조건적으로 고통에서 자유롭기를 의욕하며, …… 자신이 누릴 수 있는 모든 쾌락을 의욕한다.[33]

이것이 나의 개별적인 본질이라면, 그리고 인간 개개인으로 객관화된 의지가 '궁극적인 목적과 대상을 전적으로 배제한다'면, 쇼펜하우어는 이러한 목적과 대상의 부재가 이기적인 목적을 추구하는 내 자연스러운 노력에 영향을 미친다고 주장해야 한다.

여기서 제기할 수 있는 한 가지 문제는 다음과 같은 실존적인 질문이다. "대체 왜 우리는 의욕하는가? 우리가 애초에 존재, 쾌락, 행복을 원한다는 사실에 근거하는 어떤 전체적인 목적이나 목표가 있는가?" 쇼펜하우어의 견해에 따르면, 인간은 일반적으로 이 질문에 대한 답이 없다. "모든 인간은 …… 왜 일반적으로 의욕하는지 또는 왜 일반적으로 존재하기를 의욕하는지 질문을 받으면 …… 아무런 답이 없고 사실상 그 질문조차 이해하지 못할 것이다."[34] 이에 대한 설명은 우리가 애초에 의욕하는 것은 어떤 목적을 이루기 위해서가 아니고, 말하자면 의욕하는 상태에 던져졌기 때문에, 그리고 그것이 우리 본질이기 때문이라는 것이다. 그러나 이 실존적 지점은 우리의 모든 특정한 욕망이 충족될 수 있는지에 대한 질문과 교차한다. 우리의 욕망과 행동이 각각 목적을 지니고 그런 목적이 모두 달성된다고 가정해도—우리의 인생행로에서 음식, 섹스, 즐거움, 돈, 인정 등에 대한 특정한 욕망을 반복적으로 충족시킨다고 가정해도— 이 실존적인 질문에 대한 답은 여전히 없을 수 있다. 그리고 마찬가지 논리로, 이 질문에 대한 답이 없다고 해서 그 자체로 우리의 개인적 욕망이 원칙적으로 충족될 수 없다고 생각할 이유는 없다. 따라서 페르난데스의 논지가 다시 한 번 유효해진다. AD라는 전제가 성립되지 않고 이로써 특정한 욕망에 목적이 있음을 인정한다면 CP, 즉 "우리 안에서 욕망이 생겨나는 한 고통은 피할 수 없다."라는 결론을 도출할 이유가 없어 보인다.

이 지점에서 우리는 다른 접근 방향을 취해, CP가 과연 쇼펜하우어가 의지의 무목적성에 대한 주장으로 뒷받침하려 했던 결론인지 의문을 제기해야 한다. 앞서 살펴본 구절에서 그가 개별적 욕망에 목적이 있다는 것뿐 아니라 의지 자체에는 최종 목적이 없다는 것에도 동의했음을 떠올려 보자. 마찬가지로 그가 "의지는 목적도 없고 끝도 없는 노력이다."라고 말할 때, 여기서 끝은 Ende의 번역으로 단순히 목적Ziel의 또 다른 표현이 아니다. 의지에 끝이 없다는 말은 그 활동이 멈추지 않는다는 의미다. 어찌 보면 이 말은 명백히 거짓이다. 인간 개개인으로 보자면, 그들의 의지는 당연히 시간적 측면에서 끝이 있다. 우리는 모두 사실상 마지막 소망을 갖고 있으며, 의지가 끝없는 노력이라는 쇼펜하우어의 말은 이 피할 수 없는 진리를 부정하려는 것이 아니다. 그러나 여기서 '목적이 없다'와 '끝이 없다'는 개념이 서로 다른 주장을 하는 것으로 이해할 필요는 없다. 오히려 나는 쇼펜하우어가 말하려는 바가 삶에의 의지와 관련해 우리가 추구할 수 있는 목적 중 그것이 달성됐을 때 의지를 종식시킬 만한 힘을 가진 목적은 없다는 의미라고 주장한다. 여기서 중요한 점은 욕망이 그 목적을 달성하지 못한다거나 때때로 일시적인 행복이 이루어지지 않는다는 것이 아니다. 그보다는 우리가 아무리 욕망의 목적을 달성해도 개인이 더 이상 노력할 마음이 들지 않는 무의지 상태를 초래할 만큼 힘이 있는 목적, 즉 최종 목적은 없다는 것이다. 쇼펜하우어가 말하는 '행복의 소극성'이란 행복의 도달 불가능성이 아니라 상대적인 무가치함을 의미한다. 행복 자체는 의지를 멈추게 하지 못하기 때문에 불충분하다.

5절 의지의 끝

쇼펜하우어에게 무의지는 인간 조건을 긍정적으로 변화시킬 수 있는 가능성의 상태다. 무의지는 "삶과 고통으로부터 진정한 구원Heil, 구제Erlösung"[35]가 일어나는 유일한 상태다. 쇼펜하우어는 또 무의지 상태를 종종 존재의 '최종 목표'나 '최종적 가치'를 지닌 유일한 조건으로 묘사한다.[36] 쇼펜하우어가 보기에 무의지는 의지가 스스로를 부정Verneinung하는 데서 비롯된다. 따라서 무의지 상태는 행복과 근본적으로 대립된다. 행복은 의지가 추구하는 바를 달성하는 것이다. "의지와 그 일시적 목표 사이에 장애물이 놓여 있을 때 이런 방해를 고통이라 부르며, 반면에 목표의 성취는 충족, 안녕, 행복Glück이라 부른다."[37] 이와 대조적으로 구원의 상태는 의지의 '자기 소멸', 즉 노력의 부재에서 비롯된다. 이 대조는 매우 중요하지만, 버나드 레긴스터Bernard Reginster의 다음 요약에서 그렇듯이 쉽게 간과된다.

쇼펜하우어는 행복을 욕망의 충족 측면에서 정의하는 듯 보인다.

행복은 "이후에 또 다른 의지가 생기지 않는 의지의 최종적인 충족, [……] 영구적인 의지 충족[eine finale Befriedigung des Willens, nach welcher kein neues Wollen einträte, [……] ein unzerstörbares Genügen des Willens]", 또는 "방해할 수 없는 만족[Zufriedenheit [……], die nicht wieder zerstört werden kann]"이다.[38]

『의지와 표상으로서의 세계』 1권에서 인용한 이 구절[39]을 읽으면, 처음에는 쇼펜하우어가 말하는 '충족'과 '만족'이 동일한 것처럼 보일 수 있다. 특히 후자는 Zufriedenheit의 번역어고, 전자는 처음 등장할 때 어원이 같은 Befriedigung를 번역한 용어기 때문이다. 하지만 면밀히 읽어 보면 이 구절은 극명한 대조를 이룬다. 여기서 언급하는 '만족Zufriedenheit, contentment'은 가능하고 매우 가치 있는 상태인 반면 '최종적인 충족finale Befriedigung, final satisfaction'은 불가능한 상태다.

따라서 절대선이란 하나의 모순이다. 최고선도 동일한 의미며, 한 번 충족되면 더 이상 새로운 의지가 생기지 않는 의지의 최종적인 충족을 적절히 나타낸다. …… 하지만 …… 그런 것은 생각할 수 없다. …… 의지에는 그 노력을 완벽하고 영원히 충족시켜 주는 영속적인 실현이란 존재하지 않는다. …… 하지만 …… 우리는 비유적이고 상징적으로 의지의 완전한 자기 소멸과 부정, 진정한 무의지를 …… 결코 다시는 방해받지 않을 만족을 줄 수 있는 유일한 것, 세계를 구원할 수 있는 유일한 것이라고 부를 수 있다. …… 바로 이것을 절대선, 최고선이라 부를 수 있을지 모른다.(번역 수정)[40]

'결코 다시는 방해받지 않을 만족Zufriedenheit'은 세계를 구원할 수 있는 상태에 적용되지만, '최종적인 충족Befriedigung'은 불가능하고 모순된 상태에 적용된다. 따라서 이 표현들은 최소한 동일한 대상을 지시할 수 없다.

쇼펜하우어는 '의지의 완전한 자기 소멸과 부정'에 대해 말하면서 이 대조를 명확하고 현저하게 드러낸다. "이것은 병에 대한 유일하고 근본적인 치유책으로 간주할 수 있겠지만, 다른 모든 선들, 이를테면 모든 성취된 소망과 달성된 행복은 단지 완화제나 진통제에 불과하다."[41] 삶에서 얻는 행복이 있지만(우리가 일부 욕망의 목적을 달성하는 것) 그것은 삶이 필요로 하는 치유책이 아니다. 삶의 치유책은 오로지 의지의 부재에 의해서만 주어질 수 있기 때문이다. 행복Glück, Glücksäligkeit 은 충족Befriedigung과 동일시되며 때로는 안녕Wohlseyn, well-being과도 동일시된다.[42] 의지의 부정이란 욕망의 충족이 아닌 욕망의 포기Entsagung나 체념Resignation의 상태며,[43] 쇼펜하우어는 여기에 행복, 평화, 안식, 기쁨, 고양, 평온 등으로 번역되는 다른 용어들과 함께 만족Zufriedenheit이라는 용어를 적용한다.[44] 따라서 쇼펜하우어의 가치철학에서는 행복과 무의지의 대조가 주축을 이룬다. 행복은 구원으로 향하는 길이 아닌데, 의지를 충족시키려는 어떠한 노력도 무의지 상태를 야기할 만큼 충분하지 않기 때문이다. 따라서 페르난데스의 CP가 거짓이고 우리가 모든 욕망을 성취할 수 있다고 해도 결코 최종적인 가치의 상태, 즉 의욕이 전혀 없는 상태에는 도달하지 못할 것이다.

명백하게 많은 경우에 욕망의 대상이 달성돼도 같은 대상에 대한 욕망이 다시 생겨난다. 식사를 하면 현재 일어나는 내 음식에 대한 욕망은 충족되지만, 그런다고 더 이상 음식을 욕망하지 않게 되는 것은 아니다. 왜냐하면 현재 내 음식에 대한 욕망이 충족되든 그렇지 않든 간에 나는 여전히 음식을 욕망하는 성향을 가지고 있기 때문이다. 다른 경우에는 특정한 대상에 대한 욕망이 일단 충족되고 나면 사라지기도 한다. 예를 들어 코끼리 등에 올라타거나 스카이다이빙을 하고 싶은 욕망이 충족되면 그런 활동을 반복하고 싶은 욕망이 완전히 사라질 수도 있다. 하지만 그런 욕망이 충족된다고 해서 다른 특정한 대상을 욕망하는 내 성향이 전체적으로 사라지는 것은 아니다. 쇼펜하우어의 정말 단순한 요지는 지금까지 특정한 욕망의 대상으로 성취된 어떤 것도 내 성향을 완전히 사라지게 할 힘을 갖지는 못했다는 것이다. 이것은 다음과 같이 표현할 수 있다.

(A) 개별적인 인간 S는 t 시점에 어떤 욕망의 대상을 획득하면 자연히 어떤 대상에 대해 어떤 욕망을 갖게 되는데, 이 욕망은 t 시점이나 t 직후에는 충족되지 않은 상태다.

A에 대한 명백한 반론은 자신의 존재 자체를 끝내거나 적어도 의식적 경험 능력을 없애려는 욕망이 있을 수 있다는 것이다. 그런 욕망이 대상을 얻고 나면, 충족되지 않은 새로운 욕망이 출현하는 성향은 끝날 것이다. 따라서 A는 개인이 t 이후에도 계속 의식의 주체로 존재하는 경우에만 적용된다. 이 점을 명확히 하기 위해 A를 다음과 같이 수정할 수 있다.

(A*) 개별적인 인간 S는 t 시점에 어떤 욕망의 대상을 획득하고 그 후에도 의식의 주체로 존재한다면 자연히 어떤 대상에 대해 어떤 욕망을 갖게 되는데, 이 욕망은 t 시점이나 t 직후에는 충족되지 않은 상태다.

A*는 아마도 참이거나 적어도 명백한 거짓은 아닐 것이다. 내가 의식의 주체로서 계속 존재한다고 가정할 때, 내 특정한 욕망의 특정한 목적을 아무리 많이 달성하더라도, 그 어떤 것도 내 '전체적인 의지'

를 종식시키거나 나를 의지가 없는 존재로 만들지 못한다는 점에서 최종적인 목적은 아니다. 쇼펜하우어가 '지속적인 충족의 불가능성과 모든 행복의 소극적 성격'을 설명하면서 제시하는 것이 바로 이 점이다.

6절 몇 가지 난제

쇼펜하우어의 입장에 일관성이 있는지 여부는 명확하지 않다. 첫째, 쇼펜하우어가 결국 의지에 최종 목적을 부여했다는 반론이 제기될 수 있다. 즉 무의지 자체가 그 최종 목적이라는 것이다. 무의지는 '최종적 가치'를 지닌 상태며, 따라서 적어도 바람직한 것, 우리가 욕망해야 하는 것이다. 무의지는 존재의 '궁극적인 목표'일 뿐만 아니라, 쇼펜하우어가 다른 데서 분명히 밝히듯이 "우리가 이것만이 …… 다른 모든 상태보다 무한히 우월하다고 인정하기 때문에 가장 큰 갈망을 느낄 수밖에 없는"[45] 상태다. 우리가 무의지 상태를 갈망한다면 그것은 분명히 우리 욕망의 목적이다. 그리고 우리가 그 목적에 도달한다면 이는 A*에 대한 반례가 될 것이다. 쇼펜하우어는 무의지가 의지를 멈추는 궁극적인 상태라고 말한다. 우리가 이 의지의 끝을 욕망한다면, 이것을 앞서 설명한 의미에서 의지의 최종 목적이라 보지 않을 수 없다.

이 주장에 다소 상반되는 쇼펜하우어의 생각은 무의지의 구원 상태에 도달하는 방법이 개인의 의지행위를 통해서는 아니라는 것이다. "의지의 부정은 …… 어떤 의도나 결심에 의해 강제될 수 없으며 …… 마치 외부에서 날아오는 것처럼 갑자기 도래한다."[46] 쇼펜하우어는 이것을 특히 루터가 이론화한 신의 은총 도래에 비유하기도 한다. 비록 쇼펜하우어에게는 '은총'이 퍼져 나올 만한 신성한 원천이

말 그대로 아무것도 없지만, 그가 이 비유를 통해 강조하는 점은 의지의 노력만으로는 개별적인 인간이 구원을 얻기 충분하지 않다는 것이다. 우리는 단순히 구원을 얻으려 노력한다고 해서 구원에 이르는 것이 아니라 일종의 회심경험을 기다려야 한다. 그러나 또 다른 구절에서 쇼펜하우어는 무의지 상태를 분명히 노력해야 주어지는 것이라고 명시한다.

> 우리는 성인들의 삶에서 묘사된 평화와 지복이 지속적인 의지의 극복에서 피어나는 꽃일 뿐이며, 이 꽃이 자라나는 토양은 삶에의 의지와의 끊임없는 투쟁임을 알게 된다. …… 따라서 우리는 또 어느 순간 의지의 부정에 도달한 사람들이 모든 종류의 자기포기를 통해, 가혹하고 속죄하는 생활 방식을 채택하고 불쾌하다고 느끼는 모든 것을 찾아다니며 항상 새롭게 노력하려는 의지를 억누르기 위해 갖은 애를 쓰면서 이 길을 고수하려고 온 힘을 기울이는 것을 보게 된다. 나는 금욕주의라는 표현을 종종 사용하는데, 좁은 의미에서 고의적으로 의지를 꺾는 것을 금욕주의라고 이해한다.[47]

여기서는 무의지 상태의 평화가 우리가 추구하는 목적임이 분명해 보인다. 이 구절은 또한 일단 '평화와 지복'에 도달한다고 해서 결국 주체가 모든 욕망에서 벗어나는 것은 아님을 보여 준다. 그렇다면 쇼펜하우어가 말하는 '진정한' 또는 '완전한' 무의지[48]란 수사적 과장으로 봐야 한다.

따라서 쇼펜하우어의 이론은 두 가지 문제에 봉착한 것으로 보인다. (1) 그의 주장과는 반대로 의지에 최종 목적이 있다는 점, 그리고 (2) 의지의 최종 목적이라고 주장되는 것이 실제로는 최종적이지 않다는 점, 즉 모든 의지가 멈춘 상태가 아니라는 점이다. 이런 문제를 일부나마 해소할 수 있는 한 가지 방법은 두 종류의 의지 또는 욕망을 구분하는 것이다. 쇼펜하우어는 이 구분을 명확히 제시하지 않았다. 그는 '의지'와 '삶에의 의지'를 동일시하는 단 하나의 의지 개념만을 가진 것으로 보인다. 그럼에도 불구하고 그는 무의지 상태의 지복에 도달한 사람들이 그 상태에 머물기를 욕망하고 그 상태를 지키려고 분투한다고 말할 때 삶에의 의지와는 분명히 반대되는 욕망을 그들에게 귀속시킨다.[49] 따라서 그는 삶에의 의지의 발현과는 종류가 다른 욕망이나 의지를 인정해야 할 것이다. 만약 그런 욕망이 있다고 가정한다면, 쇼펜하우어가 말하는 '의지의 부재'가 모든 욕망의 부재가 아니라 '삶에의 의지의 부재'를 의미한다면, 그의 입장은 적어도 문제 (2)를 해결하는 정도까지는 일관성을 얻는다. 욕망은 '최종 목적'인 상태에서 멈추지 않지만, 삶에의 의지는 그 상태에서 멈춘다는 것이다.

문제 (1)에 관해서도 같은 종류의 해명이 가능하다. 의지에는 최종 목적도 없고 끝도 없다는 쇼펜하우어의 주장이 삶에의 의지에 국한된다면, 우리가 무의지 상태의 지복을 최고의 목표로 욕망한다는 주장과 상충하지 않을 수 있다. 삶에의 의지는 인간 개개인의 행복이나 쾌락을 목표로 하며 본질적으로 이기적인 반면, 의지의 자기부정은 바로 이런 삶을 외면하며 개인의 충족과 안녕을 거부하는 것이다. 결과적으로 무의지 상태는 이런 종류의 자연스럽고 이기적인 의지를 멈추게 한다. 그러나 무의지 상태는 자연적이고 이기적인 의지의 목표가 아니며, 개인의 본질적으로 이기적인 욕망을 충족시키는 목표도 아니다. 더 나아가 무의지는 삶에의 의지의 최종 목적도 아니다. 이 해석은 앞서 설명했던 행복과 구원의 구분과도 일치한다. 만약 삶에서 발생하는 행복을 항상 개인의 안녕에 초점을 맞춘 욕망의 충족으로 여긴다면, '최종적인' 행복은 존재하지 않는다. 개체 중심의 욕망은 그것을 아무리 충족시킨다고 해도 결코 끝나지 않기 때문이다. 그러나 최종적인 목표는 이런 종류의 욕망에서 완전히 벗어난 구원의 상태다.

7절 결론

따라서 요약하자면 나는 쇼펜하우어가 의지에 최종 목적이 없다고 말한 것이 단순히 형이상학적인 물자체에 목표가 없다는 의미도 아니고, 인간의 구체적인 욕망에 목적이 없다는 의미도 아니라고 주장했다. 그는 인간의 자연적이고 이기적인 욕망의 목적을 아무리 달성해도 의지 자체가 끝나지는 않는다는 의미에서 최종적이지 않다고 말한다. 따라서 의지의 무목적성은 행복의 달성 불가능성이 아니라, 우리가 얻을 수 있고 실제로 얻는 유일한 종류의 행복이 불충분하다는 것을 설명하기 위한 개념이다. 그 불충분함은 최종적이지 않다는 데 있다. 분명히 쇼펜하우어의 설명은 삶에의 의지에 속하는 욕망과 이에 반대하고 이로부터의 구원을 갈망하는 욕망을 체계적으로 구분하는 데 실패한다. 하지만 나는 이런 구분이 그의 논의에 암묵적으로 내포돼 있고, 그의 메시지의 일관성을 회복하는 데 도움이 될 수 있다고 주장했다. 쇼펜하우어는 행복의 길과 구원의 길이라는 두 가지 경로를 대비시킨다. 행복은 삶에의 의지가 본질인 개별적인 생명체의 안녕이나 충족과 관련된 욕망의 실현이다. 삶에의 의지는 각각의 개인에게서 특정한 대상을 지향하는 일련의 욕망으로 발현된다. 쇼펜하우어에게 목적이 없는 의지행위란 존재할 수 없음을 앞서 살펴봤다. 그러나 삶에의 의지가 개체의 경험적 발현에서 어떠한 욕망을 충족시키든 간에 거기에는 '최종적인 목적이나 목표'가 결코 존재할 수 없다. 그 어떤 충족도 더 많은 충족을 얻으려는 적극적인 욕망을 멈추지 않기 때문이다. 행복이 성취된 뒤에도 결코 더 많은 욕망의 대상을 추구하려는 노력을 멈추지 않는 것이다. 고통에서 자유로운 유일한 상태는 '의지의 부재'다. 이것은 분명히 가장 바람직한 상태며, 우리가 욕망하는 상태지만, 삶에의 의지의 최종 목표는 아니다. 무의지는 개인의 안녕과 충족을 향한 노력으로 도달할 수 있는 상태가 아니다. 따라서 맨 처음 던진 질문으로 돌아가자면 '지속적인 충족의 실현 불가능성과 모든 행복의 소극성'은 다음과 같은 의미에서 '의지는 목적도 없고 끝도 없는 노력'이라는 주장으로 설명될 수 있다. 달성 가능한 행복은 개인의 안녕과 관련된 욕망의 충족이지만, 그런 욕망을 충족시키는 어떠한 의지행위도 주체가 더 이상 그런 욕망을 경험하지 않는 의식 상태를 초래하지는 않는다는 점에서 최종적인 목적의 달성이 아니다. 쇼펜하우어의 관점에서 무의지는 존재의 궁극적인 목표이지만, 행복은 무의지 상태에 도달할 수 있는 경로를 제공하지 않는다.

4장

의지를 부정하다
쇼펜하우어와 최고선의 문제

1절 서론

쇼펜하우어는 『의지와 표상으로서의 세계』를 '의지의 긍정과 부정Bejahung und Verneinung des Willens'에 관한 주장으로 끝마친다. 그는 "의지의 부정"이 "삶과 고통으로부터 진정한 구원, 구제"[1]를 가능하게 하는 유일한 상태로서 독특한 가치를 지닌 조건이라고 거의 종교적인 열정을 기울여 주장한다. 일부 논평가들은 이 조건이 쇼펜하우어의 '최고선'이라고 한목소리로 주장해 왔다. 예를 들어 줄리언 영Julian Young은 "쇼펜하우어가 '최고선summum bonum'이라 묘사한 '구원'의 최종 목표 …… 는 그가 '의지의 부정'이라고 부르는 데 있다."라고 말한다.[2] 마찬가지로 존 애트웰John Atwell은 "구원은 '인산 삶의 궁극적인 목적telos'이라 할 수 있으며, 심지어 그것 없이는 인간의 삶에 어떠한 구속적 기능도 없다고 봐야 할 최고선이다."라고 말한다.[3] 로버트 솔로몬Robert Solomon은 "일종의 변형된 '마음의 평화' 또는 '평정'을 …… 최고의 선으로 지지"하는 수많은 철학자들의 목록에 쇼펜하우어를 포함시킨다.[4] 버나드 레긴스터는 쇼펜하우어에게서 "그가 오로지 체념을 통해서만 도달할 수 있다고 믿는, 고통과 고난이 부재하는 상태인 최고선(행복)"을 발견한다.[5] 또 대니얼 케임Daniel Came은 쇼펜하우어에게서 "인간이 원칙적으로 달성할 수 있는 최고선의 구원론적인 비전"을 발견한다.[6]

그러나 이런 주장들은 모두 한 가지 중요한 측면에서 의문스럽다. 쇼펜하우어는 최고선이 있을 수 없다며 "그런 것은 생각할 수도 없다."라고 주장하기 때문이다.[7] 물론 그는 바로 같은 문단에서 "우리는 …… '비유적이고 상징적으로'〔필자 강조〕완전한 자기 소멸과 의지의 부정을 최고선이라 부를 수 있다."라고 덧붙인다. 그러면서도 여전히 문자 그대로의 최고선은 있을 수 없다고 주장한다. 쇼펜하우어 자신도 의지의 부정이 최고선이라고 말하고 싶은 유혹을 느끼는 듯하지만 직접적으로 그렇게 주장하지는 못한다. 이 4장에서는 이런 쇼펜하우어의 양가성 뒤에 숨은 이유를 살펴보고, 그의 철학적 자원을 바탕으로 그가 독특한 구원의 상태에 부여하는 가치를 실제로 어떻게 설명할 수 있을지 모색하고자 한다. 나는 의지의 부정이 곧 최고선이라는 것이 쇼펜하우어의 입장을 잘 표현하는 방식이기는 해도, '최고선'이라는 용어의 적용 가능성에 대한 그의 양가성이 단순한 말실수나 자신감 결여가 아니라 그의 사상에서 구조적으로 중요한 뭔가를 드러낸다고 주장하고 싶다. 쇼펜하우어는 선이 의지에 이로운 모든 것이라는 단일한 정의를 제시한다. 하지만 내가 주장하려는 바대로, 그는 두 종류의 의욕에 상응하는 두 가지 선이 존재함을 인정한다. 첫 번째는 내 식대로 표현하자면 평범하고 개인주의적인 의욕으로, 개인의 안녕이나 개인적 고통의 완화를 목적으로 하며, 이기적인 의지와 타인의 행복을 바라는 도덕적인 태도를 모두 아우른다. 두 번째는 평범하고 개인주의적인 의욕이 없는 상태에 대한 의욕이다. 쇼펜하우어는 이 두 종류의 의욕 중 첫 번째만을 명시적으로 이론화하지만, 나는 두 번째 의욕이 있어야만 그의 사상이 일관성을 띠며, 또 실제로 그가 이런 의욕을 인정했다는 증거가 있다고 주장할 것이다. 이런 이분법을 통해 쇼펜하우어는 의지의 부정이 최고선이라고 주장하는 동시에 그것이 평범하고 개인주의적인 의욕에 의해 달성할 수 있는 최고의 선이 아님을 분명히 할 수 있다. 그러나 쇼펜하우어의 형이상학이 궁극적으로 그가 필요로 하는 두 종류의 의지를 구분할 수 있을지는 여전히 미지수다.

2절 삶에의 의지 부정

쇼펜하우어에 따르면 "인간 존재의 전체 본질은 의지다."[8] 이는 모든 생명체의 공통적인 본질이기도 하다. 어떤 종류든 살아 있는 개체로 존재한다는 것은 그 개체의 생존 및 종족 보존과 관련한 목적을 추구한다는 의미다. 쇼펜하우어는 이런 목적을 추구하려는 자연스러운 성향을 '삶에의 의지'라고 부른다. 그는 '의지'와 '삶에의 의지'를 혼용하는 경향이 있으며, "'의지'라고 말하는 대신 '삶에의 의지'라고 말하는 것은 군더더기 말일 뿐 거의 동일한 의미다."[9]라고 말한다. 모든 생명체의 자연스러운 상태는 이 삶에의 의지를 긍정하는 상태다. "의지의 긍정Bejahung은 …… 인간의 삶 전반을 채우고 있는 지속적인 의지 자체다."[10] 그러나 쇼펜하우어는 인간이 상대적으로 드물게 도달하는 삶에의 의지의 부정이 더 우월한 상태라고 주장한다.

'삶에의 의지의 부정Verneinung des Willens zum Leben'이란 용어의 의미를 하나의 일관된 진술로 표현하기는 어렵다. 마티아스 코슬러Matthias Koßler는 최근에 해석자가 처한 문제의 일부를 요약했다. 쇼펜하우어는

『의지와 표상으로서의 세계』 68절 논의에서 '삶에의 의지의 부정'이라는 표현을 (a) 탁월한 지식이나 인식에 의해 모든 의욕이 잠잠해질 때 발생하는 '진정한 평정' 상태(어떤 사람이 "모든 존재에서 가장 내밀하고 참된 자기를 인식하고" "모든 생명체의 끝없는 고통을 자신의 고통으로 여기는" 상태),[11] (b) 바로 이런 지식이나 인식 자체, (c) 자신의 의지에 맞서 싸우거나 노력하는 금욕적 실천 등에 적용한다. 코슬러는 '삶에의 의지의 부정'이 단일한 현상이나 단일한 철학적 개념이 아니라고 결론 내린다.[12]

그러나 다음은 쇼펜하우어의 설명에서 드러나는 최소한의 핵심 논지를 요약한 것이다.

1. 이 부정이 절정에 이르는 '평정' 상태는 무의지 또는 의지의 부재Willenslosigkeit 상태다.[13] 의지는 목적을 향한 욕망과 노력의 에피소드, 그리고 목적의 달성이나 미달성으로 인한 정서적 상태를 포함하는 것이 특징이다(의지에는 욕망 외에도 "성향, 정념, 정동Neigungen, Leidenschaften, Affekte"이 포함된다[14]). '무의지'에서는 이 모든 상태가 주체의 의식에 부재하는 것으로 보인다. 인지는 발생하지만 "알려진 현상이 더 이상 의지의 동기로 작용하지 않는다."[15]

2. 무의지는 자기감각이 변해 자신이 "순수하고 의지 없는 인식주체"[16] 또는 의식의 중심임을 인식하지만, 자신을 다른 개체와 구별되는 개별적 존재로 여기지 않는 상태다. "은밀한 예감 …… 으로 인해 그는 시간과 공간에 의해 그가 아무리 다른 개인들과 완전히 구별되고 …… 그들이 아무리 그와 무관하게 보이더라도, 그럼에도 표상이나 그 형식에서 벗어나 보면 모든 존재 안에서 현상되는 것은 하나의 삶에의 의지일 뿐이라고 의심하게 된다."[17]

3. 인간은 다음 중 한 상황에서 인식 상태와 그에 따른 무의지 상태

로 전환될 수 있다. (a) '개체화의 원리를 꿰뚫어 보고' 자신이 자연스럽게 동일시하는 개별적인 인간의 고통 및 안녕과 마찬가지로, 모든 개개인의 고통과 안녕 역시 자신에게 중요하다고 여기는 경우. (b) 체념 상태로 전환되기에 충분할 정도로 큰 고통을 겪는 경우. 쇼펜하우어는 (a)와 (b)의 차이가 "이런 인식이 우리가 개체화의 원리를 간파함으로써 자유로이 접근 가능한 그저 순수하게 인식된 고통으로부터 생겨나는지, 아니면 자신이 직접적으로 겪는 고통의 느낌에서 비롯되는지에 있다."[18]라고 설명한다.

4. 무의지 상태로의 전환은 어떤 사람이 의지행위를 통해 의도적으로 초래하는 것이 아니라 "의지의 자기 소멸Selbstaufhebung"[19]로 경험하며 저절로 겪게 되는 상태다. 따라서 "의지의 부정은 …… 어떤 의도나 결심에 의해 강제될 수 없으며 …… 마치 외부에서 날아오는 것처럼 갑자기 도래한다."[20]

의지의 부정에 대한 쇼펜하우어의 주장이 일관적이고 타당한가에 관해서는 많은 질문이 제기될 수 있다. 4장에서는 특히 한 가지 질문을 고찰하고자 한다. "쇼펜하우어가 의지의 부정 상태에 부여하는 가치의 본질은 무엇인가?"

한 가지 명확히 해야 할 점은 쇼펜하우어가 의지의 부정과 '행복'을 근본적으로 구분하고 있다는 점이다. 행복은 개개인이 삶에의 의지를 구현함으로써 개별적인 인간에게 자연스러운 욕망을 충족시키는 것이다. 행복으로 가장 자연스럽게 빈역되는 용어는 독일어 Glück와 Glücksäligkeit다. Glück는 Befriedigung(충족)이나 때로는 Wohlseyn(안녕)과 동일시된다.[21] 그래서 쇼펜하우어는 "인간의 의지는 오로지 자신의 안녕Wohlseyn을 지향하며, 그 총합을 우리는 행복 Glücksäligkeit이라는 개념으로 생각한다."[22]고 말한다. 자신의 안녕을 추구하는 것은 모든 생명체에게 기본적인 자연적 특성이다.

> 동물과 마찬가지로 인간의 가장 근본적이고 주요한 동기는 이기심,
> 즉 존재와 안녕에 대한 충동이다. …… 동물과 인간 모두에게 이기
> 심은 그의 가장 깊은 내면의 핵심 및 본질과 가장 정확한 방식으로
> 연결돼 있으며 실제로 그것과 동일시된다. …… 이기심은 본질적으
> 로 무한하다. 인간은 무조건적으로 자신의 존재를 유지하기를 의욕
> 하고, 무조건적으로 고통에서 자유롭기를 의욕하며, 자신이 누릴 수
> 있는 모든 쾌락을 의욕하고, 심지어 쾌락을 얻을 새로운 능력의 개
> 발을 의욕한다. …… 이에 따라 사람들은 각자 자신을 세상의 중심
> 에 두고, 모든 것을 자신과 관련짓는다.[23]

쇼펜하우어에게 이기심은 도덕에 반하는 것이며, 따라서 행복의 가
치에 중점을 두는 행복주의eudemonism ● 윤리는 실행 가능하지 않다.
"사람들은 행복을 미덕과 동일시하거나 미덕의 결과이자 효과로 내
세우려 했지만 매번 양쪽 다 실패했다."라고 그는 말한다.[24] 쇼펜하우
어의 견해에 따르면, 이런 윤리 이론들이 실패한 것은 행복을 향한 의
지가 '도덕이 의도하는 길과는 전혀 다른 길로 〔의지를〕 이끄는 노력'
이기 때문이다. 쇼펜하우어가 보기에 행복은 항상 개인의 안녕을 위
해 자연적으로 발생하는 욕구의 충족과 관련되기 때문에 윤리의 근거
가 될 수 없다.

반면에 의지의 부정은 욕망의 포기Entsagung 또는 체념Resignation 상태
다.[25] 쇼펜하우어는 이 상태를 지복Säligkeit, 평화Friede, 안정Ruhe, 쾌활
함Heiterkeit, 고양Erhabenheit, 평정Gelassenheit, 기쁨Freudigkeit, 만족Zufriedenheit

---

● 행복을 인생의 목적으로 삼아 행복 추구를 도덕원리로 여기는 사고방식.

등의 다른 심리적 용어로도 표현한다.[26] 이 용어 그룹과 행복 그룹(특히 Glück, Glücksäligkeit, Befriedigung)의 차이는 때때로 미묘해 번역에서 놓치기 쉽다.[27] 예를 들어 Befriedigung은 Zufriedenheit와 대비된다. 충족Befriedigung은 '충족된 상태'를 의미하며, 욕망이 충족되지 않은 이전 상태와의 관계를 암시한다. 반면에 만족Zufriedenheit은 욕망에 시달리지 않는 안정된 상태를 나타낸다. 마찬가지로 행복Glücksäligkeit은 욕망이 충족된 결과로 행복이나 안녕에 도달한 상태를 나타내지만, 지복Säligkeit은 욕망이 생기지 않는 상대를 의미한다. 따라서 쇼펜하우어에게 '최고선(행복)'이란 "그가 오로지 체념을 통해서만 도달할 수 있다고 믿는, 고통과 고난이 부재하는 상태"[28]라는 레긴스터의 설명은 부정확하다. 체념을 통해 도달하는 상태는 행복과는 다른 상태기 때문이다. 우리는 주체의 의식에서 의지가 일시적으로 정지되면 "행복과 불행이 사라지고 …… 행복도 불행도 우리와 함께 이 경계 너머로 사라진다."[29]라는 쇼펜하우어의 미적 경험 개념에서 유사성을 발견할 수 있다. 따라서 쇼펜하우어에게 행복은 '최고선'이 아니다. 그렇다면 레긴스터의 말에서 나머지 부분은 어떠한가? 쇼펜하우어의 관점에서 체념을 통해서만 도달할 수 있는 고통과 고난의 부재 상태가 사실상 최고선으로 간주돼야 한다는 기대는 있다. 쇼펜하우어는 선의 본질이 "오로지 욕망하는 의지와의 관계 속에만 존재한다."[30]라고 역설한다. 그는 또한 "모든 의지의 근거는 욕구, 결핍, 따라서 고통"[31]이라고 믿는다. 따라서 욕망이 고통이라면, 그리고 선의 본질이 욕망하는 의지와 관련해 존재하므로 선은 그 고통의 중난으로 이루어진다면, 우리는 모든 고통의 영구적 부재를 최고선이라고 합리적으로 기대할 수 있다. 따라서 의지의 부정을 쇼펜하우어의 최고선으로 여기는 사람들은 매우 명료하게 이해하고 있고, 쇼펜하우어 사상의 결을 따라가고 있는 것이다. 그렇지만 쇼펜하우어는 의지의 부정이 최고선이라는 것을 부정한다. 그가 왜 이렇게 말하는지 살펴볼 필요가 있다.

3절 최고선이란 없다

1817년에 쇼펜하우어는 『의지와 표상으로서의 세계』를 준비하면서 다음과 같은 메모를 썼다.

> 흔히 말하듯이 선은 의지를 기쁘게 하는 것이므로 언제나 상대적일 뿐이다. 선은 결코 의지를 완전히 충족시켜 이후에 의지가 욕망을 멈추게 하지 못한다. 욕망이 멈추는 것은 오로지 의지가 돌아서서 스스로를 소멸시킬 때뿐이다. …… 그러나 이 자기 소멸은 완전하고 절대적으로 의지를 잠재우므로, 우리가 '선'이라 부르는, 의지를 잠재우는 조건적이고 일시적인 수단과 비교할 때 비유적으로 절대선, 최고선이라 불릴 수 있다.(번역 일부 수정)[32]

여기서 쇼펜하우어는 최고선이 있다고 생각하며, 비유적으로bildlich 말한다면 그렇게 말할 수 있다고könnte 해서 주저하는 듯한 인상을 풍긴다. 그러나 이런 단서들은 다소 모호하므로 여기서는 더 이상 설명하지 않겠다. 출간된 『의지와 표상으로서의 세계』 텍스트에서 그의 입장은 상당히 확고해진다. 그는 최고선이 존재할 수 있는지 질문을 제기하고, 이에 대해 단호하게 '아니오.'라고 대답한다. 그 구절은 다음과 같다.

> 지금까지의 논의에 비춰 보면, 선이란 그 개념상 상대적인 것tōn pros ti이다. 다시 말해 선의 본질은 오로지 욕망하는 의지와의 관계 속에

만 존재하므로, 모든 선은 본질적으로 상대적이다. 따라서 절대선이
란 모순이다. 최고선höchstes Gut도 같은 의미며, 한번 충족되면 더 이
상 새로운 의지가 생기지 않는 의지의 최종적인 충족을 적절히 나
타낸다. …… 하지만 …… 그런 것은 생각할 수 없다. …… 의지에
는 노력을 영원히 완벽하게 충족시켜 주는 영속적인 충족이란 존재
하지 않는다. 의지는 다나오스의 딸들의 항아리*와도 같다. 의지에
는 최고선도 절대선도 존재하지 않고, 언제나 일시적인 선만 존재
할 뿐이다.³³

의지에 궁극적인 충족이란 없다는 것은 쇼펜하우어가 가장 줄기
차게 주장한 주제 중 하나로, 때로는 강력한 수사로 표현된다. "의지
의 욕망은 무한하고, 요구는 끝이 없으며, 충족된 모든 욕망은 새로
운 욕망을 낳는다. 어떠한 세속적인 충족도 의지의 갈망을 잠재우거
나 욕망에 최종 목표를 부여하거나 밑 빠진 마음속 구멍을 채울 수 없
다."³⁴ 충족한 상태에 도달하는 것은 좋지만, 어떠한 경우에도 새로이
충족되지 않은 욕망을 형성하려는 우리의 성향을 제거하지 못하며,
아무것도 바라지 않는 전적인 충족 상태라는 것은 존재하지 않는다.
이런 의지의 개념을 확고히 정립한 상태에서 쇼펜하우어는 의지의 충
족을 통해 달성할 수 있는 최고선이란 존재하지 않는다고 주장할 수
밖에 없게 된다.

최고선 자체가 불가능하다는 주장은 쇼펜하우어의 나머지 저술에
서도 일관되게 나타난다. 이따금 'höchstes Gut(최고선)'이란 표현을
쓰기는 해도, 진지한 철학적 맥락에서 이 표현을 자신의 목소리로 사

---

* 그리스신화에서 다나오스의 딸 50명은 아버지의 지시에 따라 결혼 첫날밤 자신들의
신랑 50명을 살해한 죄로 밑 빠진 항아리에 영원히 물을 채워 넣어야 하는 형벌을 받
는다.

용한 적은 없다.[35] 그는 때때로 환상에 지나지 않는 선에 대해 이 표현을 사용한다. 이를테면 한 남자가 특정한 아름다운 여성과의 결합을 최고선이라 착각할 수 있으며,[36] 더 일반적으로는 삶에의 의지에 사로잡혀 제한된 시각에 갇혀 있는 우리 모두에게 "삶은 최고선의 '가치를 지닌다'는 것이다."(필자 강조)[37] 쇼펜하우어는 스토아주의의 "덕이 최고선이다."[38]와 칸트의 최고선 개념 등 다른 윤리 이론에서 '최고선'이라는 개념을 사용하는 것을 비판하면서, 이는 이기적인 행복주의에 대한 위장된 호소라고 주장한다.[39] 하지만 쇼펜하우어는 최고선에 대한 그의 주장을 글로 남기지는 않는다. 그가 이 표현을 가장 적극적이고 제한 없이 사용한 예는 『의지와 표상으로서의 세계』 3권에서 미적 경험의 고요함을 묘사하는 감동적인 구절이다.

> 우리가 항상 의지의 첫 번째 길에서 추구했으나 언제나 우리를 피하던 마음의 안정Ruhe이 저절로 찾아오면서 우리는 온전히 행복해진다uns ist völlig wohl. 이것이 에피쿠로스가 최고선이자 신들의 상태라고 찬양했던 고통 없는 상태다. 우리는 그 순간 의지의 끔찍한 압박에서 해방되며, 익시온의 수레바퀴●도 멈추면서 의지의 강제 징역의 안식일을 맞이하게 된다.[40]

여기서는 최고선의 개념에 대해 에피쿠로스를 인용하지만 의문이 생긴다. 왜 쇼펜하우어 자신은 이 개념에 동의하기를 거부했을까? 의지로부터 해방된 이 미적 상태는 이후에 그가 의지의 자기부정을 설명할 때 다시 등장한다. "우리는 아름다움을 즐길 때처럼 인간의 의지

● 익시온은 그리스신화에 나오는 인물로, 신들의 연회에 초대받아 가서 헤라 여신을 겁탈하려는 배은망덕한 행위를 저지른 대가로 불타는 수레바퀴에 묶인 채 끝없이 돌고 도는 형벌을 받는다.

가 순간적으로 진정되는 것이 아니라 영원히 진정되는 사람의 삶은 얼마나 더없이 행복할지 가늠할 수 있다."[41] 이 말을 보면, 이 지속적으로 고통 없는 상태가 진정한 최고선이라는 주장을 하기까지 몇 단계 남지 않은 것처럼 보인다. 하지만 쇼펜하우어가 최고선의 가능성을 부정하는 한 이 최종 단계로는 나아갈 수 없다.

그렇지만 쇼펜하우어 자신도 최고선의 가능성을 부정한 직후에 메모에서 '비유적으로'의 관점을 자세히 설명하는 것을 보면 여전히 양가적인 마음을 갖고 있는 듯하다.

> 그러나 우리가 습관적으로 오래된 표현을 유지하면서 거기에 명예로운 지위를 부여하고 싶다면, 비유적이고 상징적으로tropis-cherweise und bildlich 의지의 완전한 자기 소멸과 부정, 진정한 무의지Willenslosigkeit, 의지의 충동을 영원히 억제하고 진정시킬 수 있는 유일한 것, 영원한 만족을 줄 수 있는 유일한 것, 세계를 구원할 수 있는 유일한 것, …… 바로 이것을 절대선, 최고선이라 부를 수 있을지 모른다.[42]

'최고선'이라는 표현에 명예로운 지위를 부여한다는 개념은 출간된 판본에서 처음 등장한다. 이 개념은 쇼펜하우어가 의지의 부정에 대해 구상하는 가치에 어떤 빛을 비춰 줄 수 있을까? 이 질문에 대해 최근에 제시된 두 가지 답변을 논의한 뒤에 내 나름의 다른 의견을 제시하고자 한다.

우선 마크 미고티는 최고선(또는 무조건적인 선)과 '명예' 최고선의 구분을 다음과 같이 해석한다.

> 쇼펜하우어의 사상에서 의지를 극복할 가능성은, 예를 들어 아리스

토텔레스와 칸트의 사상에서 무조건적인 선을 달성할 가능성이 수행하는 기능을 전부는 아니라도 일부 수행한다(이는 명예교수가 일반 정교수의 기능을 전부는 아니라도 일부 수행하는 것과 마찬가지다).[43]

미고티는 쇼펜하우어가 다른 데서 했던 다음 주장들을 환기시키며 이 부분을 상세히 설명한다. (1) 인간으로서 존재하기 전에 자신의 존재와 비존재 사이에서 이성적인 선택을 해야 한다면 비존재를 선택해야 할 것이다.[44] (미고티는 이것을 쇼펜하우어의 '선택prohairesis 테제'라고 부른다.) 그리고 (2) 자살에 반대하는 유일하게 설득력 있는 도덕적 논거는 자살이 세계의 고통으로부터의 '해방'을 가장함으로써 의식적인 무의지 상태로 삶에 머무는 '진정한 해방wirkliche Erlösung'의 실현을 가로막는다는 것이다.[45] 미고티는 최고선을 실현할 가능성이 있다면, 이것이 인간 존재의 궁극적이고 상대적이지 않은 근거를 제공하며 "애초에 인간으로 존재하는 것이 가치 있는 일"임을 분명히 밝혀 줄 것이라고 주장한다. 쇼펜하우어의 명예 최고선은 완전한 역할을 하지는 못하지만, 적어도 "이왕 인간으로 태어났다는 점을 감안할 때 인간으로 계속 존재하는 것이 가치 있는 일"[46]임을 보여 준다. 따라서 미고티의 이 해석에서 명예 최고선의 제한적인 기능은 만약 우리에게 선택권이 있다면 존재를 선택할 이유가 없을 것임에도 불구하고 존재를 계속 유지할 이유를 제시하는 것이다. 그래서 미고티는 명예 최고선을 '대체 최고선ersatz summum bonum'이나 '무조건적인 선의 차선책'이라 부른다.[47]

버나드 레긴스터도 더 최근의 해석에서 비슷한 용어를 써서, 의지가 스스로를 부정하는 '완전한 체념' 상태에 대한 쇼펜하우어의 태도를 설명한다. "비록 그것이 인간에게 가능한 최선의 조건이라도, 완전한 체념은 그가 바랐던 성취에 한참 못 미치는 차선책으로 남아 있으며, 대체 행복에 지나지 않는다."[48] 이 관점에 따르면, 모든 욕망이 충족된 상태로 해석되는 진정한 '행복'은 결국 최고의 선이지만 명백히 도달할 수 없는 선이다. 따라서 의지의 부정은 '달성 가능한' 최고의 선이지만 진정한 행복이 아닌 대체물에 불과하니 우울한 기본값이다. 레긴스터는 여기서 의지의 부정에 대한 쇼펜하우어의 '기묘한 양가성'을 발견하고, 마치 쇼펜하우어의 견해가 "우리가 최고선에 도달할 수만 있다면 좋겠지만 …… 그럴 수 없으니 최고선의 달성을 포기하고 우리가 얻을 수 있는 차선의 선에 만족하자."라는 듯이 그의 양가성에서 드러나는 "최고선의 성취에 대한 끊임없는 갈망"[49]에 대해 이야기한다.

미고티와 레긴스터 둘 다에게 무의지 상태는 '차선책'이나 '대체물'이다. 이는 제한된 목적을 위해 또는 대체물로서 도달 가능한 선이며, 떠올릴 수는 있어도 도달할 수 없는 또 다른 선에 비해 다소 부족한 선이다.[50] 그러나 이런 해석의 두 가지 함의에 대해 의문을 제기할 근거가 있다. (1) 무의지가 어떤 의미에서든 다른 것의 '대체물' 또는 '차선책'으로 간주돼야 하는가. (2) 더 나아가 무의지가 선으로 간주돼야 하는가.

(1)은 반박하기가 더 쉽다. 쇼펜하우어의 설명에는 '대체물ersatz'이란 개념이 없다. 이는 후대 논평가들이 논의에 도입한 개념일 뿐이다. 쇼펜하우어 자신은 이 용어를 쓰지 않았으며, '차선책'의 의미를 내포하는 어떠한 표현도 쓰지 않았다. 그는 완전한 무의지 상태에 대해 긍정적으로만 언급하며 이것이 "세세를 구원할 수 있다."라고 말한다. 이것을 다른 선에 대한 차선책으로 해석하기는 어렵다. 더욱이 차선책보다 나은 최선책으로 제시되는 것이, 우리가 단지 능력이 없어서 도달하지 못하는 상태가 아니라 쇼펜하우어가 보기에는 불가능하고 모순적인 상태다. 의지의 최종적인 충족을 통해 최고선에 도달

할 수 있다고 착각하는 사람은 레긴스터가 말하는 '갈망hankering'을 느낄 수 있겠지만, 쇼펜하우어 자신은 그런 착각에 빠져 있지 않다(만약 그가 그런 착각에 빠져 있다면, 우리 손이 닿는 곳에는 원만 있는데도 계속 네모난 원을 찾으려 갈망하는 사람과 같을 것이다). 따라서 쇼펜하우어는 무의지 상태가 차선책이 될 가능성이 있다고 주장할 수 없다. 이런 이유로 나는 (1)이 옳지 않다고 주장한다. 쇼펜하우어는 어떤 의미에서든 무의지 상태를 다른 것의 '대체물'이나 '차선책'으로 여기지 않는다. 쇼펜하우어의 이론에 확신을 갖지 못하는 독자에게는 의지의 부정이 차선책처럼 보일 수 있더라도, 쇼펜하우어 자신에게는 결코 그것이 '명예직'이라는 비유의 함의일 수 없다.

(2)는 더 골치 아픈 문제지만, 관련된 구절에서 쇼펜하우어가 무의지 상태를 전혀 선으로 취급하지 않았다고 주장할 수 있다. 명예직이란 은유를 더 잘 이해하면 이를 확인할 수 있다. 쇼펜하우어의 요지는 '최고선'이란 표현이 이제 명예직이 됐다는 것이다. 이는 더 이상 실제로 할 일이 없다는 뜻이다. 쇼펜하우어는 선이라는 개념이 "본질적으로 상대적인 것"이라 정의하며 "의지의 어떤 특정한 노력에 대한 목표의 적합성을 나타낸다."라고 말한다. 이어서 "그러므로 의지의 어떤 발현을 받아들여 그 목적을 달성하는 모든 것"[51]이 선의 개념에 해당한다면서 다시 "선의 본질은 오로지 욕망하는 의지와의 관계 속에만 존재한다."라고 말한다.[52] 그러나 이렇게 되면 무의지 상태에 있는 사람에게는 관계 맺기를 욕망하는 의지가 없으므로, 자연히 그에게는 아무것도 문자 그대로 선이 아니라는 결론에 이른다. 의지의 충족은 (결코 최종적이거나 최고의 선은 아니라도) 선이 될 수 있지만, 의지의 부재는 선조차 될 수 없는 것이다. 그리고 악의 개념 역시 본질적으로 의지와 관련돼 "의지의 노력에 이롭지 않은 것"[53]을 의미하므로, 진정한 무의지 상태는 아마도 선악을 모두 넘어선 상태여야 할 것이다.

이는 의지 없는 주체의 무심함에 대한 쇼펜하우어의 다음과 같은 설명을 통해 확증되는 듯하다.

> 그는 순수하게 인식하는 존재로서만, 세계를 비추는 깨끗한 거울로서만 남아 있다. 그는 더 이상 아무것에도 불안해하거나 흥분하지 않는다. 이 세계에 우리를 묶어 두는 …… 수천 가지 의지의 실타래를 모두 잘라 버렸기 때문이다. 그는 이제 게임이 끝난 뒤의 체스 말처럼 자기 앞에 무심하게 놓여 있는 …… 이 세계의 환영을 고요히 바라본다.[54]

그러나 이제 쇼펜하우어의 말은 다른 의미로 혼란스러워 보인다. 만약 이 상태에서 더 이상 아무것도 선일 수 없고, 더 나아가 아무것도 최고선일 수 없다면, 왜 '최고선'이란 표현을 어떠한 용도로든 유지하고 거기에 비유적인 역할까지 부여하는 것일까? 여기에는 양가성이 있지만, 레긴스터의 주장과 달리 무의지의 가치에 대한 양가성은 아니다. 다음 절에서 살펴보겠지만 쇼펜하우어는 의지의 부정을 "최종적 가치"를 지닌 것으로 간주하며, "다른 모든 것보다 우월한 것"[55]으로 평가한다. 이런 주장을 감안할 때 쇼펜하우어는 (비록 세상 만물에 무심한 상태더라도) 그 상태에 있는 것 자체가 선이라고 주장할 것으로 예상된다. 그러나 다른 한편으로 무의지 상태인 사람에게는 아무것도 선일 수 없다면, 그 상태에 있는 것이 선이라는 주장에 동의하기는 적어도 불편하게 느껴진다. 결국 쇼펜하우어가 양가적인 것은 다음과 같은 명제들에 얽매인 개념적 모순에 빠져 있기 때문이다. 의지가 부재할 경우, 아무것도 선일 수 없다. 그러나 의지가 부재하는 상태는 실제로 우리에게 최종적 가치를 지닌 상태다. 이로써 우리는 최종적 가치를 지닌 상태에 머무는 것이 선일 수 없다는 결론에 이른다. 이처럼 쇼펜하우어의 충분히 이해할 만한 양가성은 개념적이다. 그는 이 터무니없어 보이는 결론을 주장하기를 주저한다. 그래서 예외 조항이 등장한다. 무의지 상태는 문자 그대로의 최고선은 아니지만, 우리가 비유적으로 그렇게 생각한다면 올바른 노선에 서 있다는 것이다. 다음 절에서는 쇼펜하우어가 이런 자료들을 바탕으로 일관된 입장을 취하는지, 또는 취할 수 있는지를 묻는 질문과 마주할 것이다.

4절 도덕적 선과 초월적 가치

쇼펜하우어는 의지의 부정과 도덕적 선 사이에 복잡한 연관성을 설정한다. (1) 양자는 공통된 기원을 갖는다. "삶에의 의지의 부정이라 부르는 것도 결국은 모든 선의, 사랑, 미덕, 고결함과 동일한 근원에서 나온다."[56] (2) 의지의 부정과 도덕적 선은 구별되며, 한쪽이 다른 한쪽을 유발하는 '전환'이 있다. "완전한 체념과 성스러움은 …… 선함이 최고 단계에 도달했을 때 생겨난다."[57] 그리고 (3) 도덕적 선의 가치는 의지의 부정의 가치에서 파생된다.

쇼펜하우어에 따르면 도덕적으로 선한 행동은 자애Menschenliebe나 정의Gerechtigkeit에서 비롯된다. 이 두 가지 기본 덕목은 도덕적으로 가치 있는 단 하나의 동기, 즉 다른 개체의 안녕을 순수하고 단순하게 의욕하는 성향인 연민Mitleid에서 비롯된다. 특정 행동이 도덕적 가치를 가지려면 오로지 연민에서 비롯돼야 하며, 그 행동에서 타자가 "내 의지의 궁극적인 목적der letzte Zweck meines Willens"[58]이 돼야 한다. 도덕적 선은 일종의 의지에 결부된다는 점이 중요하며, 따라서 무의지와 구별된다. 비트겐슈타인이 다분히 쇼펜하우어적인 사색들 중 한마디로 표현하듯이 "'이웃을 사랑한다.'는 것은 의지를 의미한다!"[59] 따라서 도덕적 행위의 선은 여전히 의지의 노력에 대한 적합성이라는 선의 정의에 해당한다. 내가 다른 개인의 안녕을 의욕한다면, 그 사람의 안녕wohl이 증진되거나 고통 또는 '비애wehe'가 줄어드는 만큼 내 의지는 충족된다. 이런 행동의 결과는 내 의지에 비례해 선한 것이다. 그러나 도덕적 선은 또한 타인의 의지와 관계를 맺는 데서도 비롯된다. "자애로운wohlwollend" 사람들은 원래 "그들의 행동이 일반적으로 다른 사람들의 의지와 관계 맺는 방식 때문에 선한 인간"[60]이라고 불렀다. 내 행동은 다른 사람들이 원하는 것을 증진시키기 때문에 선하며, 그들의 안녕을 증진시키기 때문에 선한 것이다. 그리고 내 행동이 이런 식으로 선한 경향이 있다면, 나는 선한 사람이다.

도덕적 선과 의지의 부정은 모든 존재에게서 가장 내면의 자기를 인식한다는 데 공통적인 근원이 있다. 도덕적으로 선한 사람은 이미 "일반적인 수준에 비해 자신과 타인을 구분하지 않으며",[61] 최고의 도덕적 선은 타인을 위해 자신의 존재를 희생할 수 있을 만큼 "순수하고 …… 이기적이지 않은 타인 사랑"[62]에 도달한 사람에게 있다. 이런 종류의 이타심을 보이는 사람은 무의지 상태로 전환될 수 있다.

> 이것은 누군가가 본래 다른 사람들에게 주어진 고통마저 감수하게 되는 수단이다. …… 그는 자신의 운명을 인류 전체의 운명과 동일시한다. 그러나 이 운명은 고통, 고난, 죽음으로 점철된 힘겨운 운명이다. 모든 우연한 이득을 포기하고 인류 전체의 운명 외에 자신을 위한 다른 운명을 바라지 않는 사람은 오래도록 *그*렇게 하기 힘들 것이다. 그에게는 삶과 그 쾌락에 대한 애착이 곧 사라지고 전반적인 포기로 대체될 것이다. 이로써 의지의 부정이 나타난다.[63]

이 생각은 만약 모든 고통과 모든 안녕에 대한 위협이 어느 누구에게 닥쳐오든 간에 똑같이 중요해지기 시작하는 보기 드물게 고결한 사람이라면, 이 모든 고통을 경감시키려는 동기에서 출발하더라도 세계의 고통이 너무 크고 너무 만연해 그것을 예방하거나 완화하기 어렵다는 것을 깨닫고 동기를 상실한다는 의미로 보인다.

결과적으로 의지의 부정에 부여되는 가치는 도덕성 자체의 가치와 대조돼야 한다. 1844년 11월 20일자 서신에서 법학자 요한 아우구스트 베커는 쇼펜하우어에게 "당신이 '유일하게 도덕적'이라고 부르는 동기는 누구에게 특히 가치가 있습니까?"[64]라는 질문을 던졌다. 쇼펜하우어가 보낸 12월 10일자 답장에는 다음과 같은 내용이 담겨 있다.

> 당신의 질문은 이렇습니다. 1) 도덕적 행동은 누구에게 가치가 있는가?―그 행동을 수행하는 사람에게 가치가 있습니다. 따라서 …… 그는 자신에게 만족감을 느끼고 공정한 증인들의 인정을 받습니다. …… 2) 무엇과 비교해서 그런가?―가장 큰 두 가지 동기[이기심과 악의]에서 비롯된 모든 다른 행동과 비교해서 그렇습니다. 이제 도덕적 행동의 가치가 궁극적으로 무엇에 근거하는지 보자면 …… 도덕적 행동은 생로병사의 세계로부터 구원받을 유일한 길로 인도한다는 점에서 그런 행동을 하는 사람에게 초월적 가치를 지닙니다. …… 그래서 여기에는 도덕성의 가치Werth에 관한 그야말로 최종적인 설명이 들어 있습니다. 도덕성의 가치는 그 자체로서 절대적으로 최종적인 것ein absolut Letztes이 아니라 거기로 향하는 한 단계라는 것입니다.[65]

여기서 '최종적 가치'가 뭘 의미하는지 잠시 생각해 볼 필요가 있다. 최근의 일반적인 이해에 따르면 '최종적' 가치란 다른 뭔가를 위해서나 다른 것의 수단으로서가 아니라 '그 자체로서' 또는 '목적으로서' 가치가 있다고 여겨지는 것이다.⁶⁶ 의심할 여지 없이 쇼펜하우어는 '절대적으로 최종적인' 가치를 그 자체로서 가치 있다고 해석한다. 그러나 앞서 언급한 대조에 따르면 그에게 연민 어린 행동의 가치는 최종적 가치가 아니라 수단적 가치인 것으로 보인다. 그는 도덕적 미덕을 "자기부정과 결과적으로 삶에의 의지의 부정을 '진전시키는 수단'"(필자 강조)⁶⁷이라고 설명하며 도덕적 미덕이 그 자체로는 가치가 없다는 듯이 말한다. 두 번째로 더 놀랍게도 그는 나의 연민 어린 행동은 오로지 나에게만 가치가 있다고 주장하는 것처럼 보인다. 그러나 나는 이 두 가지 인상에 모두 오해의 소지가 있다고 생각한다. 쇼펜하우어의 설명에 따르면, 나의 도덕적 행동은 내가 고통을 덜어 주거나 행복을 증진시키려는 상대에게 가치가 있으며, 행동 그 자체로도 가치가 있다. 내가 연민 어린 행동을 하는 것은 궁극적으로 나 자신의 의지 부정을 촉진하기 위해서가 아니다. 내 동기와 내 행동의 목적은 오로지 타인의 고통을 없애는 것뿐이다.

> 만약 어떤 사람이 자선을 베풀면서 "이렇게 하면 뭘 얻을 수 있습니까?"라고 내게 묻는다면, 나는 양심적으로 이렇게 대답할 것이다. "그 가난한 사람의 운명이 그만큼 나아졌을 뿐, 그 외에는 아무것도 없습니다. 만약 그것이 당신에게 아무 소용이 없고 정말로 중요하지 않다면, 당신은 정말로 자선을 베풀고 싶었던 것이 아니라 거래를 원했던 것입니다. 그렇다면 당신은 속아서 돈을 갈취당한 것입니다. 그러나 만약 가난에 짓눌린 사람이 덜 고통받는 것이 당신에게 중요하다면, 당신은 실제로 목적을 달성한 셈이고, 그로부터 그가 덜 고통받는다는 사실을 알게 되며, 당신의 선물이 얼마나 큰 보답을 받는지 정확히 알게 될 것입니다."⁶⁸

이렇듯이 나의 연민 어린 행동은 상대에게 선일 수 있으며, 내 연민 어린 행동의 목표인 타인의 고통이 해소되는 것은 그 자체로 선일 수 있다.

의지의 부정이라는 '절대적으로 최종적인' 가치를 도덕적 선의 가치와 구별하기 위해서는 '최종적 가치'를 그 자체로서의 가치뿐 아니라 완전하거나 종국적인 가치로까지 해석해야 한다. 이 논의의 출발점이었던 명예 최고선에 관한 바로 그 구절에서, 쇼펜하우어는 의지의 부정을 "병에 대한 유일하고 근본적인 치유책으로 간주할 수 있겠지만, 다른 모든 선들, 이를테면 모든 성취된 소망과 달성된 행복은 단지 완화제나 진통제에 불과하다."[69]라고 규정한다. 도덕적 행동도 어떤 개인의 안녕을 추구하는 욕망의 실현에 관심을 둔다는 점에서는 일반적인 이기적 행동과 비슷하다. 따라서 도덕적 행동도 일시적인 선만을 달성할 뿐이다. 이기적 의지나 도덕적 의지로 이룰 수 있는 완전한 선이란 없다. 어떠한 욕망을 충족시키거나 어떠한 고통을 덜어내도 언제나 더 많은 충족되지 않은 욕망과 미해결된 고통이 남아 있을 것이다(이런 이유로 밑 빠진 구멍, 끊임없이 돌아가는 익시온의 수레바퀴, 다나오스의 딸들의 항아리 등과 같은 이미지가 등장한다). 이런 의미에서 어떠한 이기적 선도 최종적이지 않으며, 도덕적 선도 마찬가지다. 반면에 의지의 부정은 의지를 종식시킴으로써 최종성을 획득한다. 따라서 이것은 행위자 자신의 개인적 행복을 위한 욕망이든 그에 상응하는 다른 개인들의 욕망이든 상관없이 개인주의적인 욕망 충족의 선을 초월한다.

5절 두 종류의 가치?

쇼펜하우어는 의지의 부정이 최고선이라는 말은 물론이고 그것이 선이라는 말도 철저히 피한다. 그러나 만약 무의지가 최종적 가치의 상태라면, 어떻게 그것이 선이 아닐 수 있을까? 여기에는 선과 선악을 벗어난 것 등 두 가지 가치가 있는 것일까? 그리고 의지의 부정은 선악을 벗어난 가치인 것일까? 어느 수준에서는 그런 것 같다. 평범하고 구원받지 못한 개인은 자신의 의지를 충족시킴으로써 가끔씩 선을 달성한다. 반면에 무의지 상태의 주체는 일체 동요함이 없이 무심하다. 의지의 힘겨루기는 끝났고, 그에게는 아무것도 선이나 악으로 다가오지 않는다. 쇼펜하우어는 때때로 이 후자의 상태를, 우리에게 선이 있을 수 있는 일상적인 관점에서 보면 이해할 수 없고 혐오스러운 공허함으로 묘사한다.

> 우리 앞에는 무無밖에 남지 않는다. 하지만 이 무로 녹아드는 데 저항하는 우리의 본성은 사실 우리 자신인 …… 삶에의 의지일 뿐이다. 우리가 무를 그토록 싫어한다는 사실은 우리가 삶을 그토록 원한다는 사실의 또 다른 표현일 뿐이며, 우리는 이 의지 외에 아무것도 아니고, 이 외에는 아무것도 모른다.[70]

우리가 세계에 대한 무심함에 어떤 가치가 있는지 가늠하기 어렵다면, 그것은 타고난 의지에 얽매여 있는 우리의 제한된 관섬 때문이다. 그러나 문제는 쇼펜하우어가 이 두 가지를 서로 다른 불투명한 조건으로 대조할 뿐만 아니라 가치에 따라 순위를 매기려 한다는 것이다. 한 가지 상태는 다른 상태로부터의 구원, 즉 다른 상태에서 달성할 수 있는 낮은 목표를 추구하지 않아도 되는 진정으로 최종적인 목적 또는 목표다. 비록 쇼펜하우어는 무의지가 타고난 의지의 삶보다 더 높은 선이라거나 심지어 선이라고 말하기조차 꺼리지만, 구원의 상태를 다른 모든 것보다 "우월$_{\text{überwiegend}}$"[71]하다고 표현하고, 의지의 부정을 "병에 대한 유일하고 근본적인 치유책으로 간주할 수 있겠지만, '다른 모든 선들', 이를테면 모든 성취된 소망과 달성된 행복은 단지 완화제나 진통제에 불과하다."(필자 강조)[72]라고 말할 때 은연중에 그런 생각을 내비친다. 암묵적으로 여기서 무의지 상태는 선이고, 다만 욕망의 충족과는 다른 방식의 선일 뿐이다. 만약 선악에 무심한 상태가 그 자체로 모종의 선이 아니라면, 이해하기 어려운데도 그 상태를 타고난 의지의 삶보다 더 권장하는 이유가 대체 무엇이겠는가?

이제 쇼펜하우어의 '선' 개념에 수정이 필요한 것처럼 보이기 시작한다. 만약 우리가 관대하다면, 암묵적으로 그의 개념에 수정을 가할 수도 있다.[73] 한 가지 제안은 쇼펜하우어가 암묵적으로 두 가지 선 개념을 사용한다는 것으로, 이를 선$_{\text{w}}$와 선$_{\text{n}}$으로 부를 수 있다. 어떤 것이 어떤 의지를 충족시킬 때만 선$_{\text{w}}$고, 어떤 것이 가치를 지니지만 의지를 충족시키는 데서 오는 가치가 아니라면 선$_{\text{n}}$이다. 최고선인 선$_{\text{w}}$는 존재할 수 없다. 무의지 상태는 선$_{\text{w}}$가 아니라 선$_{\text{n}}$이다. 따라서 최고선은 존재하지만 오직 선$_{\text{n}}$의 의미에서만 그렇다. 이것은 쇼펜하우어의 문자적/비유적 이분법과의 투쟁을 다르게 설명하는 방법일 수 있다. 그러나 이 견해는 심각한 반대에 부딪힌다. 이 견해는 선 개념이 단일하다(위의 구분에서는 선$_{\text{w}}$만 선으로 본다.)는 쇼펜하우어의 일관된 주장에 어긋날 뿐만 아니라, 다른 방식의 선을 서로 비교하고 평가해야 한다는 요구와도 충돌한다. 선$_{\text{w}}$ 상태와 선$_{\text{n}}$ 상태 중 어느 쪽이 더 나은지를 질문할 방법이 없다면, 선$_{\text{w}}$의 열등하고 '일시적'이고 '임시방편적'인 속성에 비해 선$_{\text{n}}$이 '우월하고' '최종적이며' '구원적'이라는 주장은 다시 한 번 지지하기 힘들어 보인다. 이 순위 매김은 쇼펜하우어에게 매우 중요하지만, 그를 다시 '더 나은 선', 결국 그냥 '선'이라는 단일한 개념으로 돌아가게 만든다.

6절 다른 종류의 의욕

의지의 부정이 최종적 가치의 상태라는 쇼펜하우어의 주장을 이해하려면 두 가지 방식의 선이 필요해 보인다. 선의 본질은 "오로지 욕망하는 의지와의 관계 속에만 존재한다"라는 그의 단일한 정의를 포기하지 않고 이를 달성하는 방법은 무엇일까? 핵심은 두 종류의 의욕이 존재할 수 있음을 인식하는 것이다. 이는 다시 쇼펜하우어의 의욕과 무의지 상태 사이의 기본적인 대조에 위배되는 것처럼 보일 수 있지만, 나는 두 가지 선의 개념보다 두 종류의 의욕에 대한 증거가 더 많다고 주장한다. 다음 구절들을 고려해 보자.

> 우리는 때때로 우리 자신의 참담한 고통이나 타인의 고통에 대한 생생한 인식을 통해 삶의 무상함과 쓰라림을 매우 친밀하게 느낀다. 그러면 우리는 욕망의 가시를 제거하고 고통의 침입을 막으며 완전하고 지속적인 포기를 통해 자신을 정화하고 성스럽게 바꾸기를 '원하지만', 곧 다시금 현상의 기만에 빠져들고 그 동기가 의지를 다시 움직이게 해 우리 스스로에게서 벗어날 수 없게 된다.(필자 강조.)[74]

> 만약 어떤 사람의 내면에서 의지의 부정이 일어난다면, 그 사람은 내적 기쁨과 진정한 천상의 평화로 충만해진다. …… 그리고 우리가 이 사람을 눈앞에서 직접 보거나 상상력으로 바라본다면 '가장

큰 갈망die größte Sehnsucht'을 느끼지 않을 수 없다. 이 상태만이 유일하게 옳고 다른 모든 상태보다 무한히 우월하다는 것을 인정하게 되기 때문이다.(필자 강조)[75]

이 구절들은 쇼펜하우어가 보통 '의지'라고 부르는 자연적인 욕망과 충족의 순환에 갇힌 평범한 사람도 평화와 포기라는 더 우월한 상태를 원하거나 갈망한다는 것을 보여 준다. 그러면 어떤 의미에서 우리는 무의지 상태를 의욕하게 된다. 그렇다면 우리는 쇼펜하우어의 선에 대한 단일한 정의를 고수하면서 무의지의 평화가 결국 우리에게 선이라고 말할 수 있다. 그리고 우리는 '다른 모든 것보다 우월'한 그것을 갈망하기 때문에 무의지의 평화는 결국 최고선이 될 것이다. 그러므로 쇼펜하우어는 그렇게 자중할 필요가 없었다. 의지의 부정은 결국 무의지 상태가 되려는 의지의 충족이기 때문에 말 그대로 최고선이 될 수 있다.

따라서 쇼펜하우어에게는 본성적이고 개인주의적인 삶에의 의지와는 다른 종류의 의지에 대한 설명이 필요하다. 앞서 살펴봤듯이 그는 삶에의 의지를 인간의 본질로 여기고 단순히 '의지'라고 부르는 경향이 있다. 그는 공식적으로 다른 종류의 의지가 있다는 주장을 펼치지는 않지만, 비극이 관객에게 미치는 영향을 다룬『의지와 표상으로서의 세계』2권에서 그 개념이 드러난다.

그는 단지 막연한 느낌으로라도 자신의 마음을 삶으로부터 떼어 내고, 자신의 의지를 물리치며, 세계와 삶을 사랑하지 않는 편이 더 낫다는 것을 인식하게 된다. 이 순간 그의 깊은 내면에서 '다른 종류의 의욕'을 위한 또 다른 유형의 존재가 필요하다는 의식이 생겨난다.(필자 강조)[76]

이 경우에 앞서 인용한 두 구절에서처럼, 주체는 '세계와 삶'의 특징인 욕망이 중지된 상태에 대한 의지 또는 욕망을 의식하게 된다. 쇼펜하우어도 마찬가지로 "행복, 즉 안녕과 삶과는 정반대 방향으로 나아가는 노력Streben"[77]을 이야기한다. 따라서 삶에의 의지와는 구별되는 의지 또는 욕망의 상태가 있어야 하며, 주체는 한동안 그 영향 아래 남아 있게 된다.

이런 의지 또는 노력을 삶에의 의지와 구분하려는 또 다른 이유는 '무의지' 상태에 도달하고도 이를 유지하기 위해 투쟁해야 하는 '싱스러운' 주체의 심리적 갈등에 대한 쇼펜하우어의 설명에서 찾아볼 수 있다.

> 우리는 성인들의 삶에서 묘사한 평화와 지복이 지속적인 의지 극복에서 피어나는 꽃일 뿐이며, 이 꽃이 자라나는 토양은 삶에의 의지와의 끊임없는 투쟁임을 알게 된다. 지상에서는 누구도 지속적인 평화를 누릴 수 없기 때문이다. …… 따라서 우리는 또 어느 순간 의지의 부정에 도달한 사람들이 모든 종류의 자기포기를 통해 가혹하고 속죄하는 생활 방식을 채택하고, 불쾌하다고 느끼는 모든 것을 찾아다니며, 항상 새롭게 노력하려는 의지를 억누르기 위해 갖은 애를 쓰면서 이 길을 고수하려고 온 힘을 기울이는 것을 보게 된다. …… 나는 금욕주의라는 표현을 종종 사용하는데, 좁은 의미에서 고의적으로vorsätzliche 의지를 꺾는 것을 금욕주의라고 이해한다.[78]

이 사람들은 고의적이고 끈질긴 노력으로 삶에의 의지를 '억누르고' '꺾고' '극복하기' 위해 노력한다. 쇼펜하우어는 다른 부분과 마찬가지로 여기서도 '삶에의 의지'와 '의지' 사이를 오락가락한다. 그러나 그 노력의 목표가 구체적으로 삶에의 의지, 즉 개인적인 욕망을 충족하려는 본성적인 경향이라는 점은 분명하다. 그리고 '성스러운' 행위자에게도 그런 본성적인 경향에 대한 욕망이 있다는 점 역시 분명하다. 그는 개인주의적인 욕망 없이 존재하고자 하는 욕망을 지닌다.

쇼펜하우어는 이런 욕망이 '우리 존재의 깊은 곳'에 위치하다가 '때때로' 의식으로 떠오르므로, 이따금씩 우리가 그것을 '느끼지 않을 수 없다'고 말한다. 따라서 이것은 우리의 숙고에서 가장 상위에 있어, 우리가 일상생활에서 행동할 때 따르는 평범한 욕망이 아니다. 이것은 우리가 의식적으로 인식하지 못하는 상태에서도 존재할 수 있는 기질적인 욕망으로 보인다. "우리는 종종 자신이 뭘 원하는지, 뭘 두려워하는지 알지 못한다. 우리는 스스로 인정하거나 심지어 명확히 의식하지 않고도 오랫동안 어떤 소망을 품을 수 있다."[79]라는 통찰에서 잘 나타나듯이 쇼펜하우어는 이런 욕망에 원칙적으로 대단히 수용적이다. 이에 따르면 개인주의적 욕망이 사라진 상태에 대한 욕망의 존재는 이례적으로 보이며, 쇼펜하우어가 언급한 예외적인 상황, 즉 압도적인 고통에 대한 성찰, 비극적 사건에 대한 수용, 개인의 안녕에 대한 관심을 소멸시키는 세계에 대한 성스러운 관심, 성자와의 만남 또는 그들의 경험에 동일시하려는 상상적 시도 등에서만 드러날 수 있다. 이런 상황에서 쇼펜하우어가 생각하는 진실이란 인간이 자신의 개인적 안녕을 의욕하는 상태를 넘어, 모든 개개인의 안녕까지 똑같이 의욕하는 상태를 넘어, 그런 종류의 의지로부터 완전히 해방되고 사실상 개체성 자체로부터 해방되는 상태임을 엿볼 수 있다.

7절 요약

이제 우리는 최고선 문제에 대한 쇼펜하우어의 양가적인 접근을 더 잘 이해할 수 있다. 삶에의 의지의 부정이 최고선이라는 측면도 있지만, 그런 식으로 정의하면 상당한 오해의 소지가 있다는 측면도 있다. 최고선이란 일상적이고 개인주의적인 욕망을 충족해 이룰 수 있는 선들 중 가장 높은 선이 아니며, 그런 욕망을 얼마든 충족한다고 해서 이뤄지는 복합적이고 총체적인 선도 아니다. 만약 신이 개인의 행복이나 안녕을 지향하는 욕망의 충족이라고 이해한다면, 그런 욕망이 부재하는 의지의 부정은 최고선이 아니다. 한편 의지의 부정은 이기적 선과 도덕적 선 모두를 초월하는 유일하게 최종적 가치를 지닌 상태이므로, 다른 선들보다 높은 일종의 선이다. 의지의 부정은 개인의 안녕을 지향하려는 욕망이 없는 의지가 인정될 수 있다면 욕망하는 의지에 부응한다는 완전히 쇼펜하우어적인 의미에서 선이 될 수 있다. 쇼펜하우어는 심각한 모순을 피하기 위해 이런 반의지가 필요하다고 주장한다. 이런 다른 종류의 의지가 없다면 (1) 선이 아닌 최종적이고 우월한 가치의 고유한 상태가 존재하거나, (2) 의지의 충족이 아닌 종류의 선이 존재하게 된다. 이에 대한 해결책은 의지의 부정이 선이고, 그것이 의지의 충족임을 인정하되, 그것이 다른 종류의 의지, 즉 개인의 안녕을 지향하는 욕망이 없는 의지를 충족시킨다는 점에서 선임을 분명히 하는 것이다. 따라서 의지의 부정은 어느 수준에서는 내가 원하는 것이지만, 나라는 개별적인 인간 또는 내가 나 자신으로 인식하는 존재의 행복이나 안녕을 달성하고자 함은 아니다. 쇼펜하우어가 베커에게 답변한 것처럼, "자신의 구원을 추구Verfolgen하고 성취하는 것은 삶에의 의지의 부정과 더불어 자신의 개체성을 포기하는Aufgeben der eigenen Individualität 데 있으므로 이기심의 개념에 포함될 수 없습니다. 이기심이란 자신의 개체에 대한 배타적인 관심으로 이해되기 때문입니다."[80]

8절 몇 가지 난제

지금까지 의지의 부정이 선이라는 명시적인 주장과 선이란 오직 욕망하는 의지에 대한 응답이라는 견해가 결합되면, 쇼펜하우어가 의지의 부정 그 자체가 의지의 대상임을 인정하게 될 것이라고 주장했다. 그러나 이 점을 공개적으로 인정한다면 쇼펜하우어는 심각한 난관에 봉착할 것이다. 그의 형이상학의 핵심에서 모순이 발생할 위험이 있기 때문이다. 우선 의지가 본질인 존재가 어떻게 비의지적 존재가 될 수 있는지를 설명해야 하는 문제부터 생각해 보자. 이반 솔Ivan Soll은 다음과 같이 이의를 제기한다.

> 쇼펜하우어는 우리가 …… 존재 전체가 의지며 의지 외에는 아무것도 없는 존재라고 주장한다. 우리의 본성을 이렇게 본다면, 어떻게 우리가 의지를 중단하거나 의지가 개입되지 않은 경험을 할 수 있는지 이해할 수 없다. 사람은 자신의 일로부터 휴식을 취할 수는 있어도 자신의 존재로부터 휴식을 취할 수는 없기 때문이다.[81]

앞서 살펴본 바와 같이, 쇼펜하우어의 공식적인 입장에 따르면 '의지'는 '삶에의 의지'와 상호 호환돼 쓰인다. 만약 삶에의 의지가 나의 본질이라면, 나는 결코 삶에의 의지를 멈출 수 없을 것이다. 쇼펜하우어가 이 양가성을 설득력 있게 설명할 자료를 제시했는지는 불분명하다. 그의 가장 뚜렷한 조치는 모든 개체에 공통된 형이상학적 본질로서 개체화되지 않은 삶에의 의지, 즉 '삶에의 의지 그 자체'라고 부를 수 있는 개념을 도입한 것이다. 이로써 삶에의 의지의 개별적인 경험적 발현인 나는 인간 개체의 안녕을 위해 노력하는 반면에 삶에의 의지 그 자체는 개체에 무심하고 자유롭게 '무의지' 상태로 전환될 수 있다("지금까지 의욕했던 것이 더 이상 의욕하지 않는다. …… 이 두 행위의 주체는 동일하다"[82]). 그러나 이렇게 되면 앞서 언급한 문제가 더 높은 형이상학적 수준에서 반복된다. 개인의 존재와 안녕에 대한 충동으로 발현되는 형이상학적 본질이 어떻게 바로 그 존재와 안녕의 욕망을 중단시킬 수 있는지는 불가해하다. 쇼펜하우어의 동료 프라우엔슈테트Frauenstädt는 서신에서 그에게 이런 반론을 제기한다. "시간 외적으로 그것은 이미 삶에의 의지인데 어떻게 그 본질을 제거할 수 있겠습니까? 결국 어떠한 것도 본질에서 벗어날 수는 없습니다."[83] 쇼펜하우어의 대답은 설득력이 없다. 그는 단지 "의지는 의욕 속에서는 결코 자유로울 수 없지만, …… 의욕으로부터는 자유로워질 수 있습니다."[84]라고 대담한 반론을 내세울 뿐이다. 그는 물자체가 불확정적이라는 칸트의 입장으로 후퇴하면 문제가 해결될 것이라는 프라우엔슈테트의 제안을 거부한다. 물자체는 확정적인 본질을 가져야 하며, 그것이 의지지만 또한 그 본질인 의욕으로부터 자유로울 수도 있다. 어떻게 그럴 수 있는지는 직관적으로 파악하기 힘들어도, 어떻게든 그렇게 된다는 것이 수천 년에 걸친 금욕주의의 역사를 통해 입증됐다고 그는 주장한다.

  쇼펜하우어에게 이것은 심각한 문제지만, 이것이 논의의 전부는 아니다. 여기서 단지 모순만 발견하는 것은 쇼펜하우어의 자기감각 개념의 복잡성을 무시하는 셈이라고 주장할 수 있다. 루돌프 말터Rudolf Malter는 쇼펜하우어의 구원론에 대한 그의 권위 있는 설명에서 다음과 같이 말한다. "의지는 오로지 의욕만을 의욕할 수 있다. 만약 자유의지의 부정(의지의 자기부정) 이야기가 쇼펜하우어의 최종적인 구원론 주장이라면 그의 철학 체계는 명백한 논리적 모순이자 단순한 스캔들로 끝날 것이다."[85] 그러나 말터는 여기서 문제가 끝나지 않는다고 설명을 이어 간다. 그는 쇼펜하우어가 순수한 인식주체에 의지해 "그의 구원론과 그의 철학 전체의 목표를 논리적 모순이라는 부정적 무nihil negativum로부터 구해 낸다."[86]라고 주장한다. 말터는 이 주체 개념이 쇼펜하우어 철학에 처음부터 내재돼 있음을 올바르게 강조한다. '나'는 삶에의 의지를 구현하는 인간 개개인뿐만 아니라 그런 어떠한 개체와도 동일시하기를 중단할 수 있는 자기를 지칭(하는 것으로 추정)해야 한다. 쇼펜하우어는 우리가 보통 "우리 자신이라 생각하는"[87] 순수한 인식주체의 개념을 통해 이를 설명하며, 의지를 부정하고도 이런 주체로 남아 있을 수 있다고 주장한다. 따라서 우리가 자신을 주체로서 인식한다는 주장은 우리 존재 전체가 의지라는 주장과 모순되지 않는다. 자신을 주체로 인식하는 것은 칸트의 '통각의 종합적 통일synthetic unity of apperception'[88]처럼 존재론적 책무를 도입하지 않기 때문이다. 주체는 "단지 조건적이고, 엄밀히 말하면 그저 눈에 보이는 실체"[89]를 지닌 의식적 경험의 장소일 뿐이다. 일상생활에서 '나'란 자신의 안녕을 의욕하는 인간으로 구현된 개체와 주체로서의 자기 양쪽 모두를 포함한다. 우리가 자기개념의 이런 복잡성을 수용할 수 있다면,[90] 적어도 원론적으로는 한 사람이 세계의 어떤 개체의 안녕을 욕망하거나 추구하지 않고도 자기의식적인 경험의 중심으로 존속할 수 있다는 것이 이해된다. 그러나 말터가 지적하듯이, 그렇다고 해서 의지가 스스로를 부정할 자유를 갖게 되는 불가사의가 해결되지는 않는다. 쇼펜하우어는 비활성화되고 무심한 순수 주체가 어떻게 의욕에서 무의지 상태로의 변화를 이끌어 낼 수 있는지 설명하지 못한다. 그는 의지의 부정이 "인간의 인식과 의욕의 가장 내면적인 관계에서 비롯된다."[91]라고 하면서도 그 관계는 원칙적으로 불가해하다고 말한다. 쇼펜하우어는 의지가 그 자체로 존재하기를 멈춘다는 치명적인 모순을 제거할 수는 있지만, 이는 단지 "해결될 수 없다고 밝혀진 문제"[92]로 그 모순을 대체하는 방식으로만 가능하다.

그러나 앞서 논의한 바를 감안해도, 쇼펜하우어가 의지의 부정이 선이라고 주장하고자 한다면 여전히 모순이 남는다. 만약 의지의 부정이 선이라면, 그것은 어떤 의지의 목표여야 한다. 그런데 그 의지는 어디에서 올 수 있을까? 순수 인식주체는 "일반적으로 의지나 정동을 …… 가질 수 없는überhaupt keines Wollens oder Affektes"[93] 존재다. 따라서 삶에의 의지에 반하는 욕망이 있다면, 그것은 순수 주체에서 오는 것이 아니라 내 안의 어떤 의욕하는 요소에서 비롯되는 것임에 틀림없다. 내 안에는 삶에의 의지 그 자체 말고는 삶에의 의지에 반대할 수 있는, 즉 삶에의 의지를 갖지 않으려 욕망하는 다른 요소는 없다. 따라서 의지의 부정이 선이 되려면, 삶에의 의지가 그 자체이기를 '잠시 멈춰야' 한다. 그렇다면 삶에의 의지는 살아 있는 개체의 안녕을 위한 욕망의 자리인 동시에 그런 욕망에서 벗어나려는 욕망의 자리여야 한다. 쇼펜하우어는 의지로부터 자유로워지려는 욕망이라는 그의 암묵적인 개념을 통해 그의 형이상학적 물자체와 순수 주체에 대한 이중적인 설명이 너무 단순해서 포착할 수 없는 심리적 복잡성을 인정한 셈이다.

마지막으로 자살을 반대하는 쇼펜하우어의 주장에서 또 다른 문제가 제기될 수 있다. 그는 자살이 개체의 존재를 종식시킴으로써 무의지 상태에서 이루어지는 진정한 해방 또는 구원wirkliche Erlösung의 실현을 막는다고 주장한다.[94] 자신의 개별적인 존재를 끝내는 행위는 개인주의적인 욕망 없이 존재하려는 욕망을 충족시키고, 그 결과 무의지 상태의 의식과 동일한 가치를 띠는 것이 아닐까? 쇼펜하우어의 주장은 오로지 개인적 안녕에 대한 욕망이 남아 있고, 그 욕망이 충족되지 않아 고통받는 사람의 자살에 한해서만 유효하다.

> 자살하는 사람은 삶을 의욕하지만, 자신에게 주어진 삶의 조건에 충족하지 못할 뿐이다. 따라서 그가 개별적 현상을 파괴할 때는 단지 삶을 포기하는 것이지 삶에의 의지를 포기하는 것이 아니다. 그는 삶을 의욕하고, 자신의 신체가 방해받지 않는 존재와 긍정을 의욕하지만, 사정이 꼬여 이것이 허락되지 않기 때문에 큰 고통을 겪는다.[95]

이런 종류의 자살은 여전히 개인의 행복이나 불행이 중요하다는 가정하에 고통을 조기에 제거하려는 것이지, 개인의 고통과 충족 모두에 무심해지는 최종 상태를 실현하는 것이 아니다. 하지만 누가 개인의 고통과 충족 모두에 무심해져서 자신의 존재를 끝내기로 선택한다면 어떻게 할까? 쇼펜하우어는 이런 종류의 자살에는 반대하지 않는다.[96] 실은 찬성하는 쪽에 가깝다.

> 의지의 완전한 부정은 신체의 식물적 기능을 유지하는 데 필요한 양분 섭취라는 의지조차 사라지는 지점에 도달할 수 있는 것 같다. 이런 종류의 자살은 결코 삶에의 의지에서 비롯되는 것이 아니며, 이런 유형의 금욕주의자는 단순히 모든 의지를 멈췄기 때문에 살기를 멈춘다.[97]

이런 상태에서 인간은 죽음을 기꺼이 받아들이거나 환영할 수 있다. "기꺼이, 즐겁게, 기쁘게 죽는 것은 체념하고 삶에의 의지를 포기하고 부정하는 사람의 특권이다."[98] 따라서 다시 한 번 무의지의 주체는 죽음에서 "더 이상 나로 존재하지 않을 수 있는 좋은 기회"[99]를 발견해 개인에서 벗어나려는 일종의 욕망을 간직하고 있다.

쇼펜하우어의 주장은 잘못된 이유로 비존재를 선택하면 무의지의 경험적 상태에 들어갈 기회를 잃게 된다는 것이다. 앞서 논의했듯이 무의지 상태는 개인주의적 욕망에서 벗어나고자 하는 욕망을 충족시킨다는 점에서 쇼펜하우어에게는 최고의 선이다. 물론 개인주의적 욕망이 없는 상태에서 평화나 만족을 경험하려는 욕망을 충족시키는 것과 아예 개체로서 존재하지 않음으로써 그런 욕망을 없애고자 하는 욕망을 충족시키는 것 사이에는 차이가 있다. 후자가 아닌 전자를 '구원'이라 부른다. 구원은 비존재가 아니다. 그러나 이 상태에 들어가면, 다행스럽게도 자신의 존재 자체가 정말로 유지할 만한 가치가 있다는 감각을 상실하게 된다. 따라서 쇼펜하우어가 말하는 최고선에 도달한다는 것은 자신의 비존재를 욕망하는 것과 양립 가능하며, 적어도 비존재가 바람직하다는 인정이 수반돼야 한다.

Essays on
Schopenhauer
and Nietzsche

2부

쇼펜하우어:
존재, 비존재, 개체

5장

⋙⋙⋘⋘

개인을 넘어
쇼펜하우어, 바그너, 그리고 사랑의 가치

1절 서론

쇼펜하우어의 관점에서 인간의 개체성은 두 가지 이유로 문제가 된다. 첫째 그것은 불만족스럽고, 둘째 근본적으로 실재하지 않는다. 우리의 주관적인 관점에서 보면 우리는 개체로서 존재하고 인식을 지니며, 다른 모든 것들, 실제로 다른 모든 존재들과 분리된 것으로 보이는 세계에 살고 있다. 그러나 쇼펜하우어는 세계의 관점에서 보면 개체성이 비실재적이고, 궁극적 실재는 분할되지 않으며, 어떤 종류의 개체든 오로지 우리에게 보이는 세계에만 존재한다고 말한다. 그것은 개체화의 원리를 이루는 시간과 공간의 형태로 경험을 조직하는 주체의 정신에 제시되는 세계다. 하지만 개체로서 우리 존재는 진정한 가치를 추구하기에 잘못된 장소기도 하다.

> 무의식의 밤에서 깨어난 의지는 끝도 한계도 없는 세계, 모두 애쓰
> 고 고통받고 길을 잃은 수많은 개인들 사이에서 한 개인으로서 자

신을 발견하고, 마치 나쁜 꿈을 꾼 것처럼 옛 무의식으로 다시 서둘러 돌아간다. 하지만 그때까지 의지의 욕망은 무한하고, 요구는 끝이 없으며, 충족된 모든 욕망은 새로운 욕망을 낳는다. 어떠한 세속적인 충족도 의지의 갈망을 잠재우거나 욕망에 최종 목표를 부여하거나 밑 빠진 마음속 구멍을 채울 수 없다. 더구나 우리는 보통 어떤 종류의 만족을 느끼는 인간이 어떻게 되는지를 알고 있다. 그들은 대부분 끝없는 고난과 끊임없는 보살핌 속에서 욕구와 싸우고 죽음을 바라보면서 하루하루 존재 자체를 보잘것없이 유지하는 데 그치고 만다. 인생의 모든 것은 지상의 행복이 헛되거나 환상으로 인식될 운명임을 분명히 보여 준다.[1]

쇼펜하우어는 개체성을 일종의 위반으로 보고, 개체를 원초적인 통일체에서 분리된 것, 타락한 것, 실수한 것으로 간주한다. "근본적으로 모든 개체성은 특별한 오류이자 실책, 차라리 존재하지 않는 편이 더 나은 것이며, 사실상 삶의 진정한 목적은 그로부터 우리를 되찾는 것이다."[2] 그렇다면 쇼펜하우어의 인간 조건에 대한 이론에서 사랑은 어디에 속할까? 누군가는 사랑이 단순히 일시적인 만족 이상의 행복의 원천이며, 고독한 존재에 대한 위로이자, 분리된 상태를 넘어서는 승리 또는 적어도 분리된 상태를 극복하려는 갈망이며, 우리가 저마다의 기만적이고 자기중심적인 곤경에 갇혀 있지 않다는 희망이라고 생각할 수 있다. 오래전 플라톤의 『향연』에서 아리스토파네스가 말했듯이 "'사랑'은 우리가 온전함을 추구하고 완전해지고자 하는 욕망의 이름"이며, 사랑에 빠진 모든 사람은 "사랑하는 사람과 함께 녹아들어 두 사람에서 한 사람이 나오기"를 바란다.[3] 사랑은 우리가 멀어졌던 온전함을 되찾는 방법으로 대두된다. 그렇다면 개체성이 실수이자 오류라면, 사랑은 그 오류를 바로잡고 개인을 자신을 넘어서는 전체,

또는 진정한 자기를 구성하는 전체와 재결합시킬 수 있을까? 앞으로 살펴보겠지만, 쇼펜하우어는 이 질문에 두 가지 상반된 대답을 제시하는데, 이는 '사랑'이라는 용어가 전혀 다른 두 가지 상태를 포괄하기 때문이다.

『향연』에서 플라톤이 사랑을 뜻하는 단어는 에로스_eros다. 에로스는 다른 인간 개체와의 육체적 결합을 원하는 욕망으로 시작하지만, 사랑하는 사람뿐만 아니라 "죽음의 어떤 다른 거대한 무의미"[4]도 초월하는 영원한 보편에 대한 열정적이고 지적인 이해를 통해 가치를 지닌 최고의 가능적 대상에 도달할 수 있다. 그러나 쇼펜하우어는 플라톤에게서 영감을 얻은 부분을 인용하고[5] 그의 철학 전반에서 '플라톤적인 이데아'에 중요한 역할을 부여하면서도, 이 주제에 대해서는 플라톤을 따르지 않는다. 간단히 말해 쇼펜하우어에게 이데아는 자연에서 발견되는 영원불변한 종류 또는 종으로서, 인간을 포함한 여러 개별적인 시공간적 존재들이 생겨나서 변화하고 오락가락하다가 금방 서둘러 사라지는 것과는 대조를 이룬다. 이런 이데아에 대한 인식을 고양시키는 중요한 수단은 미적 경험이다. 자주 인용되는 구절에서 쇼펜하우어는 미적 경험의 상태에서 어떤 대상을 관조할 때 다음과 같다고 말한다.

> 그렇게 해서 우리가 인식하는 것은 더 이상 개별적인 것 자체가 아니라 이데아, 영원한 형상이며 …… 바로 그럼으로써 이 직관에 사로잡힌 사람은 더 이상 개체가 아니라 오히려 순수하고 의지와 고통이 없으며 시간을 초월한 인식주체가 된다. 개체는 이 직관 속에서 자신을 망각한다.[6]

하지만 중요한 차이점에 주목해야 한다. 플라톤이 보기에 사랑에 빠진 자는 미美의 형상을 열렬히 갈망하는 반면, 쇼펜하우어가 말하는 미적 경험의 주체는 무심하고 의지가 없으며 욕망의 실현이 아닌 무의지 상태의 평정, 즉 어떠한 욕망도 의식을 차지하지 않는 상태의 산물이다. 이런 평정 상태는 미적 경험의 유예가 지속되는 동안 개체성으로부터 해방되는 것이다. 그러나 쇼펜하우어에게 에로틱한 사랑은 이 같은 방식으로 작용할 수 없다. 그에게 에로스는 무의지의 정반대다. 에로스는 세속적이고, 생물학적으로 추동되며, 평정이 아닌 갈등만 초래할 뿐이다.

그러나 쇼펜하우어에게는 한 사람을 개체성에서 구원으로 인도하는 또 다른 종류의 사랑이 있다. 이는 모든 존재에 대한 보편적 연민에서 비롯되는 '순수한' 사랑으로, 쇼펜하우어는 이 사랑을 기독교의 아가페 및 카리타스 개념과 동일시하며 도덕성의 기초로 삼는다. 다음 2, 3절에서는 이 두 가지 사랑을 논의하고, 그가 부여한 상반된 가치를 살펴본다. 요컨대 쇼펜하우어는 에로틱한 사랑이 개인에게 무가치함을 폭로하고자 한다. 성적 사랑의 근간이 되는 욕망은 우리 존재 자체에서 기원하지만, 쇼펜하우어에 따르면 완전히 제거해야 하는 것이다. 반면 이타적이고 도덕적인 종류의 사랑은 단순히 세계의 고통을 경감시킬 뿐만 아니라 더욱 놀라운 방식으로 지대한 가치를 지닌다. 우리는 타인에 대한 순수한 사랑을 품고 행동할 때 어느 정도 '나'로부터 벗어나 자신과 타인을 덜 구분하게 된다.[7] 쇼펜하우어는 이렇게 이기심에서 멀어지는 성격을 이미 의식 속에서 욕망과 개인적 자아가 소멸하는 길로 들어선 것으로 본다. 이런 소멸은 도덕적 행동보다 더 높은 선이며, 따라서 역설적이게도 개인들은 이런 종류의 사랑을 간절히 염원해야 한다.

4절에서는 리하르트 바그너가 연인인 트리스탄과 이졸데를 묘사한 방식을 다룬다. 트리스탄과 이졸데의 사랑은 통합된 정체성에 대한 갈망에서 잉태된 사랑의 극적인 사례다. 두 사람의 이름을 딴 유명한 음악극에서, 이들은 자아와 비자아의 모든 구분을 포기하고 극도의 희열을 느끼는 상태에서 개체성을 상실하기를 소망한다. 바그너는 1854년부터 쇼펜하우어의 책을 열정적으로 탐독한 덕분에 이 사랑의 묘사에 대한 영감을 얻었다. 그러나 "바그너는 쇼펜하우어와의 교류에서 …… 결코 무비판적인 추종자는 아니었다."[8]라는 올바른 평가도 있다. 바그너의 오페라 〈트리스탄과 이졸데〉에서 벌어지는 일이 쇼펜하우어의 사랑 이론을 예술 형태로 그대로 옮기려는 의도에서였다고 본다면 오해라고 판단해야 한다. 예를 들어 마크 존스턴Mark Johnston은 "〈트리스탄과 이졸데〉에서의 실수"를 직설적으로 언급하며 "쇼펜하우어는 에로틱한 사랑의 맥락에서 아가페가 들어갈 자리를 찾지 못했을 것이다."[9]라고 쓴다.

　쇼펜하우어가 구상하는 구원적이며 개인을 초월한 의식은 원칙적으로 한 개인에게만 초점을 맞추지 않으며, 성적 매력에서 탄생할 수도 없다. 그러나 바그너는 단순히 실수를 저지른 것이 아니다. 오히려 그는 의도적으로 쇼펜하우어의 철학을 바로잡고, 쇼펜하우어가 간과했던 부분을 연결해 성적 사랑을 인간 성취의 최고 형태로 명예 회복시키고자 했다. 쇼펜하우어가 "섹스에 대해 일종의 열광적인 부정성으로 글을 써 내려간"[10] 방식에 영감을 받아, 바그너는 쇼펜하우어보다 훨씬 더 영감을 주는 성적 사랑의 비전을 창조했으며, 잘 알다시피 그의 비전은 가장 숭고한 예술 작품 중 하나를 통해 표현됐다. 그럼에도 불구하고 나는 바그너의 개입이 쇼펜하우어의 철학을 바로잡거나 완성한 것이 아니라 오히려 무너뜨렸다고 주장할 것이다. 쇼펜하우어의 철학에서 두 가지 사랑은 서로 다른 근본적인 기능이 있기 때문에 서로 거리를 둬야 한다. 5절에서 살펴보겠지만, 두 가지 사랑은 모두 개체화라는 환상에 기반을 두긴 해도 하나가 인간 조건에 대한 쇼펜하우어의 개선책 중 일부라면, 다른 하나는 어디가 잘못됐는지에 대한 그의 진단 중 일부다.

2절 순수한 사랑

1818년에 『의지와 표상으로서의 세계』를 처음 출간했을 때 쇼펜하우어는 사랑을 기독교 윤리의 맥락에서 언급했다. 그는 기독교 윤리가 "사랑의 가장 높은 단계에zu den höchsten Graden der Liebe …… 도달한다."[11]라고 썼다. 이후 이 책의 1859년 최종 개정판에서는 Liebe를 더욱 제한적인 용어로 대체해, 이제는 최고 수준의 Menschenliebe에 대해 이야기한다.[12] 쇼펜하우어는 1841년에 쓴 에세이 『도덕의 기초에 관하여』에서도 Menschenliebe라는 용어를 선호한다. Menschenliebe는 영어로 정확히 번역하기가 쉽지 않다. 독어에서 Menschen은 인간을 의미하고 Liebe는 사랑을 의미한다. 문자 그대로 앵글로-그리스어에 해당하는 단어는 philanthropy(박애)다. 그러나 이 단어는 자선 활동이라는 의미를 담고 있어 딱히 사랑의 한 종류라고 보기 어렵다. Human-love(인간애)나 love of humanity(인류애)도 썩 우아한 대안은 아니다.[13] 최근의 영어 번역본에서는 loving kindness(자애)●라는 절충안을 사용하고 있으나, 적어도 언어적으로는 Menschenliebe가 쇼펜하우어가 기독교적 사랑과 연결시킨 사랑의 일종이고, 라딘어의 카리타스와 그리스어의 아가페로 표현된다는 사실을 충분히 드러내지 못한다.[14] 쇼펜하우어는 후기 저서에서 간혹 Menschenliebe를 간단히 '사랑'이라 부르기도 하고 '순수한 사랑reine

---

● 이 책에서도 영어 번역어에 따라 Menschenliebe를 '자애'로 옮겼다.

Liebe'또는 '순수하고 이기적이지 않은 사랑reine, uneigennützige Liebe'이라고도 부른다.[15]

자애는 쇼펜하우어에게 두 가지 기본적인 도덕적 덕목 중 하나로, 다른 하나는 그의 표현대로 하면 "진정한 자유의지에 따른 사심 없고 꾸밈없는 정의"[16]다. 쇼펜하우어가 보기에 모든 도덕적 덕목은 자애 또는 정의에서 비롯되며, 이 두 가지 기본 덕목은 그가 Mitleid라 부르는 인간적인 동기의 발현이다. Mitleid는 compassion(연민)이라는 번역어가 가장 적절하다. 쇼펜하우어는 도덕의 기초에 관한 에세이에서 연민이란 다른 개체의 안녕을 순수하고 단순하게 의욕하는 성향이며, 모든 행동은 이 성향에서 비롯되는 경우에만 도덕적 가치를 지닌다고 분명히 밝힌다. 자애의 경우를 보자.

> 연민은 단순히 타인에게 상처 입히는 것을 막을 뿐 아니라 실제로
> 그를 돕도록 나를 움직인다. …… 나는 상대의 필요나 고통을 위해
> 크든 작든 희생하려는 순수한 도덕적 동기로 움직인다. 거기에는
> 상대를 위해 나의 육체적 또는 정신적 힘을 발휘하고, 내 재산과 건
> 강, 자유, 심지어 생명까지 바치는 희생이 포함된다.[17]

(이번 생에서든 다음 생에서든) 자신을 위한 보상을 목표로 삼는다면 도덕적으로 행동할 가능성은 사라진다. 도덕적 행동은 오로지 타인의 이익을 위해, 그것 자체를 위해 행동하는 것이기 때문이다.[18] 그러나 도덕적 행동은 더 높은 수준의 이타심을 가지게 하므로 행위자에게도 가치가 있다.[19] 쇼펜하우어는 도덕적 행동으로부터 의지의 부정이나 소멸로의 전환을 기대한다. 도덕적으로 행동할 때 우리는 1인칭 개인이 아닌 모든 개체를 향한 의지에 동기를 부여하는 인지 상태에 놓인다. 의지의 부정에서는 아무런 동기도 부여하지 않는 인지 상

태에 도달한다. 도덕적인 동기부여가 강할수록, 즉 연민을 느끼는 정도가 클수록 자신의 존재가 더욱 부담스러워진다. 결국 우리는 "본래 다른 사람들에게 주어진 고통마저 감수하게 되고, 정상적인 인생행로에서 개인이 겪는 것보다 훨씬 더 많은 양의 고통을 떠안게 되며", 그 결과 "삶과 그 쾌락에 대한 애착이 곧 사라지고 전반적인 포기로 대체될 것이다. 이로써 의지의 부정이 나타나게 된다."[20] 인간의 삶은 그 자체로 너무 끔찍해, 삶에서 얻거나 잃는 것에 가치를 부여하는 일이 더 이상 의미를 잃고 동기부여가 사라질 것이다. 이처럼 진정으로 도덕적인 자애는 의식 속에서 개체인 자기의 궁극적인 소멸을 암시하고 촉진해, 우리에게 개체화의 '잘못 내디딘 발걸음'에서 되돌아갈 수 있는 더 큰 전체를 드러내는 데 도움을 주므로 행위자에게 가치가 있다.

3절 성적 사랑

또 다른 종류의 사랑은 Geschlechtsliebe로, 이는 영어로 sexual love(성적 사랑)으로 더 명확하게 번역할 수 있다. 이 개념에 대해 단순히 성행위나 성적 만족의 욕망만을 떠올려서는 안 된다. 쇼펜하우어는 그가 의미하는 성적 사랑이 『로미오와 줄리엣』, 『신 엘로이즈』, 괴테의 『젊은 베르테르의 슬픔』에 가장 잘 형상화됐다고 말한다. 그리고 이 목록에는 〈트리스탄과 이졸데〉두 분명히 추가할 수 있다. 쇼펜하우어는 사랑에 빠진Verliebtheit 예외적인 상태를 성적 사랑이라 말하며, 논의를 사랑에 빠진 이성애의 사례로 국한한다.[21] 남녀 간의 성적 사랑은 성적 충동에 뿌리를 두지만, 그것으로만 환원되지는 않는다. 쇼펜하우어는 성적 충동Geschlechtstrieb과 성적 사랑Geschlechtsliebe을 구분한다.[22] 성적 충동은 쇼펜하우어가 말하는 삶에의 의지의 주요한 발현으로, 그는 삶에의 의지를 모든 개인에게 공통된 단일한 본질 또는 본성인 '의지'와 동일시한다. 쇼펜하우어는 "성적 충동은 삶에의 의지의 핵심이며, 따라서 응집된 형태의 모든 의지 자체다. 사실상 인간은 성적 충동의 화신이라고 할 수 있다."[23]라고 말한다. 쇼펜하우어에게 성적 충동의 목표는 생식, 즉 종의 번식이다. 성행위를 하는 개인들이 생식을 의식적인 목표로 삼을 수도 있지만, 쇼펜하우어에게 더 중요한 것은 개인들이 알든 모르든 간에 항상 개인의 의식을 초월하는 본능적 충동을 드러내고 있다는 사실이다. '종의 의지Wille der Gattung'가 개체의 욕망과 행동이라는 도구를 통해 작용하며 개인들을 번식으로 유도한다는 것이다.[24]

성적 사랑은 이런 보편적인 충동에서 비롯되지만, 한 개인에게 극도의 욕망과 세심한 주의력을 집중시키는 놀라울 만한 선택적 초점을 지닌다. "단순한 성적 충동은 모든 사람을 대상으로 하며 개별화되지 않기 때문에 천박한"[25] 반면에 성적 사랑은 "더 정확하게 결정되고 특화되며 (가장 강한 의미에서) 개별화된다."[26] 성적 충동이 너무 강해지면 '과도한 정념'이 된다. 그러면 "개별화와 사랑에 빠진 강도가 지나치게 고조돼 성적 충동이 충족되지 않으면 세계의 모든 좋은 것, 심지어 삶 자체가 가치를 잃어버린다."[27] 다시 말해 한 인간의 의식 속에서 다른 인간이 너무도 중요하고 대체 불가능한 욕망의 대상이 돼 버려 다른 욕망의 대상들, 심지어 살아 있다는 사실조차 그에게는 더 이상 가치 없게 인식되는 것이다. 쇼펜하우어는 사랑에 빠진 개인들이 때로는 강렬한 정념에 사로잡혀 미치거나 살인을 하거나 급기야 자살에 이르는 경우를 관찰하는데, 이는 그가 언급한 몇몇 허구의 사례에서도 마찬가지다.

쇼펜하우어의 관점에서 성적 사랑을 간단히 공식화하면 성적 충동

+망상이다. 강렬하게 개별화된 성적 사랑의 기능은 여전히 생식으로, 후대의 우수한 인간 개체를 생산하는 데 기여한다. 쇼펜하우어는 이성애 관계에서 사람들이 더 우수한 자손을 생산할 수 있는 이성에게 가장 강하게 끌린다고 믿는다. 그는 이 이론을 매우 상세히 설명하는데, 종의 의지가 인간 개체들을 짝지을 때 선호하는 연령대, 골격, 안색, 코 모양 등을 항목별로 열거한다.[28] 성적 충동은 단순히 더 많은 인간 개체를 번식시키는 수단으로 개인들을 이용하지만, 성적 사랑은 양이 아닌 질의 문제에 관여해 종을 대대로 향상시키는 수단이 된다. 그렇지만 이것은 성적 사랑의 정념을 느끼는 개인이나 그 상대에게는 아무런 직접적인 가치가 없다. 종의 의지는 개인에게 이 모든 과정에서 가치 있는 뭔가를 얻게 되리라는 망상을 불러일으켜 성공을 거둔다. 개인의 입장에서는 운이 좋으면 성욕이 완전히 해소되겠지만 어디까지나 일시적인 상태일 뿐이며, 이는 사랑에 빠졌을 때만이 아니라 다른 성적 충동의 표현에서도 공통적인 현상이다. 쇼펜하우어가 보기에는 우리가 사랑에 빠진다고 해서 기대하는 만큼의 커다란 개인적 행복과 만족감을 얻지는 못한다. 그는 종의 의지가 충족되면 이런 사랑의 환상이 사라진다고 생각한다.

> 각각의 연인은 마침내 쾌락을 얻은 뒤에 엄청난 실망을 경험하고, 그토록 열망하던 욕망이 다른 모든 성적 충족과 다를 바 없다는 사실에 놀란다. 그래서 그것이 자신에게 큰 도움이 된다는 것을 깨닫지 못한다. …… 그러므로 이 위대한 과업이 완성된 뒤, 모든 연인은 자신이 속았다는 것을 발견하게 된다. 왜냐하면 개인을 종의 꼭두각시로 만든 망상이 사라졌기 때문이다.[29]

우리는 서로 비슷한 취향을 공유하고, 상대의 지성을 높이 평가하고, 좋은 동반자를 찾는다는 등의 이유로 자기 욕망의 대상과 성공적이고 보람 있는 관계를 형성할 수 있다. 그러나 이것은 사랑에 빠졌기 때문에 얻은 가치가 아니다. 사랑에 빠지는 것은 각각의 연인에게 그 자체로 특별한 가치를 가져다주지 않으며, 그저 사랑의 결실로 태어날 자손의 질을 통해 종 전체의 이익에 기여하기 때문에 선이 될 뿐이다.

쇼펜하우어가 보기에 망상은 성적 사랑의 심리적 메커니즘이 개인의 이기심 수준에서 작동하기 때문에 발생한다. 이기심은 인간에게 선천적으로 지배적인 속성이다.

> 이기심은 본질적으로 무한하다. 인간은 무조건적으로 자신의 존재를 유지하기를 의욕하고, 무조건적으로 고통에서 자유롭기를 의욕하며, 자신이 누릴 수 있는 모든 쾌락을 의욕하고, 심지어 쾌락을 얻을 새로운 능력의 개발을 의욕한다. …… 이에 따라 사람들은 저마다 자신을 세계의 중심에 둔다.[30]

쇼펜하우어의 생각은 성적 사랑이 본능적으로 지배적인 이기심에 의존한다는 것이다. 이기심은 쇼펜하우어가 말하는 우리의 '개인', 즉 우리가 자신이라고 여기는 개별적인 인간의 목적, 쾌락, 실현과 동일시하는 상태다. 성적 사랑은 개인의 고유한 욕망의 대상을 얻는 일이 우리라는 개체에 선이 될 수 있다는 본능적인 확신에 기반을 둔다. 성적 사랑은 한 인간이 개인의 자연적이고 깨우치지 못한 의식 특성을 유지하는 데 의존하지만, 오로지 개인을 완전히 우회하는 가치를 위해서만 그렇게 한다.

이기적인 목표만이 개인의 행동을 불러일으키는 데 이용할 수 있

는 유일한 목표다. ······ 그러므로 이런 경우에 자연은 개인에게 어
떠한 망상Wahn을 심어 줘야만 본연의 목적을 달성할 수 있다. 이
망상은 종에만 좋은 것이 개인에게도 좋은 것처럼 보이게 해, 개인
이 자신을 위해 노력한다고 생각하면서 실은 종을 위해 노력하게
만든다.[31]

더 큰 의지가 우세하고 개인은 그 단면에 불과하다는 설명은 개인
이 무력하고, 자연 전체의 압도적인 힘에 이끌리며, 실제로 벌어지는
일에 무지할 수밖에 없음을 보여 준다. 우리는 여전히 자신에게 고유
하게 가치 있는 목표를 추구한다고 믿지만, 자연에 스며든 더 큰 의지
가 우리, 즉 개인을 개인 자신의 목적이 아닌 다른 목적을 위해 이용
하고 있는 것이다.

4절 바그너의 '쇼펜하우어적'인 사랑 이야기

앞서 말했듯이 트리스탄과 이졸데는 사랑에 빠진 상태의 극치를
보여 주는 쇼펜하우어의 허구적 사례에 쉽게 추가할 만한 또 다른 연
인이다. 바그너는 1858-1859년에 독일의 시인이자 작가인 마틸데 베
젠동크에게 보낸 서신에서 쇼펜하우어, 혹은 (실제 만난 적은 없지만) '친
구 쇼펜하우어'에 대해 호의적인 언급을 많이 하며 〈트리스탄과 이졸
데〉를 완성하려고 작업하는 동안 이 철학서를 다시 읽고 있다고 알린
다. 완성된 음악극에서 바그너는 적어도 부분적으로는 쇼펜하우어로
부터 영감을 받은 형이상학적 상징주의의 층위로 사랑의 서사를 감싸
고 있다. 그렇다면 이것이 최초의 위대한 쇼펜하우어적인 사랑 이야
기라 할 수 있을까? 그리고 우리가 쇼펜하우어의 자료를 바탕으로 성

적 사랑에 대한 긍정적이고 구원적인 설명을 개진하는 데 도움이 될
까?

바그너가 그의 캐릭터들에 부여한 대사를 음악과 분리해 논하는
것은 바그너의 업적을 제대로 이해하기에 그리 바람직한 방법이 아니
다. 로저 스크루턴이 말하듯이 "2막에서 연인들이 부르는 노래 가사
는 형이상학적인 결합이라는 주제를 정교하게 표현하지만 …… 그것
만 따로 보면 거의 무의미하고, 마치 말할 수 없는 의미의 핵심을 벗
어나 주변부를 장식하듯이 주위에 둘러싼 음표들로 음악을 짜 나가는
일종의 숨 막히는 주문과도 같다."[32] 그럼에도 불구하고 2막 2장에서
압도적으로 강렬한 음악에 맞춰 인물들이 부르는 이 노래 가사들은
그들의 특별한 정신 상태의 중요한 요소를 전달한다. 그들은 '사랑의
밤'이 자신들에게 내려앉아 세상에서 자유로워지고 환상이 사라지기
를 간청한다. 이 장면에서 낮과 밤의 대립은 다층적인 은유로 사용된
다.[33] 한 차원에서는 '낮'이 트리스탄과 이졸데에게 명확한 사회적 역
할이 있는 공적인 세계를 의미한다. 이 세계에서 그들의 사랑은 금지
되고 위험하게 여겨진다. '밤'은 사회적 역할을 저버릴 수 있는 내밀
한 공간으로 물러나는 것을 의미한다. 하지만 다른 차원에서는 형이
상학도 작용한다. 낮은 밝음Schein, 거짓된 모습과 쇼펜하우어도 사용
했던 용어인 망상Wahn의 세계다. 밤은 거짓된 모습을 걷어 내고 연인
을 두 개별적 존재가 아닌 하나의 존재로 드러내는 상태다. 연인의 대
사는 이 메시지를 다양한 용어로 표현하려고 노력한다. "나는 세상이
다.", "하나의 의식", (트리스탄이 노래하는) "나는 이졸데다.", (이졸데가
노래하는) "나는 트리스탄이다." 등. 따라서 연인은 개인으로서 자신의
존재에 의문을 제기하는 급진적이고 폭력적인 의식 변화를 겪게 된
다. 이들의 소망은 자기와 비자기의 모든 분리에서 벗어나 거짓된 개
체성의 감각을 버리고 행복의 상태에 들어가는 것이다. 그래서 이들

은 어느 정도 쇼펜하우어적인 텍스트를 노래하고 있다.

에로틱한 사랑이 소멸에서 절정에 달하는 테마는 사실 쇼펜하우어 보다는 독일 낭만주의에 뿌리를 두고 있다.[34] 쇼펜하우어는 "연인에 게는 죽음이 첫날밤이다."[35]라는 노발리스의 생각에 따르지 않는다. 앞서 살펴봤듯이 그는 연인들이 극도의 정념 때문에 종종 죽음으로 내몰린다고 말한다. 또 죽음이 개체화의 잘못을 바로잡고 "더 이상 나 로 존재하지 않을 수 있는" 기회를 제공한다고도 주장한다.[36] 하지만 이런 주장은 바그너가 아리아 〈사랑의 죽음Liebestod〉에서 구현하는 낭 만주의적 전체, 즉 죽음을 통한 에로틱한 사랑의 황홀한 성취와는 어 울리지 않는다. 쇼펜하우어에게 "기꺼이, 즐겁게, 기쁘게 죽는 것은 체념하고 삶에의 의지를 포기하고 부정하는 사람의 특권이다."[37] 바 그너의 연인은 개체성에 대한 집착을 포기했지만, 강화된 성적 욕망 을 통해 그 경지에 도달했기 때문에 삶에의 의지를 포기하고 부정하 기보다는 그것을 최고조로 긍정하고 구현하는 셈이다. 쇼펜하우어에 따르면 개체성에서 벗어나는 구원은 개별적인 상대에 대한 집중의 부 재, 욕망의 부재, 그리고 확실한 성적 욕망의 부재를 요구한다. 그에게 는 가장 강렬하고 해로운 의지 형태를 경험함으로써 의지로부터 구원 받는다는 생각이 터무니없어 보일 것이다. 일종의 혐오 치료가 아닌 한, 이것은 확실히 바그너가 의도한 바가 아니다.

바그너는 1858년 12월, 마틸데 베젠동크에게 그의 생각을 설명 했다.

최근에 나는 친구 쇼펜하우어의 주요 저작을 다시 한 번 천천히 읽 었는데, 이번에는 그에게 엄청난 자극을 받아서 그의 체계를 확장 하고 어떤 점에서는 수정하게 됐습니다. …… 그것은 어떤 철학자 도, 심지어 쇼펜하우어 자신도 인식하지 못한 부분에 관한 것입니다. 바로 사랑을 통해 의지를 완전히 잠재우는 구원의 길을 제시하고, 나아가 추상적인 자애가 아닌 남녀 간의 매력, 즉 성적 사랑의 토양에서 실제로 싹트는 사랑을 통해 그렇게 한다는 것이죠. 결정적인 것은 이 목적을 위해 내가 (시인이 아닌 철학자로서, 시인으로서는 내 나름의 방식이 있으니까요.) 쇼펜하우어 자신이 내게 준 개념적인 자료를 활용할 수 있다는 점입니다. …… 나는 사랑 안에서 의지의 개별적인 충동보다 더 높은 수준에 이를 수 있는 가능성을 가장 확실히 보여 주고자 합니다. 의지의 개별적인 충동이 완전히 정복되고 나면 종의 의지가 완전한 자기의식을 지니게 되며, 이 높은 수준에서는 반드시 완전한 진정 상태와 동의어가 됩니다. 만약 내가 이를 구현하는 데 성공한다면, 경험 없는 사람에게도 이 모든 것이 명확해질 수 있습니다. 그러나 그 결과는 대단히 의미 있을 것이며, 쇼펜하우어 체계의 빈틈을 완전히 흡족하게 채우게 될 것입니다.[38]

바그너는 쇼펜하우어에게 보내는 서신의 초안을 다음과 같이 작성하기도 했다.

저는 …… 당신에게 제 생각을 말씀드려 칭찬받고 싶습니다. 제 생각으로는 성적 사랑에 대한 본성적인 경향이 구원과 자기인식, 의지의 자기부정에 이르는 길을 제시합니다. 오직 당신만이 제게 제 의견을 철학적으로 전달할 수 있는 개념적 자원을 제시해 줍니다.[39]

바그너는 이 편지를 보내지 않았다. 설령 보냈더라도 우리가 짐작하다시피 쇼펜하우어는 감명받지 않았을 것이다.

쇼펜하우어에게는 두 가지 사랑이 완전히 별개라는 사실 외에도, 바그너가 언급한 '성적 사랑에 대한 본성적인 경향'에는 잘못된 점이 있다. 쇼펜하우어 철학의 전체적인 방향은 본성적인 경향이 구원의 길을 제시한다는 생각에 저항한다. 그에게 구원이란 "가장 어려운 희생과 자기부정, 즉 인간 본성의 완전한 전복에 의해서만 달성될 수 있으며"[40] 이는 "의지를 부정함으로써, 즉 본성에 반대되는 결단력 있는 태도를 취함으로써"[41] 가능하다. 본성은 극복할 대상이지 수단으로 쓰여선 안 된다. 그러나 바그너와 아마도 다른 많은 독자들은 쇼펜하우어의 의지로서의 본성에 대한 생생한 묘사와 성적 충동에 초점을 맞춘 의지에 대한 '열광적인 부정성'에 너무도 강렬한 인상을 받아, 본성에 반대한다는 후기의 메시지는 상대적으로 희미하게 빛이 바랜다. 바그너는 그 메시지가 존재한다는 것을 알았지만 무시할 수 있다고 느꼈다.

쇼펜하우어의 관점에서 보면 바그너의 제안에는 또 다른 문제가 있다. 바그너는 다음과 같이 주장한다.

> 나는 사랑 안에서 의지의 개별적인 충동보다 더 높은 수준에 이를 수 있는 가능성을 가장 확실히 보여 주고자 합니다. 의지의 개별적인 충동이 완전히 정복되고 나면 종의 의지가 완전한 자기의식을 지니며, 이 높은 수준에서는 반드시 완전한 진정 상태와 동의어가 됩니다.[42]

바그너는 여기서 '진정Beruhigung'을 이야기하는데, 아마도 연인의 의식이 자신의 개체성이 기본적이라는 환상에서 벗어나면 개체성에 집착하려는 욕구와 갈망에서 기꺼이 해방되리라고 생각했을 것이다. 그러나 쇼펜하우어에게 종의 의지란 가능한 최고의 후손을 생산하려는 유기체의 본능적 충동이다. 만약 이 충동이 스스로를 온전히 의식하게 되면, 사랑에 빠질 때 필요한 환상은 사라질 것이다. 개개인은 사랑의 대상을 독특하고 특별한 존재로 이상화하는 대신, 자신이 더 나은 자손의 생산에만 골몰하는 비인격적인 생물학적 종 충동의 도구일 뿐이라는 불쾌한 진실을 엿보게 될 것이다. 종의 의지에 대해 이런 자기의식이 생기면 개체의 자율성과 이기적인 목적 달성의 감각은 퇴색되겠지만, 그 심리적 효과는 흥분보다는 실망, 진정보다는 좌절에 가까울 것이다. 자신이 자연 전체에 의해 조종되는 재생산 메커니즘이란 사실을 완전히 의식하고 나면 사랑에 빠진다는 감각이 산산조각 날 것이다.

5절 불안한 진단 및 구원적 처방

바그너는 쇼펜하우어의 체계에서 '빈틈을 채우기 위해' 큰 노력을 기울였다. 그러나 그 체계를 수정하려는 노력은 실패로 돌아간다. 쇼펜하우어의 체계는 개체보다 더 큰 전체를 보다 실재적이라고 보는, 근본적으로 상반된 두 가지 방식에 토대를 둔다. 이 점을 분명히 확인하기 위해 다음과 같은 질문을 던질 수 있다. 만약 개체성이 궁극적으로 실재가 아니라면, 그것과 대조되는 원초적인 통일체란 무엇일까? 적어도 표면적으로는 이 질문에 대한 답을 쉽게 찾을 수 있다. 개체성의 '오류' 뒤에 숨겨진 실재, 즉 세계는 의지라는 것이다. 그러나 논평가들은 다음과 같이 질문한다. 만약 세계 전체가 의지라면, 왜 쇼펜하우어는 '삶의 목적'이 우리를 개체성의 '오류'에서 구해 내 (어떠한 형태로든) 의지와 재통합하게 만드는 것이라고 말할까? 그리고 이 의지를 뭔가 끔찍한 것, 끝도 없고 목표도 없는 맹목적이고 탐욕스러운 갈구, 삶의 모든 공포와 불행의 궁극적 근원으로 묘사하는 것일까? 내가 이 원초적인 힘에 다시 흡수되는 것이 어떻게 내게 더 나은 일이 될 수 있을까? 그리고 이 의지와 동일시함으로써 어떻게 구원을 위한 의지의 부정이 일어날 수 있을까? 만약 개체가 구원을 받아 다시 통합돼야 할 전체가 의지일 필요가 없다면 이런 우려들에 대한 일종의 해결책이 존재한다.

여기에는 쇼펜하우어의 체계에 구조를 부여하는 두 가지 지각, 두 가지 거대한 전략이 충돌하고 있다. 이것을 '불안한 진단'과 '구원적 처방'이라 부르겠다. 불안한 진단의 메시지는 깨우치지 못한 소견에 따라 개체로서 자신의 존재와 그 개체의 욕망 충족을 확신하는 평범한 인간 개개인을 대상으로 전달된다. 쇼펜하우어는 여러 이미지 중 하나에서 개인을 거칠고 끝없는 바다에 떠 있는 아주 작은 배에 비유한다.[43] 그에 따르면, 우리 개인은 '사라져 가는 작은 개인'을 신뢰하고, 그것을 가치의 중심으로 삼으며, 그것을 행복이라 부르는 뭔가의 중심으로 여긴다. 마치 세계의 이 특정 부분에서 목표를 달성하면 어떤 중요한 결과를 가져올 수 있는 것처럼 말이다. 그러나 우리는 실상 압도적인 본성의 힘, 즉 의지에 휘둘리는 존재로서 하나의 미미한 의지 발현에 지나지 않는다. 이로 인해 우리는 본성 전체의 도구나 노리개에 불과하다. 우리가 가진 욕망과 욕구는 스스로 선택한 것이 아니고, 우리의 욕망은 우리가 바꿀 수 없는 요인들에 의해 결정되며, 우리는 본질적으로 지속적인 의욕의 충족에 실패하게 돼 있다. 주체로서 우리는 통제권을 거머쥔 존재가 아니며 근본적으로 실재하는 존재도 아니다. 쇼펜하우어가 이 메시지로 불안감을 주려고 의도했다는 것은 그가 의지를 묘사하는 폭력적인 표현들로 입증된다. 의지는 이 세계를 "불안하고 고통스러운 존재들이 서로를 잡아먹어야만 살아남는 전쟁터로 만든다. 이곳에서 모든 포식 동물은 다른 수천 마리 동물들의 살아 있는 무덤이고, 포식 동물의 자기보존은 지독한 죽음의 연쇄를 의미한다."[44] 그러나 쇼펜하우어는 이런 섬뜩한 묘사와 무관하게, 평범한 인간은 개체성이 무너지려는 작은 기미만 보여도 "공포의 전율"[45]을 일으킨다고 말한다.

하지만 그런 다음에 인간 조건의 해결책으로서 의지의 자기부정 또는 자기 소멸이 제시된다. 이 변형된 상태에 있는 사람은 자기감각이 변하고, 모든 이기적인 동기가 사라지며, 우연히 자신이 된 인간이나 다른 인간 개체에 대한 평가로부터 초연해진다. 여기에는 쇼펜하우어가 지지하는 아드바이타 베단타●의 입장과 마찬가지로, 주체가 의식 속에서 재결합되는 근원적 일자, 즉 절대자가 존재한다. 그러나 신新베단타 철학자 비베카난다Vivekananda의 관찰에 따르면, 이 절대적인 일자를 의지로 생각해서는 안 된다. 비베카난다는 『불교와 베단타Buddhism and Vedānta』(1896)에서 "의지는 아니지만 의지로 나타나는 뭔가가 있다. 그것은 이해할 수 있다. 그러나 그 의지가 스스로를 나타낸다면 나는 이해하지 못한다."[46]라고 말한다. 이와 같이 의지를 절대자와 분리하면, 불안한 진단과 구원적 처방은 대조적인 전략으로 더욱 뚜렷이 부각된다. 개체인 우리의 안전을 해치는 본성의 단일한 본질은 우리가 개체성에서 벗어나 흡수돼야 하는 단일한 궁극적 실재와 반드시 동일해야 할 필요가 없다. 그런데도 쇼펜하우어는 의지가 물자체라고 계속 주장함으로써 이 구분을 유지하기 어렵게 만든다. 그러나 쇼펜하우어는 『의지와 표상으로서의 세계』 2권의 한 구절에서 궁극적 실재를 우리가 가장 일반적인 수준에서 인식 가능한 실재와 구분하고, 의지를 이런 인식 가능한 실재로만 국한시키려는 상반된 견해를 제시한다.

(우리가 의욕에서 가장 직접적으로 인식하는) 물자체가 ─ 전적으로 가

●힌두교 철학에서 가장 큰 영향력을 가진 불이일원론不二一元論, Non-Dualism 학파.

능한 어떤 현상 외부에서―우리의 이해나 인식을 완전히 벗어난 결정, 속성, 존재 방식을 지닐 수 있음을 보여 주지만 …… 이런 것들은 의지로서 스스로를 자유롭게 소멸시킬 때도 물자체의 본질로 남게 될 것이다.[47]

이 구분을 진지하게 받아들이고 쇼펜하우어가 말한 모든 것을 다시 읽어 본다면, 개체로서의 의지를 멈출 때 우리는 의지와 재결합하는 것이 아니라 의지 너머에 있는 형언할 수 없는 절대자와 재결합한다고 생각해야 한다. 개체성의 초월이라는 쇼펜하우어의 구원적 처방을 제대로 이해하려면 이 해석을 받아들여야 한다. 그러면 바그너가 빈틈이 있다고 생각했던 부분에 실은 매우 의도적인 깊은 틈이 있어, 쇼펜하우어의 체계를 떠나서는 그 틈을 메울 수 없음이 더욱 명확해진다. 성적 사랑에 대한 설명은 불안한 진단의 일환이며, 자애에 대한 설명은 구원적 처방의 어렴풋한 첫 번째 실마리다. 인간이 개체성을 초월함으로써 구원받는다는 것은 맞지만, 자연 전체를 관통하며 각 개인에게 나타나는 종의 의지가 바로 그 구원을 방해하는 것이다.[48]

6절 결론

바그너가 쇼펜하우어의 사랑에 대한 견해를 잘못 이해한 것은 아니었다. 그는 쇼펜하우어의 두 종류 사랑인 성적 사랑과 사애를 명확히 구분하며 〈트리스탄과 이졸데〉의 철학적 목표를 설명한다. 하지만 그는 자신의 아이디어가 더 낫다고 생각했기 때문에 쇼펜하우어를 맹목적으로 따르지는 않았다. 쇼펜하우어는 성적 사랑이 인간 삶의 최대 성취로서 개체성의 고립에서 우리를 구원해 주는 결합으로 나타난다고 인정하지만, 이것을 잔인하고 굴욕적인 환상으로 폄하한다. 바그너는 성적 사랑의 구원하는 힘이 환상이 아닌 실재임을 입증함으로써 그 명예를 회복시키고 싶었던 것이 분명하다. 그래서 사랑이 개체성을 넘어 지복의 고양 상태로 이끈다는 쇼펜하우어의 기본 틀을 빌려 와 '추상적인 자애' 대신 성적 사랑으로 채우고자 했다. 바그너의 잘못은 그가 쇼펜하우어의 철학을 더 나은 형태로 바꿨다고 생각했다는 점이다. 쇼펜하우어의 관점에서는 의지가 성적 욕망으로 발현되는 한 우리는 무의지 상태의 지복에 도달할 수 없다. 이와 다르게 생각하려는 유혹은 쇼펜하우어가 무의지의 구원에서든 성적 사랑의 과정에서든 인간 개개인과 더 크고 나뉘지 않는 실재를 대조하기 때문에 생겨난다. 하지만 앞서 주장했듯이 쇼펜하우어의 체계에서 더 거대한 '종의 의지'는 그의 불안한 진단의 일환으로, 우리가 결코 충족되지 않도록 운명 지워진 본성의 한 단면에 불과함을 보여 준다. 개인이 '의지로서 자신을 무효화'한 더 큰 전체와 재결합하는 무의지의 의식이라는 구원적 처방에서 극복해야 할 것이 바로 이런 본성이다. 따라서 〈트리스탄과 이졸데〉에서 바그너의 상당한 업적은 쇼펜하우어의 철학 체계를 '수정'하거나 '완성'한 것이 아니다. 그는 단지 쇼펜하우어에게서 발견한 자료를 사용해 비범하고 다른 뭔가를 창조했을 뿐이다.

6장

위안이 되는
쇼펜하우어의 죽음관

1절 서론

데일 자케트Dale Jacquette의 개방적인 마인드와 철학자로서의 다재다
능함은 아르투어 쇼펜하우어의 철학에 대한 그의 광범위한 작업에서
잘 드러난다.[1] 몇 년 전 내가 편집한 자케트의 저서 『쇼펜하우어의 죽
음론Schopenhauer on Death』 일부 구절을 인용하며 시작해도 부적절해 보
이지 않기를 바란다.

쇼펜하우어는 현대 서양철학자 중 거의 손꼽을 정도로 죽음에 깊
이 천착했다. 자케트가 말하길 "쇼펜하우어는 죽음의 불가피성에 대
해 병적으로 집착하고"[2] 우리가 매 순간 죽음에 한 걸음씩 가까워지
고 있음을 상기시키며 심지어 죽음을 삶의 목적Zweck 또는 목표라고
까지 말한다. 사실 쇼펜하우어에게 삶이란 어차피 천천히 죽어 가는
과정일 뿐이다.

우리의 걸음은 끊임없이 저지되는 넘어짐이란 것을 알고 있듯이,

우리 신체의 삶은 끊임없이 저지되는 죽음이자 계속해서 지연된 죽음일 뿐이다. …… 우리가 숨을 쉴 때마다 밀어닥치는 죽음을 막고 있고, 이런 식으로 우리는 매 순간 죽음과 싸우고 있다. 그리고 더 긴 시간 간격을 두고 매번 식사를 하고 잠을 자고 우리 몸을 따뜻하게 할 때마다 역시 죽음에 맞서 싸우는 것이다. 결국에는 죽음이 승리하게 마련이다. 우리는 이미 태어날 때부터 죽음에 던져졌고, 죽음은 잠시 동안만 먹잇감을 가지고 놀다가 끝내는 집어삼키기 때문이다.[3]

죽음에 대한 두려움은 인간에게 압도적인 경향이 있지만, 쇼펜하우어는 이 두려움이 본질적으로 (적어도 전적으로) 이성적일 수는 없다고 말한다. 우선 한 가지 이유는 동물조차 자신이 죽을 것임을 알지 못할 때도 죽음을 두려워하기 때문이다. 죽음에 대한 근본적인 두려움은 인간과 다른 동물에게 공통적으로 존재하는 어떤 것에 뿌리를 두고 있는데, 쇼펜하우어는 이것이 모든 생명체의 본질을 이루는 '삶에의 의지'라고 주장한다. 삶에의 의지는 근본적으로 삶에 대한 의식적인 욕망이 아니다. 그것은 타고난 기질이나 충동, 이성 이전의 생에 대한 집착이나 추구며, 삶의 종말에 대한 두려움이 우리 안에 깊이 뿌리내린 것은 바로 우리가 이런 충동의 구현물이기 때문이다. 그럼에도 불구하고 쇼펜하우어는 삶에 대한 이런 본능적인 집착이 최종 결론이 될 필요는 없다고 믿으며, 죽음에 대해 위안을 주는 견해를 제시한다. 그러나 쇼펜하우어를 해석하는 데 상당한 어려움 중 하나는 쇼펜하우어가 제공하는 위로의 본질을 파악하기 어렵다는 점이다. 한편으로 쇼펜하우어는 죽음이 존재와 관련된 문제로부터 우리를 해방시키는 소멸이므로 환영할 수 있다고 주장하는 듯하다. 다른 한편으로 그는 우리가 죽어도 우리에 관한 뭔가는 파괴되지 않는다고 주장한다. 지금부터 쇼펜하우어의 복잡한 자기개념을 고찰함으로써 이 명백한 양가성을 해명해 보고자 한다.

쇼펜하우어는 이 주제에 대해 문화적으로 널리 퍼진 견해가 "죽음을 절대적인 소멸로 보는 관점과 우리가 불멸의 살과 피를 가진 존재라는 가정 사이를 오가는" 경향이 있다고 말하면서 "양쪽 모두 옳지 않으며, 우리는 올바른 중간 지점을 찾을 필요가 없고, 오히려 두 관점이 저절로 사라지는 더 높은 관점에서 바라봐야 한다."라고 주장한다.[4] 쇼펜하우어가 보기에 죽음에 관한 최악의 교리는 전통적으로 기독교와 연관된 것으로, 각 개인이 어느 시점에 '무로부터' 존재하게 되지만, 그 뒤로는 영원히 존재한다는 것이다. 이에 반대하며 그는 다음과 같이 말한다.

> 사람의 탄생을 절대적인 시작이라고 생각하는 사람은 누구나 그의 죽음을 절대적인 끝이라고 생각해야 한다. 양쪽 다 같은 의미의 존재기 때문이다. 결과적으로 우리는 자신이 태어나지 않았다고 생각하는 정도까지만 자신을 불멸의 존재로 생각할 수 있으며, 같은 의미에서 …… 인간이 무에서 창조됐다는 가정은 필연적으로 죽음이 그의 절대적인 종말이라는 생각으로 이어진다.[5]

쇼펜하우어가 훨씬 더 선호하는 것은 (비록 그리스 명칭을 붙이긴 했어도) 인도 사상에서 발견한 개념들인 영혼 윤회metempsychosis와 환생palingenesis이다. 그의 존재론에는 영혼과 같은 것이 존재하지 않기 때문에 그는 이런 교리를 문자 그대로의 진리로 여기지는 않는다. 그렇지만 이런 교리는 비유로서 내가 나라고 여기는 특정한 개인의 존재 이전과 이후에도 내게 근본적인 뭔가가 계속 존재한다는 발상을 생생하게 표현한다. 하지만 이 계속 살아남는 '뭔가'의 본질을 밝히기에 앞서, 쇼펜하우어의 주장처럼 우리가 과연 우리의 일부라도 사후에 살아남기를 바라는가 하는 핵심적인 질문부터 다뤄 보겠다.

2절 왜 삶을 더 짧게 만들지 않는가

쇼펜하우어는 인생이 고통으로 이뤄져 있으며, 실제로 이 때문에 존재하지 않는 편이 더 나을 것이라는 주장으로 유명하다.[6] 이 후자의 주장은 그의 영향력이 가장 지대했던 19세기부터 그의 이름과 더불어 염세주의의 전형으로 종종 거론돼 왔다.[7] 하지만 자살에 대한 유명한 논의에서 쇼펜하우어는 고통 때문에 자신의 삶을 끝내는 것은 실수라고 주장한다. 자케트는 이 자살에 대한 논의에서 출발해 쇼펜하우어의 죽음에 대한 태도에 '깊은 모순'이 있다고 썼다.

> 만약 철학의 목표가 개인의 의지를 존재의 비참함과 화해시키고 비실재적인 삶의 끝이자 목적인 비실재적인 죽음으로 의식을 제거하는 것이라면, 아무리 극심한 혼란과 고통, 고뇌 속에서도 삶보다 죽음을 선택해야 할 이유를 설명하기란 불가능해 보인다. 삶의 목표가 죽음이고 죽음이 비실재적이라면 철학자는 왜 서둘러 죽음에 이르지 않는가?[8]

죽음이 '비실재적'이라는 개념은 잠시 제쳐 두고, 자케트는 여기서 쇼펜하우어가 처한 일종의 딜레마를 지적하고 있다. 쇼펜하우어에 따르면 한편으로 죽음은 환영해야 할 대상인 듯하다. 죽음은 삶으로부터의 '해방'이며, 더 극적으로는 "더 이상 나로 존재하지 않을 수 있는 좋은 기회"[9]기 때문이다. 그러므로 죽어 가는 사람에게 "당신은 당신이 되지 않았다면 더 좋았을 어떤 존재가 되기를 멈춰 가고 있다.”[10]
라고 말해 줘야 한다.

하지만 정말 그렇다면, 어째서 가능한 한 빨리 죽음의 기회를 잡지
않는가? 자케트의 말대로 “일단 상황을 파악했다면 왜 삶을 더 짧게
만들지 않는가?”[11] 자살이 비존재의 상태를 초래한다고 가정하면, 삶
이 비존재보다 더 나쁘다고 주장하면서도 자살을 비난하는 쇼펜하우
어의 입장은 일관성이 없어 보이지만, 쇼펜하우어는 실제로 그렇게
한다. 그는 스스로 목숨을 끊는 사람들에 대해 동정적인 태도를 취할
것을 권하면서도,[12] 의도적으로 자신의 죽음을 앞당기는 일은 한 가
지 특정한 이유에서 ‘도덕적으로’ 반대한다고 주장한다.

> 자살에 반대하는 유일한 도덕적 이유는 …… 자살이 단지 이 비참
> 한 세계에서의 가짜 구원으로 진짜 구원을 대체함으로써 최고의 도
> 덕적 목표를 달성하는 데 반한다는 사실에 있다. 하지만 기독교 성
> 직자들이 원하는 것처럼 이 오류를 범죄로 규정하기에는 아직 갈
> 길이 아주 멀다.[13]

자케트는 이에 예상되는 반응을 전달한다.

> 쇼펜하우어의 결론은 그가 설명한 죽음의 개념에서 필연적으로 도
> 출되거나 적어도 논리적으로 일관되는가? 아니면 쇼펜하우어가 자
> 기 파괴의 강력한 동기를 제공하고 나서, 이제 와서는 그의 비관적
> 이고 논쟁적인 허무주의 철학 체계 안에서 자살 문제에 대한 전통
> 적인 도덕의 비위에 맞추려는 어색한 시도를 하는 것인가?[14]

그러나 자살에 반대하는 쇼펜하우어의 주장을 이해하려면 그의 가

치 체계를 더 깊이 탐구해야 한다. 그는 자살이 세계로부터의 '진정한 구원'을 방해한다고 말하므로 우리는 진정한 구원이 어떻게 이뤄지는지를 이해하고자 노력해야 한다. 쇼펜하우어에게 진정한 구원이란 삶에의 의지의 부정을 통해 이뤄진다. 많은 독자들을 혼란스럽게 만든 구절에서 그는 다음과 같이 설명한다.

> 의지의 부정과는 아주 거리가 먼 자살은 의지를 강력하게 긍정하는 하나의 현상이다. 왜냐하면 부정의 본질은 삶의 고통이 아닌 삶의 향유를 혐오하는 데 있기 때문이다. 자살하는 사람은 삶을 의욕하지만, 자신에게 주어진 삶의 조건에 충족하지 못할 뿐이다. 따라서 그가 개별적 현상을 파괴할 때는 단지 삶을 포기하는 것이지 삶에의 의지를 포기하는 것이 아니다. 그는 삶을 의욕하고, 자신의 신체가 방해받지 않는 존재와 긍정을 의욕하지만, 사정이 꼬여 이것이 허락되지 않기 때문에 큰 고통을 겪는다.[15]

여기서 중요한 점은 쇼펜하우어에게 평가 축이 하나 이상 존재한다는 것이다. 한 가지 문제는 개인이 계속 존재하는지 여부다. 이 점에서는 (적어도 잠정적으로) 쇼펜하우어의 관점에서는 존재에 대한 그의 부정적 평가 때문에 개체가 존재하기를 멈추는 데 (개체를 위해) 긍정적 가치가 있다고 가정해 보자. 그러나 또 다른 평가 축은 삶에 대해 긍정적 태도를 취하느냐 부정적 태도를 취하느냐의 문제다. 쇼펜하우어는 삶에의 의지의 부정에 가장 높은 가치를 두며, 이는 평범한 개별적 존재의 이익에 집착하지 않는 것이라고 표현할 수도 있다. 인간은 생명체로서 본성적으로 욕망, 소망, 충동을 갖도록 설정되며, 이는 보통 각자 자신이라고 믿는 신체적 개체의 안녕이나 행복을 지향하는 경향이 있다. 쇼펜하우어는 이런 재구성되지 않은 인간의 관점을 유명한 비유로 표현한다.

> 격렬한 바다가 울부짖는 파도의 절벽을 끊임없이 일으켰다 허무는
> 동안에도 사공이 금방 부서질 듯한 작은 배를 믿고 배 안에 앉아 있
> 듯이, 인간 개인은 그들이 사물을 현상으로 인식하는 방식인 개체
> 화의 원리principium individuationis를 지지하고 믿으며 슬픔으로 가득한
> 세계에 태연하게 앉아 있다.[16]

개체화의 원리는 단순히 공간과 시간으로 구성된다. 인간의 개체성
은 다른 경험적 존재와 마찬가지로 시공간적 위치 측면의 고유성을
나타낸다. 그러나 쇼펜하우어가 보기에 우리는 개별적인 생명체로서,
구체적으로는 개별적인 인간으로서 천성적으로 이기적이다. 이기심
은 모든 개인에게 선천적으로 내재된 핵심 성향이다. 이기심은 "그의
가장 깊은 내면의 핵심 및 본질과 …… 연결돼 있으며 실제로 그것과
동일시된다." 그 결과 "인간은 무조건적으로 자신의 존재를 유지하
기를 의욕하고, 무조건적으로 고통에서 자유롭기를 의욕하며, 자신이
누릴 수 있는 모든 쾌락을 의욕하고, 심지어 쾌락을 얻을 새로운 능력
의 개발을 의욕한다."[17] 이런 인간 욕망의 근본적인 방향성은 우리의
본질인 삶에의 의지에서 비롯된다. 삶에의 의지를 긍정하는 것이 우
리의 기본 상태며, 이는 본능적으로 발생하는 욕망을 추구할 때 나타
난다. 인간이 아닌 동물도 이런 즉각적인 방식으로 삶에의 의지를 긍
정한다. 그러나 인간이 개인의 행복이나 안녕에 중점을 둔 욕망의 성
취를 진정한 가치의 근원으로 여기게 될 때, 삶에의 의지는 보다 성찰
적인 방식으로 긍정된다.

하지만 쇼펜하우어는 여기서 진정한 가치를 찾는 것은 실수라고
주장한다. 개인의 욕망 충족을 통한 행복은 항상 우리로부터 멀어지

며 결코 완전해질 수 없다. 반면에 무의지, 즉 의지의 부재에는 쇼펜하우어가 보기에 더 높은 가치를 지니는 최종성이 있다.

> 우리는 비유적으로[18] 의지의 완전한 자기 소멸과 부정, 진정한 무의지, 의지의 충동을 영원히 억제하고 진정시킬 수 있는 유일한 것, 영원한 만족을 줄 수 있는 유일한 것, 세계를 구원할 수 있는 유일한 것, …… 바로 이것을 절대선, 최고선이라 부를 수 있을지 모른다. 이것은 병에 대한 유일하고 근본적인 치유책으로 간주할 수 있겠지만, 다른 모든 선들, 이를테면 모든 성취된 소망과 달성된 행복은 단지 완화제나 진통제에 불과하다.[19]

쇼펜하우어가 여기서는 만족Zufriedenheit이라 부르고 다른 데서는 행복Säligkeit이라 부르는[20] 그런 마음 상태에 도달하는 것은 그에게 무엇보다 중요하다. 이 개념이 자살에 대한 논의와 관련되는 것은 죽음이 어떤 인간에게는 바람직한 해방이겠지만, 이런 모든 해방의 사례가 심리적 맥락과 무관하게 똑같이 가치 있는 것은 아니라는 쇼펜하우어의 주장 때문이다. 개인이 자기중심적인 소망이 충족되지 않고 행복을 얻지 못해 스스로 죽음을 맞이하는 것은 여전히 삶에의 의지에 집착하고 개인과 그 욕망에 가치를 두고 있음을 보여 주는 증상이다. 이런 상태에 있는 사람은 최고선을 이루는 만족(깨달음이라고도 할 수 있다.)을 얻지 못한다. 따라서 고통받는 개인에게는 죽음에 따른 소멸이 선일 수도 있지만, 그의 개별적 욕망에서 행복하게 분리되는 것이 더 높은 선이며, 이런 만족을 얻으려면 살아서 삶이 떠안기는 고통에 맞서야 한다.

쇼펜하우어가 보기에 자살은 선을 이루지만, 만약 깨우치지 못해 본성적으로 이기적인 사람이 절망에 빠져 자살을 시도한다면 (그리고 쇼펜하우어는 이런 경우가 가장 흔하다고 암묵적으로 가정한다.) 그것은 더 가치 있는 선으로 향하는 길을 차단하는 행위다. "자살하는 사람은 고통스러운 수술을 받고 완치될 수 있는데도 그 수술을 끝까지 견디지 못하고 차라리 계속 아픈 상태로 있겠다는 환자와 같다."[21] 삶에의 의지의 부정으로 향하는 한 단계인 '고통스러운 수술'은 고통스러운 삶이며, 여기서 병이란 삶 자체. 삶에서 무의지의 행복에 도달하는 것이 깨우치지 못한 상태에서 죽는 것보다 더 바람직하다. 이는 주목할 만하게도 쇼펜하우어가 특정 종류의 자살을 인정하는 데서 더욱 확실해진다. 그것은 수동적으로 '최고 수준의 금욕주의에서 자발적으로 택한 아사로 인한 죽음'으로, 이때 "의지의 완전한 부정은 양분 섭취로 신체의 식물적 기능을 유지하는 데 필요한 의지조차 사라지는 지점에 도달할 수 있는 것 같다."[22] 완전한 고행자, 즉 삶을 거부하는 '성자'는 자기보존에 대한 관심이 근본적으로 결여된 상태에 이르러, 그에게는 무의지 상태가 죽음의 선택보다 훨씬 더 큰 관심사일 수 있다. 따라서 우리가 쇼펜하우어의 입장에서 의심했던 모순은 실제로 발생하지 않는다. 죽음은 언제나 삶으로부터의 해방이니 환영해야 한다는 주장과 개인적 행복의 성취나 실패에 집착해 삶을 놔 버리는 것은 최고선의 달성에 실패하는 것이라는 주장은 일관성이 있다.

그러나 이 마지막 경우, 즉 금욕적인 절제를 통해 몸소 자초하는 죽음은 그 바람직성뿐 아니라 쇼펜하우어의 설명 안에서의 일관성에 대해서도 다른 경종을 울린다. 자케트는 여기서 또 다른 모순을 발견한다. 말하자면 "주체가 삶과 죽음에 대해 어떤 식이든 선호가 있다는 것은 성자가 삶과 죽음에 대해 절대적으로 무심하다는 것과 모순된다."[23] 우리가 진정으로 의지가 없는 상태라면, 죽음을 원하거나 승인할 수도 없다. 만약 깨달음을 얻은 금욕주의자나 '성자'가 이미 의지의 부정을 이루는 '해방'을 얻었다고 가정한다면, 그는 해방으로서의 죽음을 선호할 수 없으며, 따라서 자발적으로 죽는다고 일관되게 설명할 수 없다. 그러나 이에 대해서는 쇼펜하우어가 성자를 무의지 상태를 유지하려고 투쟁하는 존재로 본다는 점을 지적할 수 있다. 절대적으로 안정된 금욕주의 성자(이런 사람이 존재할 수 있다면)는 실제로 삶과 죽음에 대한 완전한 무심함에 도달할 수 있다. 그에게는 완전히 무심한 상태가 선이며, 의지의 중단을 통한 죽음은 단지 그 선에 도달했음을 나타내는 부산물에 불과하다. 그러나 쇼펜하우어는 이런 극단적인 상태가 실제로 달성될 수 없음을 인정하는 듯 보인다.

> 우리는 성인들의 삶에서 묘사된 평화와 지복이 의지의 지속적인 극복에서 피어나는 꽃일 뿐이며, 이 꽃이 자라나는 토양은 삶에의 의지와의 끊임없는 투쟁임을 알게 된다. ······ 따라서 우리는 또 어느 순간 의지의 부정에 도달한 사람들이 모든 종류의 자기포기를 통해, 가혹하고 속죄하는 생활 방식을 채택하고 불쾌하다고 느끼는 모든 것을 찾아다니며 항상 새롭게 노력하려는 의지를 억누르기 위해 갖은 애를 쓰며 이 길을 고수하려고 온 힘을 기울이는 것을 보게 된다.[24]

이는 삶에의 의지로부터 자유로워지길 욕망하는 별개의 의지를 가정하는 듯하지만(이로써 잠재적인 모순에 대한 의심이 이제는 '완전한' 무의지라는 개념으로 옮겨 가지만), 적어도 삶에는 항상 어느 정도의 투쟁이 수반된다는 것을 시사한다. 자신의 이기적인 의지를 충족시키려는 투쟁이든, 그것을 버리려는 투쟁이든 간에 말이다. 그리고 어떠한 종류의 투쟁에서든 죽음은 여전히 환영할 만한 해방이 될 수 있다.

3절 에피쿠로스의 논증

　지금까지는 쇼펜하우어의 관점에 따라 삶이 본질적으로 고통으로 이루어지며 그 외에는 긍정적 가치가 거의 없기 때문에 비존재가 최고선은 아니더라도 일종의 긍정적 선이라고 가정했다. 그러나 이 입장의 가능한 대안으로, 죽음이 비존재라고 가정하면 죽는 사람이 누구든 간에 죽음은 그에게 선할 수도 악할 수도 없다는 주장이 제기될 수 있다. 쇼펜하우어는 종종 회자되는 에피쿠로스의 주장, 즉 죽음 후 비존재와 출생 전 비존재의 대칭성에 대한 논증과 의식으로부터의 논증을 설명한다. 전자는 "죽음 이후의 비존재가 출생 이전의 비존재와 다를 수 없다는 점은 반박할 수 없이 확실하며, 따라서 더 이상 애석할 것도 없다. 우리가 아직 존재하지 않았을 때도 무한한 시간이 흘렀지만, 이 점은 조금도 우리를 불안하게 하지 않는다."라는 것이다.[25] 그리고 후자에 대한 설명은 다음과 같다.

　　모든 악은 모든 선과 마찬가지로 존재와 의식을 전제로 하기 때문에 비존재를 악으로 간주하는 것은 본질적으로 불합리하다. 그리고 의식은 삶이 끝날 때 마치 잠들거나 기절할 때처럼 끝이 난다. 따라서 의식의 부재는 악이 아니다. …… 에피쿠로스는 이 관점에서 죽음을 고려해 ὁ θάνατος μηδὲν πρὸς ἡμᾶς(죽음은 우리에게 아무것도 아니다.)라고 매우 적절하게 말하며, 우리가 있을 때 죽음은 없고 죽음이 있을 때 우리는 없다는 설명을 덧붙인다. …… 우리가 잃을 수 없는 것을 잃는 것은 분명히 악이 아니다. 따라서 비존재로 넘어가는 것은 존재하지 않았던 것만큼이나 우리에게 괴롭지 않아야 한다. 이처럼 인식의 관점에서 보면 죽음을 두려워할 이유가 전혀 없는 듯하지만, 의식은 인식으로 구성되므로 죽음은 인식에 악이 아니다.[26]

여기서 강조점은 "악이 아니다."에 있지만, 쇼펜하우어는 "모든 선과 마찬가지로"라는 연결어를 추가한다. 결론은 우리가 존재하지 않는 어떠한 시점에도 그때의 상황은 우리에게 좋거나 나쁠 수 없다는 것이다. 그리고 우리에게 좋거나 나쁠 수 없는 상황을 두려워하는 것은 합리적일 수 없다.

그러나 이런 에피쿠로스적 입장은 쇼펜하우어에게 안정적인 결론을 제공하지 못한다. 여기에는 두 가지 이유가 있다. 첫째, 그는 우리가 비존재 상태를 두려워하는 것의 합리성 여부는 우리가 순수하고 이성적인 지성일 경우에만 결정적일 수 있다고 생각한다. 그는 다음과 같이 설명한다.

> 사실 죽음을 두려워하는 것은 우리의 인지적 부분이 아니다. 모든 생명체가 필사적으로 죽음에서 도망치는 것은 오로지 맹목적인 의지에서 비롯된다. 그러나 앞서 언급했듯이 이 도망은 의지에 본질적이다. 왜냐하면 그것은 삶에의 의지며, 그 전체 본질은 삶과 존재에 대한 충동으로 구성되기 때문이다.[27]

자기는 복잡하다. 우리의 한 측면에서, 우리는 세계를 수동적으로 목격하는 "순수한 인식주체"며 "냉정하고 무심한 방관자"로서 세계를 바라볼 수 있다.[28] 만약 '나'가 오직 의식적인 방관자에 불과하다면, 나 자신의 비존재는 중요하지 않을 것이다. 그러나 '나'는 또한 삶과 겉보기에 이로운 것들을 얻으려는 노력이 내재화된 살아 있고 의욕하는 개인으로 구성되며, 이런 자기의 보다 근본적인 부분은 삶의 종말에 대한 반감을 쉽게 떨치기 힘들 것이다.

둘째, 쇼펜하우어의 입장은 에피쿠로스적 관점을 암묵적으로 거부한다. 쇼펜하우어는 비존재가 선하지도 악하지도 않다고 말하는 것이 아니라 "근본적으로 모든 개체성은 특별한 오류이자 실책, 차라리 존재하지 않는 편이 더 나은 것이며, 사실상 삶의 진정한 목적은 그로부터 우리를 되찾는 것이다."[29]라고 말하기 때문이다. 이런 생각은 에피쿠로스의 논증과 마찬가지로 순진하고 의지에 좌우되는 인간 개인의 태도에 반대하지만, 그 반대하는 방식은 다르다. 만약 비존재가 우리에게 좋거나 나쁠 수 있는 의식 상태보다 더 나은 달성 가능한 목적이라면, 비존재는 결국 일종의 선이다. 하지만 이는 결국 어떤 것이 누군가의 의식 여부나 존재 여부와는 무관하게 그에게 선이 될 수 있다는 것을 의미한다. 그래서 다시 한 번 나의 죽음은 나의 비존재며, 존재는 근본적으로 결함이 있고 바람직하지 않기 때문에 비존재가 선이라는 입장에 이르게 된다.

4절 지속되는 존재

위의 모든 논의에도 불구하고 쇼펜하우어는 궁극적으로 나의 죽음이 나의 절대적 비존재는 아니라고 주장하고 싶어 한다. 그의 관점에 따르면, 나는 나의 어떤 부분은 사후에도 파괴될 수 없다고 믿어야 한다. 앞서 말했듯이 이것은 쇼펜하우어가 전적으로 거부하는 영혼이나 비물질적인 실체 같은 것이 아니다.[30] 그렇다면 나의 어떤 부분이 파괴될 수 없다는 말일까? 우선 쇼펜하우어는 죽음 이후의 연속성에 대한 일종의 유물론적 입장을 다소 웅변적으로 제시한다.

"뭐라고? 단순한 먼지, 조잡한 물질의 영속성을 우리 존재의 연속으로 여겨야 한단 말인가?" 사람들은 이렇게 말할 것이다. 하지만 혹시 이 먼지에 대해 아는가? 이것이 무엇이며 무엇을 할 수 있는지 아는가? 무시하기 전에 먼저 알아보자. 지금은 먼지와 재로 놓여 있는 이 물질은 물에 녹으면 결정체를 형성하고 금속처럼 반짝이며 거기서 전기 스파크가 튈 것이다. 전기 충격을 가하는 장력을 통해 그것은 가장 단단한 결합을 녹이고 흙을 금속으로 환원시키는 힘을 발휘할 것이다. 사실 그것은 몸소 식물과 동물을 이루어, 당신이 잃을까 봐 그토록 두려워하는 생명을 신비로운 자궁에서 발달시킬 것이다. 그런데도 이런 종류의 물질로 계속 존재하는 것이 그렇게 무의미할까? 나는 심지어 이 물질의 영속성이 비록 이미지와 은유, 또는 실루엣으로만 존재할지라도 우리 진정한 존재의 불멸성을 증명한다고 말할 정도로 진심이다.[31]

그렇지만 물질적 영속성에 대한 이 주장이 아무리 강력해도, 쇼펜하우어는 이것을 이미지와 은유, 또는 실루엣 이상으로 받아들일 수 없다. 왜냐하면 죽음 문제에 대한 쇼펜하우어의 진정한 해결책은 시공간 속에서 경험되는 존재의 영속성이 아닌, 물자체의 무시간성에 관련된 형이상학적인 것이기 때문이다. 물질적 영속성의 관점은 쇼펜하우어에게 매력적이다. 그는 언제 어디에나 존재하는 모든 물질적 실체들이 동일한 본질의 발현이며, 이 본질이 '우리의 진정한 존재'라고 믿기 때문이다. 쇼펜하우어가 받아들인 초월적 관념론에 따르면, 표상Vorstellung과 물자체는 명확히 구분된다. 공간과 시간, 그리고 공간과 시간을 차지하는 물질은 오로지 표상의 세계에만 해당할 뿐 물자체에는 해당하지 않는다. 그렇지만 우리는 경험적 설명을 넘어 불변하고 개체화되지 않은 실재를 상정하는 '더 높은 관점'을 지향할 수 있다. 궁극적 실재에는 별개의 개체들이 존재하지 않으며, 나는 파괴될 수 없는 일자의 일시적인 발현일 뿐이다. 진정으로 존재하는 것은 결코 사라지거나 새로 생겨날 수 없다. 이런 관점에서 쇼펜하우어는 개인이 존재하기를 멈춘다는 것과 개인의 진정한 본질이 파괴되지 않는다는 것을 모두 주장할 수 있다고 말한다. 영원한 뭔가가 잠시 나라는 개체 안에서 발현되며, 이 개체의 소멸과 함께 사라지지는 않는다는 것이다. 이런 의미에서 쇼펜하우어는 죽음을 '비실재적'인 것으로 간주할 수 있다.

5절 "나, 나, 나는 존재를 원한다"

지금까지의 논의를 보면 쇼펜하우어는 다음 두 가지를 말하려는 듯하다.

(1) 죽음으로 나는 존재하기를 멈춘다.

그리고

(2) 죽음에도 나는 계속 존재한다.

게다가 (1)과 (2) 모두 모종의 위안을 주는 듯하다. 쇼펜하우어가 (1)과 (2) 모두 참일 수 있다고 믿는 이유를 이해하려면, 그가 '나'를 모호한 것으로 여긴다는 점을 알아야 한다. "'나'라는 단어에는 엄청난 애매모호함이 있다. …… 내가 이 단어를 어떻게 이해하느냐에 따라 '죽음은 나의 완전한 끝이다.'라고 말할 수도 있지만 '내가 세계의 무한히 작은 일부인 것처럼 나라는 개체의 모습은 내 진정한 존재의 작은 일부일 뿐이다.'라고 말할 수도 있다."[32] 후자의 견해를 가진 사람은 기꺼이 "개체성을 뒤로하고, 개체성에 대한 끈질긴 집착을 쓴웃

음으로 받아들이며 이렇게 말할 수 있다. '내 안에 무수히 많은 개체성의 가능성이 있는데 왜 이 개체성의 상실을 신경 쓰겠는가?'"[33] 다른 구절에서는 "죽음은 개체성의 편협함에서 해방되는 순간이다. 개체성은 우리 본질의 가장 내밀한 핵심이 아니라 오히려 우리 본질로부터의 일종의 이탈로 봐야 한다. …… 이런 의미에서 죽음은 '온전함을 회복하는' 순간으로 간주할 수 있다."[34] 이렇게 '나'에 대한 이해를 수정할 수 있다면, 본성적이고 깨우치지 못한 개인의 태도와는 대조적인 죽음을 대하는 태도에 이를 수 있다.

쇼펜하우어는 에세이 선집 『여록과 보유』 2권에서 이 대조를 극적으로 묘사하며, 진리를 사랑하는 필라레테스와 잠시 플라톤의 『국가』에서 빌려 온 듯한, 특유의 과격한 태도를 뽐내는 트라시마코스 사이의 대화를 구성한다. 트라시마코스는 이런 말을 듣는다.

> 개체로서의 당신은 죽음과 함께 끝납니다. 개체만으론 당신의 진정한 궁극적인 본질이 아닙니다. …… 당신의 본질 그 자체는 …… 시간도, 시작도, 끝도, 주어진 개체성의 한계도 알지 못하지만 모든 사람과 모든 것 속에 존재합니다. 그러므로 전자의 의미에서 당신은 죽음으로써 무가 되지만, 후자의 의미에서 당신은 모든 것이고 모든 것으로 남아 있습니다.[35]

그러나 트라시마코스는 자신이라 여기는 인간 개체가 죽더라도 그의 진정한 본질(의지)은 영원히 존재한다는 쇼펜하우어의 생각에 위안을 얻지 못한다. 그는 이렇게 대답한다. "이봐요. 그렇다 치더라도, 그것이 나의 개체성이고 나란 사람이에요. …… 나, 나, 나는 살아 있고 싶어요. 내가 신경 쓰는 것은 이것이지, 내가 먼저 진짜 나라고 이해해야 하는 어떤 존재 같은 게 아니에요."[36] 그러자 필라레테스가 대답한다.

"나, 나, 나는 살아 있고 싶다."라고 외치는 것은 당신만이 아니라 모든 것, 조금이라도 의식을 가진 절대적으로 모든 것입니다. 따라서 당신 안에 있는 이 소망은 결코 개인적인 것이 아니라 차별 없이 모든 사람에게 공통적인 것이죠. 즉 그 소망은 개체성에서 비롯된 것이 아니라, 존재 자체에서 비롯된 것이란 말입니다. 이는 존재하는 모든 것에 본질적이며, 사실상 그것이 있어 존재하는 것이기도 하며, 따라서 그것은 어떤 특정한 개별적 존재를 통해서만이 아니라 존재 자체로 충족되며 오직 존재 자체에만 관계합니다.[37]

트라시마코스는 쇼펜하우어가 모든 인지적 존재에게 자연스럽다고 여기는 이기주의적 관점, 즉 모든 것은 나라는 이 개체의 안녕과 존재에 중점을 둔다는 관점을 대변한다. 쇼펜하우어의 더 높은 관점에는 한 개인이 다른 개인보다 더 큰 의미가 없다는 깨달음이 포함된다. 물론 죽음을 넘어선 개체의 생존이란 부조리하며, 삶을 의욕하는 우리의 자연스러운 부분은 소멸을 두려워한다. 하지만 쇼펜하우의 관점에서 나의 본질이 전체 세계의 영원한 본질과 동일하다는 것을 깨달을 수 있다면, 개체의 죽음과 함께 나의 존재가 사라진다고 생각할 필요가 없다. 시간은 초월적으로 실재하기보다 관념적인 것이므로 시간에 걸친 개체들 간의 구분도 사라진다.

우리는 함께 앉아 이야기를 나누고 흥분하며 눈을 반짝이고 목소리를 높이죠. 천년 전에도 이러했고 지금도 마찬가지며 천년 후에도 똑같을 것입니다. 우리가 이 사실을 깨닫지 못하게 하는 장치가 바로 시간입니다.[38]

개체성이 환상이라는 쇼펜하우어의 주장은 칸트의 초월적 관념론에서 직접적인 지지를 얻는다. 그러나 쇼펜하우어는 『베다』와 『우파니샤드』에서 시작해 엘레아학파, 신플라톤주의자, 스코투스 에리우게나, 수피즘, 조르다노 브루노, 스피노자, 셸링 등까지 다양한 전통의 그물망에 자신을 위치시킨다.[39] 그는 개체화된 자기를 거부하는 목소리가 다른 곳에서도 울려 퍼진다는 것을 발견한다.

> 『독일 신학German Theology』에는 …… "참된 사랑에는 나I, 나를Me, 나의 것Mine, 나에게To Me, 너You, 너의 것Yours 등의 구분이 없다."라고 쓰여 있다. …… 부처님은 "내 제자들은 '나는 이것이다.' 혹은 '이것은 내 것이다.'라는 생각을 거부한다."라고 말씀하신다. 일반적으로 외부 환경에 의해 도입된 형식을 무시하고 문제의 핵심에 도달하면 석가모니[붓다]와 마이스터 에크하르트의 가르침이 동일하다.[40]

이 중에 가장 중요한 영향을 미친 것은 쇼펜하우어가 평생 읽었던 『우파니샤드』일 것이다. 그는 비록 독특한 판본으로 읽었다고는 하나[41] 『우파니샤드』의 네 가지 대격언Mahāvākyas 중 하나인 "너는 그것이다tat tvam asi."[42]라는 구절을 인용한다. 이 말은 아트만ātman이 곧 브라만Brahman이고 자아가 절대자라는 교리를 표현한 것이다. 이는 자아가 없다는 견해가 아니라, 우리의 자아가 절대자와 구별되지 않는다는 견해다. 아마도 더 적절한 것은 "나는 브라만이다aham Brahmāsmi."라는 또 다른 대격언일 것이다. 개략적으로 최소한만 설명하면, 이것은 '나'의 의미가 개체가 아니라 개체의 존재에서 모든 변화를 견디는 어떤 것을 가리킨다는 점에서 쇼펜하우어가 필요로 하는 일종의 형이상학적 관점일 것이다.

6절 결론

　요약하면, 첫 번째로 명확한 점은 죽음에 대한 쇼펜하우어의 견해가 단순하지 않으며, 이는 단일한 결론이 아니라 변화하는 관점에 따라 진화하는 일련의 성찰로 구성된다는 것이다. 쇼펜하우어의 출발점은 본질적으로 이기적인 평범하고 순진한 인간으로서, 나의 주된 경향이 내 세계의 중심인 한 개체의 안녕을 바란다는 것이다. 이런 존재는 삶에의 의지에 의해 움직이기 때문에 자연스럽게 죽음을 두려워하게 된다. 쇼펜하우어는 개체의 불멸이란 기대할 수 있는 것이 아니라고 단언한다. 죽음은 개체와 그 개체가 누리는 의식의 소멸이다. 그의 다소 에피쿠로스적인 성찰에 따르면, 죽음에는 의식의 부재가 동반되므로 사후의 비존재는 내게 실제로 나쁠 수가 없다. 그래서 죽음을 두려워하는 것은 비합리적이다. 하지만 죽음 앞에서 움츠러드는 것이 애초에 합리적인 근거가 없다면, 이 논증은 그다지 설득력이 없을 수 있다. 내가 쇼펜하우어의 트라시마코스 같은 사람이라면, 비존재에 대한 이런 주장에 위로받지 못할 것이다. 내가 무엇보다 원하는 것은 바로 의식이 있는 개체로서 지속적으로 존재하는 것이기 때문이다. 그러면 다음 단계로는 "이 존재의 연장을 원할 만한 충분한 이유가 있는가?"라는 질문을 던지게 된다. 이제 쇼펜하우어는 특유의 성찰을 거쳐 생명체로서 존재하는 것은 불가피하게 욕망과 고통에 시달릴 수밖에 없으므로 후회할 만한 상태라는 생각에 이른다. 쇼펜하우어의 이 관점을 받아들이면, 생명체의 비존재는 해방과 안도감의 측면을 띠게 된다. 따라서 여전히 개체적 존재의 관점에서 문제를 바라보면서도, 그 가치에 대한 평가가 수정됨으로써 우리는 여전히 죽음을 두려워하는 동시에 죽음의 전망을 환영할 수 있게 된다.

　그러나 만약 이것이 쇼펜하우어가 죽음에 대해 성찰한 최종 귀결이라면 그는 자살을 옹호하지 않을 이유가 없을 것이며, 자케트가 말한 종류의 모순에 빠질 것이다. 대신 쇼펜하우어는 '더 높은 관점', 즉 개인의 비존재나 존재에 있을 수 있는 어떠한 선도 무의지 상태의 행복에 도달하는 가치에 비할 바가 못 된다는 관점을 채택한다. 모든 욕망, 특히 개인의 안녕이나 기독교와 인도 사상의 신비주의자들이 종종 오류와 환상에 빠지는 '나, 내 것' 중심의 욕망에서 벗어나 초연함에 이르는 것이 삶으로부터 해방, 구속, 구원을 얻는 탁월한 길이다. 쇼펜하우어는 이 변형된 자기의식을 '최고선'이라 믿기 때문에 이기적 망상에 사로잡힌 개체의 자기 파괴를 잘못으로 치부할 수 있었던 것이다. 마지막으로 우리가 그토록 소중히 여기고 동일시하는 개체가 궁극적으로 환상으로 인식된다면, 현대 서양철학에서는 흔하지 않지만 사상사 전반에 널리 퍼져 있는, 한 개인이 죽어도 파괴되지 않는 '하나이자 전부One and All'와 우리가 구분되지 않는다는 비전을 받아들일 수 있다. 그러므로 쇼펜하우어가 그의 성찰 끝자락에서 건네는 위로는 자기와 세계의 관계에 대한 이런 폭넓은 종교적 또는 신비적 관점에 열려 있는 사람에게만 진정으로 와닿을 수 있다.

7장

가능한 최선이
염세주의보다 더 나쁜가?

1절 서론

올가 플뤼마허(결혼 전 성은 휘너바델Hünerwadel)는 1839년 러시아에서 스위스와 프로이센 출신 부모 슬하에 태어나 1895년 테네시주 비어시바스프링스에서 사망했다. 플뤼마허는 정규 철학 교육을 받지 않았지만 지적인 모험심이 뛰어났으며 독학으로 중요한 철학적 입지를 다진 사상가다. 그녀는 작가 프랑크 베데킨트에게 '철학적 이모'로 불리며 영향을 줬고, 중성적인 인상을 주는 'O. 플뤼마허'라는 필명으로 『무의식을 둘러싼 투쟁Der Kampf um's Unbewusste』(1881), 『쇼펜하우어 학파의 두 개인주의자Zwei Individualisten der Schopenhauer'schen Schule』(1881), 『과거와 현재의 염세주의Der Pessimismus in Vergangenheit und Gegenwart』(1884, 1888 재출간[1]) 등 세 종을 출간했다. 또 저널 《마인드Mind》 4판에 실린 「염세주의Pessimism」라는 영어 논문을 비롯해 여러 논문을 발표했다.[2]

여기서는 플뤼마허의 『과거와 현재의 염세주의』를 논의하는데, 이 책에서 그녀는 세 가지 과제를 설정한다. 첫째, 염세주의에 영향을 준

여러 사상들을 폭넓게 검토한다. 여기에는 인도철학, 그리스철학, 유대교, 기독교, 과학적 회의주의, 특히 시와 대중문화에서 나타나는 '세계고Weltschmerz, World-weariness'[3]라는 염세적 관점이 포함된다. 둘째, 철학적 염세주의에 대한 분석적 설명을 제시한다. 플뤼마허가 서문에서 언급했듯이, 철학적 염세주의는 "아르투어 쇼펜하우어에 의해 처음으로 완전한 철학 체계에 필수적인 유기적 부분으로 제시됐으며, 현재는 에두아르트 폰 하르트만이 가장 저명한 옹호자로 평가된다."[4] 플뤼마허는 그 밖에도 철학적 염세주의자로 율리우스 반센과 필립 마인랜더를 포함하며, 다른 몇몇 동시대 인물도 언급한다.[5] 그러나 그녀는 철학적 염세주의가 하르트만의 연구에서 절정에 달한다고 보고, 이 관점에서 쇼펜하우어를 비판한다.[6] 플뤼마허 책의 일부 구절은 하르트만에게서 파생됐지만, 그녀는 하르트만이 이루지 못한 간결함으로 자신의 비판을 제시하고 더 생생한 이론을 전개한다. 셋째, 플뤼마허는 당대 학계가 염세주의에 보인 적대적 반응과 이에 대한 하르트만과 그의 학파의 방어적 대응을 기록한다. 이 부분은 지성사에서 거의 잊힌 에피소드에 대한 귀중한 기록이며, 프레더릭 바이저의 말을 빌리면, 염세주의 반대자들에게 "견고하고 명료한" 대답을 제시한다.[7] 바이저는 플뤼마허가 쇼펜하우어를 대하는 태도는 거의 언급하지 않고, 대신 그녀가 설명한 동시대의 염세주의 논쟁Pessimismusstreit에 집중하며, 그녀를 "위대한 역사학자"로 평가한다.[8] 이에 반해 나는 플뤼마허가 쇼펜하우어를 비판하는 부분에 집중할 것이다. 그녀는 쇼펜하우어가 염세주의자라서가 아니라 더 나은 염세주의를 성취하지 못했다는 이유로 그를 비판한다. 또 하나 주목할 만한 점은 플뤼마허의 『과거와 현재의 염세주의』가 프리드리히 니체에게 미친 영향이다. 니체는 이 책의 1884년 판을 소장했는데, 그는 이 책 "전반에 걸쳐 주석"을 달았다.[9] 우리는 니체의 작품에서 플뤼마허와 유사한 구절들이 등장하는 흥미로운 사례를 살펴볼 것이다.

　여기서 논의하려는 주제는 다음과 같다. (1) 플뤼마허는 쇼펜하우어를 분석하는 데서, 특히 철학적 염세주의 주장과 세계고를 구분하는 데서 독창성과 통찰력을 발휘한다. (2) 플뤼마허는 쇼펜하우어의 사상 체계에 대해 매우 적절한 비판을 제기했으며, 이런 비판은 후대에 널리 알려졌다. (3) 니체는 후기 저서에서 플뤼마허의 일부 아이디어나 적어도 용어를 적절한 출처 표기 없이 차용했다. (4) 플뤼마허는 세계고 개념과 쇼펜하우어의 모순에서 자유로운 철학적 염세주의 이론을 옹호하려 하지만, 그녀의 논거는 주로 하르트만의 염세주의 설명에서 파생된 것이며, 결국 하르트만의 설명이 타당성이 부족한 탓에 그녀의 주장도 설득력이 떨어진다.

2절　쇼펜하우어와 세계고

　플뤼마허는 쇼펜하우어의 철학적 염세주의를 설명하면서 '세계고'라고 알려진 상태와 대조한다. 세계고는 세계와 그 안에서 자신의 위치가 불안정함을 한탄하는 자기중심적인 태도로, 문학과 시에서 가장 두드러지게 표현된다. 플뤼마허는 세계고가 철학적 염세주의와 다르며 사실상 철학이 아니라고 주장한다.[10] 그녀가 저널 《마인드》에 실린 논문에서 설명하듯이 철학적 염세주의는 "주관적인 감정에 영향을 받지 않고 오직 객관적인 관찰에만 기초하며, 개인의 감각을 여러 대상들 중 하나로 간주하기" 때문이다.[11] 플뤼마허는 세계고가 "자신의 '나I'를 세계의 중심으로 상정하고 현재의 자신을 한탄하거나 자신의 고통이 세계의 고통이라고 느끼기" 때문에 "서정적이고 시적이지 철학적이지 않다."라고 폄하한다. 이에 반해 철학에서는 "자신의

'나'가 여러 대상들 중 하나일 뿐이며, 철학은 '나'로부터 벗어나게 이끄는 반면 서정시는 세계의 시적인 거울로서 감각의 주체에게 모든 것을 집중시킨다."[12] 플뢰마허는 세계고를 "청춘의 병"[13]으로 분류하며, 이상적으로 극복해야 할 미성숙한 자기 집착의 단계라고 본다. 또 세계고는 역사적으로 한정된 상태기도 하다.

> 세계고의 시대는 18세기의 마지막 10년 동안 시작해 현재까지 이어지며, 세계고가 만들어 낸 전형적인 문학적 기념물들은 1820년대부터 1850년대까지 걸쳐 있다. 세계고는 18세기 합리주의 계몽철학, 칸트의 윤리적 엄격주의, 피히테의 추상적 이상주의에 대한 반작용으로 다양한 단계를 거친다. 세계고는 종교적 계몽도, 과학의 발전도, 과학의 일상생활 적용도, 바람직한 정치 질서를 향한 온건한 발전도 우리를 행복하게 만들 수 없다는 의식이다. …… 세계고는 또한 세계가 아무리 안팎으로 변해도 〔기독교〕 교리에서 비합리적이라고 폐기됐듯이 여전히 '세속적인 슬픔의 골짜기'로 남아 있으며, 단지 이제는 저 너머에 대한 희망의 무지개가 그 위에 아치 형태로 떠 있지 않아 더욱더 어둡게 그늘져 있다는 의식이기도 하다. 마지막으로 세계고는 미덕과 행복이 …… 서로 비례하지 않는다는 의식이다.[14]

플뢰마허는 세계고를 독특하게 현대적 조건으로 묘사하는데, 오늘날 독자들에게는 때때로 니체를 연상시키는 부분이 있다. 예를 들어 니체가 과거의 잔인함에 대한 향유와 현대의 유약함을 대조하는 『도덕의 계보』 두 번째 논문 6-7절[15]을 보라. 하지만 정확히 말하면 오히려 니체가 플뢰마허를 연상시킨다고 말해야 할 것이다. 플뢰마허는 다음과 같이 쓴다.

세계고의 담지자는 주로 지성의 무기로 생존 투쟁을 벌여 온 세대의 후손이다. 그는 구체적인 자연에서는 극도로 소외돼 있으며, 추상적으로는 종종 자신이 자연에 속한다고 비장하게 주장하고 반대 상황을 더 이상 견딜 수 없다는 사실에도 불구하고 이 소외를 고통스럽게 느낀다. 세계고를 겪기 위한 지적, 정신적 자질을 가진 현대인은 특정 사물과 사건의 단순한 묘사만으로도 그의 안락함을 방해하기에 충분함을 발견한다. 고대와 중세의 조상들은 그런 사물이나 사건이 현실에서 바로 눈앞에 있어도 안락함이 감소되지 않았고, 오히려 대조적으로 자신의 상태와 비교해 즐거움이 더해진다고 여겼다. 예를 들어 가끔씩 엿보는 구멍을 통해 지옥에서 불타는 저주받은 자들을 보는 것은 천상의 행복감을 더욱 강렬하게 해 주는 향신료였으며, 많은 성에는 지하 감옥으로 통하는 함정 문이 연회장 안이나 바로 옆에 있었다. 또 아우토다페auto-da-fé●는 스페인 왕실 결혼식의 한 구성 요소였다.[16]

플뤼마허의 초판본 102쪽은 니체가 표시해 둔 페이지 중 하나다.[17] 『도덕의 계보』에서 그는 이렇게 썼다.

잔인함이 초기 인류의 대규모 축제에서 얼마나 큰 기쁨을 선사했는지 상상하는 것은 길들여진 가축(즉 현대 인간, 우리를 말한다.)의 …… 섬세함에 불쾌감을 준다. …… 처형과 고문, 아마도 아우토다페가 없는 왕실 결혼식과 민속 축제는 상상할 수도 없었고, 마찬가지로 악의나 잔인한 조롱을 거리낌 없이 퍼부을 수 있는 상대가 없는 귀족의 가정생활은 상상할 수도 없었던 때가 그리 오래되지 않았다.[18]

● 종교재판에 의한 공개 처형으로 주로 화형식이 치러졌다.

여기서 세부적인 유사성은 우연이라고 하기에 너무 강하지만, 니체는 그의 평소 습관대로 출처에 대해 어떤 언급도 하지 않았다.

플뤼마허가 보기에 세계고를 겪는 자는 현대 유럽 세계의 산물로, 지나치게 민감하고 지나치게 동정심이 많다. 플뤼마허는 세계고와 쇼펜하우어에게서 "먼 시공간에 존재하는 지적으로 미개한 인간과 동물 세계의 고통에 대한 약한 마음"[19]을 발견한다. 또 세계고를 겪는 자는 자신에게 천착한다. "세계에 대한 불만은 자신의 내면에 대한 만족스러운 몰입과 결합돼 있으며, 세계고를 겪는 자는 자기 내면에서 세계와 시대의 결함을 인식함으로써 더 높은 것을 엿볼 수 있다."[20] 세계의 고통은 "자신의 '찢긴 마음'을 들여다보는 자기 집착적인 탐구에서 얻는 즐거움을 위해 필수적이다."[21] 세계고를 겪는 자는 내적인 갈등에 처한다. 그는 "세계의 고통을 반성하고 그것을 자신의 고통으로 느끼며, 느낌과 인식이 풍부한 자신의 영혼에 대한 연민을 일종의 쾌락으로 느끼지만" 세계가 자신에게 가하는 불쾌감이 항상 이 쾌락을 능가한다는 것을 의식하게 된다. "그렇지만 자주 인정받지는 못하더라도 쾌락은 존재하며, 그 자체가 다시금 반성의 대상이 될 때 자기 아이러니가 발생한다."[22] 세계에 대한 고통에서 일종의 만족감을 느끼며, 이런 내적 긴장 자체를 매력적으로 여기는 자기 미화가 있다.

세계고는 철학적 입장을 구성하는 것이 아니며 철학에서 비롯된 것도 아니다. 오히려 그 반대다. 쇼펜하우어의 경우, 세계고는 그가 철학에 몰두하는 주된 동기다. 그는 삶이 본질적으로 고통으로 가득 차 있으며, 인간이 의욕하는 일과 일반적으로 일어나는 일이 불일치한다는 확신에서 자신의 형이상학을 만든다.[23] 하지만 형이상학을 전개하는 과정에서 세계고를 초월해, 세계에 대한 자기중심적이고 자기만족적인 불평에서 인간 조건의 형이상학적 근거에 대한 설명으로 옮겨

간다. 쇼펜하우어는 "세계고의 모든 자료를 받아들이지만, 그에게 세계의 비참함은 더 이상 세계고의 지지자에게 그렇듯이 풀리지 않는 수수께끼가 아니다."[24] 쇼펜하우어의 의지의 형이상학은 그 수수께끼에 대한 해답을 제공하며, 플뤼마허가 보기에는 이것이 그를 '철학적' 염세주의자로 만들고, 실제로 그 길을 최초로 열게 한다.

그럼에도 불구하고 플뤼마허에 따르면 쇼펜하우어는 여전히 세계고의 영향을 받고 있다. 앞서 언급한 모든 고통받는 생명체에 대한 '유약한 마음'이 그 한 예다. 그녀는 특히 생생한 구절에서 또 다른 예를 제시한다.

> 쇼펜하우어의 감수성은 전적으로 세계고를 겪는 자의 감수성이다. 그는 과대한 자기감ein titanisches Selbstgefühl을 지닌다. …… 그것은 또한 '자연의 대량생산품'과 대조되는 천재에 대한 그의 고상한 찬미로 이어진다.
>
> '나'에 대한 이 강렬한 호감은 강한 개체성의 느낌이 적용된 한 사례에 불과하다. 따라서 또한—염세적이지 않고 세계고의 진정한 특징인—지상의 덧없음을 한탄하고 죽음을 최초이자 최고의 질병으로서 생생하게 강조하게 된다.[25]

쇼펜하우어의 형이상학에 따르면 개체성은 '단지 현상적인 것'이며 실제로는 개체화되지 않는 물자체가 존재한다. 쇼펜하우어는 다음과 같이 말한다. "근본적으로 모든 개체성은 특별한 오류이자 실책, 차라리 존재하지 않는 편이 더 나은 것이며, 사실상 삶의 진정한 목적은 그로부터 우리를 되찾는 것이다."[26] 그러나 '과대한 자기감'이라는 경탄할 만한 표현은 자신의 형이상학과 긴장 관계에 있고 자신의 개체성을 중시하는 경향이 있는 쇼펜하우어의 작가적 페르소나의 부인할 수 없는 측면을 포착하고 있다. 그는 위대한 지성을 가진 개인과 평범한 인간 사이의 엄청난 간극을 길게 설명하면서, 자신이 사는 시대에 무시당하는 것은 위대함의 증거라고 주장하며 민망할 정도로 자화자찬한다.

그러나 쇼펜하우어의 철학적 입장으로 볼 때 이런 긴장은 플뤼마허가 암시하는 것보다 덜 극명할 수 있다. 첫째, 개체성과의 동일시에서 벗어나야 한다는 쇼펜하우어의 견해는 개체성이 모든 인간에게 자연스러운 기본 입장이라는 가정에 근거한다. 오직 근본적인 인지적 변형, 즉 '완전한 무의지' 상태로의 전환을 거쳐야만 누구든 자기를 단순히 개별적인 인간과 동일시하지 않을 수 있다. 우리는 저마다 본성적으로 다음과 같다.

> 개체화의 원리를 지지하고 믿으며 슬픔으로 가득한 세계에 태연하게 앉아 있다. …… 그의 사라져 가는 작은 개인, 그의 한정된 현재, 그의 순간적인 안락함, 이것만이 그에게는 현실성이 있다. 그리고 그는 보다 적절한 인식에 눈이 뜨이지 않는 한 이것을 유지하기 위해 할 수 있는 모든 것을 다한다.[27]

쇼펜하우어가 플뤼마허에게 답할 수 있는 말은 이 점에서 본인도 다른 사람들과 다르지 않다는 것이다. 모두가 그의 형이상학이 제시하는 방식으로 세계를 바라볼 수 있다면 더 나은 삶을 살겠지만, 자신을 개체와 동일시하는 기본 입장을 극복하기란 그를 비롯해 누구에게나 지극히 어렵다. 그럼에도 불구하고 플뤼마허는 쇼펜하우어의 작품에서 인간 개체 아르투어 쇼펜하우어를 '사라져 가는 작은 개인'으로 간주하거나 그러길 원했던 증거가 거의 없다는, 적절한 지적을 한다.

둘째, 쇼펜하우어는 개인의 죽음을 '최초이자 최고의 질병'으로 묘사하지 않는다. 오히려 그는 죽음을 "더 이상 나로 존재하지 않을 수 있는 좋은 기회"[28]라고 부르며, 죽어 가는 사람에게 "당신은 당신이 되지 않았다면 더 좋았을 어떤 존재가 되기를 멈춰 가고 있다."[29]라고 말해야 한다고 주장한다. 그는 우리가 자연스럽게 자신의 죽음을 가장 큰 상실로 여기고 두려워하지만, 이는 단지 비이성적인 삶에의 의지(우리의 본질)에 이끌려 삶을 선으로 여기고 집착하는 것일 뿐 아무런 합당한 이유가 없다고 강조한다. 『여록과 보유』 2권에서 쇼펜하우어는 한 인물이 "나, 나, 나는 살아 있고 싶어요. 내가 신경 쓰는 것은 이것."[30]이라고 외치게 만든다. 이것은 본성적인 관점이지만, 그에 대한 대답은 다음과 같다.

> "나, 나, 나는 살아 있고 싶다."라고 외치는 것은 당신만이 아니라 모든 것, 조금이라도 의식을 가진 절대적으로 모든 것입니다. 따라서 당신 안에 있는 이 소망은 결코 개인적인 것이 아니라 …… 즉 그 소망은 개체성에서 비롯된 것이 아니라, 존재 자체에서 비롯된 것이란 말입니다. 이는 존재하는 모든 것에 본질적이며, 사실상 그 것이 있어 존재하는 것이기도 합니다.[31]

개체성에 집착하는 관점은 "만약 당신이 자신의 본질을 온전히 그리고 그 기초까지, 즉 당신이라는 보편적인 삶에의 의지로 알 수 있다면, …… 유치하고 완전히 터무니없어 보일 것이다."[32] 따라서 쇼펜하우어가 단순히 죽음을 큰 질병이라 한탄했다고 단정하기는 어렵다. 그가 죽음을 일반적으로 가장 큰 악으로 애도하고 두려워한다는 사실을 장황하게 기록한 것은 사실이다. 하지만 그는 자신의 일원론과 개체화가 현상적 특성이란 주장을 동원해 '더 높은 관점'에서 왜 일반적인 애도가 근거 없는지를 보여 준다. 그러나 플뤼마허는 쇼펜하우어가 독자에게 '죽음의 끔찍한 확실성'을 상기시키는 데서 얻는 명백한 충족감을 세계고의 특성으로 꼽는다.[33]

플뤼마허의 관찰은 쇼펜하우어가 예술적 천재에 대해 논의한 것과 관련해 더욱 명확하게 와닿는다. 여기서 그는 특히 괴테가 쓴 『토르콰토 타소』와 동명인 시인, 바이런의 전기 등을 인용하면서 '천재의 고통과 본질적인 순교'에 대해 언급할 때 명백히 플뤼마허가 말한 '서정적이고 시적인' 세계고를 겪는 자의 영역을 침범하고 있다.[34] 이 주제는 천재의 본질적인 정신 상태는 "자기 자신과 그 관계를 완전히 망각할 것"을 요구하는 순수한 관조며 "자신이란 개인, 즉 의지에 초점을 맞춘 주관적인 지향성에 반대된다."[35]라는 그의 주장과 다소 상충된다. 본질적인 것은 천재가 인식의 객관성을 향상시켜 그[36]의 개별성을 탈피할 수 있는 능력이다. 쇼펜하우어식 천재는 정의상 다수보다 우월한 능력을 가진 독특한 개인이지만, 천재를 구성하는 인식능력은 세계고의 개인주의 및 절망적인 감정과는 정반대인 듯하다. 그럼에도 불구하고 쇼펜하우어는 천재가 "그의 명료한 의식에 비례해서 커지는 고통과 자신과는 너무 다른 사람들 틈에서 느끼는 쓸쓸한 고독감을 보상해 주는"[37] 예술에서 위안을 찾는다고 쓸 수 있다. 따라서 천재는 세계를 비인격적으로 볼 수 있는 능력 때문에 더 많은 고통을 겪는다. 플뤼마허는 쇼펜하우어의 저작에서 이런 자기중심적인 세계고를 겪는 자의 면모를 예리하게 짚어 낸다.

3절 철학적 염세주의

우리는 쇼펜하우어가 단순한 세계고에서 벗어나 철학적 염세주의의 옹호자가 되는 것을 봤다. 플뤼마허의 아주 간결한 특징 설명에 따르면, 철학적 염세주의는 단 두 가지 명제로 구성된다.

    (i) 불쾌Unlust의 총합이 쾌락Lust의 총합보다 더 크다.

    (ii) 따라서 세계가 존재하지 않는 것Nichtsein이 존재하는 것Sein보다
    더 낫다.[38]

플뤼마허는 쇼펜하우어가 최초로 이 이중 교리를 "완전한 철학 체계에 필수적인 유기적 부분"[39]으로 제시했다고 말한다. 이 명제에 대해서는 『의지와 표상으로서의 세계』 2권 46장에서 발췌한 다음 내용을 살펴보자.

    인간이 자신의 삶에서 누릴 수 있는 모든 가능한 기쁨의 합과 삶에
    서 그를 괴롭힐 수 있는 모든 가능한 고통의 합을 비교해 보자. 그
    균형을 결정하는 것은 어렵지 않으리라 생각한다.[40]

    우리는 세계의 존재에 대해 기뻐하기보다는 안타까워해야 한다.
    …… 세계의 존재보다는 세계의 비존재가 더 나을 것이다. …… 세
    계의 존재는 근본적으로 있어서는 안 되는 것이다.[41]

따라서 쇼펜하우어가 두 가지 명제 (i)과 (ii)를 모두 진술한 것은 사실이다. 그는 또한 '고통의 존재 자체만으로도' 비존재가 더 바람직하다는 판단을 정당화하기에 충분하다고 말한다. 오로지 전적으로 완벽한 세계만이 그 자체로서 목적으로 정당화될 수 있기 때문이다. 따라서 그에게 쾌락이 고통보다 우세하다는 주장은 플뤼마허의 말처럼 철학적 염세주의의 결정적인 근거는 아니다. 그럼에도 불구하고 '고

통의 존재 자체만으로도'라는 주장은 옹호하기 어렵고, 플뤼마허는 보다 엄밀하지만 여전히 쇼펜하우어적인 염세주의의 핵심을 발전시키고 있다고 주장할 수 있다.

플뤼마허는 (앞으로 살펴보겠지만 쇼펜하우어와는 다른 이유로) 명제 (i)과 (ii)로 표현되는 단순한 입장을 옹호하지만, 쇼펜하우어 체계의 더 광범위한 요소들에 대해 매우 비판적이다. 그녀는 쇼펜하우어의 세계에 대한 경멸을 '세계 경멸Weltverachtung'이라 부르며 중요시한다.[42] 그녀는 세계에 대한 경멸을 중세 기독교의 '공식적인 세계관Weltanschauung'[43] 이라 부르며, 후에 교황 인노켄티우스 3세가 된 작가의 12세기 장편시 『세계에 대한 경멸De contemptu mundi』에 초점을 맞춘다. 플뤼마허는 이 장편시 중 1부에 대한 '무료 번역'을 제공하며 "어머니의 체내에서 아이의 역겨운 영양 섭취, …… 역겨운 병과 신체의 결핍, …… 소변, 침, 배설물 분비" 등 인간 존재의 비참함에 대한 장광설을 포함시킨다.[44] 그리고 니체는 다시 『도덕의 계보』 두 번째 논문 7절에서 인노켄티우스 3세를 인용하면서 플뤼마허의 번역문을 그대로 차용한다.[45] 니체와 마찬가지로 플뤼마허는 쇼펜하우어가 기독교의 염세적인 측면에 너무 가깝게 동조한다고 본다.

플뤼마허는 "종교적 염세주의가 …… 세계 고통의 근원과 원인을 피조물이 선택하는 죄에서 찾는다."[46]라고 하며, 이런 연장선상에서 다음과 같이 말한다.

> 쇼펜하우어는 '세계 경멸'의 윤리적, 종교적 염세주의에 헌신한다. 그는 어디에서나 고통을 볼 뿐만 아니라 어디에서나 죄책감을 볼 수 있는 야간 시력Nachtauge도 가지고 있다. 그는 심지어 죄책감이 없는 곳에서도 그것을 보는데, 이는 오직 내재적 정당성을 지닌 윤리적 개념인 '죄책감'을 존재와 그 초월적 인과율에 적용하기 때문

이다. ……

그는 지적인 동기가 부여되지 않은 세계를 정당하지 않은 세계와 직접적으로 동일시한다. 불행한 경험이 가르쳐 주듯이 존재하지 않는 편이 더 나을 세계의 존재는 그에게 존재하지 말아야 할 것, 즉 존재해서는 안 되는 것으로 변한다.[47]

플뤼마허는 쇼펜하우어와 기독교의 관계를 예리하게 지적한다. 그녀는 쇼펜하우어가 근본적으로 무신론에 따른다는 것을 인식하고 쇼펜하우어의 세계에 신이 존재할 수 없는 이유를 설명한다.

이 이론에 따르면 모든 정신적인 것, 모든 지적인 것은 형태와 결정의 전체 영역과 더불어 오직 '표상으로서의 세계', 즉 주관적인 현상에 속한다. 따라서 세계의 '어떻게'는 절대자와의 관계에서 순전히 우연적인 성격을 띠며, 세계를 관조하는 주체인 우리에게 인식되지 않고 자기 경험 속에서 직접 주어지는 것은 유일하게 의지뿐이다. 그리고 이 의지는 맹목적인 원리로서 신일 수 없다.[48]

그러나 플뤼마허는 쇼펜하우어가 염세주의적인 기독교의 요소들과 의도적으로 연속성을 유지한다는 점을 올바르게 강조한다. 쇼펜하우어의 견해에 따르면 다음과 같다.

기독교는 인간 존재 자체를 통해 인간 종이 지닌 깊은 죄책감과, 가장 어려운 희생과 자기부정을 통해서만, 그래서 인간의 본성을 완전히 전복시켜야만 달성될 수 있는 구원에 대한 마음의 갈망을 논하는 교리다.[49]

따라서 플뤼마허의 말처럼 "쇼펜하우어가 쾌락이 없다는 이유로 세계를 정죄하고, 이 정죄된 존재를 죄책감으로 얻은 존재로 바꾸면 이제 세계의 병이 죄책감의 결과로 그에게 나타나는 것은 놀라운 일이 아니다."[50] 여기에는 니체와의 또 다른 연결점이 있다. 니체는 『즐거운 학문』(1887) 5권에서 쇼펜하우어를 "타협하지 않는 무신론자"라고 평가하면서도 "기독교적 금욕주의의 도덕관 …… 에 갇혀 있다Steckenbleiben."라는 혐의를 받을 수 있다고 말한다.[51] 다시 한 번 니체는 플뤼마허의 말을 출처를 밝히지 않고 가져오는데, 플뤼마허는 이미 쇼펜하우어가 "자유, 죄책감, 죄악에 대한 스콜라적 개념에 갇혀 있다Steckenbleiben."[52]라고 썼던 것이다.

플뤼마허는 세계 경멸과 우리 존재에 대한 죄책감을 철학적 염세주의와는 무관한 것으로 본다. 그러나 우리는 논의의 방향을 바꿔, 쇼펜하우어의 철학적 염세주의의 독특한 지점을 포착하기에는 플뤼마허의 철학적 염세주의의 특징이 너무 협소한 것이라고 주장할 수도 있다. 쇼펜하우어에게 고통은 우리 존재의 가장 근본적인 문제점, 즉 우리의 의지와 특히 개체의 목적을 충족시키려는 의지의 핵심이다. 우리는 이런 목적이 가치 있는 것이라는 착각에 갇혀 있고, 그 목적이 이뤄지지 않는다고 한탄하는 실수에 빠져 있는데, 이 모든 것은 개체의 실재성을 믿는 인지적 오류에 기인한다. 우리가 그 믿음에서 벗어나기 전까지 고통은 우리의 몫이며, 또 그래야만 한다. 쇼펜하우어가 기독교 교리 중 타락과 구원에 대한 비유적인 이야기와 눈물의 골짜기로 묘사된 삶 속에서 찾아내려 한 것은 바로 이런 사상이다.[53] 쇼펜하우어가 기독교의 특정한 핵심 가치를 받아들였다는 플뤼마허의 지적은 옳다. 니체와 마찬가지로 플뤼마허에게도 이것은 비판인데, 그녀는 "비합리적인 것으로 폐기된 도그마"[54]라고 부르는 기독교에 얽매이지 않는 철학적 입장을 보고 싶어 하기 때문이다. 그래서 플뤼마허의 비판은 앞서 언급한 기독교적 태도가 쇼펜하우어의 사상에는 중심적이지만, 그녀가 더 엄격하게 정의한 철학적 염세주의와는 무관하다는 것이다.

플뤼마허는 쇼펜하우어의 개체화 개념을 "그의 체계에 가장 치명적"[55]이라고 단언하며 몇 가지 적절한 비판을 제기한다. 첫째, 죄책감은 어떻게 생겨났을까? "만약 삶이 우리가 지은 죄(또는 빛)와 같고, 삶의 고통은 우리가 갚아야 할 이자며, 죽음으로만 그것을 갚을 수 있다고 한다면, 이 죄는 누가 언제 지은 것인가 하는 질문이 제기된다."[56] 만약 의지가 있고 고통받는 개인이 주관적인 현상에 불과하다면, 죄책감과 고통의 진정한 근원은 세계의 단일한 본질인 의지일 수밖에 없다. 따라서 개인은 근본적으로 비실재적이고 결백하지만, 동시에 삶이 가하는 형벌을 받아 마땅한 존재로 여겨진다. "각 개인은 유죄인 동시에 무죄며, 연민만큼이나 분노의 대상이 될 만하다."[57] 플뤼마허는 어차피 도덕적 행위자가 아닌 존재에 죄책감의 개념을 적용하는 것은 의미가 없다고 주장한다. 따라서 일원론적인 세계 의지는 윤리적 의미에서 쉽게 죄를 짓거나 책임을 질 수 없다. 하지만 그러면 우리 존재에 수반된다고 여겨지는 죄를 짓는 사람이나 존재는 아무도 없는 모순에 빠진다.

쇼펜하우어는 개별화 개념과 책임 문제가 충돌하는 것으로 악명이 높다. 그에 따르면 우리의 행동은 성격과 현재 일어나는 동기에 의해 결정되지만, 우리는 자신이 '행동의 주체'라는 확고한 신념을 갖고 있기 때문이다.[58] 이에 제안된 해결책은 우리가 행동에서 자유로운 것이 아니라, 쇼펜하우어가 칸트에 이어 우리의 예지적 성격으로 여기는 우리의 존재esse에서 자유롭다는 것이다. 플뤼마허는 이 생각이 "그 자체로서도 지지할 수 없을" 뿐만 아니라 쇼펜하우어의 체계에 통합하는 것도 불가능하다고 한마디로 일축한다.[59] 이 생각은 경험적 영역 밖의 개체성, 즉 공간, 시간, 인과율에 지배되지 않는 '나만의' 고유한 성격인 뭔가가 있다고 전제하기 때문이다. 이 같은 문제는 쇼펜하우어의 윤리학에도 영향을 미친다. 쇼펜하우어에게 행동의 도덕적 가치를 판단하는 유일한 기준은 그 행동이 그가 "다른 사람들의 안녕을 바라는 것"[60]으로 해석하는 연민에서 비롯되는가다. 그러나 플뤼마허에 따르면, 쇼펜하우어가 개체의 현상적 본성을 강조하면서 『우파니샤드』의 "너는 그것이다."를 인용하는 것은 연민의 의미를 파괴하는 것처럼 보인다. 왜냐하면 '너'와 '다른 사람들'이 단순히 '나의 표상'이 아니라 실재하는 존재일 때만 도덕성의 기준이 의미를 갖기 때문이다.[61]

플뤼마허에 따르면, 의지의 부정을 통해 구원된다는 쇼펜하우어의 주장 역시 개체성에 관한 문제로 인해 혼란스러워지며, "의지의 불행, 나아가 존재로부터의 구원이 어떻게 이루어지는지 전혀 이해할 수 없게 된다."

> 만약 개체가 단지 주관적 현상이자 '마야'의 환상과 기만에 불과하다면, 그 개체가 세계에서 사라지는 것도 무의미하고 그 자체가 환상일 뿐이다. 그리고 실제로 고통받고 구원을 갈망하는 것은 단순히 바라보는 주체의 대상으로서의 개체도 아니고, '표상으로서의 세계'에 부여되는 환영적인 이미지도 아니다. 의욕하고 고통받는 것은 무수한 개체의 환영 뒤에 감춰진 하나의 의지다. 따라서 진정한, 실제의 의지의 부정이 일어난다면 …… 하나의 세계 의지는 멈춰야 하며, 그러므로 염세적인 인식을 잠재움으로써 존재하기를 멈추는 것은 단지 개인만이 아니라 세계가 될 것이다.[62]

플뤼마허의 이 결론적인 논평은 다소 냉소적이다. 만약 쇼펜하우어의 주장대로 어떤 금욕주의자들이 완전한 의지의 부정에 도달했다면 세계는 종말을 맞이했어야 하지만 그렇지 않았다. 가능한 대안적 가설은 금욕주의자들이 달성한 것이 완전한 의지의 부정이 아니거나, 쇼펜하우어가 주장하는 개인과 세계의 관계에 대한 이론이 잘못됐다는 것이다.[63] 쇼펜하우어의 개체화를 둘러싼 혼란에 대한 이런 비판은 정확하고도 치명적이다. 플뤼마허에 따르면, 이것은 쇼펜하우어가 그러지 않았다면 성공적인 염세주의 이론이 될 수 있었던 것을 어느 정도 망쳤음을 보여 준다.

4절 플뤼마허의 염세주의 옹호

플뤼마허에게 철학적 염세주의는 단 두 가지 명제로 이뤄져 있음을 상기해 보자.

(i) 불쾌의 총합이 쾌락의 총합보다 더 크다.
(ii) 따라서 세계가 존재하지 않는 것이 존재하는 것보다 더 낫다.[64]

판단 (ii)의 비교적 성격을 고려할 때 '염세주의'라는 용어는 논의되는 입장을 정확히 묘사하지 못한다고 플뤼마허는 주장한다. 이 주장은 세계 또는 존재가 최악의 상태pessimum라는 뜻이 아니다. 그녀는 '염세주의'를 '낙관주의'에 대응해 고안된 "자의적인 파생어"라고 부른다.[65] 라이프니츠의 낙관주의는 진정으로 세계가 가능한 최선이라는, 비교급이 아닌 최상급 주장을 내세우지만, (ii)를 부정하는 데 존재가 '최선의' 상태라는 주장이 필요하지는 않다. (ii)에 반대하는 입장은 엄밀히 말해 '개선주의meliorism'로, "세계의 존재는 긍정돼야 할 존재고, 존재는 비존재보다 선호돼야 한다."라는 주장이다.[66] 플뤼마허는 '염세주의'를 표준 용어로 유지하며 이를 대체할 용어를 제시하지 않지만(아마도 '악화주의peiorism'라고 불러야 할 것이다.) 쇼펜하우어가 실제로 의미할 수 있는 것은 비교적 판단뿐이라고 주장한다.[67]

플뤼마허는 쇼펜하우어와 마찬가지로 불쾌의 총합이 쾌락의 총합보다 크다는 (i)이 참이라고 주장한다. 하지만 하르트만에 뒤이어, (i)을 입증하는 쇼펜하우어의 방식에 대해서는 비판적이다. 쇼펜하우어는 자주 인용되는 이 구절에서처럼 쾌락은 소극적이라고 주장한다.

> 우리는 고통을 느끼지만, 고통이 없는 상태는 느끼지 않는다. 우리는 걱정을 느끼지만, 걱정이 없는 상태는 느끼지 않는다. 우리는 두려움을 느끼지만, 안전함은 느끼지 않는다. 우리는 배고픔과 목마름을 느끼듯이 욕망을 느끼지만, 그것이 충족되자마자 마치 우리가 먹은 음식 한 조각처럼, 삼켜지는 순간 우리의 감각에서 사라진다. 우리는 기쁨과 즐거움이 사라지자마자 그 상실을 고통스럽게 느끼지만, 고통은 오랜 시간 지속되다가 사라져도 그 즉시 그리워하지 않는다. 우리가 사라진 고통을 생각한다면, 그것을 반성을 통해 의도적으로 떠올리는 것이다. 오직 고통과 결핍만이 적극적으로 느껴져서 그 존재를 인식할 수 있기 때문이다. 반면에 행복은 단지 소극적으로만 존재한다.[68]

여기서는 여러 가지 논의를 함께 다루고 있다. 첫째, 쇼펜하우어는 쾌락을 의지나 욕망의 충족과 동일시하고, 욕망을 고통스럽게 느껴지는 결핍과 동일시한다. 따라서 그는 쾌락이 결코 '순수'하지 않으며, 항상 앞서 말한 어떤 고통과의 관계에 따라 조건부로 존재한다고 주장할 수 있다. 둘째, 그는 우리의 의식적 주의에서 쾌락의 현저함이나 중요성에 대해 언급하며, 우리가 쾌락보다 고통에 더 주의를 기울인 다고 주장한다. 마지막으로 그는 우리가 쾌락을 느끼지 못한다는 의 미에서 쾌락이 소극적이라고 주장한다. 욕망이 충족되면, 우리는 단 지 고통의 부재를 경험하고 쾌락의 내용이 없는 '중립적' 상태로 돌아 간다는 것이다. 이 마지막 주장은 의문스럽지만, 앞의 두 주장과는 별 개며 그에 의해 뒷받침되지 않는다. 설령 모든 쾌락이 결핍된 느낌의 중단을 조건으로 하고 우리의 주의에서 두드러지지 않는다고 해도, 쾌락이 결코 적극적으로 느껴지지 않는다고 단정할 수는 없다.

따라서 플뤼마허가 염세주의의 주장 (i)을 뒷받침하는 이 마지막 주장을 일축하는 것은 옳아 보인다.

> 불쾌를 단순한 쾌락의 부정으로 제시한 라이프니츠의 반대편에서, 〔쇼펜하우어는〕 불쾌를 유일하게 적극적인 것으로 보고 쾌락을 불 쾌의 부정으로 설명하려 시도하지만 역시 실패로 끝난다. 모든 사 람의 경험은 이 이론이 낙관적인 반대 이론만큼이나 틀렸다는 것을 보여 준다.[69]

쾌락의 적극적 느낌은 경험적으로 명백하게 증명된다. 플뤼마허는 하르트만과 마찬가지로 다음과 같이 결론 내린다.

> 우리가 쾌락과 불쾌의 정신 상태에 '부정적'과 '긍정적'이라는 용어 를 사용하고자 한다면, 이는 오직 …… 두 상태가 동일한 정도의 실 재성을 지니고 있으며 이 용어가 오직 '감각의 영점'(즉 고통과 쾌락 의 부재 상태)과의 관계에서 위치를 고정하는 데 사용된다는 전제하 에서만 가능하다.[70]

그렇다면 (i)을 어떻게 뒷받침할 수 있을까 하는 의문이 생긴다. 쾌락과 고통이 모두 똑같이 느껴진다는 의미에서 '실재성을 지니고' 둘다 느껴지지 않는 중립적 상태가 존재한다면, 어떤 근거로 고통이 쾌락의 총합보다 더 크다고 주장할 수 있을까? 플뤼마허는 여기서 하르트만의 주장을 제시한다.[71] 쾌락과 불쾌는 모두 신경계에 영향을 미치며, 그것이 지속될수록 유기체에 소진이나 피로Ermüdung를 유발한다는 것이다.

> 이로부터 느낌을 멈추거나 줄이려는 욕구(즉 무의식적이거나 의식적인 의지)가 발생하며, 이 욕구는 느낌의 정도와 지속 기간에 따라 증가한다. 불쾌의 경우 이 욕구는 불쾌를 겪는 데 대한 직접적인 반감을 더하지만, 쾌락의 경우에는 쾌락을 긍정하는 의지를 감소시켜 쾌락을 감소시킬 뿐만 아니라 쾌락을 불쾌로 바꿀 수도 있다.[72]

피로를 통해 더해지는 이차적인 불쾌는 일차적인 쾌락과 불쾌 모두에 영향을 미친다. 결과적으로 장기간 지속되는 일차적인 불쾌는 점점 더 나빠질 뿐이지만, 장기간 지속되는 일차적인 쾌락은 지루해지거나 아예 쾌락이 아니게 된다. 따라서 일차적 쾌락과 불쾌의 지속 기간과 강도가 동일한 존재를 가정하더라도, 여전히 불쾌가 우세할 것이다.

이어서 다음과 같은 조금 난해한 구절이 나온다.

> 삶의 다양한 요소들을 고려하면 세계에는 쾌락보다 고통이 더 많다는 것을 알 수 있으므로, 그 결과 세계의 쾌락 대부분이 이런 간접적인 기원을 가지며, 이로써 쾌락은 소극적이라는 쇼펜하우어의 이론이 받아들여질 수 있다.[73]

여기서 '삶의 다양한 요소'란 건강, 젊음, 자유, 일, 굶주림, 사랑, 연민, 우정 등을 의미하며, 하르트만은 이 요소들을 상세히 검토한 결과 모두 쾌락이 0이거나 고통보다 더 적다는 사실을 발견했다.[74] 하지만 위의 구절에는 다소 이상한 점이 두 가지 있다. 플뤼마허는 하르트만을 면밀히 따라가다가[75] 단순히 고통이 쾌락을 능가한다고 단정 짓는 듯하다. 이 결론에 이르도록 논증이 필요해 보이는 대목에서 말이다. 둘째, (i)을 입증하기 위해서는 인생에 대한 경험적 조사가 필요한 것으로 보인다. 하르트만은 다른 데서 어떤 체계적인 염세주의나 낙관주의가 성립하려면 고통이 쾌락보다 우세하다거나 그 반대의 결론이 "세계에 존재하는 조건의 본질에서 '필연적'으로 도출돼야 한다."라고 주장한다.(필자 강조)[76] 따라서 불쾌의 우세는 선험적으로 사실인 동시에 실증적 증거를 통해 확인될 수 있는 것으로 보이며, 이는 쇼펜하우어의 견해와 일치한다. 쇼펜하우어는 우리가 "인간의 삶은 선험적으로 진정한 행복을 누릴 수 없는 성향임을 스스로 확신하고 있다."라고 보지만, "보다 사후적으로 접근해 구체적인 사례를 다루고자 한다면 더욱 생생한 확신을 얻게 될 것이다."[77]라고 말한다. 이 다소 힘겨운 논의의 결론은 쇼펜하우어가 잘못된 이유로 옳았다는 것이다. 즉 고통이 쾌락보다 우세하기는 해도, 쾌락이 항상 선행하는 불쾌감에 비례하거나 소극적으로만 느껴진다는 두 가지 이유 모두 옳지 않다는 것이다.

명제 (i)만으로는 명제 (ii)를 정당화하기에 명백히 충분하지 않다. 적어도 존재의 가치가 오로지 쾌락과 고통의 양에 따라 결정돼야 한다는 암묵적인 전제가 필요하다. 플뤼마허는 이를 주장하면서 "오직 쾌락론적 기준만이 세계 존재의 가치와 무가치를 결정한다. 이는 우리가 뛰어넘을 수 없는 최종적인 기준이며, 모든 다른 기준은 이에 부합해야 한다."[78]라고 말한다. 그러나 이런 '다른 기준'은 무엇이며, 왜 쾌락의 양이라는 기준을 '뛰어넘을' 수 없는지 의문이 생긴다. 플뤼마허는 하르트만의 입장을 설명하는 맥락에서 이 주장을 하는데, 이는 "특정한 자연적, 사회적 관계가 더 가치 있는 관계로 발전할 수 있다." 라는 의미에서 "진화적, 미적, 윤리적 낙관주의"[79]를 포함하는 염세주의로서, "철저히 비역사적인 세계관에 따라 모든 발전을 착각으로 설명하는" 쇼펜하우어와는 크게 대조된다.[80] 플뤼마허가 선호하는 관점에서는 세상 만물이 더 나아질 수 있으며, 실제로 "세계는 가능한 한 최선의 상태"(결국 가능한 최선의 세계)인 동시에 모순 없이도 "세계가 없는 것보다는 더 나쁜 상태"일 수 있다.[81]

그렇다면 시간이 지나면서 나타날 수 있는 '더 가치 있는' 상황에 가치를 부여하는 것은 무엇일까? 이런 가치를 쾌락의 측면에서 설명한다면, 존재의 쾌락은 당연히 증가할 수 있어도 결코 고통을 초과할 수는 없다는 주장이 제기돼야 할 것이다. 하지만 이는 염세주의와 낙관주의의 결합이라기보다는 단순히 염세주의의 한 형태처럼 들린다. 더 설득력 있는 (비쾌락주의적) 낙관주의는 윤리적, 미적, 진화적 발전의 부가적 가치를 쾌락 증가나 고통 감소 외의 측면에서 고려할 때 등장할 수 있다. 하지만 그러면 왜 비존재에 비해 존재의 가치를 판단하는 데 쾌락의 상대적 부족이 결정적 기준이 돼야 하는지 불분명해진다. 만약 더 나은 세계를 만드는 다른 선이 있다면, 어째서 쾌락과 불쾌의 양을 부수적인 문제로 치부하고, 그런 다른 가치를 기준으로 비록 고통스럽기는 해도 존재를 긍정하지 않는 것일까?

5절 하르트만의 염세주의와 낙관주의의 결합

하르트만의 염세주의와 낙관주의의 결합은 플뤼마허가 계승하고 옹호하려는 방향으로, 플뤼마허가 주장하는 이른바 더 나은 염세주의의 결정적인 특징이자 가장 기이한 특징 중 하나다. 더욱 기이할 수 있는 것은, 이러한 결합이 염세주의를 강화한다는 주장이다. 낙관주의를 결합시키면 그저 혼란스러워지거나 염세주의라는 타이틀 자체를 빼앗길 것이라고 생각할 수도 있기 때문이다. 그러나 두 입장을 결합한 입장의 우월성은 쇼펜하우어의 염세주의에 따르는 정적주의quietism ●라는 혐의를 물리침으로써 세계를 변화시키는 긍정적인 행동의 동기를 제공한다는 데 있다.[82] 더 나은 상태로 변화할 수 있다고 보면 사회적, 윤리적, 미적 행동에 실질적으로 동기를 부여하고, 수동적인 체념에서 벗어나게 하면서도, 이론적 염세주의의 약속을 철회할 필요가 없다.

하르트만의 방대하고 난해한 철학을 요약하는 것은 이 장의 범위를 벗어나지만, 그의 입장을 간략히 살펴보면 플뤼마허가 옹호하고자 하는 낙관주의와 염세주의의 결합이 어느 정도 명확해질 수 있다. 플뤼마허는 이렇게 설명한다. "순수한 형식 원리의 논리성 때문에 어떤 자연적, 사회적 관계는 더 가치 있는 관계로 발전할 수 있다."[83] 현실 자체에 일종의 논리성, 즉 합리성이 포함돼 있다는 것은 명백히 포스트 헤겔적인 사상이다. 쇼펜하우어는 이를 단호히 부정하는데, 그에게 세계의 근거가 되는 '원리'는 단지 맹목적이고 공허한 의지뿐이기 때문이다. 만약 쇼펜하우어의 세계에서 '논리성'이라 부를 만한 것이 있다면, 그것은 형이상학적 차원이 아니라 유한한 존재의 지적 장치 안에서만, 즉 하르트만이 비하적으로 표현한 것처럼 "우연히 생겨난 뇌가 그 안에 넣기로 선택한 만큼만 세계 전체에서 발견되는 이성"[84]

● 수용주의, 기독교에서 인간의 자발적, 능동적 의지를 최대한 억제하고 초인적인 신의 힘에 전적으로 의지하려는 수동적 사상.

과 관련될 뿐이다. 반면 하르트만에게 세계는 단지 맹목적이고 무의식적인 의지일 뿐만 아니라 무의식적인 이데아기도 하다. 플뢰마허는 특유의 간결함으로 절대자는 의지와 표상의 속성을 지닌 유일무이한 무의식적 정신der All-eine unbewusste Geist이라고 말한다.[85] 의지는 "세계의 '그것'을 상정하는setzt das 'dass' der Welt[즉 그것이 존재한다는 것]" 반면 표상은 "그것의 '어떻게와 무엇', 즉 존재의 질적 특성을 결정한다."[86] 따라서 세계의 내용은 합리성을 나타내며, 세계는 실제로 비쾌락적인 목표를 추구하고 그 목표를 향해 갈수록 더 나아진다.

하르트만이 주장하는 '세계 과정'은 "그 목표인 일반적인 세계 구원을 위해 세계 과정에 개인을 완전히 바치라"고 촉구할 정도로 모든 것에 우선한다.[87] 플뢰마허는 여기서 하르트만의 사고 패턴을 보기 좋게 단순화해 설명한다.

> 자연과 삶에서 의식의 증가 외에는 어떠한 목표도 식별할 수 없다. …… 그러나 자연의 이 최고 목표는 [고통을 증가시키기 때문에] 세계 존재의 궁극적 목표, 최종 목표가 될 수 없다. …… 따라서 의식은 세계 밖에 존재하는 절대적 최종 목표의 수단일 때만 존재 내에서 최고 목표가 될 수 있다. 이 최종 목표는 세계의 근거가 되는 의지의 파괴를 통한 세계 존재의 파괴Aufhebung des Weltdaseins다.[88]

이 구절은 하르트만이 장황하게 설명하려고 애쓴 내용을 단 몇 줄로 전달한다. 하르트만은 세계 구원에 대한 설명에서 모든 의지가 세계적으로 중단되는 것을 상상한다. 세계 진보의 과정은 의식을 증가시키고, 그로 인해 고통을 증가시키며, 궁극적으로 그 자체로부터 세계의 구원을 요구하기에 이른다. 결국 세계의 합리적 요소는 의식을 "전체 실제 의지를 무로 되돌려 과정과 세계를 멈출 수 있는"[89] 지점까지 발전시킬 것이다.

니체는 하르트만의 세계 구원 이론을 조롱하며 하르트만을 "무의식적인 패러디 작가"[90]라 불렀다. 프레더릭 바이저는 세계 과정이 세계의 종말에서 절정에 달한다는 아이디어를 '환상적'이라 여기며, "삶이 여전히 살아갈 가치가 있다는 하르트만 철학의 더 낙관적인 측면과 거의 양립할 수 없다."[91]라고 말한다. 그러나 이 후자의 비판은 하르트만의 다소 논란이 되는 주장의 핵심에 공감하지 못하는 듯하다. 만약 하르트만의 세계 과정의 최종 목표, 즉 세계의 종말을 지지하게 받아들인다면, 삶은 살아갈 가치가 있으며 변화를 위한 적극적인 행동도 가치가 있다. 이로써 세계의 종말로 향하는 세계 과정을 가속화시키기 때문이다. 진보는 무를 향한 진보다. 이는 염세주의와 낙관주의의 결합에 대한 더 통합적인 해석을 제공한다. 무로 향하는 세계 구원은 하르트만의 낙관적인 측면과 충돌하지 않는다. 이는 결국 낙관적인 측면이다. 하르트만은 "논리적 요소는 …… 세계가 끝없는 고통이 지속되는 세계가 아니라 구원에 도달하는 세계, 즉 가능한 최선의 세계임을 보장한다."[92]라는 말로 끝맺는다. 이는 세계가 무로 되돌아갈 수 있기 때문에, 애초부터 바람직한 비존재의 성취를 향하는 거침없는 과정을 내재하고 있기 때문에 최선의 세계임을 시사하는 듯하다. 그러나 이것이 낙관주의라면, 쇼펜하우어의 입장 또한 염세주의와 낙관주의의 결합이라 부르는 편이 적절할지 의문이 들 수 있다. 쇼펜하우어에게는 의지가 존재를 비참하게 만드는 동시에 자기 파괴를 통한 구원의 가능성도 내포하기 때문이다. 물론 중요한 차이점이 있다. 쇼펜하우어는 결코 이 세계가 가능한 최선이라고 말하지 않으며, 그의 구원 메커니즘은 세계 자체의 '논리적 원칙'이 아니라 일종의 심리적 전환으로 작동하므로, 의지의 자기부정은 세계적이고 필수적인 것이 아니라 개별적이고 우발적인 것이다. 하지만 여전히 더 광범위한 구조적 유사성이 있다. 하르트만과 쇼펜하우어 모두에게 의지는 세계를 존재하지 않는 편이 더 나았을 어떤 것으로 만들지만, 그 자체로 제거될 가능성도 내포하고 있다.

플뤼마허나 하르트만이 쇼펜하우어보다 더 나은 형태의 염세주의를 발견했다고 주장할 수 있을지는 의문이다. 이론적 염세주의 자체는 다른 논증에 기반을 두면서도, 애초에 쇼펜하우어가 주장했던 명제 (i)과 (ii)에만 도달한다고 주장한다. '낙관주의'를 추가 합리적 세계 과정에 대한 포스트 헤겔적인 아이디어에 의존해 하는데, 쇼펜하우어가 이를 받아들일 이유는 없고, 실제로 그런 과정이 없다는 것이 쇼펜하우어 세계의 더 매력적인 특징 중 하나라고 할 수 있다. 정적주의에 반하는 행동의 옹호도 설득력이 없어 보인다. 모든 행위자는 자신의 목적을 전적으로 먼 미래의 자기 파괴적인 세계 과정에 종속시켜야 하며, 아무도 존재를 무보다 더 바람직하게 만들 충분한 가치를 부여할 수 없는 것이다. 가드너가 말했듯이 "하르트만의 실천철학은 어떤 이해할 수 있는 동기적 근거가 없는 (또 제공할 수도 없는) 완전한 자기초월을 요구한다."[93]

6절 결론

플뤼마허는 하르트만에 깊이 동조해, 그녀의 글은 19세기 후반의 특정한 위치에 확고히 자리하고 있다. 플뤼마허가 철학적 염세주의의 완성된 형태로 받아들이는 하르트만의 낙관주의와 염세주의의 결합은 지속성이 입증되지 않았다. 세상이 (비록 무의식적이지만) 모종의 합리성에 따라 내재적 목적을 추구하는 과정으로 구성된다는 확신은 살아남지 못했다. 반면에 쇼펜하우어가 주장하는, 본질적으로 노력과 고통으로 점철된 비합리적인 세계가 더 큰 호소력을 유지하고 더 자연주의적인 방식을 따르는 것으로 입증되면서, 특히 니체에게 긴급한 실존적 과제를 제기했다. 니체는 쇼펜하우어와 갈등을 겪어야 했지만, 하르트만은 조롱할 수 있었다. 그래서 플뤼마허가 쇼펜하우어를 비판하면서 핵심적으로 제시한 부분은 그리 인상적이지 못하다. 하지만 하르트만 체계의 세부 사항에 따라야 한다는 제약에서 조금 벗어나면, 그녀는 쇼펜하우어의 입장을 선명하게 드러내는 지적 능력을 발휘한다. 플뤼마허는 쇼펜하우어의 염세주의에 대해 그의 추종자들이 가진 견해를 유용하게 요약하며, 최근 논평가들의 비판을 예견한듯한 날카로운 반론을 제기한다. 그녀는 쇼펜하우어를 19세기 초반 세계고의 분위기 속에 위치시킴으로써, 이론적으로 개인을 축소시키고 이기심에 적대적인 그의 입장과 긴장 관계에 있는 일종의 자아도취를 드러낸다. 그녀는 쇼펜하우어의 체계에서 세계 의지에 비해 개인의 지위가 해결되지 않아 책임감, 죄책감, 연민, 구원에 관한 수많은 어려움을 초래한다는 점을 예리하게 짚어 낸다. 앞서 봤듯이 플뤼마허는 쇼펜하우어가 세상에 대한 염세주의적인 묘사에서 불필요한 기독교의 잔재에 집착한 나머지 그 자체로 해결할 수 없는 문제를 초래한다고 비판한다. 끝으로 앞서 확인했듯이 플뤼마허의 책들은 니체에게 쇼펜하우어와 현대의 세계고를 비판하는 데 유용한 예시와 적절한 구절을 제공했으며, 비록 니체나 학계로부터 인정받지는 못했지만 니체의 『즐거운 학문』과 『도덕의 계보』에 보이지 않는 유산으로 살아남아 있다.

Essays on
Schopenhauer
and Nietzsche

3부

니체가
쇼펜하우어에게 답하다

8장

쇼펜하우어의 기독교적 관점

1절 서론

　프리드리히 니체는 쇼펜하우어를 '훌륭한 유럽인'이라고 칭송했다. 니체가 보기에 헤겔('탁월한 지연자')로 대표되는 독일철학이 기독교 형이상학의 잔재에 매달려 '존재의 신성함'을 유지하려 애쓰는 동안, 쇼펜하우어는 '범유럽적 사건'인 "기독교 신앙의 쇠퇴와 과학적 무신론의 승리"[1]에 발맞추고 있었다. 1850년대에 쇼펜하우어 자신도 기독교가 "과학에 지속적으로 잠식돼 점차 종말에 다가가고 있다."[2]라거나, 그 "우화"에 대한 믿음이 "날로 퇴색하고 있다."[3]라고 썼다. 인류가 "어린아이의 옷처럼" 종교보다 더 빠르게 성장해 "멈출 수 없으며 곧 터져 버릴 것이다."[4]라고도 썼다. 그러므로 니체가 쇼펜하우어를 역사적으로 진보적인 무신론자로 묘사한 것은 쇼펜하우어의 자기이해와 일치하는 듯 보인다. 그렇지만 같은 구절에서 니체는 쇼펜하우어가 나름대로 기독교적 세계관을 여전히 유지하고 있다는 점을 비판적으로 지적한다.

철학자 쇼펜하우어는 우리 독일인 중에 최초로 공인되고 타협하지 않는 무신론자였다. …… 그는 존재의 불경함을 주어진 것, 실체적이고 반박할 수 없는 것으로 간주했다. …… 무조건적이고 정직한 무신론은 큰 고난을 겪고 마침내 얻어 낸 유럽 양심의 승리이자 지난 2000년간의 진리 추구 끝에 신을 믿는다는 거짓말을 스스로 금지하게 된 가장 숙명적인 행위로서, 그가 문제를 제기하는 방식의 전제 조건일 뿐이다. …… 자연을 신의 선함과 돌봄의 증거로 간주하고, 신성한 이성을 기리는 역사를 도덕적 세계 질서와 궁극적인 도덕적 목적의 지속적인 증언으로 해석하며, 독실한 자들이 오랫동안 자신의 경험을 해석해 온 방식대로 모든 것을 신의 섭리이자 계시이며 영혼을 구원하기 위해 설계되고 예정된 것으로 해석하는 시대는 이제 끝났다. …… 이처럼 우리가 기독교적 해석을 거부하고 그 '의미'를 거짓으로 규정할 때, 쇼펜하우어의 질문은 즉각 우리에게 섬뜩하게 다가온다. 존재에 어떠한 의미라도 있는가? …… 이 질문에 대한 쇼펜하우어 자신의 대답은 …… 단지 타협에 불과했고, 기독교적-금욕적 도덕관, 즉 신에 대한 신앙과 함께 폐기된 바로 그 믿음에 계속 고착돼 있었다.[5]

쇼펜하우어는 『의지와 표상으로서의 세계』가 처음 출간되기 직전에 쓴 편지에서 이와 유사한 양가성을 인정했다.

비록 …… 그 책에는 선한 도덕에 반하는 것이 아무것도 없고, 오히려 마지막 권에서는 참된 기독교 도덕과 정확히 일치하는 도덕성이 제시되지만, 그럼에도 불구하고 거기에서 설명하는 전체 철학은 결코 명시적이지는 않아도 암묵적으로 유대-기독교 교리와 모순된다는 점을 부인할 수 없습니다.[6]

쇼펜하우어가 보기에는 어떠한 종교적 신념[7]도 문자 그대로 참이 아니다. 따라서 종교적 교리와 철학은 구분돼야 하며, 그렇지 않으면 해로운 결과를 초래할 수 있다. "기독교 시대 내내 유신론은 모든 지적 노력, 특히 철학적 노력을 억압하는 악몽처럼 작용하며 어떠한 진보도 억누르거나 무력화했기 때문이다."[8] 반면에 종교적 신념 자체에는 긍정적 가치가 있을 수도 있다.『여록과 보유』2권에서 필라레테스('진리를 사랑하는 자')와 데모펠레스('대중에게 이로운 자') 간의 대화는 이를 명확히 보여 준다. 두 논쟁자는 모두 쇼펜하우어를 대변하며, 이들의 이름은 각기 도달한 결론을 반영한다.[9] 우리가 종교의 진리를 추구하는가 아니면 이로움을 추구하는가에 따라 종교는 두 얼굴을 지닌다는 것이다. 데모펠레스는 다음의 뚜렷한 이유로 일반 대중이 종교적 신념을 갖는 것이 좋다고 주장한다.

첫째, 종교적 신념은 인간에게 근본적인 '형이상학적 욕구'를 충족시키므로 신자들에게 유익하다. 쇼펜하우어는 이 형이상학적 욕구가 인간('형이상학적 동물'[10])에게 근본적인 것으로서 종교와 철학의 기원이라고 본다. 그는『의지와 표상으로서의 세계』2권에서 한 장[11]을 할애해 이 욕구가 우리의 경험을 '해독'하고 자연의 '내부나 배후에 숨겨진' 것을 밝혀 내려는 욕구라고 설명한다.[12] 데모펠레스의 논증에는 "인류는 절대적으로 삶에 대한 해석Auslegung을 필요로 한다."와 "그 해석은 그들의 이해력에 부합해야 한다."[13]라는 두 가지 주장이 결합돼 있다. 모든 인간에게 이 동일한 욕구가 있지만, 이를 충족시키는 데는 서로 다른 수준의 '형이상학'이 필요하다. 종교는 '대중의 형이상학'으로서 유용하며 사실상 필수적이다. 그러나 대중을 이롭게 하려는 데모펠레스의 관심은 대중을 업신여기는 온정주의적 태도와 결합돼 있다. "당신은 대중의 미천한 능력을 제대로 이해하지 못한다."[14]라는 그의 말은 대중은 결핍이 너무 심해 종교가 있어야만 살아갈 수 있다는 의미다. 둘째, 데모펠레스는 대중이 종교를 가지면 "그렇지 않을 경우 저지를 극단적인 불의와 잔인함, 폭력과 타락 행위를 막을 수 있다."[15]라는 점에서 사회적으로도 유익한 결과를 가져온다고 주장한다. 그는 "인간은 근본적으로 사납고 끔찍한 동물이다."[16]라고 가정하며, "인간이 유인원과 친족 관계라고 해서 호랑이와의 친족 관계가 배제되지는 않는다."라며 종교를 "이 이성이라는 특권을 가진 짐승들 무리를 조종하고 억제하며 위로하는 수단"[17]으로 여긴다. 한편 종교적 신념은 끔찍한 결과를 초래하기도 하는데, 필라레테스는 다음과 같이 주장한다. "나는 이단 재판과 종교재판, 종교전쟁과 십자군 전쟁, 소크라테스가 마신 독배, 화형당한 브루노와 바니니를 증인석에 세우겠다!"[18] 그렇다고 해서 종교적 신념의 유익한 영향이 부정되는 것은 아니며, 어느 쪽 영향이 우세한지는 논쟁의 여지가 있다. 또 다른 구절에서 쇼펜하우어는 "천년 동안 이어져 온 학살"을 떠올리며 "기독교가 실제로 예방한 모든 범죄와 실제로 영감을 준 모든 선행에 대한 정확한 목록이 있어서 그것들을 저울의 반대편에 올려놓을 수 있다면 좋겠다."[19]라고 말한다.

　앞의 두 주장은 모든 종교적 신념의 허위성과 양립할 수 있다. 그러나 데모펠레스는 좀 더 미묘한 점을 지적한다. 일부 종교적 신념은 어떤 면에서는 진리지만, 문자 그대로sensu proprio가 아니라 비유적으로sensu allegorico만 진리라는 것이다.[20] 쇼펜하우어가 보기에는 그의 철학에서 설파하는 문자 그대로의 진리와 일치하는 기독교의 핵심적인 비유가 있다.

　　브라만교와 불교뿐 아니라 기독교의 위대한 근본적 진리는 고통과
　　죽음에 내맡겨진 존재로부터 구원받으려는 욕구와 의지의 부정이
　　라는, 본성에 위배되는 결단력 있는 입장을 취함으로써 이런 구원

에 이르는 우리의 능력이다.[21]

'문자 그대로의 진리'란 다음과 같다. 인간 개개인은 자연의 일부로서 의지의 표현이며, 이는 모든 존재에게 공통된 무시간적인 본질이다. 이 본질 덕분에 개개인은 생명, 즉 생존과 번식을 위해 노력하는 성향이 있지만, 이런 노력에는 불가피한 고통이 따르며, 이런 고통은 본능적이고 의욕하는 개인으로 존재하는 것을 후회스럽게 만든다. 구원은 의지 자체를 부정하는 의식의 변화를 통해 이루어지며, 이로써 개인은 본능적 욕망의 중심이 되는 개체성의 감각을 잃고 '평화'를 찾는다. 대중에게 이 진리를 설득하려면 '신화적 수단'이 필요한데, 이런 수단은 서로 대체 가능하며, 일부는 신의 개념을 사용하고 일부는 사용하지 않는다. 이 못지않게 중요한 것은 '문자 그대로의 진리'에 신이 포함되지 않는다는 사실이다.

이 장에서는 쇼펜하우어가 주장하는 바가 '신에 대한 신앙을 버리면서도' 명백히 기독교적인 '금욕적 도덕 관점'에서 가치를 옹호하는 것이라는 니체의 관점이 옳다고 주장할 것이다. 이 장의 주요 목표는 (1) 쇼펜하우어가 진정한 무신론자임을 입증하는 것, (2) 그럼에도 불구하고 그가 지지하는 기독교적 가치의 본질, 즉 이타적 연민과 이 세계로부터의 금욕적 해방 등을 이해하는 것, (3) 기독교가 비유적으로 진리를 표현한다는 쇼펜하우어의 주장을 평가하는 것, (4) 쇼펜하우어의 입장에 일관성이나 타당성이 있는지 검토하는 것 등이다. 단순히 기독교적 가치를 계승하는 것과 그 가치에 '갇혀' 있는 것은 다르다. 니체의 주장은 기독교적 가치가 신의 죽음 이후에도 살아남아서는 안 된다는 것이다. 쇼펜하우어에 대한 니체의 설명을 지지하면서, 니체의 평가가 어떤 의미에서 옳은지도 살펴봐야 할 것이다.

2절 존재의 불경함

쇼펜하우어에게는 신이 있다는 어떠한 의미 있는 주장도 문자 그대로 거짓이며, 그의 전체 사상 체계는 신의 개념을 사용하지 않고도 설명될 수 있다. 쇼펜하우어의 세계에는 유한한 생명체 외에는 어떠한 지적 존재나 정신 같은 존재가 없으며, 있을 수도 없다. 또 우주를 창조한 별개의 존재도 없고, 완벽하고 자비로우며 모든 것을 알고 있는 전능한 존재도 없다. 그동안 쇼펜하우어를 무신론과 구분하려는 시도가 있었는데, 가장 최근에는 제라드 매니언Gerard Mannion이 그랬다.[22] 하지만 나는 그의 주장에 설득력이 없다고 본다. 우선 매니언은 쇼펜하우어가 '비신론자non-theist'임을 인정한다.[23] 이 점은 논쟁의 여지가 없다. 실은 그를 '반신론자anti-theist'라고 불러야 더 정확할 것이다. 그러나 우리의 진정한 질문은 이런 입장과 무신론 사이의 개념적 차이를 어떻게 쇼펜하우어의 자료를 활용해 메울 수 있느냐는 것이다. 쇼펜하우어는 저술 전반에서 '신'이 인격적 신을 지칭할 수밖에 없다고 가정한다. 반면에 앞으로 살펴보겠지만, 그는 유서 깊은 기독교 전통과의 연속성을 유지하려는 마음에서 신에 대한 일부 이야기는 신이 문자 그대로 진리임을 상징적으로 전달한다는 취지의 더욱 양보적인 발언을 하기도 한다. 그러나 나는 이런 양보가 무신론과 양립할 수 있으며, 신의 개념을 전혀 사용하지 않더라도 쇼펜하우어의 철학에서 중요한 부분은 아무 지장이 없다고 주장한다.

쇼펜하우어는 모든 종류의 신에 대한 대중의 믿음을 심리학적으로 설명한다. 대중의 믿음은 "인간이 무한히 우월하고 불가해하며 대체로 불길한 자연력 앞에서 느끼는 무력감, 무능함, 의존감"과 "모든 것을 의인화하려는 인간의 본능적 경향"에 기반을 둔다는 것이다.[24] 인간은 자연력을 일종의 행위자로 설정하고 그것을 달랠 방법을 찾아무력감을 완화하기 위해 신을 고안했다. 흄은 이미 그의 『자연종교에 관한 대화』와 『종교의 자연사』에서 이런 대중 신학의 '애처로움'을 폭로한 바 있다.[25] 사변신학—이성적 논증을 통해 신에 대한 믿음을 정당화하려는 학문적 신학—은 또 다른 문제다. 하지만 쇼펜하우어가 보기에 이 문제는 이미 칸트가 해결한 바 있다. "칸트는 그동안 입증된 것으로 당연시되던 교리가 증명될 수 없는 것임을 보여 주는 논증을 감히 만들어 냈다. 그는 사변신학에 치명타를 가하고" "스콜라철학의 완전한 전복"을 초래했다.[26] 쇼펜하우어는 신학적 증명에는 오로지 세 가지, 즉 존재론적, 우주론적, 물리신학적 증명만 존재하고, 세 가지 모두 신의 존재를 증명하는 데 실패한다는 칸트의 주장에 동의한다.[27] 쇼펜하우어가 보기에는 이것으로 논의가 끝난 셈이다. 사변신학은 과거사가 돼 버렸지만(또는 그래야 하지만),[28] 그는 "오늘날까지도 …… 절대자(잘 알려진 대로 선하신 주님에 대한 새로운 칭호)와 이 세계와의 관계가 철학의 진정한 주제라고 뻔뻔스럽게 주장하는"[29] 교수들을 즐겨 조롱한다. 종교적 진리는 철학 안에서 정립될 수 없으며, 오직 계시에 의해서만 정립 가능하다.[30] 그러나 쇼펜하우어는 (필라레테스의 목소리로) 계시에 근거한 신앙은 '인류의 유년기'에 적합하고 과학과 철학의 진보에 따라 '반드시 소멸'한다고 주장한다.[31] 더욱이 창조주 신의 계시는 유대인에게만 일어난 일이므로 보편적 의미를 지닌다고 볼 수도 없다.[32]

쇼펜하우어는 인격적 창조자의 일신교적 이야기에 일관되게 비판적이며, 이것을 기독교와 구분하고자 한다. 그는 『구약성서』뿐만 아니라 유신론 자체가 '유대교적'이며 진정으로 기독교적이지 않다고 규정한다.[33] 일신교적 창조자 이야기에 대한 한 가지 반론은 전통적인 악의 문제다. "악의 기원은 유신론이 …… 좌초되는 절벽이다."[34] 이는 유신론에 대한 '반증'을 제공한다.

살아 있는 존재들이 서로를 잡아먹어야 살아남을 수 있는 세계의 슬픈 구조, 그로 인해 모든 생명체가 겪는 고통과 공포, 악Uebel의 거대한 규모와 엄청난 양, 종종 끔찍함에 가까워지는 고통의 다양성과 불가피성, 삶 자체의 무게와 씁쓸한 죽음으로의 돌진 등은 솔직히 무한한 선과 지혜와 힘이 함께 작용한 결과라는 가정과 조화를 이룰 수 없다.[35]

인격적 창조자인 신은 쇼펜하우어가 생각하는 도덕성과도 충돌한다. 첫째, 그는 우리가 자신과는 별개의 어떤 것에 의해 '무에서 창조됐다면' 우리는 특정한 성격이나 본질을 가지고 존재하게 되며, 우리의 행동은 그 본질에서 비롯된다고 주장한다. 그러나…….

> 어떤 생명체의 존재existentia와 본질essentia이 타자의 작품이라면, 그 생명체에 대해 죄책감이나 공로를 따질 수 없다. …… 만약 그 생명체가 나쁘게 행동한다면 그것이 나쁘기 때문에 생긴 결과며, 따라서 죄책감은 그 생명체가 아니라 그것을 만든 자에게 속한다.[36]

신이 우리를 나쁘게 만든 데 직접적인 책임이 있다는 것은 유신론의 입장에서 "끔찍하고 지독한 난제"로서, 이를 피하기 위해 "인간은 자유의지를 발명했다."[37] 그렇지만 쇼펜하우어는 이것이 곧 신이 우리를 우리 행동이 비롯되는 본질이 빠진 공백으로 창조했다는 말과 같다고 추론한다. "창조주가 인간을 자유롭게 창조했다는 것은 불가능성을 의미한다. 즉 신이 인간에게 본질 없는 존재를 부여해 각자 어떤 존재로 살고 싶은지에 대한 결정을 내맡김으로써 추상적으로만 존재를 부여했다는 의미인 것이다."[38] 이 반론은 쇼펜하우어의 윤리학에 근거한다. 그의 윤리학에 따르면, 성격은 타고난 것으로 바꿀 수 없고, 성격과 동기의 상호작용은 필연적으로 행동을 유발하며, 우리는 행위가 아니라 존재에 대해 책임을 느낀다.[39] 쇼펜하우어의 두 번째 윤리학적 반론은 도덕적 가치가 있는 행동은 오직 다른 사람의 안녕 그 자체를 기꺼이 바라는 연민에서 나온다는 그의 견해에 기반을 둔다.[40] 일반적인 유신론의 이야기에서는 "태초에 창조주였던 신이 종국에는 보복자 겸 보상자로 등장한다."[41] 내세에 보상이나 처벌이 따를 것이라는 생각은 '망상'이지만, 그런 결과를 고려하면 당장의 행동에 동기가 부여될 수 있다. 하지만 이런 행동은 이기적이며, 진정한 도덕적 행동과는 상반된다.

그래서 쇼펜하우어는 유신론이 인간이 받는 고통에 대한 모욕이며, 이성적으로 증명될 수 없고, 도덕적 선의 가능성과 상충되며, 개념적으로 일관성이 없고, 심리적 무력감에서 동기를 부여받으며, 사실상 기독교의 진정한 일부도 아니라고 주장한다. 이 지점에서 우리는 쇼펜하우어가 무신론자가 아니라는 주장으로 되돌아오게 된다. 매니언의 이 주장은 적어도 부분적으로는 쇼펜하우어가 "열렬히 반종교적"이지 않으며 "존재의 의미를 찾고 있다."라는 것을 의미한다.[42] 이 두 진술은 모두 사실이다. 그렇지만 둘 다 신의 존재를 부정하는 것과 양립할 수 있다. 쇼펜하우어가 신의 개념에 의존한다는 적극적인 의미를 찾을 수 없다면, 그가 세계에 도덕적 의미가 있음을 인정하지 않는 것은 기이하다고 믿고[43] 그 도덕적 의미를 인정하는 기독교와 다른 몇몇 종교를 예찬하는 무신론자라고 설명하는 편이 더 낫다.

3절 기독교의 '진정한 핵심'

앞서 살펴본 쇼펜하우어의 양가적 입장을 고려할 때 후대 학자들이 그의 철학이 얼마나 기독교적인지를 논쟁해 왔다는 사실은 놀랍지 않다. 그의 철학은 '존재의 불경함'을 주장하니 반기독교적일까, 아니면 기독교의 도덕적 측면과 '정확히 일치'하므로 진정으로 기독교적일까? 니체의 친구인 파울 도이센은 후자의 견해를 옹호하며, 쇼펜하우어를 "가장 기독교적인 철학자philosophus christianissimus"[44]라고 불렀다. 1902년에 한스 파이힝거Hans Vaihinger도 유사한 의견을 표명했다. "최근 철학자 중에 기독교의 본질을 그토록 깊이 파고들어 그 핵심을 따뜻하게 옹호한 사람은 없다."[45] 훗날 독일 학계에서 지지를 받은 이 견해[46]는 신의 죽음 이후에도 살아남을 수 있는 기독교의 '진정한 핵심'이 있다는 쇼펜하우어의 일관된 주장과 맥이 닿아 있다.

기독교의 핵심은 초기 형태와 보다 발전된 형태로 나타난다. 초기 형태에는 『신약성서』의 몇 가지 광범위한 금욕적 도덕 교리가 포함된다.

> 이웃을 자신처럼 사랑하기 / 자선 / 증오에 사랑과 선행으로 대하기 / 인내 / 온유함 / 어떤 모욕을 당해도 저항 없이 참기 / 욕망을 억제하기 위한 금식 / 성적 충동에 대한 저항(가능하다면 완전한 저항)[47]

쇼펜하우어는 기독교의 익숙한 형이상학적 교리들이 단지 윤리적 계율을 전파하기 위한 수단일 뿐이라고 생각한다. 일신론적 교리가 없는 다른 종교 전통(브라만교, 불교)도 유사한 계율을 전달하는 수단이며, 인류가 정말 모든 종교보다 더 빠른 속도로 성장한다면 언젠가 특정한 종교적 세계관이 모두 사라져도 이런 계율은 여전히 유효할 것이다. 쇼펜하우어는 『의지와 표상으로서의 세계』 4권과 『도덕의 기초에 관하여』에서 도덕성을 설명할 때 '자애'를 최고 덕목으로 꼽으며, 이를 "기독교에서 설파한 독특하고 위대한 미덕"인 아가페 또는 카리타스와 동일시한다.[48] 쇼펜하우어에게 아가페는 한 개인이 다른 개인에게서 '또 다른 나'를 엿볼 때 생기는 사랑이다.[49] 이는 기독교적 개념의 일부지만, 쇼펜하우어는 이런 대인 간의 사랑과 신의 사랑 사이의 본질적인 기독교적 연결 고리를 끊고자 한다.

쇼펜하우어는 기독교가 『신약성서』에서 이미 그 싹을 보이지만, 나중에야 비로소 진정한 기독교가 된다고 주장한다. "고도로 발달한 기독교에서는 기독교 성인들과 신비주의자들의 저술을 통해 금욕주의의 싹이 만개하는 것을 확인할 수 있다."[50] 쇼펜하우어는 마이스터 에크하르트와 다른 독일 신비주의자들(예를 들어 요하네스 타울러와 14세기 『독일 신학』[51]의 익명 저자)을 근거 삼아 '신' 개념이 공허하고 중복적이라는 자신의 입장을 뒷받침하고자 한다. 그는 "신을 자신의 외부에서 찾지 않도록 하라."라는 에크하르트의 잠언을 전형적인 예로 든다.[52] 신비주의는 "자신의 존재가 만물의 존재와 동일하다는 의식"[53]에 도달하며, 그 과정에서 유신론은 문자 그대로 포기될 수 있다. 따라서 유신론은 "존재의 본질적인 근원을 우리 밖에 있는 하나의 대상으로 상정"하지만, 기독교 신비주의는 "이 근원을 다시 주체인 우리 안으로 끌어들이고, 숙련된 신자는 궁극적으로 …… 자기 자신이 그 근원임을 인식한다."[54] 쇼펜하우어는 에크하르트가 '신과의 합일'이라는 표현을 사용[55]하기는 해도 이미 '신'이라는 단어가 지칭하는 별개의 실체가 필요 없는 경지에 도달했고,[56] "[그의 사상을] 기독교 신화의 외피로 감싸야 할 필요성은 "비유적인 의미 이상은 없다."라고 본다.[57] 쇼펜하우어는 그의 노트에서 에크하르트에 대한 존경과 비난을 함께 드러낸다. "부처, 에크하르트, 나는 본질적으로 같은 것을 가르친다. 다만 에크하르트는 그의 기독교 신화에 속박돼" 있으며 그가 신과 자아를 동일시하는 것은 "터무니없는 소리에 가깝다."[58]

쇼펜하우어가 에크하르트와 다른 신비주의자들을 가장 진정한 기독교인으로 여기면서도 그들의 입장을 설명하는 데 신이 필요하지 않다고 생각한다는 사실은 그가 어째서 자신의 입장이 진정으로 기독교적이라고 그토록 쉽게 주장할 수 있는지를 시사한다. 반면에 쇼펜하우어는 많은 기독교 주류 종파에 비판적인데, 그들은 '진정한 핵심'을 『구약성서』의 비본질적인 유신론과 뒤섞어 모호하게 만들거나 기독교의 핵심적인 금욕주의를 강조하지 않음으로써 진정한 핵심을 포기하기 때문이다. 예를 들어 쇼펜하우어는 기독교 역사에 대한 심층적인 연구를 보여 주는 확장된 논의[59]에서 알렉산드리아의 클레멘트기 성적 금욕에 대해 언급한 내용을 분석하고 이단으로 취급되는 초기 견해들—영지주의자, 마르키온파 등—에 대한 그의 비판을 반박한다. 클레멘트는 "마르키온파가 …… 창조론의 결함을 찾고 …… 자연은 나쁘며 나쁜 재료로 만들어졌기 때문에 …… 우리는 세계에 인구를 늘리지 말고 대신 결혼을 자제해야 한다고 가르친다."라고 비난한다. 클레멘트는 이것이 "세계의 창조자에 대한 심한 배은망덕과 적대감, 분노"를 보여 주는 근거라고 주장한다.[60] 그러나 쇼펜하우어는 이것이 (소위) 이단자들에 "단지 유대교와 그 낙관적인 창조 이야기"[61]로만 맞서는 것일 뿐, 오히려 이런 초기의 금욕적인 입장이 진정한 기독교라고 본다. 현대에도 마찬가지로 쇼펜하우어는 개신교가 금욕주의를 버림으로써 "이미 기독교의 가장 내밀한 핵심을 포기"하고 "편안하고" "피상적인" 합리주의로 변질돼 정도에서 벗어났다며, 대담하게도 "이것은 기독교가 아니다."라고 단언한다.[62]

4절 도덕적 의미 대 '적그리스도antichrist'

쇼펜하우어가 신을 배제하는 입장을 취한 것은 과학적 탐구가 번성했던 당대의 광범위한 지적 풍토('범유럽적 사건') 덕분이었다는 니체의 말은 아마 옳을 것이다. 앞서 살펴봤듯이 쇼펜하우어는 과학의 역사적 진보를 종교적 신앙이 쇠퇴한 주요 원인으로 본다. 그는 과학에 친화적이다. 그는 현대 과학 문헌에 해박하며 경험적 세계, 즉 표상으로서의 세계는 다양한 과학이 발견하고 설명하는 인과적 규칙성을 보여 주는 시공간의 물질적 대상들로만 이루어진다고 생각한다.[63] 그러나 쇼펜하우어의 입장을 '과학적 무신론'이라고 생각하는 데는 오해의 소지가 있다. 니체는 이 점에서 다시 한 번 쇼펜하우어를 예리하게 읽어 내며, "그의 가르침에서 많은 과학이 울려 퍼지지만, 그것을 지배하는 것은 과학이 아니라 오래되고 친숙한 '형이상학적 욕구'다."라고 지적한다.[64]

쇼펜하우어가 보기에는 과학이 아니라 오직 형이상학만이 인류가 추구하는 세계의 의미를 제시할 수 있다. 그는 중요한 구절에서 다음과 같이 썼다.

세계에 단지 물리적 의미만 있고 도덕적 의미moralische Bedeutung는 없다는 것은 가장 크고 파괴적이며 근본적인 오류로 이는 진정한 정신의 왜곡이며, 기본적인 의미에서 신앙이 적그리스도로 의인화한 것이 분명하다. 그렇지만 모든 종교가 이와 반대되는 주장을 하며 신화적인 방식으로 이 주장을 정립하려 노력함에도 불구하고 이 기본적인 오류는 결코 이 땅에서 사라지지 않고 있다.[65]

이 구절은 세계에 '의미'나 '중요성'이 있다고 믿는다는 점에서 쇼펜하우어가 종교, 특히 기독교와 같은 편에 서 있음을 보여 준다. 그 근거로 그는 파멸적인 오류를 적그리스도와 동일시하는 놀라운 등식을 제시한다. 또 다른 구절[66]에서는 그 오류가 세계 자체를 목표나 목적Selbstzweck으로 여기는 견해로 나타날 수 있다고 설명한다. 만약 세계 자체가 목적이라면, 그 자체를 넘어서는 어떠한 목적도 제시하거나 가리키지 않을 것이다. 그러나 세계는 그 자체로 목적이 될 수 없는데, 만약 세계가 목적이 되려면 완벽하고 고통이 없어야 하기 때문이다.[67] 대신 세계는 "더 높은 목적을 위한 수단Mittel zu einem höheren Zweck으로 나타난다."[68] 우리가 '왜곡된' 사고를 피하려면 이 점을 반드시 인식해야 한다.

니체는 또 존재에서 의미Sinn를 찾는 것에 대해 이야기히며, 쇼펜하우어가 기독교 안에서 두 가지 다른 의미를 병치시킨다고 인정한다. 이것을 유신론적 의미Theistic Meaning와 금욕적 의미Ascetic Meaning라고 부를 수 있다. 먼저 유신론적 의미에 따르면(앞서 말했듯이 쇼펜하우어는 이것이 기독교로 통합됐지만 진정으로 기독교적이지는 않다고 본다), 존재는 전지전능하고 자비로운 창조주가 그렇게 만들었기 때문에 선한 것이다. 쇼펜하우어는 이 관점을 "모든 것이 매우 좋았다πάντα καλὰ λίαν."라는 『칠십인역Septuagint』●의 공식으로 요약해서 반복적으로 조롱한다. 이런 방식으로 세계를 해석하는 것은 니체가 언급한 "자연을 신의 선함과 돌봄의 증거로 간주하고, …… 역사를 도덕적 세계 질서와 궁극적인 도덕적 목적의 지속적인 증언으로 해석하는" 식의 태도를 반영한다. 이런 방식의 의미는 이제 쇼펜하우어와 유럽의 지성 생활 전반에서 "끝이 났다." 그러나 쇼펜하우어는 기독교 안에서 또 다른 상반된 '의미'를 발견한다. 존재는 비참하고, 존재해서는 안 되는 것이며, 삶의 진정한 목적Zweck des Lebens 또는 목표[69]는 완전힌 무의지의 평화와 개별적 자아의 상실로 돌아가는 데서 찾을 수 있다는 것이다.

쇼펜하우어에게 종교들의 주된 차이점은 그 종교가 낙관적인지 염

● 가장 오래된 그리스어역 『구약성서』.

세적인지에 있다.[70] 기독교는 염세적이며, 염세주의는 기독교의 가장 큰 특징이다.

> 기독교의 핵심과 중심은 타락, 원죄, 자연 상태인 인간의 사악함, 자연적 인간의 부패에 대한 교리로, 구세주를 통한 중재와 화해로 연결되며, 그를 믿는 신앙을 통해 공유된다. 그러나 이 모든 것은 결국 염세주의로 드러난다. …… 이것이 『구약』과 『신약』이 서로 완전히 대비되며, 두 가지의 결합이 기묘한 켄타우로스를 만들어 내는 이유다. 『구약』은 낙관주의고 『신약』은 염세주의기 때문이다.[71]

이 메시지는 쇼펜하우어의 저작 전반에서 반복적으로 강조된다. "기독교 교리가 낙관주의에 유리하다는 생각은 잠시도 하지 말라. 오히려 복음서에서는 '세계'와 '악Uebel'이 거의 동의어로 쓰인다."[72] 낙관주의는 "기독교와 화해할 수 없다."[73] 쇼펜하우어는 우리 존재의 본질을 고려하면 차라리 존재하지 않는 편이 더 나았을 것이라고 주장한다. "문제를 숙고해 보면 우리와 같은 존재Daseyn보다는 완전한 비존재das gänzliche Nichtseyn가 더 낫다는 결론에 도달한다."[74] 바로 여기서 세계의 '도덕적 의미'에 대한 열쇠를 찾을 수 있다. 세계는 단순히 존재하는 것이 아니라 우리를 세계 자체로부터 등 돌리게 하는 더 높은 목적을 내포하고 있다. 세계는 존재해서는 안 된다는 것이 규범적 진리며, 그 본질적 근원인 의지는 우리에게 세계에서의 존재보다 비존재를 선호할 이유를 제공한다. "삶의 진정한 목표den wahren Zweck를 지향하며 의지가 이 세계에서 등 돌리게 만드는 것은 바로 고통과 괴로움이다."[75] 이것이 바로 쇼펜하우어가 기독교의 핵심에서 발견한 '위대한 근본 진리', 즉 존재의 의미에 대한 염세주의적 진리다.[76]

5절 구원과 '신'이라는 단어

쇼펜하우어는 우리를 '세계의 슬픈 구조'에 아무런 대책 없이 남겨 두지 않는다. 이 의지로서의 세계는 비록 유신론과 화해할 수 없어도, 이로부터의 구원은 가능하며, 사실상 그것은 기독교적 구원이 될 수 있다. 즉 자연적이고 의욕하는 자기의 자기부정을 통해 존재해서는 안 되는 존재로부터 해방되는 구원인 것이다. 이 해방 속에서 개인은 미분화된 전체로 다시 흡수돼 되돌아가는 데 성공해, 다양한 종교에서 유사하게 이야기하는 '지복' 또는 '평화'의 상태에 이른다.[77] 매니언은 이 구원의 교리가 "신 또는 선의 개념과 유사한 어떤 형태의 궁극적 실재에 대한 믿음의 기초가 될 수 있다."[78]라고 주장한다. 물론 누군가는 그렇게 생각할 수 있더라도, 쇼펜하우어가 정말 그렇게 생각할지에 대해서는 바로 의문이 든다. 나는 그가 그렇게 생각하지 않는다고 주장한다.

쇼펜하우어는 초기 노트(1809-1810)에서 자발적으로 고통을 감수함으로써 악이 줄어드는 상태를 '신의 왕국'이라고 묘사했다.[79] 이후 그는 평범한 경험적 의식과 대조되는 영원한 구원의 상태를 묘사하기 위해 '더 나은 의식'이라는 용어를 사용했고, 인격과 인과율의 속성을 지닌 존재에만 적용될 수 있는 '신'이라는 용어를 더 이상 사용하지 않았다. ("우리가 이런 속성을 제거하는 순간, 신에 대해 말할 수는 있어도 신에 대해 어떠한 개념도 가질 수 없게 된다.") 더 나은 의식은 "나를 더 이상 인격과 인과율이 없는 세계, 즉 신이 없는 세계로 고양시킨다." 그 결과 그는 "신이 없기를 바란다."라고 말한다.[80] 1827년에 그는 다시 한 번 인격적 창조자를 제외하고는 '신'이라는 단어의 문자 그대로의 사용을 거부한다. "모든 언어에서 신이란 단어는 우리가 아무리 우회하고 위장해도 세상을 만든 사람einen Menschen을 의미한다. 따라서 오해를 피하기 위해 이 단어를 사용해서는 안 된다."[81] 이후 『여록과 보유』에서도 그의 단호한 태도가 드러난다. "비인격적 신은 신이 전혀 아니며 그저 잘못 사용된 단어, 비개념, 용어의 모순일 뿐이다."[82] "단지 철학교수의 거짓말일 뿐이다."[83] 그는 범신론에 대해서도 마찬가지로 일축한다.

> 범신론에 반대해 나는 주로 이것만 말하고자 한다. 범신론은 아무 의미가 없다. 세상을 신이라고 불러 봤자 세상을 설명하는 것이 아니라 '세상'에 대한 불필요한 동의어로 언어를 풍부하게 할 뿐이다. "세상은 신이다."라고 말하든 "세상은 세상이다."라고 말하든 같은 의미. …… 만약 어떤 사람이 실제로 주어진 것, 즉 세상으로부터 출발해 이제 "세상이 신이다."라고 말한다면, 이 말에 아무런 의미가 없다는 것은 명백하다.[84]

그러므로 구원이 우리가 '궁극적 실재'와 맺고 있는 어떤 관계에 달려 있다면, 이런 발언은 우리가 신과 어떤 관계에 서 있는지를 설명할 여지가 거의 없다. '세계는 신이다.'가 '세계는 세계다.'가 된다면, '궁극적 실재는 신이다.'는 '궁극적 실재는 궁극적 실재다.'와 다를 바 없으며, 결국 무신론과 구별할 수 없게 된다.

여기서 우리가 고려한 일부 발언에는 더 양보적인 말들이 뒤따라나온다. 이를테면 "만약 누구든 더 나은 의식이나 우리가 구분해 이름 붙일 수 없는 많은 것들에 '신'이란 표현을 상징적으로 사용하고 싶다면 그렇게 하라. 하지만 철학자들 사이에서는 그러지 말아야 한다고 생각한다."[85] 다음과 같은 글도 있다.

> 만약 …… 우리가 세계에 반대되는 것(즉 삶에의 의지의 부정)을 '신'

이라 부르고 싶다면 ……, 그 표현을 버리고 싶지 않은 사람들을 위해 그렇게 할 수 있을 것이다. 그러나 이는 우리가 그 부정만을 알 수 있는 미지의 x를 의미할 뿐이다…….

이런 신에 대해서는 디오니시우스 아레오파기타가 그의 저서 『신비신학Theologia mystica』에서 제시하는 신학 외에 다른 신학을 가질 수 없다. 이는 단지 신의 모든 술어가 부정될 수 있지만 어느 하나도 긍정될 수 없다는 설명으로 구성된다. …… 이 신학은 유일하게 참된 신학이지만, 아무런 내용Inhalt도 없다.[86]

끝으로, "만약 유신론자 중에 열반Nirvana을 신이라 부르려는 자들이 있다면, 그 명칭에 대해 그들과 논쟁하고 싶지 않다. 신의 개념을 그렇게 이해하는 사람들은 주로 신비주의자일 것이다."[87] 이 발언은 어떻게 이해해야 할까?

첫 번째로 주목할 점은 이 모든 발언이 '만약if'으로 시작한다는 것이다. 두 번째는 쇼펜하우어 자신이 그 '만약' 절에 해당하지 않는다는 것이다. 그는 '신'이라는 단어를 계속 사용하고 싶어 하지 않는다. 오직 "신이 주어진 것이고 설명해야 할 대상인 것처럼 신으로부터 출발하는"[88] 경우에만 세계나 초월적 실재에 '신'이란 용어를 사용하는 것이 의미 있을 수 있다. 대신에 "실제로 주어진 것, 즉 세상으로부터 출발"하는 경우라면 그런 발언에 "아무런 의미가 없다."[89] 그렇다면 무신론이 기본 입장이 된다. 무신론이 "우선적인 점유권을 갖고 있다가 유신론에 의해 쫓겨나게 된다."[90] 심지어 '무신론atheism'이라는 용어조차 편견을 담고 있는데, 유신론theism이 어떤 형태로든 우선적이고 자명한 진리라는 "교활하고, 교묘하며, 은밀한 암시"를 함축한다는 것이다.[91] 그러나 유신론은 자명한 출발점과는 거리가 멀며, 쇼펜하우어의 견해에 따르면 "무신론 대신 비유대주의non-Judaism, 무신론자 대신 비유대인non-Jew이라고 불러야 할 만큼"[92] 유신론은 지역주의적인 개념이다. 쇼펜하우어는 교리에 있어 신랄한 '비유대인'이기 때문에 비록 그 용어가 탐탁지 않더라도 스스로를 무신론자로 여겨야 한다.

따라서 디오니시우스와 부정신학●에 대한 쇼펜하우어의 발언은 연속성을 시사하지만 신중하게 다뤄야 한다.[93] 최근 해석에 따르면, 디오니시우스는 부정하는(부정적) 접근과 긍정하는(긍정적) 접근이 불가분하게 얽혀 있는 복잡한 신플라톤주의적 구조를 만들어 내, "우리는 신에 대한 모든 것을 긍정하는 동시에 부정해야 하며, 따라서 신의 긍정과 부정 사이의 모순을 부정해야 한다."라고 한다.[94] 이 프로젝트는 신을 긍정하는 주장 없이는 시작되지 않기 때문에 디오니시우스는 '신으로부터 출발하는' 사람으로 분류돼야 한다. 반면에 쇼펜하우어는 '세상으로부터 출발한다.' 쇼펜하우어에게 주어진 것은 의지를 본질로 하는 개별적인 존재들이 존재하는 자연 세계다. 자기는 자연 속에서 무의식적으로 노력하는 경향이 발현된 개별화된 실체로서 자신의 존재를 발견한다. 이 개별화된 자기는 본질적으로 그것을 세상의 중심이라고 생각하기 때문에 자신의 행복을 위해 노력하지만 필연적으로 고통에 직면한다. 모든 개별화된 존재는 강렬한 고통이나 고통에 대한 깨달음을 통해 자신의 의지를 부정하고 개체의 감각을 상실하며 삶을 이루는 요소인 노력과 고통에서 해방돼 지복의 평화 상태에 이른다. 쇼펜하우어가 단순히 '신'이라는 용어를 고수하려는 사람들에게 양보한 것은 기독교 신비주의자들이 본질적으로 그와 같은 무신론적 세계관과 구원관을 주장하면서 단지 다른 용어를 사용할 뿐이

● 신은 인간의 이해력으로 완전히 이해할 수 없고 인간의 언어로 다 묘사할 수 없는 초월적인 존재기에 부정적인 표현으로 서술될 수밖에 없다고 생각하는 신학 사상.

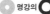

서가명강

서울대 가지 않아도 들을 수 있는 명강의 ○

* 서가명강 시리즈는 계속 출간됩니다.

불안의 끝에서 쇼펜하우어, 절망의 끝에서 니체

강용수 지음 | 22,000원

철학 교양서 최장기 1위, '쇼펜하우어 신드롬'의 주역
45만 독자가 선택한 강용수 박사의 철학 수업 완전판

니체 전문가이기도 한 강용수가 이번엔 쇼펜하우어와 니체의 주요 사상을 빌려 한층 완성된 지혜로 삶의 의지와 용기를 탐색해 간다. 후회, 관계, 인생, 자기다움 총 4가지 주제로 인생의 다양한 고민과 질문에 쇼펜하우어와 니체의 철학적 혜안을 선사한다.

선악의 기원

폴 블룸 지음 | 최재천 · 김수진 옮김 | 값 22,000원

세계적인 심리학자 폴 블룸, 아기에게 선악을 묻다!
"도덕감각은 타고나는 것일까, 만들어지는 것일까?"

폴 블룸은 아기의 마음을 통해 인간 도덕성의 기원을 탐구한다. 철학, 심리학, 뇌과학 등 다양한 학문을 넘나들며 선악의 본질을 파헤치고, 더 나은 인간이 되는 길을 제시한다. 명쾌한 분석으로 가득한 이 책은 인간 도덕성의 뿌리와 진화 과정을 탐구하며, 우리 자신과 타인을 이해하는 새로운 눈을 갖게 한다.

인식의 대전환

김혜숙 지음 | 값 24,000원

아시아인 최초 국제철학연맹 회장 김혜숙 교수가 쓴
《순수이성비판》의 가장 명쾌하고 우아한 해설

칸트 탄생 300주년을 기리는 국내 칸트 연구의 빛나는 성취를 보여주는 책 '철학자들의 올림픽'를 주최하는 국제철학연맹의 2024년 아시아인 최초 회장 당선인이자, 2024년 국제비대면칸트회의 한국 대표 연사인 이화여대 김혜숙 명예교수가 40년간 강의한 칸트 철학의 핵심만 담은 대중서를 출간했다.

행복의 기원

서은국 지음 | 값 22,000원

인간은 행복하기 위해 사는 게 아니라,
살기 위해 행복을 느낀다

"이 시대 최고의 행복 심리학자가 다윈을 만났다!" 심리학 분야의 문제적 베스트셀러 『행복의 기원』 출간 10주년 기념 개정판. 뇌 속에 설계된 행복의 진실. 진화생물학으로 추적하는 인간 행복의 기원.

라는 그의 주장을 뒷받침하려는 의도다.

그러나 이것은 단순히 '신'이라는 단어를 선택하느냐 마느냐의 문제가 아니다. 쇼펜하우어가 보기에 이 세상으로부터의 구원이 가능하려면 개별적 의지를 부정하기 위한 어떤 근원이 있어야 하고, 의지가 없는 주체를 포괄하는 궁극적이고 미분화된 실재가 있어야 한다는 사실을 받아들여야 한다. 이때의 궁극적 실재란 무엇인가? 즉각적인 대답은 의지일 것이다. 의지가 물자체라고 쇼펜하우어가 반복해서 말하기 때문이다. 하지만 의지로서의 세계에는 선이나 신과 같은 것이 없다. 잘 알려진 구절에서 쇼펜하우어는 '의지'가 우리가 알 수 있는 세계, 즉 개별적 존재로서 노력하는 세계의 본질을 지칭할 뿐이지 궁극적 실재는 아니라고 인정한다.

> 질문: 이 세계 안에서 그리고 세계로서 발현되고 궁극적으로 그 자체로 존재하는 의지란 결국 무엇일까? …… 이 질문에는 결코 대답할 수 없다. …… 하지만 이 질문의 가능성은 (우리가 의욕에서 가장 직접적으로 인식하는) 물자체가―전적으로 어떤 가능한 현상 밖에서―우리의 이해나 인식을 완전히 벗어난 결정, 속성, 존재 방식을 지닐 수 있음을 보여 주지만, 4장에서 봤듯이 이런 것들은 의지로서 자기를 자유롭게 소멸시킬 때도 물자체의 본질로 남을 것이다.[95]

실제로 기독교 신비주의에서 신이 그러하듯이 문자 그대로 궁극적 실재가 우리의 이해 능력을 초월한다면, 우리는 그 실재와 동일시함으로써 의지로부터 벗어날 수 있다. 그러나 쇼펜하우어는 비유적 (또는 순전한 희망의) 차원에서조차 의지를 초월한 이 궁극적 실재에서 어떠한 선의 흔적도 발견하지 못한다. 여기에 선이라는 것이 있다면, 의지가 없는 주관적인 의식 상태뿐이다. 쇼펜하우어는 이 상태를 '선'이라 말하기조차 힘들어하고, 단지 비유적으로만 최고선이라 부를 수 있다고 하는데, 왜냐하면 '선'은 의지의 충족에만 적용되기 때문이다.[96] 그러나 무의지 상태가 선으로 간주될 수 있다고 해도, 쇼펜하우어는 궁극적이고 절대적으로 그 자체로 여겨지는 선이 세상에 존재한다는 것을 암시하지 않는다.

6절 죄와 은총

쇼펜하우어는 많은 종교에 우화적 진리가 담겨 있다고 생각하지만, 특히 기독교에 대한 견해는 구체적이고 상세하다.

> 기독교 교리는 자연, 즉 삶에의 의지의 긍정을 아담으로 상징화하며 …… 우리가 아담으로부터 물려받은 죄, 즉 생식의 유대를 통해 일시적으로 발현되는, 이데아에서의 그와의 합일은 우리 모두가 고통과 영원한 죽음에 동참하게 만든다. 이와 반대로 기독교 교리는 은총, 의지의 부정, 구원을 스스로 인간이 된 신의 형태로 상징화한다. 신은 모든 죄악, 즉 모든 삶의 의지로부터 자유롭기 때문에, 우리처럼 의지의 가장 결정적인 긍정에서 비롯됐을 리 없다.[97]

쇼펜하우어가 원죄로의 타락Sündenfall과 은총Gnade의 회복 등 비유적 의미에 천착하는 것은 아우구스티누스와 루터의 저작을 깊이 탐독했던 데서 기인한다.[98] 그는 이런 기독교 교리를 각각 의지의 긍정과 부정에 비유한다. 그러나 이런 비유가 너무 밀접하다 보니 어려움이 발생한다. 즉 무엇이 비유적이고 무엇이 문자적인지, 또는 비유의 어떤 측면이 문자 그대로 사실적인 설명으로 이어지는지를 구분하기 어려워지는 것이다. 요점만 말하자면, 쇼펜하우어의 세계에서 인간 개개인은 무엇으로부터 타락한 것일까? 아무리 문제가 있다고 해도, 왜 평범한 인간 존재에게 죄와 유사한 속성이 있다고 간주해야 할까? 그리고 신의 은총과 유사한 것은 문자 그대로 어디에서 퍼져 나올 수 있을까?

쇼펜하우어는 『독일 신학』에 동의하며 다음과 같이 인용한다.

거기에서는 …… 악마의 타락은 아담의 타락과 마찬가지로 누구든 자신에게 '나, 나를, 나의 것, 나에게das Ich und Mich, das Mein und Mir'를 자신에게 귀속시키는 데 있다고 한다. 89쪽에서 "진정한 사랑에는 '나'도 없고 '나를'도 없으며 '나의 것', '나에게'도 없다."라고 한다.[99]

『독일 신학』의 배경에는 이 진정한 사랑의 원천, 즉 신이라는 '완벽한 선'이 있으며, 피조물 안에는 인지적 능력('진정한 빛')이 있어 그가 '신적 본성에 관여할' 수 있다.[100] 죄는 '피조물이 변함없는 선으로부터 등을 돌리는' 상태다. 그래서 아담이 '자신을 위해 뭔가를 주장해서, 그리고 '나', '나의 것', '나를' 등으로 인해 …… 길을 잃거나 타락했을 때'는 그가 선이나 선에 관여하는 자신의 일부와의 관계가 끊어진 것과 마찬가지다.[101] 이제 쇼펜하우어의 입장에서도 우리는 개별화 상태로 '타락'한다. 인간은 존재하는 동안 자신의 개별적이고 경험적인 '개인'을 세상의 중심이 되는 실재로 삼고, 자연스럽게 자신의 안녕을 욕망한다. 하지만 차이점이 있다면 이런 타락 이전에는 어떠한 선이나 완전성도 존재하지 않고 그저 이 개체만 없는 세계가 존재한다는 것이다. 따라서 죄의 부정적인 의미가 쇼펜하우어의 이론에서는 부적절해 보인다. 우리가 타락했다고 할 만한 절대적인 선이 존재하지 않기 때문이다. 우리가 '등을 돌린' 것은 비존재, 더 정확히는 비개별화된 존재일 뿐이다. (쇼펜하우어는 우리가 본래 미분화된 의지로서 무시간적으로 존재한다고 주장하기 때문이다.[102]) 우리의 '타락한' 자연 상태는 고통이 도처에 만연하므로 확실히 좋지 않지만, 우리의 개별적인 비존재 역시 '더 바람직하기는 해도' 사실상 좋지도 나쁘지도 않은 상태다. 좋거나 나쁘다는 술어가 정의상 의지와 일치하거나 충돌하는 것에만 부여된다는 쇼펜하우어의 주장을 진지하게 받아들인다면 말이다. 개별적인 비존재는 그저 "자족적인 무의 평화"[103]일 수 있다. 따라서 우리의 고통에 시달리는 개별적 존재를 죄와 동일시하는 것은 잘못된 생각이고 불필요해 보인다. 실제로 쇼펜하우어가 우리의 존재를 형벌 받아strafbar 마땅한 욕망에 비유하거나 (루터의 말을 근거로 인용해) "육체적이든 정신적이든 모든 큰 고통은 우리가 마땅히 받아야 할 것을 알려 준다."[104]라고까지 말할 때는 도리어 부당하고 가혹하게 느껴진다. 쇼펜하우어가 말해야 할 것은 고통이 예외적인 일이 아니라, 오히려 의지의 개별적 표현으로서 우리가 존재하는 데 필수적이라는 것뿐이다.[105] 여기서 비유의 내용이 문자 그대로의 설명으로 새어 나오기 시작한다.

구원이 신의 은총 같은 것을 통해 이뤄진다는 개념에도 비슷한 어려움이 따른다. 이런 은총이 인격적 신이 피조물을 사랑하는 관계와 관련된다면, 쇼펜하우어는 그와 매우 먼 유사 개념만을 받아들일 자격이 있다. 그는 의지가 스스로를 소멸시킬 때, 주체가 "아무런 노력 없이" "마치 외부에서 날아오는 것처럼 갑자기" "자유로의 진입"을 경험하며, "바로 이것이 교회에서 이를 신의 은총의 효과라고 부르는 이유"라고 덧붙인다.[106] '우리의 노력'은 어떠한 것이든 의지가 작용하며, 아우구스티누스와 루터가 모두 동의하듯이 자유로울 수 없다. 그래서 의지의 자기부정은 마치 외부의 뭔가가 우리에게 자유롭게 작

용하는 것처럼, 또 우리 내부의 뭔가가 자연스럽고 개별화된 의욕하
는 자기로부터의 해방을 받아들이는 것처럼 보인다. 그렇지만 의지
의 부정이 은총이 무엇인지를 설명하는 것일까, 아니면 그 반대일까?
한편으로 쇼펜하우어는 신을 배제하고 은총을 자기 방식대로 설명해,
은총이 '모든 동기를 무력화하고 모든 의지를 잠재우는 보편적인 진
정제로 작용하는 인식 방식'이라고 정의한다.[107] 다른 한편으로, 그는
다음과 같이 말한다.

> 기독교 교회의 교리를 상기함으로써, 우리는 한편으로는 특정한 동
> 기가 주어졌을 때 성격의 모든 표현에 부여되는 필연성(자연의 왕
> 국)과 다른 한편으로는 의지가 스스로를 부정하고 성격과 그 성격
> 에 근거한 동기의 모든 필연성을 함께 폐지할 수 있는 자유(은총의
> 왕국) 사이의 명백한 모순을 설명하고 해명할 수 있었다.[108]

의지가 스스로를 자유롭게 폐지한다는 것은 쇼펜하우어가 설명하
기 어려운 문제로 악명 높다. 이 문제를 '은총의 왕국'으로 분류하는
것은 그저 신비에 임의의 명칭을 부여하거나 기존에 확립된 기독교
교리에서 이 개념이 지닌 의미로부터 공신력을 얻고자 하는 것이다.
쇼펜하우어가 말하는 "기독교 교회의 교리를 상기함"이란 루터의 저
서 『노예 의지론』과 『그리스도인의 자유』에 있는 루터의 교리에 대한
매우 상세한 주해를 의미한다. 루돌프 말터가 주장하듯이, 여기서 쇼
펜하우어는 "일어나서는 안 되는 상황"[109]을 자초한다. 그는 철학이
진리를 독자적으로 발견해야 하며 진리를 전달하는 데 도움이 되는
우화를 찾기 위해서만 종교와 신학을 참조해야 한다는 자신의 원칙을
위반하면서, 자신이 가정한 철학적 진리를 설명하기 위해 신학에 의
존하고 있는 것이다.

7절 결론: 니체의 평가

지금까지 우리는 쇼펜하우어의 입장이 무신론과 기독교의 금욕적-도덕관을 결합한 형태라는 니체의 설명이 본질적으로 정확하다고 주장했다. 그렇다면 니체의 평가는 어떠할까? 쇼펜하우어는 무신론과 기독교의 금욕적-도덕관에 '고착'돼 있는 것일까? 쇼펜하우어는 신에 대한 믿음과 함께 그런 관점에 대한 '믿음'도 포기해야 했을까? 쇼펜하우어의 윤리적 견해는 수세기에 걸친 기독교 사상의 계보를 잇는다는 점에서 어느 정도 과거지향적이다. 그러나 이런 견해의 시대성 자체는 쇼펜하우어의 생각에 찬성할 이유만큼이나 반대할 이유가 되지 못한다. 또 다른 반론은 쇼펜하우어의 금욕적-도덕적 가치에 기원과 무관하게 그 자체로 거부할 만한 이유가 있다는 것이다. 니체는 이를 '생명을 부정하는' '반자연적인' 가치라고 비판한다. 그러나 쇼펜하우어는 이런 니체의 비판에 생명과 자연을 거스르는 일이야말로 우리가 해야 할 가장 명백한 이유가 있는 일이라고 대답할 것이다. 이 중에 어느 관점이 더 바람직한지는 무신론에 대한 헌신으로 결정되지 않는다. 신이라는 개념의 사용을 모두 거부하는 동시에 『신약성서』의 윤리적 처방이 도덕성을 결정하며 보편적으로 실행돼야 한다고 주장하는 데는 아무 모순이 없다. 동일한 도덕성을 옹호하는 다른 이유도 있을 수 있다. 마찬가지로 신이라는 개념을 거부하고 인간 존재의 본질이 개별적 자기감각에서 벗어나 무의지 상태로 전환할 것을 요구한다고 주장하는 데도 아무 모순이 없다.

그러나 쇼펜하우어가 실제로 기독교적 관점에 사로잡혀 있다고 생각하는 데는 적어도 두 가지 이유가 있다. 첫 번째는 그가 자신의 독특한 무신론적 입장에 불필요하거나 통합이 불가능한 기독교적 개념, 특히 은총과 원죄의 개념을 수용했기 때문이다. 쇼펜하우어의 핵심적인 윤리적 주장이 성립하려면 우리가 죄를 지었거나 형벌을 받아 마땅한 존재일 필요가 없으며, 그저 본질적으로 고통에 취약하고 그로부터의 궁극적인 해방을 추구하는 존재이기만 하면 된다. 또 그의 사상에서 어떻게 문자 그대로 죄와 유사한 것이 일관되게 발생할 수 있는지가 불분명하다. 우리가 무의지 상태의 인식주체가 되기 위해 은총이 어딘가에서 퍼져 나올 필요는 없으며, 그의 체계 안에는 은총이 나올 만한 곳이 문자 그대로 어디에도 없다. 그런데도 쇼펜하우어는 이런 풍부한 신학적 개념에 기대, 자신의 설명에 문자 그대로 전달할 수 있는 것보다 더 많은 내용이 있음을 암시하고자 하는 듯하다. 적어도 그는 자신이 기피하는 신의 개념에 의존해야만 이해될 수 있는 개념들로 자신의 주장을 옹호하는 죄를 범한다.

쇼펜하우어가 금욕적-도덕관에 '고착'돼 있다고 보는 두 번째 이유는 '형이상학적 욕구'에 관한 더 폭넓은 고려를 요구한다. 니체는 다음과 같이 쓴다.

> 형이상학적 욕구는 쇼펜하우어의 주장처럼 종교의 기원이 아니라, 그저 종교의 후기 파생물일 뿐이다. 종교적 관념의 지배 아래 사람들은 '다른 세계(내세, 천국, 지옥 등)'라는 개념에 익숙해졌고, 종교적 망상이 깨질 때 불쾌한 공허함과 박탈감을 느낀다. 그리고 이 느낌에서 '또 다른 세계'가 생겨나지만, 이번에는 종교적이지 않고 형이상학적 세계만 생겨난다.[110]

이것은 쇼펜하우어에 대한 심각한 계보학적 반론이다. 이 주장은 쇼펜하우어가 처음부터 기독교적 세계관을 계승했으며, 이 세계관이 그의 내면에서 교묘하게 우선순위를 유지하고 있다고 주장한다. 쇼펜하우어는 세계에 도덕적 의미가 없고 그 자체를 넘어서는 더 높은 목적을 가리키지 않는다는 생각이 근본적이고 왜곡된 오류라고 '가정'한다. 이 가정이 의문시될 수 있다는 점 자체가 이미 반박에 해당한다. 그러나 더 큰 문제는 쇼펜하우어가 이런 오류를 '적그리스도'와 동일시한다는 점이다. 이는 형이상학적 욕구의 우선순위에 의문을 제기하는 것은 기독교의 가장 기본적 전제에서 벗어나는 일임을 시사한다. 이런 의미에서 쇼펜하우어는 처음부터 끝까지 기독교의 범주 안에 머물러 있다. 다른 종류의 무신론자라면 쇼펜하우어가 의미하는 형이상학이 들어설 자리가 전혀 없을 것이며, 그가 추구하는 '의미'나 '중요성'이 들어설 자리도 없을 것이다. 그러나 쇼펜하우어는 결국 기독교가 제공하는 듯한 의미를 보장하기 위해 대체 형이상학의 탐구에서 벗어나지 못한 채 '고착'된 무신론자인 것이다.

9장

'고통의 정당화'라는 생각에 대하여

1절 서론

C. S. 루이스는 이렇게 썼다. "어떤 의미에서 [기독교는] 고통의 문제를 해결하기보다 오히려 만들어 낸다. 왜냐하면 이 고통스러운 세계에 대한 우리의 일상적인 경험과 더불어 궁극적 실재가 의롭고 사랑스럽다는 충분한 확신이 없다면 고통은 아무런 문제가 되지 않을 것이기 때문이다."[1] 이 문제에 대한 기독교식 해결책은 신의 정당화, 즉 신정론이다. 신정론은 현실의 고통과 고난이 의로움과 사랑이라는 신의 본질적 속성과 모순되지 않으며, 신이 하는 일은 정당하기 때문에 고통도 정당하고 충분한 존재 이유가 있음을 입증하는 데 목표를 둔다. 그러나 루이스가 옳다면, 우리가 신에 대한 모든 생각을 없애고 궁극적 실재가 선을 지향하거나 선과 조화를 이룬다는 생각만 없앨 수 있어도 이 같은 문제가 발생하지 않을 것이다. 루이스는 대담하게도 그러면 고통이 '아무런 문제가 되지 않을 것'이라고 말한다. 일반론으로 여기에 동의하지 않을 수도 있다. 하지만 적어도 신이 없다면,

고통이 루이스가 지적한 문제를 제기하지는 않을 것이다.

이번 장에서 나의 가정은 니체가 신에 대한 모든 생각, 그리고 선을 지향하거나 선과 조화를 이룬다는 궁극적 실재에 대한 모든 생각을 추방하려 애쓰는 사상가라는 것이다. 그렇다면 니체가 신정론이나 그와 비슷한 것에 관심이 있다고 볼 수 있을까? 일부 논평가들은 그렇다고 말한다. 어떤 사람들은 이것이 니체의 생애 전반에 걸친 관심사였다고 주장한다. 에런 리들리Aaron Ridley는 "니체가 초기, 중기, 후기에 걸쳐 허무주의와 절망의 유혹을 물리칠 수 있는 일종의 미학적 신정론을 제시하려 한 시도"[2]에 대해 서술한다. 그리고 니체의 입장을 "일종의 자연주의적 신정론 …… 우리의 상황 중에서 가장 암울해 보이는 상황조차 우리에게 필수 불가결한 것일 수 있다는 관점"이라 설명한다.[3] 대니얼 케임은 니체가 "항상 …… 인간 세계와 자연 세계의 끔찍한 측면에는 일종의 신정론, 즉 고통받는 영혼이 그 안에서 자리를 찾게 해 주는 정당화 방식이 요구된다고 주장했다."라고 말한다.[4] 이와 상반된 견해는 니체가 진정으로 신정론이라 부를 만한 일에 관여한 적이 없다는 것이다. 그래서 서배스천 가드너는 심지어 『비극의 탄생』에서도 비극을 '신정론에서의 해방'으로 본다고 주장한다. 비극은 우리에게 "세계는 마땅히 돼야 하는 대로 돼 가니 우리에게 벌어지는 일을 긍정해야 한다고 말하기를 거부"하기 때문이다.[5]

또 다른 사람들은 니체가 신정론을 제시하려는 야망으로 시작하지만 중도에 포기한다고 주장한다. 레이먼드 고이스Raymond Geuss에 따르면, 『비극의 탄생』은 일종의 신정론과 관련이 있지만, 후기에 "심경의 변화"[6]를 겪은 니체는 신정론을 제시하려는 "전체 프로젝트"에 대한 "관심이 줄어든다."[7] 사이먼 메이Simon May는 니체가 좀 더 양가적 입장에 놓여 있다고 본다. 니체는 초기에 "더 높은 목표의 관점에서 …… 고통을 정당화하는" "신정론을 공공연히 지지"[8]하지만, 이후에는 더 높은 가치에 의해 고통에서 구원받는다고 생각하지 않고 고통을 긍정하려는 독특한 삶의 긍정 개념(운명애amor fati의 이상에서 엿보인다.)을 지향하며 "신정론에서 벗어나는 방향"[9]을 채택한다. 따라서 메이가 보기에 니체는 신정론이나 고통을 정당화하는 시도와는 구별되는 긍정의 개념을 발전시키는데, 이 차이점은 이 장 마지막 부분에서 다시 간략히 설명하겠다. 그렇기는 해도 메이는 니체가 더 높은 가치에 의한 고통의 구원을 찾으려는 열망을 동시에 지니고 있어 신정론의 전통에서 완전히 벗어난 것은 아니라고 주장한다.

이 장은 회의적인 입장에서 출발한다. 니체의 견해를 명확히 이해하는 데 '신정론'이나 '고통의 정당화' 같은 용어가 과연 도움이 될지 나로서는 확신이 서지 않는다. 니체는 이런 용어들을 자주 쓰지 않는다. '신정론'이란 용어는 그의 출간된 저서에서 세 번 나오는데, 모두 1876년 이전의 글들이다. 그중 두 번은 다비트 슈트라우스와 기독교 역사가들에 대한 비판에서, 나머지 한 번은 『비극의 탄생』(뒤에서 논의)에서 부정적으로 사용된다.[10] 또 니체는 정당화Rechtfertigung란 개념을 자주 쓰지만, 그가 문자 그대로 '고통의 정당화'에 대해 이야기하는 구절은 찾아보기 어렵다.[11] 이런 텍스트적 세부 사항은 우리가 용어를 적용할 때 니체를 잘 해석하기만 한다면 크게 중요하지 않을 것이다. 그보다 더 시급한 문제는 그런 용어를 어떻게 이해해야 할지 설명하는 것이다.

2절 신정론과 정당화에 관한 질문

물론 니체가 라이프니츠가 의도했던 본래 의미의 신정론에 따른다고 생각할 사람은 아무도 없다. 니체에게 "기독교 신에 대한 믿음은 믿을 수 없는 것"[12]이므로 우리는 기껏해야 신 없는 신정론만 말할 수 있을 뿐이다. 이를 가리키는 더 나은 용어를 찾을 수도 있다. 1902년, 한스 파이힝거는 라이프니츠가 신정론을 썼다면 "니체는 세계, 자연, 생명을 정당화하는 세계정론cosmodicy, 자연정론physiodicy, 생명정론biodicy을 제시한다."[13]라고 논평했다. 최근 논문에서 데이비드 맥퍼슨David McPherson은 니체의 문제가 "세계에 만연한 고통의 현실을 감안할 때 세계에서의 삶을 가치 있게 정당화하는 문제"인 세계정론을 찾는 것이라고 동의한다.[14] 세계정론은 적어도 『비극의 탄생』의 "존재와 세계가 영원히 정당화된다."[15]라는 구절에 더 잘 어울리는 용어일 것이다. (그렇다면 존재의 정당화는 '존재정론ontodicy'으로, 고통의 정당화는 '고통정론pathodicy'으로 표현해야 하지 않을까? 실제로 후자는 'Pathodizee'라는 용어로, 20세기 중반에 빅터 프랭클이 자신의 수용소 경험을 바탕으로 고통에 의미를 부여하는 치료적 과제를 묘사하는 데 사용했다.)[16]

그러나 신정론이란 용어는 다른 용도로도 쓰이기 때문에 신이 없는 신정론을 잘못된 생각으로 치부하는 것은 현학적인 태도일 뿐이다. 예를 들어 고이스가 지적했듯이 헤겔은 이 용어를 "세계 전체와 화해하려는 우리의 절대적 욕구 …… 가 충족됐음을 우리에게 보여 주는 전체 프로그램"을 지칭하는 데 썼다.[17] 그리고 수전 니먼은 (다소 다른 용어기는 해도) 일반적인 철학적 담론에서 이 용어가 협의와 광의로 나뉜다고 말한다. "협의의 신정론은 신자들이 세상의 악에 직면해 신에 대한 신앙을 유지하도록 해 준다. 광의의 신정론은 절망에 직면할 수 있게 돕는 악에 의미를 부여하는 모든 방법이다."[18] 니체에게 신정론을 귀속시키는 논평가들은 분명히 광의로, 또는 저마다 다양한 의미로 그 용어를 쓴다. 이는 두 가지 해석학적 질문을 제기한다. (1) 신정론이란 용어가 이제 수용할 수 없을 정도로 광의로 확장돼 정보를 전달하기 어려워진 것일까? (2) 신이 없는 신정론이란 아이디어를 채택함으로써, 니체의 저작에서 거기에 속하지 않는 원래의 좁은 (또는 문자 그대로의) 개념인 신이 있는 신정론의 잔여적인 측면을 읽어 낼 위험은 없을까?

예를 들어 정당화라는 개념은 광의의 신정론으로 얼마나 쉽게 전이될 수 있을까? 신이 배제된다면 '고통의 정당화'라는 문구는, 적어도 한 가지 분명한 의미에서, 인간 행위자가 특정한 고통을 유발하거나 허용하는 행위에 가장 쉽게 적용될 것이다. 가령 지진이 나서 대규모 사상자가 발생한 데다 자원이 제한된 상태라면, 고통스러워도 생명에는 지장 없는 부상을 입은 5세 아이를 치료하지 않는 일이 정당화될 수 있다. 몇 가지 이유를 설명하면 이런 행동을 정당화할 수 있을 것이다. 아이의 고통이 정당화됐다거나, 내가 아이의 고통을 정당화할 수 있다고 말하는 것은 기껏해야 내 행동이 정당화됐다거나 정당화 가능한 설명이 있다는 말의 압축된 표현에 불과하다. 아이의 고통스러운 부상 자체가 정당화된다는 명백한 의미는 없는 것이다. 또는 화학요법에 따른 고통과 괴로움이 정당화된 고통인지, 아니면 폐에 종양이 생겨서 받는 또 다른 고통이 정당화된 고통인지를 논의할 수도 있다. 그러나 후자를 선택한다면, 자연적으로 발생하는 고통과 괴로움 자체는 그것을 발생하게 놔두는 것과 별개로 정당화된다고 쉽게 말할 수 없다. 다른 경우에 고통이 마땅히 받아야 할 벌로서 정당화될 수 있지만, 동일한 점이 적용된다. 실제로 정당화의 대상이 되는 것은 고통을 가하는 행위인 것 같다. 그렇지만 어떤 상황에서는 고통이 공정하게 분배될 수도 있다. 식량이 부족하다면, 모든 구성원이 어느 정도 굶주림을 감수하더라도 모두가 생존할 수 있게 하는 것이 공정한 상황일 수 있다. 그러나 여기서도 정당하게 여겨지거나 정당화하는 설명의 대상이 되는 것은 지속적인 굶주림의 고통이 아니라, 특정한 분배를 허용하거나 강제하는 행위다.

협의의, 문자 그대로의 신정론에서는 고통의 발생에 대한 이런 종류의 전반적인 정당화, 즉 신이 이 모든 고통이 발생하는 세계를 창조하거나 고통이 발생하도록 허락했다는 정당화가 원칙적으로 가능하다. 그런데 신의 개입이 배제되면 무엇이 남아 있을까? 여기서 확장에 대한 우려가 생긴다. 이제 뭔가를 '정당화'하는 것은 단순히 우리가 그에 취할 수 있거나 취해야 할 어떤 긍정적인 태도 같은 것이 있다는 의미로 보인다. 위의 공식을 생각해 보자. 만약 x가 '고통', '생명', '세계'를 의미한다면, 우리는 'x를 가치 있는 것으로 정당화하기', 'x에 의미 부여하기', 'x와 화해하려는 욕구 충족시키기', 'x를 마땅히 그런 것으로 긍정하기', '고뇌하는 영혼이 x에서 자리를 찾도록 하기', 'x에 대한 허무주의와 절망의 유혹 피하기', 'x를 우리에게 필수 불가결한(즉 가치 있는) 것으로 여기기' 등에 관심을 가질 것이다. 한 가지 회의적인 질문은 정당화라는 개념이 이런 다양한 태도를 가장 적절하게 대표하는 개념인가 하는 것이고, 다른 하나는 니체의 텍스트나 우리가 적용하는 해석 방식에서 이 모든 태도가 수렴되는 단일개념이 존재하는가 하는 것이다. 또 다른 모호성은 긍정적 태도를 추구해야 할 대상에 관한 것이다. 우리는 '생명', '존재', '세계', '고통'이 이 역할을 한다고 본다. 이 대상들이 반드시 서로 배타적인 것은 아니다. 내가 '존재'에 대해 긍정적이라면, 아마도 생명과 고통을 포함해 존재하는 모든 것에 긍정적일 것이다. 하지만 원칙적으로 존재나 자신의 생명에는 긍정적이면서도 고통에 대해서는 전혀 긍정적이지 않을 수 있으며, 심지어 다른 무엇보다도 고통이 정당화된다고 여길 수 있다.

두 가지 유형의 의미 확대는 니체 본인에게도 어느 정도 책임이 있다. 지금까지 인류에 대한 그의 잘 알려진 평가를 살펴보자. "인간은 자신을 정당화하고 설명하고 긍정하는 방법을 알지 못했으며, 자신의 의미 문제로 고통받았다. …… '무엇을 위해 고통받는가?'라는 그의 비명 섞인 질문에는 답이 없었다."[19] 정당화하기, 설명하기, 긍정하기, 의미 찾기, 목적 찾기(문자 그대로 '무엇을 위해ein Dazu' 찾기) 등 이 모든 것이 동일한 태도일까? 그리고 '자신(그의 존재)'과 '고통'이 정당화되거나 설명되거나 긍정돼야 할 동일한 대상일까? 이 두 질문 모두 명확한 답은 없다. 이 구절 바로 다음에 니체는 금욕적 이상이 결핍됐던 것을 제공했다고 말한다. 적어도 존재, 고통, 자기에 봉사할 수 있는 긍정적인 태도를 제공했다는 것이다. 아마도 금욕주의적 이상에 대해 성찰하면 이 문제를 더 깊이 이해할 수 있지 않을까? 쇼펜하우어의 철학은 금욕적 이상의 가장 좋은 예시를 제공한다. 하지만 쇼펜하우어는 존재에 대한 의미와 정당성은 제시해도 긍정은 제시하지 않기 때문에 오히려 회의적인 관점에 힘을 실어 준다는 것을 알게 될 것이다.

3절 쇼펜하우어와 존재의 의미

니체의 시대에 철학적 염세주의라고 알려진 입장의 결정적인 주장은 "세계가 존재하지 않는 것이 존재하는 것보다 낫다."[20]라는 것이다. 철학적 염세주의의 시초인 쇼펜하우어에게는 존재의 고통이 차라리 비존재가 더 낫다고 생각할 근거를 제공한다. 우리는 인간 존재에 탄식해야 하며, 그 해결책은 인간 존재에서 벗어나 무의지의 자기부정 상태로 되돌아가는 것이다. 중요한 점은 이 '해야 한다'가 세계 자체의 본질, 즉 우리에게 삶에의 의지로 발현되는 의지에 근거한다는 것이다. 쇼펜하우어는 세계가 그 자체로 단순히 존재할 수는 없으며, 반드시 도덕적 의미 또는 중요성moralische Bedeutung을 가져야 한다고 주장한다.[21] 따라서 쇼펜하우어에게 존재란 결코 무의미하지 않다.[22] 존재를 올바르게 해석할 수 있는 방법이 있다. 그리고 이것이 '도덕적' 의미라고 불리는 이유는, 쇼펜하우어가 보기에 세계에 대한 올바른 해석은 단지 자연주의적 진리를 발견하는 것이 아니라 장차 규범적 진리가 될 것을 발견하기 때문이다. 그것은 바로 세계와 그 안의 우리 존재 자체가 우리가 원해서도 안 되고 실제로 존재해서도 안 될 것이라는 진리다.[23]

쇼펜하우어는 명백히 유신론과 그 파생물인 범신론이 채택하고 있다고 생각한, 존재의 낙관적 의미에 맞서 싸우고 있다. 세계는 긍정적으로 평가할 만한 이유가 충분하다는, 『창세기』 1장 31절의 "모든 것이 매우 좋았다panta kala lian."[24]로 요약되는 견해 말이다. 쇼펜하우어가 낙관주의를 상대로 벌이는 싸움은 사실상 기독교의 영혼을 지키려는 싸움이라고 할 수 있다. 그는 유신론이 아니라 세계 부정, 체념, 자기부정이 기독교의 진정한 핵심이라고 주장한다. "기독교 교리가 낙관주의에 유리하다는 생각은 잠시도 하지 말라. 오히려 복음서에서는 '세계'와 '악'이 거의 동의어로 쓰인다."[25] 낙관주의는 "기독교와 화해할 수 없다."[26] "고통과 괴로움은 …… 삶의 진정한 목표den wahren Zweck를 지향하며, 의지가 세계에 등 돌리게 만든다."[27] 이로부터 우리는 세계의 고통에서 도덕적 의미를 찾는 것이 반드시 세계나 고통을 긍정하는 것과 같지 않음을 배운다. 의미를 찾는다고 해서 우리가 꼭 세계와 화해하는 것도 아니고, 우리 삶을 가치 있게 만드는 것도 아니다.

쇼펜하우어는 또한 고통이 정당화된다고 생각한다. 우리는 본질적으로 욕망하는 개체로서 존재하는 '행위' 때문에 고통받아 마땅하다는 것이다. 쇼펜하우어가 보기에, 원죄의 교리는 비유적 진리를 담고 있다. "기독교 교리는 자연, 즉 삶에의 의지의 긍정을 아담으로 상징화하며 …… 우리가 아담으로부터 물려받은 죄, 즉 생식의 유대를 통해 일시적으로 발현되는, 이데아에서의 그와의 합일은 우리 모두가 고통과 영원한 죽음에 동참하게 만든다."[28] 우리의 존재 자체가 형벌을 받아straflbar 마땅한 욕망을 닮았고, "육체적이든 정신적이든 모든 큰 고통은 우리가 마땅히 받아야 할 것을 우리에게 알려 준다."[29]라고 쇼펜하우어는 말한다. 이런 관점에서 고통은 불필요한 것이 아니며, 의욕하는 존재라는 우리의 본질을 감안하면 합당한 것이다. 이런 의미에서 우리가 고통을 겪는 것이 정당화되며, 세계에는 '영원한 정의'가 있다고 말할 수 있다. 하지만 고통이 정당화된다고 해서 고통이 만연한 세계를 긍정하는 것이 정당화되지는 않는다. 오히려 이것은 세계를 한탄해야 할 이유를 강화한다. 악은 눈물의 골짜기다.

따라서 쇼펜하우어가 보기에 우리 존재는 온갖 고통에도 불구하고 '도덕적' 의미를 지니며, 우리가 고통을 겪는 것은 합당한 일이다. 이것이 과연 '신정론'에 해당할까? 그렇게 주장하는 사람도 있지만, 이는 분명히 옳지 않다.[30] 우리는 신뿐만 아니라 세계를 긍정할 모든 이유를 잃었다. 세계는 본래 존재해서는 안 될 것이며, 세상과의 화해는 구조적으로 금지된다. 삶도 마찬가지여서 우리가 삶을 가치 있다고 여긴다면 오류에 빠지게 된다. 신정론이라면 적어도 삶이 긍정될 수 있는 의미를 부여해야 한다. 하지만 여기서는 의미, 정당화, 긍정이 분리돼 있다.

4절 『비극의 탄생』: 도발적 공식과 반도덕적 경향

니체는 『비극의 탄생』에서 '신정론'이라는 용어를 딱 한 번 쓴다. 아폴론적 예술적 충동이 "헬레니즘의 '의지'가 스스로에게 변형된 거울을 비추는 올림포스 신들의 세계를 낳았다. 이에 신들이 스스로 인간의 삶을 살아 냄으로써 그 삶을 정당화하는데, 이것이 유일하게 만족스러운 신정론이다! 밝은 햇살 아래 그런 신들의 존재는 성취할 만한 가치가 있는 것으로 느껴진다."[31]라고 그는 말한다. 그러나 여기서 '신정론'이란 용어는 거의 말장난에 가깝다. 『비극의 탄생』 직전에 작성된 글을 보면, 니체가 "신정론은 결코 헬레니즘의 문제가 아니었다. 그들은 세계의 존재와 그 구성에 대한 책임을 신들에게 돌리는 것을 경계했다. '신들조차 필연성ananke에 종속돼 있다.'"[32]라고 말했기 때문이다. 따라서 여기서 '삶을 정당화'한다는 것은 단지 '삶에 긍정적인 가치가 있다는 느낌을 갖게 한다.'라는 의미로 느슨하게 쓰인다. 이는 삶에 실제로 그런 가치가 있다는 의미가 아니며, 궁극적 실재에서 삶이 그러할 만한 이유가 있다는 의미는 더더욱 아니다. 따라서 이것이 '신정론'이라면 매우 얕은 의미의 신정론에 지나지 않는다.

'신정론'이라는 용어는 이 『비극의 탄생』의 다른 부분에서 다시는 등장하지 않는다. 하지만 더 중요한 것은 니체가 여기서 "존재와 세계는 오직 미적 현상으로서만 영원히 정당화된다."[33]라는 유명한 선언을 한다는 점이다. 자세히 읽어 보면, 이 책에서는 우리 인간의 삶을 관조하면서 '스스로에게 영원한 즐거움을 주는' '존재' 또는 '본질Wesen'을 위한 미적 현상으로 세계를 제시한다. 그 시선에 비친 우리는 '이미지이자 예술적 투영'으로, 텍스트는 '캔버스에 그려진 병사들'처럼 우리를 응시한다. 이 존재 또는 본질은 또한 세상의 '창조자'이자 '원초적 〔또는 근원적〕 예술가'다. 인간 예술가는 이 창조적 본질의 관점과 연결되거나 합쳐짐으로써 예술을 만든다. (개체화의 원리를 넘어선 궁극적 실재 수준에서 보면 어차피 우리는 구분되지 않을 것이다.) 따라서 여기서 제시된 가설은 결국 문자 그대로의 신정론과 유사한 형태를 띠게 된다. '원초적 예술가'는 아마도 세계와 구분되지 않는 존재로서, 창조 행위가 정당화되고 창조 행위를 할 충분한 이유가 있다.

그는 창조된 것과 그 안에 있는 우리와 우리의 고통을 다 합쳐 하나의 거대한 예술 작품으로 감상하는 데서 즐거움을 느끼기 때문이다. 우리가 이 가설을 어떻게 받아들여야 할지는 불분명하다. 만약 '원초적 예술가'가 실재에 대해 진정한 묘사를 한다면, 이는 존재가 미학적으로 정당화된다는 뜻이 된다. 창조를 통해 인간을 넘어선 관점에서 즐거움을 주는 목적을 충족시키기 때문이다. 그렇다면 이 정당화를 미학적 신정론이라 표현하는 것이 타당할 것이다. 반면에 많은 사람들이 주장하듯이 니체가 이 '원초적 예술가'의 가설을 진실이 아니라 오히려 자기의식적인 신화로 의도했다고 하면,[34] 이는 기껏해야 '거짓 신정론'[35]에 해당하거나 어떤 의미에서는 아무것도 아닐 것이다. 실질적으로 존재와 세계를 정당화하는 것이 아무것도 없기 때문이다. 세계 자체의 존재 방식에 대한 진실 때문에 삶을 긍정할 이유가 충분하다는 주장 없이는, 비극을 통해 존재가 '정당화'된다는 말은 기껏해야 비극이 예술적 표현의 즐거움을 매개로 삶에 대한 긍정적 감정을 느끼게 한다는 의미일 뿐이다. 쇼펜하우어에게는 긍정 없이 정당화만 있었다면, 여기서 니체에게는 그의 설명에도 불구하고 정당화 없이 긍정만 있는 듯하다.

이 미학적 정당화 개념에 대한 이후 니체의 태도는 어떠했을까? 논평가들은 1886년 「자기비판의 시도」에서 "존재와 세계는 오직 미적 현상으로서만 영원히 정당화된다."라는 선언이 "승인하듯이 반복"[36]되며, 니체가 이에 대해 "자화자찬한다."[37]라고 말한다. 하지만 나는 이런 주장을 뒷받침할 증거가 충분하지 않다고 생각한다. 『즐거운 학문』의 유사한 구절에서 니체가 명확히 정당화 개념을 버리고 존재를 단순히 미적 현상으로서 '견딜 만한 것'으로 표현[38]한 사실을 제외하면, 「자기비판의 시도」 자체에는 이런 입장이 지속된다는 주장을 지지할 만한 아무런 근거가 없다. 니체는 여기서 『비극의 탄생』을 '의문스럽고' '이상하고' '접근하기 어렵고' '불가능하며' '모든 청춘의 결함이 두드러지고' '장황하고' '감상적이며' '당황스럽고', 그 외에도 많은 용어로 묘사한다.³⁹ 그럼에도 불구하고 세계가 미적 현상으로서 영원히 정당화된다는 핵심 사상은 여전히 유효할 수도 있지만, 니체가 이때 과연 그렇게 생각했을까? 그의 논평은 사실상 (1) 이 선언이 "도발적ₐₙzüglich"이라는 것, (2) "이 책 전체가 모든 일의 배후에 있는 예술가의 의미(와 숨겨진 의미)만을 인정한다는 것, 원한다면 이 의미를 '신'이라 부를 수도 있겠지만, 완전히 거리낌 없고 반도덕적인 예술가로서의 신이라는 것", (3) "누군가는 이 전체 예술가의 형이상학ₐ𝓇ₜᵢₛₜₑₙ₋ₘₑₜₐₚₕyₛᵢₖ이 변덕스럽고 쓸모없고 공상적이라고 말할 수도 있다는 것", 하지만 (4) "그 본질적인 특징은 …… 언젠가 존재에 대한 도덕적 해석과 의미 부여ₘₒᵣₐₗᵢₛ𝒸ₕₑ Aᵤₛ𝒹ₑᵤₜᵤₙg ᵤₙ𝒹 Bₑ𝒹ₑᵤₜₛₐₘₖₑᵢₜ 𝒹ₑₛ Dₐₛₑᵢₙₛ에 맞서 스스로를 방어하게 될 정신을 이미 드러내고 있다는 것"이다.⁴⁰ 니체가 여기서 자화자찬하는 것은 바로 (4)에서 말하는 반도덕적인 정신이다. 변덕스럽고 공상적인 신정론, 세계정론, 또는 무엇이든 간에(니체는 원한다면 이것을 '신'으로 불러도 된다며 애초 아이디어의 모호성을 강조한다.) 이제는 과거로 남겨져야 한다. 니체가 1886년에 돌아볼 때 『비극의 탄생』의 가장 좋은 점은 존재에게서 도덕적 의미를 찾지 않았다는 부정적인 특징이다. 이를 이해하기 위해 우리는 다시 니체가 (이번에는 명시적으로) 가리키는 곳, 즉 쇼펜하우어에게로 돌아가야 한다.

니체는 『비극의 탄생』의 다음 특징에 대해 자화자찬한다. "이 책에서는 아마도 처음으로 '선악의 저편에 있는' 염세주의가 스스로를 알리고 있으며, (실제로 나타나기도 전에) 쇼펜하우어가 지칠 줄 모르고 가장 격렬한 비난과 위협을 퍼부었던 '정신의 왜곡Perversität der Gesinnung'이 표현되고 공식화되고 있다."⁴¹ '정신의 왜곡'이라는 독특한 문구는 쇼펜하우어의 『여록과 보유』 2권의 다음 구절을 정확히 가리킨다. "세계에 단지 물리적 의미만 있고 도덕적 의미는 없다는 것은 가장 크고 파괴적이며 근본적인 오류로, 이는 진정한 정신의 왜곡Perversität der Gesinnung이며, 기본적인 의미에서 신앙이 적그리스도로 의인화한 것이 분명하다."[42] 우리가 옳은 구절을 찾았다고 확인해 주듯이, 니체는 "누가 적그리스도의 진정한 이름을 알 수 있겠는가?"[43]라며 결론을 내린다. 다시 말해 "세계에 아무런 도덕적 의미가 없다는 것을 어떻게 가장 잘 표현할 수 있겠는가?" 돌이켜 보면 『비극의 탄생』이 이런 최초의 시도긴 했으나 그다지 성공하지는 못한 듯하다.

쇼펜하우어는 우리가 세계에 도덕적 의미가 있다고 믿지 않는다면 파멸적이고 근본적인 오류에 빠지고, 결국 세계에 대한 형이상학적 설명을 하지 못해 불가피한 과제를 완수할 수 없게 된다고 생각한다. 쇼펜하우어는 종교와 철학 모두 인간의 근본적이고 고유한 '형이상학적 욕구'에서 비롯된다고 주장한다. "인류는 삶에 대한 해석Auslegung을 절대적으로 필요로 한다."[44]라고 말하는데, 이런 해석은 경험을 '해독'하고 자연의 '내부 또는 배후에 숨겨진' 것을 밝혀내는 역할을 한다.[45] 세계가 그 자체로 목적Selbstzweck이 아닌 한—그러려면 세계가 완벽해야 하고 고통이 없어야 한다.[46]—그것은 "더 높은 목적을 위한 수단Mittel zu einem höheren Zweck으로 나타나야 한다."[47] 형이상학은 더 높은 목적, 즉 자연의 배후에 숨겨진 의미를 발견하는 과업이며, 그는 이 과업을 회피하는 것이 파멸적인 오류라고 생각한다.

앞서 살펴봤듯이 쇼펜하우어에게 숨겨진 의미는 삶이 부정돼야 한다는 것이다. 그에게 형이상학적 진리란 세계가 다수의 고통받는 개체들로 표현되는 영원히 충족될 수 없는 의지며, 그런 세계의 존재가 우리에게 세계를 부정해야 할 이유를 제공한다는 것이다. 그러나 니체가 쇼펜하우어에게 반대하는 것은 쇼펜하우어가 형이상학적 낙관주의자여야 할 때 형이상학적 염세주의자였으며, 세계 자체를 긍정할 이유를 찾아야 할 때 세계를 부정할 이유를 제시했기 때문이 아니다. 다시 말해 쇼펜하우어가 세계에서 잘못된 '도덕적 의미', 즉 반규범성을 발견했기 때문이 아니다. 오히려 그의 잘못은 세계에 그런 도덕적 의미가 존재하고, 어떤 식으로든 세계에 대한 규범적 진리가 존재한다고 믿은 것이다. 이는 결국 진정한 '형이상학적 욕구'는 존재하지 않는다는 니체의 관점으로 이어진다. "형이상학적 욕구는 쇼펜하우어의 주장처럼 종교의 기원이 아니라, 그저 종교의 후기 파생물일 뿐이다. 종교적 관념의 지배 아래 사람들은 '다른 세계(내세, 천국, 지옥 등)'라는 개념에 익숙해졌고, 종교적 망상이 깨질 때 불쾌한 공허함과 박탈감을 느낀다. 그리고 이 느낌에서 '또 다른 세계'가 생겨나지만, 이번에는 종교적이지 않고 형이상학적 세계만 생겨난다."[48] 니체가 『즐거운 학문』 후반부에서 말하듯이 쇼펜하우어는 세계에 대한 '가짜' 기독교적(즉 유신론적이고 낙관적인) 해석을 포기하고 "존재에 과연 어떠한 의미라도 있는가?"[49]라는 질문을 남긴다. 하지만 쇼펜하우어의 대답은 "그렇다. 존재에는 의미가 있으며, 그 의미는 존재가 부정돼야 한다는 것이다."였다. 니체가 보기에 이는 "기독교적 금욕주의의 도덕관에 갇혀 있는"[50] 것으로, 기독교에서 자기부정의 모델을 가져왔을 뿐만 아니라 세계가 그 너머의 어떤 숨겨진, 더 높은 의미를 가리켜야 한다는 가정, 즉 본질적으로 '형이상학적 욕구'라는 종교적 가정에 집착하기 때문이다. 니체의 지적은 종교적 신념을 거부한다면 그런 가정도 버려야 한다는 것이다. 그러고 나면 역사적으로 국한된 심리적 빈곤함, 단순히 '불쾌한 공허함'만이 남는다. 그러나 이 공허함에 대응하는 방법은 쇼펜하우어가 말하는 '적그리스도', 즉 세계에는 더 높은 의미나 '도덕적' 의미가 없음을 받아들이는 것이다.

5절 고통은 그 자체로 나쁘지 않다

그렇다면 이제 신정론을 어떻게 바라봐야 할까? 신은 사라졌다. 고통 자체는 배후에 어떠한 행위자도 없으며, 일반적인 방법으로는 명백한 의미로 정당화될 수 없다. 고통은 이유가 있어 존재하는 것이 아니며, 세계가 마땅히 돼야 할 방식에 대한 설명에서도 중요한 역할을 하지 않는다. 우리가 세계를 원하거나 거부해야 할 이유를 제시하는, 세계에 대한 어떠한 포괄적인 진리도 없다. 형이상학적 낙관주의와 형이상학적 염세주의는 폐기됐고, 고통은 이런 형이상학에서 부여하던 의미를 박탈당해 세계는 '선악의 저편에' 존재하게 된다. 그러나 이 지점에 이르자 문제에 봉착한다. 니체가 말한 대로 고통은 여전히 "삶에 대한 반론",[51] "악하고 증오스럽고 소멸돼야 마땅한 …… 존재의 결함",[52] 가능하다면 "없애 버리고 싶은 것"[53]으로 보인다. 니체는 후기 저작에서 이런 태도를 버리도록 우리를 설득하려 시도하는데, 이는 명백히 신정론의 잔재다. 1880년대 니체의 저작에는 다음과 같은 구절이 많다. "당신이 생각하는 안녕, 그것은 목표가 아니다. …… 고통을 견디는 단련만이 …… 지금까지 인류의 모든 향상을 이끌어 온 유일한 원인이었다.",[54] "우리는 …… 고통 자체를 제거해야 할 것으로 보는 사람들과는 반대된다.",[55] "우리는 삶에서 날카롭고 모난 것들을 모두 없애려는 이 터무니없는 목표로 인해 인류를 모래로 만드는 길을 걷고 있는 것이 아닐까?",[56] "깊은 고통이 당신을 고귀하게 만든다."[57] 등.

고통의 이로운 점은 무엇일까? 니체는 하나의 답을 제시하기보다 여러 다른 측면을 살펴보려는 듯하다. 『비극의 탄생』에서 시작된 고통의 미적 전유라는 개념은 이후 저술에서도 광범위하게 이어진다. 또 니체는 고통이 잔인함에 대한 인간의 꾸밈없이 순수한 즐거움을 자극함으로써 삶을 고양시키는 스펙터클이라고 도발적으로 옹호하며, 현대의 우리는 이 사실을 인정하기에는 너무 유약해졌다고 주장한다. "타인의 고통을 보는 것은 유쾌한 일이다. 타인에게 고통을 가하는 것은 더욱더 유쾌한 일이다. …… 잔혹함 없이는 축제도 없다."[58] 그러나 비극적 예술이라는 매체를 통해 관조되는 고통이나 관객으로서 직접 즐기는 고통의 경우 모두, 실제로 고통을 겪는 사람에게 고통이 나쁘지 않다는 확신을 우리에게 주지는 못한다. 고통은 본질적으로 고통을 겪는 사람이 원치 않는 것이며, 인간이 혐오하는 것이다. 고통받는 사람은 분명히 자기 삶에서 고통이 발생하지 않기를 바랄 이유가 있는데, 어떻게 고통이 없다면 삶이 더 나아진다는 데 이의가 있을 수 있을까?

최근 논평가들이 연구한 이 질문에 대한 한 가지 대답은, 니체가 보기에 인간 행위자에게는 단순히 의지의 충족이 아니라 의지의 도전을 소중히 여기는 측면이 내재돼 있다는 것이다. "우리가 저항의 극복을 중요하게 여긴다면, 그 재료인 저항도 중요하게 여겨야 한다."[59] 자신의 의지에 대한 저항을 고통이라 부를 수 있다면, 이는 고통이 고통받는 사람에게 긍정적인 가치를 지니는 사례가 될 것이다. 그러나 일반적으로 신정론에서 요구하는 고통의 유형은 수동적으로 당하는 고통, 아무런 예고 없이 닥쳐오는 고통으로, 고통받는 사람이 결코 원하지 않을 고통이다. 이런 유형의 고통은 고통이 의지에 대한 저항이며, 주체성의 한 요소로서 긍정적인 가치를 지닌다는 생각으로는 명확히 설명되지 않는다.

그러나 『즐거운 학문』 338절에서는 고통이 고통받는 사람에게 나쁘지만은 않음을 암시하는 또 다른 사고의 흐름을 발견할 수 있다.

만약 당신이 단 한 시간의 고통도 견디기를 거부하고 대신 가능한 모든 불행을 미리 막으려고 끊임없이 애쓴다면, 만약 당신이 고통과 불쾌를 악하고 증오스럽고 소멸돼야 마땅한 존재의 결함으로 여긴다면, 당신의 마음속에는 연민의 종교 외에 또 다른 종교가 있으며, 후자는 아마도 전자의 어머니일 것이다. 바로 안락함의 종교Behaglichkeit다. 아, 속 편하고 선량한 자여, 당신은 인간의 행복에 대해 얼마나 아는 것이 없는가! 행복과 불행은 두 형제이자 쌍둥이로서 함께 자라거나—당신의 경우처럼—함께 못 자라고 남아 있을 뿐이다![60]

내가 다른 데서 주장했듯이[61] 이 구절에서 니체는 고통을 통한 심리적 성장 현상을 현대 심리학에서 말하는 외상 후 성장post-traumatic growth과 유사하게 파악하고 있다.[62] 니체가 '연민의 종교'라고 부르는 것은 모든 고통의 발생 자체를 나쁘게 여겨, 고통받는 사람의 안녕을 위해 고통을 제거하거나 방지해야 할 것으로 여기는 도덕관이다. 같은 구절 앞부분에서 니체는 '연민의 종교'를 반대하며, 그것이 "고통에서 진정 개인적인 요소를 박탈한다."라고 주장한다. '연민의 종교'는 "나나 당신에게 불행을 가져오는 전체적인 내적 순서와 상호 연관성, 내 영혼의 전체 경제와 '불행'으로 맞춰지는 균형, 새로운 동기와 욕구의 힘찬 개방, 오래된 상처의 치유, 과거 전체 기간의 허물 벗기"[63] 등을 고려하지 않는다는 것이다. 개인의 삶이라는 서사 안에서 이해하면, 특정한 고통은 (그렇지 않을 수도 있지만) 개인이 자기를 깊이 있게 이해하고, 심리적 힘을 얻으며, 새로운 감수성과 행동력을 획득하는 전체적인 '순서와 상호 연관성'의 필수적인 부분일 수 있다. 그러므로 어떤 사람의 삶에서 실제로 고통이 없었다면 삶이 빈곤해졌을 것이라는 주장도 이해할 수 있다. 한 예로 케이 레드필드 제미슨의 사례를 들 수 있다. 그녀는 다시 태어난다면 현재와 같은 양극성 기분장애 반복 삽화가 있는 삶과 없는 삶 중에서 어느 쪽을 택할지 묻는 질문에 "이상하게도 나는 있는 쪽을 택할 것 같다. …… 솔직히 병 덕분에 더 많은 것을 더 깊이 느끼고, 더 많이 경험했다고 믿기 때문이다."라고 대답했다.[64] 여기서 '이상하게도'라는 표현은 이해할 만한데, 고통이 진짜 고통이 되려면 나쁘고 원치 않는 것이어야 하기 때문이다. 그렇지만 제미슨의 선택은 현상학적 나쁨이 규범적 나쁨과 일치하지 않는다면 의미가 있다. 다시 말해 경험하기 끔찍한 일이 우리 삶에서 원할 만한 이유가 있는 일일 수도 있다는 뜻이다. 이는 니체의 입장과 일치하는 것으로 보인다. 즉 고통이 심리적 성장을 구성하는 '순서와 상호 연관성'의 필수적인 부분일 때 우리는 고통을 원할 이유가 있다는 것이다.

고통이 그 자체를 넘어선 상태와의 관계로 인해 단순히 도구적으로 좋다는 의미라면, 니체의 견해는 큰 논란의 여지가 없다. 이런 도구적 관점은 '연민의 종교'와도 양립할 수 있는데, 도구적으로 선한 고통이 그 자체로는 악한 필요악으로 분류될 수도 있기 때문이다. 그러나 니체의 견해는 이와 다르다. 그는 고통을 어떤 선을 초래할 수 있는 악으로 생각하기보다 애초에 "고통을 …… 악하고 증오스럽고 …… 존재의 결함으로" 보는 관점 자체가 잘못됐다고 생각한다. 이는 고통 자체를 규범적으로 나쁘게 여겨서는 안 된다는 것을 시사한다. 이 경우, 니체는 모든 고통에 그 자체로 우리가 없애고자 할 이유가 있다는 포괄적인 주장에 반대한다. 니체가 이해하듯이 안녕을 얻으려면 일종의 성장이 필요하며, 이런 성장은 먼저 고통을 겪고 나서 그 고통을 자신에게 의미 있는 방식으로 이해하거나 해석할 수 있어야만 가능하다. 따라서 우리는 '연민의 종교'에 내재된 고통에 대한 평가를 버리고, 고통이 모든 상황에서 고정된 규범적 가치를 지니는 것이 아님을 받아들여야 한다. 고통이 단지 고통이라는 이유로 고통받는 사람에게 항상 나쁜 것은 아니다. 그 가치는 항상 누군가의 특정한 삶에서 고통이 차지하는 위치, 즉 어떤 '순서와 상호 연관성'의 일부가 되는지에 따라 달라질 것이다.

6절 결론

이처럼 니체는 고통과 일종의 화해를 하는 방식, 고통을 없애려 하지 않고 삶을 긍정하는 방식, 고통을 우리에게 없어서는 안 될 것으로 여기는 방식, 고통을 의미 있는 것으로 해석하는 방식을 옹호한다. 이런 태도는 이 장 서두에서 언급했듯이 일종의 신정론 또는 고통의 정당화에 해당한다고 할 수 있다. 그러나 최소한 그런 설명들은 니체의 입장에서 한 가지 명확한 지점을 이해하는 데는 불필요하다. 즉 우리가 누구고 우리에게 어떤 일이 발생하는지에 따라 우리 삶을 풍요롭게 할 수도 있는 심리적 현상을 찾아내야 하며, 고통 없는 삶이 더 낫다고 생각하는 사람들은 이런 풍요로움을 놓치고 있다는 그의 주장이다. 이런 주장을 설명하기 위해 '신정론'이나 '정당화'를 언급할 필요는 없다. 다른 한편으로 고통이 어떤 더 큰 전체(여기서는 개인의 전개되는 삶)와의 관계에서 획득하는 의미 때문에 환영받을 만하다는 생각에는 신정론과의 가느다랗게 연속성에 대한 실마리가 남아 있다고 볼 수 있다.

앞서 언급했듯이 사이먼 메이는 니체에게서 이보다 더 신정론과 급진적으로 단절되는 독특한 긍정 개념을 발견할 수 있다고 주장한다. 메이는 니체가 도덕적 전통의 외부와 내부에 모두 존재한다고 본다. 외부적인 측면은 고통을 다른 어떤 것과의 관계를 바탕으로 '정당화'하거나 가치와 의미를 부여하려 하지 않는 긍정 개념, 즉 "삶의 '있음there-ness' 또는 본질에 대한 무조건적인 기쁨인 삶에 대한 긍정 개념"과 "고통이 본질적인 최고의 선을 소환하지 않는"[65] 긍정 개념이다. 이런 긍정 개념은 고통이 심리적 성장과 그로 인한 안녕에 기여하기 때문에 가치 있다고 여기는, 앞서 살펴본 니체의 주장과는 대조된다. 메이는 이 후자의 주장을 '때문에'란 표현 때문에 신정론과 연속적인 것으로 간주하는 듯하다. 고통을 더 높은 가치와 연관 지을 필요 없이 삶의 본질에서 무조건적인 기쁨을 얻는다는 이 개념이 진정으로 니체의 입장인지는 논란의 여지가 있다. 메이는 니체가 이 개념을 명확히 설명하지 않는다는 점을 인정하며 "우리가 그를 대신해 이 작업을 해야 한다."[66]라고 주장한다. 따라서 메이가 말하는 특징이 실제로 니체의 견해에 있다는 정확한 근거가 얼마나 될지는 여전히 불분명하다.[67] 메이는 니체의 관점에서 운명애의 이상에 중점을 두지만, 운명애가 폴 뢰브Paul Loeb의 표현처럼[68] '해석학적 신정론' 전략에 의존해 고통스러운 사건을 어떤 선을 위해 필요했던 것으로 소급해 재해석하는 것이라는 대안적 견해를 제시할 근거도 있다.

내가 니체에게 귀속시키는 관점 역시 후자에 속한다. 이 관점은 고통 자체가 고통받는 자에게 나쁜 것은 아니며, 고통 없는 삶은 행복에 필요한 일종의 풍요로움을 누릴 수 없다고 주장한다. 그러나 이 견해에 치명적인 것은 고통이란 풍요로울 수도 있고 파괴적일 수도 있는 잠재력이 있다는 점이다. 많은 삶에서 고통이 포함된 '전체적인 순서와 상호 연관성'이 결코 긍정적으로 재해석되거나 의미를 찾거나 성장의 서사로 통합되지는 않을 것이다. 이 점에서 니체의 후기 입장은 신정론적 전통의 고유한 특징이 결여돼 있다. 니체는 고통 그 자체에 고정된 규범적 가치가 있다거나, 고통 자체에 의미가 있다거나, 고통은 다 이유가 있어서 발생한다거나, 고통이 정당화된다고 주장하지 않는다. 물론 고통을 포함하는 세계가 우리에게 이롭다거나, 고통 때문에 어떻게든 우리 삶을 가치 있게 여겨야 한다고 주장하지도 않는다. 니체의 관점에서는, 고통이 단지 고통이란 이유만으로 그 의미나 특정한 규범적 가치를 보장받을 근거는 아무것도 없다. 이런 모든 면에서 니체는 신정론의 전통에서 벗어나 있다.

10장

쇼펜하우어와 니체의 정동과 인식

1절 서론

이번 장에서는 '정동과 정념'에 관심을 갖고 그것이 인식에 미치는 영향에 대해 뚜렷이 대립하는 주장을 펼친 19세기 사상가 두 명을 살펴보고자 한다. 쇼펜하우어는 정서가 인식을 손상시킨다는 견해를 지지하는 반면, 니체는 정서가 인식에서 제거될 수 없으며 오히려 인식을 향상시킨다고 주장한다. 10장의 전반적인 구조는 다음과 같다. 쇼펜하우어는 인간 개인이 본래 정동적 측면에서 환경을 이해하려는 성향을 타고난다고 주장한다. 모든 인간에게 정동과 정념은 '의지의 움직임'이며, 인식은 본질적으로 제거할 수 없는 공통 본질을 구성하는 의지에 봉사한다. 이것이 인식과 정서 상태의 관계에 대한 쇼펜하우어의 '서술적' 설명이며, 평범한 인간 개인인 우리는 자연히 둘 중 어느 하나만 가질 수 없다. 동시에 이 관계에 대한 그의 '평가적' 입장은 부정적이다. 인식은 인간 본성에 속하는 정서, 욕망, 충동을 떨쳐 낼 수 없기 때문에 손상되거나 뒤틀리거나 오염된다. 따라서 여기서도 쇼펜하우어 사상에 스며 있는 특징적인 염세적 패턴의 한 예를 볼 수 있다. 인간의 본성과 본질은 차라리 존재하지 않는 편이 더 나은 상태다. 올바른 인식은 개인의 욕구나 욕망, 관심사, 느낌의 개입 없이 순수하게 세계를 반영한다는 점에서 객관적일 것이다. 하지만 안타깝게도 인간 개인은 올바른 인식에 적합하지 않게 타고나며, 쇼펜하우어의 말처럼 인간 본성에서 벗어나 '순수한 인식주체가 되는' 상태에 접어드는 경우는 두 가지 예외적인 상황이 발생할 때뿐이다. 이런 경우는 모든 의지가 일시적으로 가라앉고, 쇼펜하우어가 명백히 인식적으로 우월한 상태라고 주장하는 보기 드문 평화의 오아시스인 미적 경험에서 발생할 수 있다. 또한 쇼펜하우어가 "삶과 고통으로부터 진정한 구원, 구제"[1]의 필수 조건으로 여기는 극단적인 상태인, 고통 앞에서 삶에의 의지를 완전히 부정하는 경우에도 발생할 수 있다. 그렇지만 이처럼 비교적 이례적인 두 가지 경우가 아니면, 일반적인 경험적 인식은 의지와 정동의 노예가 돼 불완전해질 수밖에 없다.

니체는 인식과 정동의 관계에 대해 쇼펜하우어의 서술적 설명과 유사한 입장인 듯하다. 니체의 관점에서 자기는 충동의 복합체며, 세계를 해석하는 것도 주로 이런 충동이나 관련된 정동이다.[2] 그러나 니체는 쇼펜하우어의 평가적 입장은 단호히 거부한다. 그는 순수하고 객관적이며 정동이 없는 인식의 가능성을 부정하며, 그런 인식 형태를 추구하는 철학적 야심을 비판의 대상으로 삼는다. 나아가 인식과 정동의 관계에 대한 서술적 설명을 바탕으로 이런 열망을 약화하는 설명, 계보학적 설명을 제시하려 한다. '순수한' 인식이란 단지 이론적이며 신화일 뿐이지만, 이론가의 욕망과 정동은 왜 그 신화가 철학자들, 특히 쇼펜하우어에게 그토록 매력적이었는지를 설명할 수 있다고 니체는 생각한다. 둘째로, 니체는 쇼펜하우어의 평가적 입장의 역전을 주장한다. 즉 니체는 정동이 인간의 인식에 미치는 영향이 필수적일 뿐만 아니라 유익하다는 것을 밝히고자 한다. 인식은 정동에 의해 향상되며, 정동이 늘어날수록 더 그렇다. 이것이 니체의 이른바 관점주의perspectivism의 핵심이며, 내가 이전에 주장했듯이[3] 그의 유명한 말 "오직 관점적인 '앎'만이 있을 뿐이다. 그리고 어떤 문제에 대해 더 많은 정동이 말하도록 할수록 …… 이 문제에 대한 우리의 '개념'과 '객관성'은 더욱 완전해질 것이다."[4]가 의미하는 바다.

니체는 어떻게 정동이 인식적으로 유익할 수 있다고 생각한 것일까? 이 장의 마지막 부분에서는 이런 맥락에서 몇 가지 반론을 고려한다. 이런 반론을 다룰 때는 '전통적 인식론'의 특징으로 여겨지는 몇몇 가정에서 벗어나는 것이 중요하다. 인식론과 정서에 관한 한 책의 편집자들이 최근 설명한 바에 따르면, "정서는 전통적 인식론에서 중요한 역할을 하지 않았으며, 정서가 조금이라도 주목받을 때는 주로 인식을 손상시키는 것으로 여겨졌다."[5] 이 개념은 발견의 맥락보다는 정당화의 맥락에 집중하고, 명제적 지식에 집착하며, 지식에는 오류가 없는 기초가 필요하다는 가정으로 특징지을 수 있다고 그들은 설명한다.[6] 예를 들어 인식론의 주된 질문이 p라는 믿음이 어떻게 정당화되고 어떻게 확실성을 보장하는 방식으로 정당화되는지에 관한 것이라면, 가변적이고 주관적이며 오류 가능성이 있는 정동이나 정서의 반응은 지식의 본질을 이해하는 작업에 기껏해야 무관하고 최악의 경우 해로울 수 있다. 마찬가지로 이런 '전통적 가정' 아래에서는 지식을 추구하고 습득하는 활동에 동기를 부여하고 활동을 안내하며 가능하게 만드는 정동과 정서의 여러 역할에 거의 관심을 기울이지 않을 수 있다. 이런 정동과 정서의 예로는 연구를 부추기는 의심과 실망, 발견의 충족감(모리츠 슐리크가 말하는 '성취감' 또는 '지식의 기쁨 …… 추측이 맞았다는 희열'[7]), 정서로 인해 현저해지는 대상에 주의를 집중하는 능력, 그리고 다소 논란의 여지가 있지만 그 자체로 반응 의존적인 환경의 특징을 식별하는 능력(예를 들어 "상황, 동물, 사람이 어떤 구체적인 방식으로 매력적이거나 혐오스러운지를 보는 것"[8]) 등이 있다.

쇼펜하우어나 니체 모두 앞서 개략적으로 설명한 의미에서 '전통적 인식론'의 주창자로 볼 수는 없다. 니체는 흔히 '지식이나 앎Erkenntnis, Erkennen', '우리 인식자들wir Erkennenden'[9]로 번역되는 바를 이야기할 때, 예를 들면 도덕성의 가치 등에 관심 있는 사람을 위해 복잡하고 장기적인 연구 프로젝트를 염두에 두는 경향이 있다.

> 누구든지 여기에 매달려 …… 질문을 던지는 법을 배우는 사람은 내가 겪은 일을 겪게 될 것이다. 그는 거대하고 새로운 시야가 열리고, 새로운 가능성에 현기증처럼 사로잡히며, 온갖 종류의 불신, 의심, 두려움이 치솟고, 도덕에 대한 믿음, 모든 도덕에 대한 믿음이 흔들릴 것이다. …… 우리는 도덕적 가치에 대한 비판이 필요하다. …… 이를 위해서는 도덕적 가치가 형성되고 발전하고 변화해 온 조건과 상황에 대한 지식Kenntnis이 필요하며 …… 이는 지금까지 존재하지 않았고 원하지도 않았던 종류의 지식이다.[10]

나는 니체가 정동이 '앎'에 필수적이라고 여긴다고 주장할 것이다. 이 주장은 '전통적 인식론'의 좁은 관심사와 관련지으면 그럴듯하지 않을 수 있다. 하지만 나는 니체가 주로 관심을 둔 인식적 과업에 초점을 맞추면 더 그럴듯하고 흥미로운 주장이 될 수 있다고 주장할 것이다.

니체가 명확히 응답했듯이, 쇼펜하우어는 명제적 지식을 인식의 독특한 형태로 인식한다. 그는 Erkenntnis(인식) 안에서 Wissen(지식 또는 앎)이라는 하위 범주를 식별한다.[11] 모든 동물이 어떤 형태든 인식을 가지지만, Wissen은 개념을 형성할 수 있는 능력에 의존하며 인간만이 소유한다. 이는 추가적인 명제나 직접적인 지각과의 관계를 통해 적절히 정당화되는 명제적 지식에 해당한다.[12] 그러나 쇼펜하우어가 특권을 부여하는, 정동이 배제된 인식 유형은 이것과는 완전히 다르다. 이런 인식의 예시는 개념적 사고가 중지되는 미적 경험에서 찾을 수 있다.

> 〔미적 경험에서〕우리는 자기 정신의 온 힘을 직관Anschauung에 바친다. …… 우리는 자신을 잊고 완전히 대상에 빠져들어 오로지 순수한 주체이자 대상의 맑은 거울로서만 존재한다. …… 그렇게 해서 우리가 인식하는 것은 더 이상 개별적인 것 자체가 아니라 이데아, 영원한 형상이다.[13]

쇼펜하우어의 개념에서 정동을 제거하면, 시간을 초월해 존재하는 실재와의 탁월한 인식적 만남이 가능해진다. 그는 도덕적으로 선하고 자비로운 사람을 특징짓는 인식 또는 지식의 종류를 논의할 때 같은 방향으로 더 나아간다. 이는 그가 『우파니샤드』와 신플라톤주의에서 예고됐던 지식의 종류를 발견한 것으로, "모든 진정한 신비주의의 본질을 이루는 동일한 지식", 즉 누군가가 "다른 사람의 모습에서 자신의 본질을 그 자체로 인식하는erkennt" 상태다.[14]

마지막으로 두 사상가가 인식하는 정서 상태의 범위에 대해 한마디 덧붙이겠다. 쇼펜하우어와 니체 모두에게 Affekt(정동)는 Leidenschaft(정념)와 쉽게 결합되며, 일반적으로 감정이라 부르는 것을 포함하지만 거기에 국한되지는 않는다. 쇼펜하우어에게 모든 정동의 발생은 의지의 움직임으로 분류된다. 그에게 '의지Wollen'란 매우 포괄적인 개념으로, 명시적으로 다음을 포함한다.

모든 욕망, 노력, 소원, 갈망, 동경, 희망, 사랑, 즐거움, 기쁨 등뿐만
아니라 의욕하지 않거나 저항하고, 혐오하고, 도망가고, 두려워하
고, 화내고, 미워하고, 슬퍼하고, 고통받는 것 등 요컨대 모든 정동
과 정념Affekte und Leidenschaften을 겪게 된다. 이런 정동과 정념은 단
순히 한 사람의 의지가 억제되거나 해방되고 충족하거나 충족되지
않은 상태에서 일어나는 약하거나 강한, 때로는 격렬하고 폭풍우
같고 때로는 부드럽고 고요해지는 움직임이기 때문이다. 이 모든
것은 의지의 대상을 얻거나 얻지 못하는 것, 혐오하는 것을 견디거
나 극복하는 것과 관련돼 다양하게 변형되며, 따라서 결정과 행동
에 작용하는 동일한 의지의 결정적인 정서들이다.[15]

니체에게도 모든 정동은 근본적으로 선호나 불호, 또는 의지의 긍
정적이고 부정적인 동요인 것처럼 보인다. 그는 때때로 단순히 '선호
와 불호', '찬성과 반대', '찬반'이라 표현한다. 하지만 그에게 정동의
범위는 훨씬 더 광범위하다.『도덕의 계보』와『선악의 저편』에서만 해
도 니체는 다음과 같은 모든 개념에 Affekt(정동)라는 용어를 적용한
다. 분노, 두려움, 사랑, 증오, 희망, 시기, 복수, 욕망, 질투, 성급함, 활
기, 평온, 자기만족, 자기 비하, 자기희생, 권력욕, 탐욕, 의심, 악의, 잔
인함, 경멸, 절망, 승리, 타인을 내려다보는 느낌, 타인에 대한 우월감,
타인의 눈에 자신을 정당화하려는 욕망, 존경의 요구, 나태함, 명령의
느낌, 나쁜 행위의 반추 등.[16] 따라서 인식과 정동의 관계를 탐구할 때
는 긍정적이거나 부정적인 색조를 지닌 다양한 느낌의 상태를 다뤄야
한다.

2절 쇼펜하우어: 인식은 자연스럽게 정동의 영향을 받는다

쇼펜하우어는 모든 살아 있는 존재에게 자연스러운 것이라는, 강력하고 온전한 개념을 제시한다. 바로 의지로, 목적을 향한 노력, 개체의 자기긍정, 생존과 번식을 위한 노력 등이다. 그의 용어로 '삶에의 의지'는 인간의 본질이며, 인간은 삶에의 의지의 개별적인 표현이다. 쇼펜하우어가 보기에는 이 본질로부터 수많은 일들이 펼쳐질 수 있다. 개별 생명체는 본질적으로 활동적이며 목적을 위해 끊임없이 노력한다. 이들의 노력은 자주 성취되지 못하며, 이는 곧 고통으로 이어진다. 삶은 노력과 고통, 일시적 충족과 더 많은 노력의 끊임없는 흐름 속에 있으며, 이는 본질적으로 자연 전체와 유사한 살아 있는 유기체인 몸에 위치한다. 인간은 철학 전통의 일부 지배적인 관점에서 말하는 합리적인 지성이나 비물질적인 영혼이 아니다. 이와 반대로 쇼펜하우어는, 니체의 유명한 문구[17]를 빌리자면, 인간을 다시 자연으로 돌려놓으려 한다. 인간은 본성적으로 삶에의 의지를 긍정하거나, 쇼펜하우어의 선언처럼 몸을 긍정한다고 말할 수 있다. 정서와 관련된 인식이 인간의 본성적 조건에 속하는 것은 의지가 인간의 주요 특성이기 때문이다.

우리는 세계를 일상적으로 인식할 때 의지는 물론 '의욕'의 범주에 속하는 다양한 정서 상태가 거기에 스며들어 있음을 발견한다. 다음은 『의지와 표상으로서의 세계』에서 발췌한 몇 가지 예시다.

> 일반적으로 인식은 이성적이든 직관적이든 간에 본래 의지 자체에서 생겨나며 …… 다른 신체 기관과 마찬가지로 개체와 종을 보존하는 수단이자 메커니즘이다. 원래 의지에 봉사하고 의지의 목표에 이바지하도록 결정되는 인식은 거의 전적으로 의지에 봉사하는 상

태로 유지되며, 이는 모든 동물과 거의 모든 인간에게 해당된다.[18]

세계와 삶을 직관할 때, 우리는 보통 모든 것을 그들의 관계 속에서만 고려한다. …… 예를 들어 집, 배, 기계 등을 볼 때도 그 목적과 목적 적합성을 생각하며 본다. 사람들을 볼 때도 우리와 관계가 있다면 그 관계를 생각하고, 다음에는 그들 간의 관계를 생각하며 본다. …… 사람들은 보통 대다수가 이런 종류의 생각에 빠져 있고, 사실 나는 사람들 대부분이 다른 종류의 생각은 전혀 할 수 없다고 생각한다.[19]

다음은 피할 수 없는 정서적 측면으로 사물을 인식하는 방식에 대한 쇼펜하우어의 몇 가지 예시다. (일부는 불쾌감을 유발할 수 있다.)

심지어 무생물조차도 우리에게 혐오스러운 어떤 사건의 도구로 여겨지면 흉측한 인상을 짓고 있는 것처럼 보인다. 예를 들어 교수대, 우리가 감금된 요새, 외과 의사의 의료 기구함, 사랑하는 사람이 타고 떠날 마차 등이 그렇고, 숫자나 문자, 인장 등도 섬뜩한 괴물처럼 끔찍하게 얼굴을 찡그리며 우리에게 영향을 미칠 수 있다. 반면에 우리의 소원을 들어주는 것들, 예를 들어 우리의 연애편지를 전달하는 꼽추 노파, 루이도르louis-d'ors 금화를 들고 있는 유대인, 우리의 탈출을 돕는 밧줄 사다리 등은 갑자기 유쾌하고 다정해 보인다. …… 〔그리고 이런 효과는〕 우리의 의지, 즉 우리의 선호나 불호Neigung oder Abneigung와 관계가 먼 대상들에서도 낮은 수준으로 존재한다.[20]

그렇지만 이런 효과는 자연스럽고 일반적으로 보여도, 쇼펜하우어의 견해에 따르면 인식을 손상시키고 왜곡시킨다.

> 우리가 아무 사심 없이, 의지의 완전한 침묵 속에서 바라볼 때만 사물을 순전히 객관적으로 올바르게 이해할 수 있다는 것을 확인하려면, 온갖 정동Affekt이나 정념Leidenschaft이 얼마나 많이 인식을 손상시키고 왜곡하는지를 상상해 보자. 사실 모든 선호나 불호Neigung oder Abneigung는 우리 판단뿐 아니라 사물에 대한 원래의 직관마저도 변형시키고, 물들이고, 왜곡시킨다.[21]

> 〔지성은〕 의지가 멈추고 침묵하는 동안에만 순수하고 적절하게 그 기능을 수행할 수 있다. 반대로 의지가 눈에 띄게 흥분할 때마다 지성의 기능이 방해받고, 그 간섭으로 인해 결과가 왜곡된다.[22]

쇼펜하우어는 다양한 정서를 언급하며 이런 간섭의 여러 사례를 제시한다. "너무 무서우면 우리는 종종 겁에 질리거나 가장 부적절한 행동을 할 정도로 완전히 정신을 잃고 만다." "화가 나면 우리는 더 이상 스스로 뭘 하고 무슨 말을 하고 있는지 알지 못한다." "두려우면 우리는 바로 근처나 손 닿는 데 있는 구조 수단도 발견하거나 붙잡지 못한다." "사랑과 증오는 우리의 판단을 완전히 왜곡시킨다. 우리는 적의 결점만 보고, 사랑하는 사람의 장점만 보거나 그의 결점마저도 사랑스럽게 여긴다."[23] 희망은 흥미로운 사례를 제공한다. 희망은 "그 대상을 확대해" 우리가 원하는 바를 "성취 가능하고 가까이에 있는 것처럼" 보이게 만든다.

> 그러나 지성은 진리를 지향하는 자신의 본성을 위반하고 스스로의 원칙을 어기면서, 진실하지도 않고 그럴듯하지도 않으며 종종 가능

성조차 거의 없는 것들을 진실로 취급하도록 스스로 강요한다. 이는 오로지 불안정하고 다루기 힘든 의지를 잠시 동안이라도 달래고 진정시키고 잠재우기 위해서다. 여기서 우리는 누가 주인이고 누가 종인지를 분명히 알 수 있다.[24]

여기에는 명백히 특이한 점이 있다. 한편으로 지성은 의지의 목적을 달성하는 단순한 도구에 불과하지만, 다른 한편으로 진리를 추구하는 지성의 고유한 기능은 바로 지성이 주인으로 섬기는 의지에 의해 방해를 받는다. 그러나 나는 쇼펜하우어의 입장에 모순이 없다고 생각한다. 지성의 기원은 유기체의 목적을 충족시키는 것으로 설명되지만, 유기체의 모든 목적이 지성의 고유한 기능을 최적으로 수행한다고 가장 잘 충족되는 것은 아니기 때문이다. 정동과 정념의 개입을 최소화해 현실을 파악하는 것이 항상 최선의 삶을 보장하지 않는다는 생각은 이해할 수 있다. 하지만 쇼펜하우어의 요지는 지성이 의지의 지배를 받지 않는다면 고유한 목적을 더 잘 달성하리라는 것이다.

쇼펜하우어는 또한 프로이트 자신이 지적했듯이 프로이트의 억압 개념을 예고했다.[25] 쇼펜하우어는 의지가 지성에 대한 헤게모니를 주장할 수 있다고 말한다,

> 의지가 지성에 특정한 표상을 금지할 때, 단순히 특정한 생각의 흐름을 차단할 때는 그 생각이 내부에서 앞서 언급한 감정 중 하나를 불러일으킬 것임을 알기 때문이다. 그러면 의지는 지성을 억제하고 다른 것에 집중하도록 강요한다.[26]

더 원초적인 의지에게는 지성에서 특정한 생각의 흐름이 발생하는 것을 절대적으로 막을 힘이 있다는 점에 주목하자. 즉 그런 생각

은 어떤 의미에서 우리의 생각으로 존재하지만, 우리는 결코 그것을 의식적으로 즐기지 않는다. 따라서 생각을 막는 과정은 무의식적이어야 한다. 쇼펜하우어는 일상생활에서 "주의 깊은 사람이라면 누구나 …… 자기 안에서 관찰할 수 있는"[27] 종류의 예를 많이 제시한다. 여기서 의지는 지성이 배제된 채로 '비밀리에' 결정을 내리거나 계획을 세우므로 지성은 "낯선 사람처럼 의지를 엿듣거나 기습 공격을 해야만 결정이나 계획을 알 수 있으며, 의지가 결정을 실행하는 도중에 불시에 의지를 포착해야만 그 진정한 의도를 파악할 수 있다."[28] 이런 식의 행동이 바람직하다거나 그렇지 않다는 의식적인 판단은 내 근본적인 의지의 진정한 방향을 드러내는 "환희와 억누를 수 없는 기쁨"에 의해 "스스로도 놀랄 만큼"[29] 휩쓸려 사라진다. 그러나 쇼펜하우어는 일반적으로 의지가 "인식에 …… 직접적이고 무의식적이며 '해로운' 영향을 미친다."(필자 강조)[30]라며 이런 상황을 유감스럽게 여긴다.

3절 순수 인식

그렇다면 쇼펜하우어가 의지의 종으로서의 인식과, 의지가 정화되는 더 드문 인식 상태를 대조하는 다른 용어는 뭘까? 이 대조의 깊이를 이해하려면 쇼펜하우어 철학의 변증법적 형태를 전체적으로 살펴볼 필요가 있다. 『의지와 표상으로서의 세계』는 자연적이고 체화된 의지적 자아와 순수하고 개별화되지 않은 주체 사이의 투쟁을 제시하며, 이 긴장이 시종일관 유지된다. '주체'는 책의 첫 페이지부터 소개되며, 바로 2절에서 다음과 같은 구절이 나온다.

주체는 모든 것을 인식하는 자리지만, 그 자체는 그 무엇에게도 인식되지 않는다. …… 누구나 자신을 이 주체로서 발견하지만, 사물을 인식하는 한에서만 그렇지 인식의 대상이 되는 한에서는 그렇지 않다. 그러나 몸은 이미 대상 중의 대상이다. …… 몸은 모든 인식의 형식인 시간과 공간 속에 위치한다. (이로 인해 다수성이 존재한다.) 반면에 인식하면서도 인식되지 않는 주체는 이런 형식 속에 위치하지 않는다.[31]

우리 각자가 자신의 것으로 경험하는 몸은 공간과 시간 속에 있는 대상이다. 그러나 주체는 세계 속에 있는 항목이 아니다. 우리는 그 의식 안에 모든 대상이 존재하는 '주체로서 자신을 발견'하지만, 이 주체 자체는 대상들 가운데 존재한다고 볼 수 없다. 그래서 '주체'는 쇼펜하우어에게 '사람'이나 '인간 개체'와 같은 의미가 아니다. 후자의 용어들은 대상의 세계 속에 있는 항목을 지칭한다. 우리 각자는 인격이나 육체를 가진 인간 개체로서 세계 안에 존재하며, 대상들 중 하나로 존재한다. 그러나 쇼펜하우어에 따르면, 우리는 단순히 개체가 아니다. 우리는 각자 단일한 '주체'로서의 자신을 발견하는데, 여기서 (주목할 만하게도) '주체들'이 아닌 까닭은 '주체subject'가 가산명사가 아니기 때문이다.

쇼펜하우어의 주체 개념 뒤에는 자기의식의 '나I'에 관한 익숙한 칸트적 사유가 숨어 있다. "나는 어떤 대상을 인식하기 위해 전제돼야 하는 것을 대상 자체로 인식할 수 없다."[32] 자신을 의식의 중심으로 인식해서는 우리가 자신이라 생각하는 자기를 세계 속의 어떤 대상이나 몸, 사람, 개체와도 동일시하기에 충분하지 않다. 이 경우, 쇼펜하우어가 의미하는 우리의 자기감각에 진정한 긴장이 잠재할 수 있다. 우리의 자기감각은 스스로를 자연적으로 몸을 가진 인간 개체로 보느냐, 아니면 순수한 주체로 보느냐에 따라 달라질 수 있다. 『의지와 표상으로서의 세계』는 바로 이런 대립을 중심으로 구조화되며, 우리는 자기감각이 한 극에서 다른 극으로 이동함에 따라 다양한 형태의 자기 동일시가 가능해진다. 능동적이고 의지가 있는 존재로서 우리의 의식은 신체적인 개체의 것이지만, 쇼펜하우어가 구상한 대로 미적 경험에서 우리는 "순수하고 의지가 없고 고통이 없고 영원한 인식의 주체"[33]가 되며, 우리 안의 의지가 스스로를 부정하면 자기 자신을 다른 모든 것과 분리된 개체로 여기지 않는 구원적인 의식 상태에 도달하게 된다.

쇼펜하우어가 이런 (심미적 관조와 같은) 의식 상태를 '평화' 또는 '안정Ruhe' 상태라 부를 때 힘주어 강조하려는 것은 의식에 의지가 없기 때문에 주체가 어떠한 정동이나 정념도 느끼지 않는다는 점이다. 그는 의지가 없는 미적 상태를 "행복과 불행이 사라진 상태"[34]로 묘사하며, 삶에의 의지가 그 자체를 부정하는 성자의 상태도 이와 마찬가지일 것이다. 다만 후자의 경우에는 인간의 본질인 삶에의 의지가 의식으로부터 분리될 수 있을 뿐 당연히 (본질이기 때문에) 완전히 없어지는 것은 아니므로 행복과 불행이 끊임없이 침범할 위협이 있다. 쇼펜하우어는 이 순수하고 의지가 없는 인식을 객관적인 것으로 간주하는데, 바로 그것이 인간 개개인의 욕망과 정서의 영향에서 벗어나기 때문이다. 순수하게 인식하는 주체는 "일반적으로 의지나 정동을 가질 수 없으며überhaupt keines Wollens oder Affektes",[35] 따라서 "어디에도 관여하거나 관심을 가질 수 없는"[36] 무심하고 초연한 방관자가 될 수 있다. 쇼펜하우어는 이런 무관심이나 사심 없음이 객관성에 충분한 조건이라 여긴다.

4절 니체: 정동에서 자유로운 앎이란 없다

쇼펜하우어에 대한 니체의 가장 강력한 대응은 그의 저작 중 가장 유명하고 많이 논의된 부분인 『도덕의 계보』세 번째 논문 12절(니체의 '관점주의'를 제시하는 결정적인 출간 텍스트로 평가된다.)에 나타난다. "오직 관점적인 보기만이 있고, 오직 관점적인 '앎'만이 있을 뿐이다."라고 선언할 때 니체는 쇼펜하우어가 미학 이론에서 옹호한 '객관성' 개념, 즉 "순수하고 의지가 없고 고통이 없고 영원한 지식(또는 인식)의 주체"가 달성한다고 주장하는 객관성에 반대하고 있다. 쇼펜하우어에 따르면 앞서 살펴봤듯이 평범한 의식은 의지에 종속돼 있으며, 끊임없이 밀려왔다 흘러가는 찬성과 반대의 태도 또는 의지의 움직임인 '정동과 정념'을 주인으로 섬긴다. 그러나 예술적 천재의 의식에서는, 그리고 어느 정도 우리 모두의 의식에서는 모든 정동과 정념이 꺼지거나 중단되고 주체는 객관적인 존재를 수동적으로 비추는 거울에 최대한 근접하는 더 순수한 종류의 인식에 도달할 수 있다. 『도덕의 계보』세 번째 논문 12절에서 니체는 이런 '객관성'에 대한 설명을, 미적 맥락을 넘어 철학자들에게 널리 퍼진 유혹의 상징으로 묘사한다. 즉 객관성 개념이 감정, 욕망, 개인적 또는 신체적 애착에 의해 오염되지 않은 진정한 지식을 얻을 수 있는 이상적인 인식 상태를 상정한다는 것이다.

이 구절은 다음 대목에서 절정에 이른다.

마지막으로 특히 우리 인식자들은 이제 너무나 오랫동안 무모하게 그리고 무익하게 정신이 자기 자신을 향해 공격해 온 익숙한 관점과 평가를 단호히 뒤집는 데 감사하지 않을 수 없다. 이런 식으로 한번 다르게 보는 것, 다르게 보고자 하는 것은 미래의 '객관성'을 위한 지성의 결코 작지 않은 훈련이자 준비다. 여기서 '객관성'은 비개념적이고 부조리한 '무심한 직관interesselose Anschauung'이 아니라 자신의 힘으로 찬반 입장을 통제하고 안팎으로 전환하는 능력으로 받아들여지며, 사람들은 이 능력을 통해 관점과 정서적 해석의 차이를 지식에 유용하게 활용하는 방법을 정확히 알게 된다. 친애하는 철학자들이여, 이제부터는 '순수하고 의지가 없고 고통이 없고 영원한 지식(또는 인식)의 주체'를 상정하는 위험하고 낡은 개념적 조작을 더 확실히 경계하도록 하자. '순수이성', '절대 영성', '지식 그 자체' 같은 모순적인 개념의 촉수도 경계하도록 하자. 이런 개념들은 항상 우리에게 생각할 수도 없는 하나의 눈을 생각하라고 요구한다. 이것은 바로 어떤 방향성도 가져서는 안 되는 눈, 보는 대상을 향한 능동적이고 해석적인 힘이 차단되고 부재해야 하는 눈이며, 따라서 여기서 요구되는 것은 항상 부조리하고 비개념적인 눈이다. '오직' 관점적인 보기만이 있고, 오직 관점적인 '앎'만이 있을 뿐이다. 그리고 어떤 문제에 대해 더 많은 정동이 말하도록 할수록, 그리고 하나의 동일한 사안에 대해 더 많은 눈과 다양한 눈을 동원할수록, 이 문제에 대한 우리의 '개념'과 '객관성'은 더욱 완전해질 것이다. 그런데도 의지를 완전히 제거하고, 정동을 완전히 차단하라는 것은, 설령 그렇게 할 수 있다고 해도, 지성을 거세하는 일이 아니고 무엇이겠는가? ……**37**

니체가 항상 '논증을 하지는' 않지만, 여기에는 논증이 있다.

(1) 모든 인식은 데이터를 수동적으로 받아들이는 것이 아니라 능동적으로 해석하는 것이다.
(2) 모든 능동적 해석은 의지에 봉사하는 것이다.

(3) 따라서 모든 인식은 의지에 봉사하는 것이다.

　　따라서 의지, 긍정적이거나 부정적인 동기, 모든 정동이 완전히 배제된 인식이란 있을 수 없다. 하지만 이 논증의 전제는 쇼펜하우어 자신의 것이다. 만약 여기서 논의의 범주를 쇼펜하우어의 경험적 인식, 즉 깨닫지 못한 의식을 가진 인간 개개인이 도달할 수 있는 일반적인 인식의 개념으로 제한한다면, 쇼펜하우어는 그런 인식이 항상 의지에 봉사한다는 데 동의할 것이다.

　　이어서 니체는 쇼펜하우어가 상정한 무의지의 객관적인 인식 개념이 쇼펜하우어 자신의 숨겨진 정동, 즉 의지 어린 삶에 대한 절망, 자신의 욕망에 따른 고통, 평범한 존재를 벗어나려는 구원의 희망 등에서 비롯됐다고 설명함으로써 쇼펜하우어와 대립각을 세운다. 즉 여기서 무의지의 인식이란 개념 자체가 특정한 '의지'가 작용하고 있음을 증명한다는 것이다. 니체가 같은 논문의 끝부분에서 '무에의 의지'가 만연하는 금욕적 이상 뒤에 숨어 있다는 유명한 진단을 내릴 때, 쇼펜하우어의 개념이 다시 한 번 전면에 등장한다. '무에의 의지'라는 표현 자체가 '삶에의 의지'에 대한 언어적 유희. 그리고 쇼펜하우어는 분명히 여기서 표적이 되는 인물 중 하나다.

　　　인간에 대한 증오, 동물에 대한 증오, 물질에 대한 증오, 감각과 이
　　　성 자체에 대한 혐오, 행복과 아름다움에 대한 공포, 모든 현상과 변
　　　화, 생성, 죽음, 소망, 갈망 자체로부터 도망치려는 갈망, 이 모든 것
　　　이 의미하는 바는—우리가 감히 그것을 이해하려 시도한다면—무
　　　에의 의지, 삶에 대한 혐오, 삶의 가장 근본적인 전제에 대한 반항이
　　　다. 그러나 이것은 의지이며 여전히 의지로 남아 있다![38]

만약 우리가 이 금욕적 이상에 대한 진단의 정점에 이르러서도 여전히 쇼펜하우어를 생각하고 있다면(나는 그래야 한다고 생각한다.) 쇼펜하우어의 주장에 반하는 쇼펜하우어의 패턴에 주목해야 한다. 니체가 쇼펜하우어의 무심한 심미적 객관성과 의지의 부정에 대한 금욕적 이론을 설명하는 대목에서는 모두 증오, 혐오, 두려움, 회피, 갈망, 의지와 같은 정서 상태가 언급된다. 니체는 여기서 갈망에서 도망치려는 갈망, 무의지에 대한 의지 등을 진단한다. 또 다른 데서는 철학자들이 일반적으로 "어떤 열렬한 소망을 면밀히 검토하고 적절히 추상화해 이론화한 다음, 사후적인 합리화를 통해 그것을 방어한다."[39]라고 주장한다. 쇼펜하우어의 이론은 자기감각이 변형된 상태에서 순수한 인식 상태에 들어가 (정동을 느끼지 않아도 된다는 행복감 외에는) 모든 정동이 배제된 의식 영역과 자신을 동일시하는 것으로, 그의 혐오나 갈망때문에 현실을 이해하려 시도하는 의지 또는 소망을 위해 구축됐다는 것이다. 그러나 이는 단지 의지의 우위성과 의지가 인식에 미치는 지배적인 영향에 대한 쇼펜하우어 본인의 이론에 따라 우리가 예상하는 바일 뿐이다. 다시 말해 니체는 정동과 정념이 항상 우리의 개념적 사고를 주도한다는 쇼펜하우어 본인의 이론을 적용함으로써 정동 없는 인식에 대한 쇼펜하우어의 이론을 약화시키고자 한다.

5절 관점주의, 정동, 그리고 니체의 인식적 과업

쇼펜하우어의 순수 인식에 대한 이상이 신화라는 주장 외에 "오직 관점적인 '앎'만이 있을 뿐이다."라는 니체의 말은 무엇을 의미하는가? 그리고 "어떤 문제에 대해 더 많은 정동이 말하도록 할수록 ……이 문제에 대한 우리의 '개념'과 '객관성'은 더욱 완전해질 것이다."

라는 말은 무엇을 의미하는가? 니체는 단지 쇼펜하우어와 의견을 달리하는 것이 아니라, 정동을 그저 인식을 손상시키는 요소로만 여기는 모든 견해에 대한 재평가를 요구하는 것처럼 보인다. 하지만 정확히 재평가가 어떻게 이뤄져야 하는지는 논란의 여지가 있다. 이전 연구[40]에서 나는 니체의 텍스트 중 이 부분에 담긴 핵심 주장에 대해 다음과 같은 해석을 제시한 바 있다.

(1) 모든 지식은 우리의 감정에 의해 인도되거나 촉진된다.
(2) 우리의 지식을 인도하도록 허용된 감정이 늘어날수록 우리의 지식은 더 나아질 것이다.

그런데 이 해석에 여러 가지 반론이 제기됐다. 첫 번째는 관련 구절에서 니체가 지식에 대한 일반론을 제시하는 데 주된 관심이 있다고 읽을 필요는 없다는 퀸 제메스의 견해다.

우리는 관점주의를 주로 …… 가능한 한 많은 충동을 표현하라는 명령으로 생각해야 한다. …… 쇼펜하우어는 니체가 『도덕의 계보』에서 '식어 버린 열정'이라 조롱하듯이 단순히 지식을 의지의 정적과 연관시키는 것이 아니라, 그럼으로써 정념의 세계와 더 일반적으로는 의지의 세계로부터 철수하라고 주장하고 있다. 관점주의를 주로 지식과 객관성의 본질에 관한 논제로 보지 않고 건강한 특정 이상에 대한 규범적 명령으로 해석하면 니체에게 가장 중요한 문제와 더 직접적으로 연결된다.[41]

니체가 쇼펜하우어의 '순수 지식' 개념을 공격한 것은—실제로 앞서 우리도 논의했듯이—건강하지 않은 '금욕적 이상'에 반대하는 그의 더 광범위한 주장의 일환이며, 니체가 우려하는 '건강하지 않음'이란 우리 충동이 허약해지는 것이라는 데는 동의할 수 있다. 하지만 관점주의 구절의 명령은 니체가 특별히 철학자들을 대상으로 한 것이다. 그리고 우리가 건강하고 삶을 긍정하는 철학자의 존재 방식을 식별하려면, 니체가 명시적으로 언급했듯이 철학자의 특징적인 과업인 '앎'에 대해 수정된 개념이 필요하다고 봐야 타당할 것이다. 니체는 우리가 철학을 할 때 충동이 작용한다고 본다. 그는 철학자를 다음과 같은 특정 충동의 복합체라는 측면으로 바라본다. "의심하는 충동, 부정하는 충동, 관망하는('판단을 보류하는ephectic') 충동, 분석하는 충동, 찾고 탐구하고 모험하는 충동, 비교하고 균형을 맞추는 충동 등."[42] 또 다른 데서 니체는 철학자에 대해 "그의 본성에서 가장 내면적인 욕구들이 서로 차지하는 순위의 질서"가 "그가 누구인지"를 구성하며, 근본적인 '지식욕'이 아닌 모든 '기본적 욕구'가 철학을 실천해 왔다고 말한다.[43] 철학은 자신의 충동을 표현하는 한 방법이다. 따라서 자신의 충동을 건강하게 표현하는 한 가지 방법은 건강한 방식으로 철학을 하는 것이다. 그런데 철학자의 건강한 활동 방식에 도달하기 위한 전제 조건은, 니체가 말했듯이 정동과 무관한 순수 인식이라는 신화적 상태에 대한 갈망에 저항하는 것이다. 따라서 제메스가 지적한 니체의 명령은 그의 지식에 대한 주장과 양립할 수 있다.

폴 카사파나스Paul Katsafanas[44]는 다음 두 가지 근거를 들어 주장 (2)에 이의를 제기한다. (a) 텍스트상에서 지식의 대상에 더 많은 감정을 투입할수록 지식이 '더 나아진다'는 독해가 허용되지 않는다. (b) 이런 주장은 누가 한다고 해도 '믿기 어렵다.' (니체가 믿기 어려운 주장을 할 리 없다는, 정당화되기 어려운 믿음이 있지 않은 한 두 가지 근거는 독립적이다.) 우리가 텍스트를 어떻게 해석해야 하는지는 결국 니체의 글과 마찬가지로 뉘앙스와 인상에 따라 달라질 수 있다. 그렇지만 니체는 철학자들에게 '앎'을 전적으로 무심하고 정동이 없는 상태로 생각하지 말라고 경고한 다음, 그 개념을 피해야 할 이유를 제시하는 것처럼 보인다. 그 이유란 '앎'이 관련된 정동이 많을수록 더 완전하고, 정동이 적을수록 덜 완전하기 때문에 모든 정동이 결여된 인식자를 생각한다는 것은 '인식자'로서 덜 성공한 사람을 생각한다는 것이다. 인식자로서 덜 성공한다는 것은 더 나쁜 인식자가 된다는 것이므로, 결국 지식의 대상에 더 많은 정동을 투여하는 사람은 더 나은 인식자가 된다고 볼 수 있다. 이 텍스트는 적어도 과도한 왜곡 없이 이런 해석을 수용할 수 있다.

만약 주장 (2)를 이상한 발언이라고 생각한다면, 적어도 그것이 니체가 하는 말로는 이상하지 않은지 고려해 봐야 한다. 그리고 반대로 우리는 그 말이 니체가 다른 데서 하는 여러 발언들과 조화를 이룬다는 것을 발견한다. 예를 들어 니체는 해석자가 자신의 저서 『자라투스트라는 이렇게 말했다』를 제대로 이해하려면 "그 책에 담긴 단어 하나하나에 때로는 깊은 상처를 받고 때로는 깊은 기쁨을 느껴 봐야 한다."라고 주장한다.[45] 다시 말해 그는 다음과 같이 선언한다.

> '사심 없음'은 하늘에서나 땅에서나 아무런 가치가 없다. 모든 큰 문제는 큰 사랑을 요구하며 …… 사상가가 자신의 문제와 개인적인 관계를 맺고 그 안에서 자신의 운명, 괴로움, 최대의 행복을 찾는 사람인지, 아니면 냉정하고 호기심 많은 생각의 더듬이로만 문제를 다루고 이해하는 '비인격적인' 사람인지에 따라 엄청난 차이가 발생한다. 후자의 경우에는 아무런 성과도 없을 것이다. 그 정도는 장담할 수 있다.[46]

여기서 '냉정하고' '비인격적인' 접근 방식이 정동(사랑, 고통, 행복)

을 제거하려는 방식이며, 니체가 이를 사상가의 과업에서 아무 결실도 얻지 못하는 접근이라고 선언하는 점은 부정할 수 없다.

따라서 니체의 텍스트는 적어도 그가 주장 (2)를 주장한다는 데 어느 정도 신빙성을 부여한다. 하지만 그것이 그 자체로 신빙성 있는 주장일까? 카사파나스는 다음과 같은 예시로 그 주장에 맞선다.

> 나는 배심원으로 활동 중이며 살인 혐의로 기소된 개인에 대한 사건을 평가해야 한다. 나는 주장 (2)에 따라 격노, 분노, 동정, 복수심, 용서하고 싶은 마음 등의 감정을 키우려고 노력한다. 이런 감정의 뒤얽힘이 정말 사건의 공과를 판단하고 증거를 평가하며 양측의 주장에 대한 '더 나은' 지식을 얻는 데 도움이 될까? 그렇게는 믿기 어려울 것 같다.[47]

하지만 반박하자면 이런 예시가 니체와 얼마나 관련이 있을까? 니체는 '하나의 동일한 사안Sache'에 다양한 정동을 쏟아부어 지식을 향상시키는 데 관심이 있지만, 이것이 뭘 의미하는지는 잠시 멈춰서 생각해 봐야 한다. 그가 '하나의 동일한 명제'를 의미하는 것은 아닐 가능성이 크다. 따라서 그의 주장은 내가 X가 Y를 살해했는지 여부에 더 많은 정동을 투입할수록 그 질문에 대한 지식이 더 나아진다는 의미는 아닐 가능성이 크다. 앞서 언급했듯이 니체는 『도덕의 계보』에서 '도덕적 가치'에 대한 지식을 추구하고 있다. "도덕적 가치가 형성되고 발전하고 변화해 온 조건과 상황에 대한 지식, …… 지금까지 존재하지 않았고 원하지도 않았던 종류의 지식" 말이다.[48] 니체에게 이런 종류의 '앎'은 반드시 조사자의 의심과 불안정, 불안과 고통이 수반되는 조사 프로젝트여야 한다. 니체의 질문이 철학자가 어떻게 인간 삶에 만연하고 복잡한 측면인 '도덕성'을 탐구, 분석, 이해, 반응하는 과업을 가장 잘 수행하면서 그 과정에서 자신의 견고한 선입견과 가치관에 반복적으로 도전할 수 있을지를 묻는 것이라면, '앎'을 마치 하나의 명제에 대한 지식을 얻기 위한 조건을 충족시키는 것, 즉 앞서 살펴본 '전통적 인식론'의 관심사로 간주하는 것은 명백히 잘못된 생각이다.

제메스는 또 다른 반론을 제기한다. 주장 (1)과 (2)가 모두 사소한 인과적 주장이나 믿기 어려운 구성적 주장인데, 니체가 이런 주장을 할 가능성은 낮다는 것이다. 제메스는 다음과 같이 말한다.

> 인과적 해석에서 우려스러운 부분은 우리의 정동이 어느 정도 우리의 지식을 결정한다는 점에서 지식의 정서 의존성이 다소 진부한 해석으로 여겨질 수 있다는 것이다. 예를 들어 크리켓에 정동이 자극되는 사람은 정동을 자극받지 않는 사람보다 브래드먼●의 평균 기록에 대해 더 많이 알고 있을 가능성이 높다. 정동이 많을수록 더 많은 지식을 가질 수 있다는 주장은, 예를 들어 런던의 관광 명소에만 전적으로 집중하는 정동을 가진 사람이 런던의 여러 측면(관광 명소, 역사, 정치, 교통망 등)에 정동 반응을 보이는 사람보다 런던에 대한 지식이 적을 가능성이 높다는 것을 의미한다. 이 모든 것은 관점주의를 상당히 사소한 논제로 만든다.[49]

어쩌면 이는 '사소한' 주장일 수도 있다. 하지만 설령 그렇더라도 사소하다는 이유로 니체가 그런 주장을 하지 않았다는 결론을 유추할 수 없음은 자명하다. 그리고 여기서 니체의 공적이 줄어들까 봐 두렵

● 세계 크리켓의 전설이자 호주 역사상 최고의 스포츠 영웅으로 평가받는 도널드 브래드먼 경Sir Donald Bradman을 의미한다.

다면, 그가 "모든 정동이나 정념은 지식을 모호하게 하고 왜곡한다."
라고 주장하는 상대에 맞서 논쟁하는 변증법적 맥락에서는 상대의 견
해와 상충되는 논란의 여지가 없는 진실을 거론하는 편이 그에게 유
리하다는 점을 감안해야 한다. 그러므로 니체가 제메스가 언급하는
종류의 인과적 주장을 발전시키지 않았다고 단정할 명백한 이유는
없다.

  '런던에 대한 지식' 예시는 'X가 Y를 살해했는지 여부를 아는 것'
보다 니체의 관심사를 이해하는 데 훨씬 더 나은 모델을 제공한다. 전
자는 복잡하고 다양하며 잠재적으로 무궁무진한 종류의 지식으로, 단
일명제나 명제의 결합에 대한 증거를 평가하는 것과 다르다. 그리고
이런 종류의 지식에서 정동의 증가가 중요한 역할을 한다고 말하는
것은 타당해 보인다. 예를 들어 누가 런던 중심부 광장에서 봄을 즐기
고, 어떤 지역에서는 편안함을 느끼고 다른 지역에서는 불편함을 느
끼며, 도시를 횡단하는 방법에 자신이 있지만 버스 서비스에 좌절감
을 느끼고, 건축물의 일부 변화에 실망하고, 음악 공연 선택에 흥분하
며, 문화적 다양성과 관용에 감탄하고, 대부호들을 부러워하고, 거지
들에게 동정심을 느끼면서도 거리에서 그들을 보면 불안하고 짜증이
나는 등 더 많은 정동을 느낄수록 런던이란 도시를 더 잘 알게 된다.
도덕성의 기원과 가치에 대한 '지식'을 얻으려는 니체의 프로젝트는
X가 Y를 살해했는지 여부를 판단할 증거를 평가하는 것보다 런던을
점진적으로 알아 가는 예시와 더 유사해 보인다.

  제메스의 딜레마의 다른 축은 니체가 인식과 정동 사이의 인과관
계뿐 아니라 구성적 연결을 주장한다면, 그의 말은 타당하지 않다는
것이다. 인정하건대 니체가 이런 종류의 구성적 주장을 한다는 텍스
트상의 증거는 분명히 결정적이지 않다. 니체는 능동적으로 해석하지
않는 인식적 정신은 '부조리하고 비개념적ein Widersinn und Unbegriff'이라

고 말한다. 이는 그런 정신을 생각하는 것이 모순이라는 의미로 해석될 수 있다. 그리고 문맥상 명시적으로 언급된 능동적 해석의 형태는 오로지 '정동적 해석Affekt-Interpretationen'뿐이므로, 모순되는 것은 정동적 해석을 하지 않는 인식적 정신의 개념이라고 생각할 수 있다. 바꿔 말하면 정동적 해석을 하는 것이 인식적 정신을 구성한다는 것이다. 이것은 어쩌면 텍스트에 대한 지나친 해석일 수 있다. 하지만 니체가 그런 의도로 말했다고 해도, 그것이 그리 타당하지 않은 주장일까? 한편으로 니체적 철학자가 수행해야 할 '앎'에 대한 치열한 탐구 프로젝트에는 '큰 사랑', '깊은 기쁨', '의심', '두려움'이 필수 불가결한 요소로 작용하므로, 그 과정에서 그런 정동을 겪지 않고는 지적 양심을 발휘하고 자신의 철학적 편견을 충분히 깊이 돌아볼 수 없다. 니체는 이상적인 '니체적 인식자'에 대해 이렇게 명확히 언급한다. 그렇지만 보다 냉정하고 니체적이지 않은 지식 탐구 과정도 불확실함, 실망감, 자신감, 유능감, 충족감 등의 정동으로 구성되는 활동의 한 유형에 속한다고 주장할 수 있다. 니체와 동시대에 활동한 실용주의자들 사이에서도 비슷한 생각을 찾아볼 수 있다. 윌리엄 제임스는 "의문스럽고 당혹스러운 상태에서 이성적인 이해로의 전환은 생생한 안도감과 기쁨으로 가득 차 있다."[50]라고 쓰고, 찰스 샌더스 퍼스는 "의심은 불편하고 불만족스러운 상태로, 우리는 이로부터 벗어나 신념의 상태로 넘어가려고 몸부림친다."[51]라고 한다. 결국 인간의 탐구 과정—모든 인식Erkennenden이 관여하는 종류의 활동 —에는 본질적으로 다양한 단계의 정동이 포함된다고 주장할 수도 있다. 그렇다면 오로지 정동과 인식의 관계에 대한 좁은 '전통적 인식론적' 가정(어쨌거나 최근의 정설로 판명될 수도 있다.)에 따를 때만 니체의 관점적인 '앎'에 대한 발언에서 드러나는 견해가 그토록 자동적으로 이상하게 보일 수 있을 것이다.

6절 결론

쇼펜하우어와 니체 사이의 쟁점—정동이 지식이나 인식을 손상시키는가 향상시키는가—이 의미하는 바를 이해하려면 두 사상가에게 특정한 인식론적 패러다임, 여기서 말하는 '전통적 인식론'을 부여하지 않도록 주의해야 한다. 두 철학자 모두 "S가 p를 안다."라는 분석을 주로 추구하지 않는다. 쇼펜하우어는 인식Erkenntnis을 플라톤적인 넓은 의미로 생각해 주체가 현실에 어느 정도 접근하는 인지적 정신 상태로 본다. 이 모델에서 현실에 대한 접근은 주관적인 욕망과 정동의 부재로도 증가하지만, 개념적 사고가 더 고차원적인 직관적 통찰로 대체됨으로써도 증가한다. 반면에 니체에게 인식Erkennen은 주로 활동으로, 새로운 종류의 지식과 이해를 얻기 위한 길고도 고단한 탐구 활동이다. 앞서 살펴봤듯이 쇼펜하우어와 니체의 한 가지 공통점은 정동 상태가 인간의 인식을 인도하고 형성하는 데 중요한 역할을 한다는 믿음이다. 쇼펜하우어는 이런 견해를 인식이 결과적으로 불완전하다는 주장과 결합하며, 정확히 주체의 정동 상태가 배제되는 범위 안에서 객관성을 지향하는 '순수한' 인식적 현실 접근의 가능성도 존재한다고 주장한다. 이런 쇼펜하우어의 입장에 니체는 다음과 같은 주장으로 반박한다. (a) '순수하고' 객관적이며 정동이 없는 인식이란 가능하지 않다. (b) 인식이 정동에 의해 인도되고 형성된다는 이유로 불완전해지지는 않는다. (c) 절대적으로 '순수한' 객관적 형태의 인식이 존재한다는 믿음 자체가 욕망에서 벗어나려는 열망, 인간에 대한 증오, 삶에 대한 혐오와 같은 기저의 정동 상태로부터 동기가 부여된 이론적 사고의 한 예다. 이 세 번째 비판점은 니체의 입장에서도 이해가 정동에 의해 주도되기 때문에 '잘못되는' 것이 가능함을 보여 준다. 정동의 개입이 지식을 얻기 위한 충분조건은 아니다. 하지만 *그가*

보기에는 정동을 제거함으로써 인식이 향상되는 것도 아니고, 정동을 제거하는 것 자체가 불가능하며, 오히려 폭넓고 다양한 정동에 자신을 개방함으로써 인식을 향상시킬 수 있다. 니체의 입장은 큰 사랑, 최고의 희열, 가장 깊은 절망이 있을 때만 탐구 활동이 성공할 수 있다고 주장하는 경우처럼 과장돼 보일 수도 있다. 그럼에도 불구하고 우리는 인식 또는 '앎'을 탐구 활동으로 생각할 때 침착함에서 의심과 불만으로, 거기에서 다시 발견의 기쁨으로 바뀌는 식의 전형적인 정서적 윤곽이 드러난다는 점을 인식해야 한다고 주장해 왔다. 그렇지만 특히 니체가 구상하는 자기비판적인 종류의 탐구 활동, 즉 도덕성에 대한 자신의 모든 기존 태도를 의문에 부쳐야 하는 '광대한 새로운 전망'을 여는 그의 활동은 불안감과 양가감정을 경험하고 직면할 준비가 돼 있지 않은 사람에게는 효과적인 수행이 불가능하다고 주장할 수 있다. 『선악의 저편』에서 니체는 "증오, 질투, 탐욕, 권력욕 같은 정동조차 삶의 조건부 감정으로 여기는 사람이라면 …… 이런 생각의 흐름에서 뱃멀미를 겪는 것처럼 고통받을 것"이며 "위험한 지식"의 영역으로 들어갈 것이라고 주장한다.[52] 결국 니체가 보기에 이와 같은 지식은 지극히 불안정한 감정을 겪지 않고는 얻을 수 없다.

**Essays on
Schopenhauer
and Nietzsche**

4부

니체:
고통, 긍정, 예술

11장

아름다움은 거짓이고 진실은 추하다
니체의 예술과 삶

1절 예술, 통찰, 환상

존 키츠는 「그리스 항아리에 부치는 송시Ode on a Grecian Urn」에서 "아름다움은 진실이요, 진실은 아름다움이다."라는 유명한 말을 하는 고대 도자기 조각을 응시하며 이상화한다. 니체의 몇몇 짧은 인용문은 이번 장 제목에 실마리를 주며, 니체가 이 항아리의 메시지에 전적으로 동의하지 않음을 시사한다.

> 우리는 본래 아름답지도, 매력적이지도, 바람직하지도 않은 것들을 무슨 수로 아름답고, 매력적이며, 바람직하게 만들 수 있을까? 내가 생각하기에 그 자체는 전혀 그렇지 않은데 말이다![1]

> 진실은 추하다. 우리는 진실 때문에 죽지 않으려 예술을 소유한다.[2]

> 예술, 바로 거짓이 신성시되며 속이려는 의지가 선한 양심의 편에

서 있는 곳.³

중기 또는 후기 저작에 나오는 이 구절들은 니체에게 예술이란 기만하는 아름다움을 생산하는 것이며, 진실은 그냥 추한 것이 아니라 너무 추해서 어떤 식의 조작으로든 그 흔적을 지우지 않고는 우리가 살 수 없는 것이라는 분명한 인상을 준다. 그는 또 『즐거운 학문』에서 이렇게 쓴다.

우리는 정직성 때문에 구토와 자살로 치달을 수도 있다. 하지만 우리의 정직성에는 그런 결과를 피할 수 있는 대항력이 있다. 예술은 외관에 대한 선한 의지로서 …… 미적 현상으로서의 존재는 그래도 참고 봐줄 만하며, 우리는 예술을 통해 그런 현상을 스스로 만들어 낼 수 있는 눈과 손, 무엇보다도 선한 양심을 얻는다.⁴

여기서, 그리고 같은 책에서 많이 논의되는 "자신의 성격에 양식style을 부여하는 것"⁵에 대한 구절에서 니체는 예술가가 예술 작품을 만드는 과정에서 발생하는 위조, 왜곡, 미화 활동을 우리 자신에게 적용하라고 권한다. 우리는 자기 자신이라는 원재료로 위조된 '작품'을 만드는 '예술가'며, 그렇게 우리 스스로를 위조하지 않고는 존재를 견딜 수도, 지속할 수도 없을 듯 보인다는 것이다. 하지만 우리가 진정한 예술에서 이 점을 배우려면, 진정한 예술 역시 본질적으로 거짓된 외관을 만드는 데 관심이 있어야 한다.

버나드 레긴스터는 최근 저서에서 니체의 후기 사상을 초기작인 『비극의 탄생』에서의 입장과 대조시킨다. 〔『비극의 탄생』에서〕

니체는 아직 힘에의 의지 교리를 발전시키지 못했고, '이른바 세계

사라는 것의 무시무시한 파괴력과 자연의 잔혹성을 과감하게 꿰뚫어 보고 불교적 의지의 부정을 동경할 위험에 처한' 사람들, 즉 '디오니소스적 지혜'를 성취한 사람들에게 해독제로 처방할 예술의 환상만을 가진 상태였다.[6] 따라서 초기 단계의 비극적 지혜는 디오니소스적 깊이를 피하고 아름다운 외관을 지닌 아폴론적 표면에 머무르도록, 다시 말해 '심오함에서 나오는 피상성'을 권한다.[7]

반면 그의 후기작에서는 비극적 지혜가 더 이상 (부분적으로) 아폴론적 지혜가 아닌 완전한 디오니소스적 지혜가 된다. 삶의 긍정은 더 이상 『비극의 탄생』에서 우리 조건의 '끔찍한 진실에 대한 통찰'[8]로 특징짓는 것을 피하라고 요구하지 않는다. 우리는 이제 허무주의적 절망에 빠지지 않고 이 진실을 관조할 수 있게 됐는데, 힘에의 의지 교리 덕분에 재평가가 가능해지면서 진실을 환영하고 긍정할 수 있게 됐기 때문이다.[9]

　레긴스터는 이렇게 『비극의 탄생』과 대조함으로써 주로 후기 니체 입장의 중심 요소를 설명하고 타당성을 입증하고자 한다. 니체의 입장을 간략히 설명하자면 다음과 같다. 힘에의 의지가 인간 삶에서 새로운 가치 기준이 돼야 하며, 우리가 힘에의 의지를 올바르게 이해하면 부정적으로 평가하는 많은 것들이 오히려 긍정적으로 평가돼야 함을 알 수 있다. 이런 사실을 깨닫는 것이 레긴스터에게는 니체가 의미하는 가치의 재평가다. 따라서……

만약 …… 우리가 힘―저항의 극복―에 가치를 둔다면, 그것이 어떻게 고통을 재평가하는 원리가 될 수 있는지 쉽게 이해할 수 있다. 실제로 우리가 저항의 극복을 중요하게 여긴다면, 그 재료인 저항

도 중요하게 여겨야 한다. 그리고 고통은 저항에 의해 정의되므로, 고통 역시 중요하게 여겨야 한다.[10]

레긴스터의 통찰력 있는 설명에서 힘에의 의지는 역설적인 구조를 지닌다. 우리는 어떤 목적에 대한 의지가 있을 때 우리의 길을 가로막는 장애물이나 방해물을 극복하려는 의지를 갖지만, 이는 어떤 의미에서는 장애물을 만나고자 하는 의지가 있음을 암시한다. 우리의 의지는 단순한 충족이나 쾌락이 아니라 의지를 시험하고 극복해야 할 장애물의 존재에 있으며, 그 결과 "의지의 충족이 그 자체로 불만을 초래한다. …… 이는 영구적인 (단번에 얻어지는) 충족을 허용하지 않는 일종의 욕망이다."[11] 그러나 니체는 쇼펜하우어처럼 여기서 절망의 이유를 찾기보다는, 욕망이 멈추는 궁극적인 안식처에 이르지 않고 "저항에 맞서고 극복하는 활동" 자체에서 가치를 찾는 것이 "새로운 행복"을 발견하는 길이라고 촉구한다.[12] 니체는 이런 태도를 디오니소스와 연관시키며, 레긴스터는 "디오니소스의 삶에서 독특한 점이 바로 창조적인 삶의 특징"[13]이라고 주장한다. 이런 창조적 삶을 가치 있게 여기면, 다른 가치 있는 것들에게도 특정한 함의를 지닌다. 창조성을 가치 있게 여긴다는 것은 고통, 상실, 무상함(혹은 생성), 그리고 궁극적인 개인적 실패에 대한 긍정적인 평가를 의미한다.[14]

레긴스터는 인간 삶의 가치에 대한 니체의 후기 사상에서 중요한 한 대목을 명확히 설명한다. 나는 이 장의 목적상 힘에의 의지와 그 가치 재평가에서의 역할에 대한 레긴스터의 주장에는 의문을 제기하지 않을 것이다. 그러나 니체의 후기 견해와 『비극의 탄생』에서의 견해를 대조하기 전에, 그의 초기 견해가 "'디오니소스적 지혜'를 성취한 사람들에게 해독제로 처방할 예술의 환상만을 가진 상태였다."[15]라는 언급을 좀 더 자세히 살펴볼 필요가 있다. 나는 비극적 예술가를 순수한 아폴론적 예술가나 특유의 몰두로 후대에 와서 예술에 대한 헤게모니를 얻은 소크라테스 같은 '이론적 인간'●과 구분하면 진실을 대하는 세 가지 다른 태도를 발견할 수 있으며, 이로써 비극적 예술이 특히 피상적이거나 미화된 환상에 국한되지 않는다는 사실이 드러난다고 주장할 것이다. 이는 새로운 생각이 아니다. 예를 들어 마이클 태너Michael Tanner는 "니체의 초기 사상에서 아름다움은 삶의 공포를 암시하는 동시에 삶을 위로한다. …… 최고 수준의 예술은 진실을 말하고 그것을 견딜 수 있게 해 준다."[16]라고 말했다.

2절 아폴론적 예술의 진실과 환상

『비극의 탄생』 전체를 아우르는 틀에는 아폴론과 디오니소스가 자연, 예술가와 관객의 심리, 문화 운동, 경향, 시대에 존재하는 두 가지 대조적인 창조력을 상징한다는 전제가 깔려 있다. 니체는 아폴론적[17] 창조력에 이끌리는 예술을 특징짓기 위해 다양한 표현을 사용하며, 이것들을 정확하게 요약할 방법은 없다. 하지만 특히 중요한 개념은 '꿈', '이미지', '환상', '아름다움', '형식', '개별화'다. 니체는 아폴론을 시각예술과 연관 짓는 것으로 시작해 올림포스 신들의 조각상이 그 절정이라 말하면서도, 호메로스 서사시에서 아폴론적 예술의 가장 순수한 시적 표현을 발견한다. 호메로스는 그의 영웅들, 특히 신들을 압도적인 아름다움과 기량, 죽음에 저항하는 힘을 지닌 영광스러운 개인들로 묘사해 니체가 말하는 꿈의 세계의 표면적 질감에서 기쁨을

● 모든 형태의 수사학을 거부하고, 순수하게 합리적이고 이론적인 변증법만을 철학의 진정한 언어로서 인정하는 인간.

만끽할 수 있게 해 준다.

> 호메로스는 …… 꿈의 예술가 개인이 대중과 자연 전반의 꿈꾸는
> 능력과 관련된 방식으로 아폴론적 민속 문화와 관련돼 있다. 호메
> 로스의 순진함naïveté은 아폴론적 환상의 완전한 승리로만 이해될 수
> 있다. …… 그리스인들 사이에서 '의지'는 천재성과 예술 세계를 변
> 모시켜 자기 자신을 관조하고자 했다. 그 창조물들은 자신을 찬양
> 하기 위해 스스로 찬양할 만한 가치가 있다고 느껴야 했다. 그들은
> 더 높은 영역에서 자신을 발견해야 했다. …… 이 아름다움의 영역
> 에서 그들은 자신, 즉 올림포스 신들의 반영을 봤다.[18]

니체는 또 그리스인들이 이처럼 위대한 개인들의 환상적인 영역이
지닌 아름다움을 즐기고, 깨어나고 싶지 않은 꿈의 세계에 빠져든 이
유도 명확히 설명한다. 그들은 "인간 삶의 정당화"를 요구하는 "엄청
난 욕구"에서 동기를 부여받았으며, 이 욕구를 충족시키기 위해 그들
의 예술적 재능으로 "고통 및 고통의 지혜 …… 의 재능"[19]과 싸워 이
를 극복해 나갔다. 그러므로 올림포스 신들의 이미지 세계를 창조한
것이 왜 승리였는지 이해하려면, 그것이 무엇에 대한 승리였는지를
이해해야 하며, 니체는 『비극의 탄생』에서 무엇보다도 이 점을 가장
명쾌히 설명한다. 특히 다이몬 실레노스의 민담에 관한 구절에서 그
의 목소리를 빌려 다음과 같이 선포한다.

> 가련하고 덧없는 족속이여, 우연과 고난의 자식들이여, 왜 너희가
> 듣지 않는 것이 훨씬 더 이로운 말을 내게 억지로 강요하는가? 모든
> 것 중에 가장 좋은 것은 너희가 절대로 손에 넣을 수 없는 것이다.
> 그것은 태어나지 않는 것, 존재하지 않는 것, 무가 되는 것이다. 하

지만 너희에게 두 번째로 좋은 것은 일찍 죽는 것이다."[20]

그리스인은 이 선언이 진실이라거나 적어도 타당한 진실의 일부라고 믿어야 한다. 그러지 않으면 아폴론적 예술이 그들에게 제공하는 욕구, 싸움, 승리가 일어나지 않을 것이기 때문이다. 니체는 그리스인이 "존재의 공포와 두려움을 잘 알고 느꼈다."라고 단언한다. 따라서 그리스인이 인식한 진실과 아폴론적 예술의 환상의 관계는 다음과 같이 설명할 수 있다. 그들은 환상으로 진실을 가리거나 감췄으며, "그들과 이런 공포 사이에 올림포스 신들의 찬란한 꿈-탄생을 끼워 넣어야 했다." 이런 행동의 동기와 결과는 그리스인이 자신과 현실 사이의 스크린인 이 '예술적 중간 세계'를 통해 인간 존재를 정당화할 수 있었다는 것이다. 존재는 현실에서 아무 가치도 없고 긍정될 수도 없지만, 충분히 찬란하고 매력적인 대체 꿈-현실에서는 긍정될 수 있었다.

따라서 앞서 레긴스터가 말한 "아름다운 외관을 지닌 표면에 머무른다."라는 표현은 특히 아폴론적 예술에 잘 적용되는 것으로 보인다. 하지만 앞서 말했듯이 여기서도 아폴론적 예술의 창조자, 관객, 그리고 더 넓은 문화는 그들이 승리를 거둔 진실에 어느 정도 접근할 수 있어야 했다. 존재의 공포에 대한 지식이나 느낌에 조금도 고통받지 않은 문화나 개인이라면 "환상과 환상에 의한 구원에 대한 열렬한 갈망"[21]을 느끼지 않았을 것이다. 그들은 다른 이유로 환상을 즐길 수 있겠지만, 존재의 공포가 어떤 식으로든 정신에 영향을 미치지 않는다면 아폴론적 예술에 대한 동기는 사라져 버렸을 것이다. 표면과 그 동기를 부여하는 힘의 관계는 어느 정도 추측의 영역임에 틀림없다. 니체는 이 '가리기'나 '끼워 넣기' 행위를 구체적으로 어딘가에서 찾아내려 하지 않는다. 이것이 개별 시인이나 관객의 마음속에서 일어나는지, 여럿이 함께 모여 낭독하는 자리에서 일어나는지, 아니면 구성원들이 습관적으로 시를 배우고 외우는 문화 전반에서 일어나는지 묻는 것은 정말 아무 쓸모가 없다. 정확한 답을 기대할 수 있는 질문이 아니기 때문이다. 그러나 '가리기'나 '감추기'의 대안적 방법은 다음과 같을 수 있다. (1) 진실이 실제와 다르다고 고의적으로 가장하거나 속이는 것, (2) 진실을 거의 또는 전혀 생각하지 않도록 허구의 뭔가에 몰두해 스스로 주의 분산을 시도하는 것, (3) 일종의 자기기만을 통해 자신에게 진실을 잘 감추는 것, (4) 자신의 의식적 통제를 벗어난 억압 등을 겪으며 여전히 그 영향을 받고 있음에도 불구하고 진실과 그것을 숨길 필요성을 인식하지 못하는 것 등. 이 모든 경우에, 심지어 마지막 경우에도 존재의 공포에 대한 단순한 무지가 요구되지는 않는다. 따라서 아폴론적 예술의 꿈-세계 창조가 절정에 달했을 때조차도 끔찍한 진실에 대한 순전한 무지는 있을 수 없다. 이때 예술은 예술 이전의 어떤 원초적인 진실 인식에 의해 주도되며, 그 진실이 정신에 미치는 영향을 무디게 하거나 완전히 무력화함으로써 의미를 얻는다.

3절 비극적 예술과 진실

그러나 그리스 문화는 이처럼 주로 아폴론적인 단계를 넘어 발전한다. 『비극의 탄생』의 핵심 주장은 비극이 최고의 예술 형식으로서 아폴론과 디오니소스의 두 천재성을 결합한다는 것이다.[22] 아폴론과 디오니소스의 가장 현실적이고 명확한 대조는 그들이 각각 아테네 비극의 다른 형식적 요소인 대화와 합창chorus 부분과 연결된다는 점에서 드러난다. 대화에서 우리는 다시 한 번 표상된 세계, 즉 삶보다 더 크고 생동감 있고 화려하게 그려진 명확한 개인의 이미지를 보게 된다. 하지만 합창은 비개인적이고 비표상적이다. 음악과 집단적 움직임에서 탄생하고, 항상 이런 매체를 통해 서정적인 메시지를 전달하는 합창의 본질은 이미지를 제시하는 것이 아니다. 니체에 따르면, 합창은 황홀한 집단적 환희의 강렬한 도취에서 우러나며, 개체의 감각을 상실하고 개체가 기꺼이 해방돼 더 큰 뭔가로 합쳐지는 상태를 상징한다. 예술에서 디오니소스적 특징이란 바로 이런 비시각적이고 비개인적이며 원초적인 음악적 요소다.

이제 니체가 『비극의 탄생』 7장에서 묘사하는 것은, 비록 모호하기는 해도 진실에 대해 알게 됐으나 아폴론적 환상이 진실을 견디는 수단으로 더 이상 충분하지 않은 상태다. 니체는 디오니소스적 인간이 햄릿과 유사하다고 말한다. "둘 다 사물의 본질을 진정으로 들여다봤고 인식erkannt을 얻었다. …… 진정한 인식, 끔찍한 진실에 대한 통찰은 햄릿과 디오니소스적 인간 모두로부터 행동을 유발하는 모든 동기를 말살해 버린다.[23] 햄릿 같은 디오니소스적 인간에게 이런 인식은 의식에서 추방하거나 순전히 아폴론적 수단으로 속일 수 있는 것이 아니다.

> 이제 더 이상 어떤 위로도 소용없다. 갈망은 저승 세계, 심지어 신들마저 초월한다. 존재는 신들이나 불멸의 피안에 비친 찬란한 빛과 함께 부정된다. 인간은 한번 깨달은 진실을 의식하는 한 이제 어디서든 존재의 공포나 부조리만을 보게 된다. …… 이제 그는 숲의 신 실레노스의 지혜를 알게 되며, 이것이 그를 구역질 나게 한다.[24]

그래서 니체가 이어서 예술은 "구원과 치유의 마술사로 다가온다. 예술만이 이 존재의 공포나 부조리에 대한 구역질 나는 생각을 삶과 양립할 수 있는 생각으로 전환할 수 있다."[25]라고 말할 때 그것은 아폴론적 예술을 의미할 수 없다. 아폴론적 예술은 위안을 줬지만, 이제 더 이상 위안은 소용이 없다. 아폴론적 예술은 신들의 찬란한 반영을 창조했지만, 이 역시 세계와 함께 부정되고 말았다. 아폴론적 예술은 진실을 제대로 알지 못하도록 막아 신봉자들을 구역질로부터 보호했지만, 그렇다면 진실을 제대로 알게 돼 의식에 확고히 박힌 진실 때문에 역겨움을 느끼는 사람들은 어떻게 될까? 니체는 이 구절 끝에서 비극의 디오니소스적 요소에 기댄다. "디오니소스 찬가의 사티로스 합창은 그리스 예술의 구원이다."

비극은 이제 니체가 말하는 "형이상학적 위안", 즉 "표면적으로 어떤 변화가 일어나더라도 삶은 근본적으로 파괴할 수 없이 강렬하고 즐거운 것"이라는 위안을 제공한다.[26] 니체는 비극이 이런 역할을 하는 방식을 7-10절에 걸쳐 설명한다. 그의 설명을 다 이해하기는 어렵지만, 중요한 핵심 사상은 비극이 진실을 덮어 버림으로써 진실을 외면하고 사는 것이 아니라 긍정적인 마음가짐으로 진실을 대면함으로써 진실과 더불어 살아갈 수 있게 해 준다는 것이다. 비극 예술은 "존재의 공포나 부조리에 대한 구역질 나는 생각을 그냥 받아들이고 살 만한 생각으로 전환할 수 있다."[27]라고 한다. 여기서 umbiegen이란 동사는 돌리다, 구부리다, 방향을 바꾸다 등의 의미로 가리다, 끼워 넣다 등과는 상당히 다른 은유로 보인다.[28] 후자의 경우에는 끔찍한 생각이 차단되고 그 자리에 아름다운 생각이 들어선다. 반면 비극에서는 끔찍한 생각이 의식에 남아 있지만 다른 방식으로 마주치고 다른 용도로 쓰인다. 비극의 디오니소스적 효과는 개체성의 감각을 허물고 참여자나 관객을 '근원적 일자Ur-Eine' 또는 '근원 존재Ursein'로 통합하는 데 있다. 이 더 넓은 관점을 특징짓는 의식에서는 개체에 대한 삶의 파괴성을 기쁘게 받아들이는 것이 가능하다. 하지만 그러려면 미분화된 상태로 흡수되는 것 외에도 그 파괴를 보며 기뻐할 개체의 표상이 눈앞에 존재해야 한다. 바로 여기서 아폴론적 이미지와 디오니소스적 도취의 결합이 독특한 힘을 발휘한다.

> 그리스비극은 아폴론적 이미지의 세계에서 끊임없이 자신을 표출하는 디오니소스적 합창으로 봐야 한다. …… 이 비극의 원초적 근원은 전적으로 꿈의 현상이며 따라서 본질적으로 서사극의 비전을 제시하지만, 다른 한편으로는 디오니소스적 상태의 객관화로서, 환상을 통한 아폴론적 구원이 아니라 개체의 분열과 근원 존재와의 통합을 보여 준다. 따라서 연극은 디오니소스적 지식과 디오니소스적 효과의 아폴론적 상징이며, 그 결과 서사시와는 엄청난 간극으로 분리된다.[29]

따라서 비극에서 위대한 개인 캐릭터의 아름다운 이미지는 삶의 끔찍한 진실을 회피하거나 은폐하는 수단으로서 아니라, 삶의 진정한 공포의 상징적 희생자로서 그를 전면에 내세워 이제부터 매우 고양된 기분으로 삶의 무자비한 파괴성을 눈앞에서 생생히 보며 기뻐할 수 있는 관점을 취하기 위해 필요하다.[30]

그렇다면 초기의 니체는 세계사의 무시무시한 파괴력과 자연의 잔혹성을 대담하게 직시한 이들에게 예술의 환상을 유일한 해독제로 처방하는 것일까? 그렇기도 하고 아니기도 하다. 비극적 예술은 인물 묘사와 대화 장면에 환상이 포함되며, 그 환상 없이는 기능할 수 없지만, 이는 명백히 아폴론적인 '환상을 통한 구원'이 아니라 디오니소스적 통찰, 인식, 지식의 아폴론적인 감각적 표현Versinnlichung이다. 따라서 비극은 환상의 사용만으로 그 가치를 얻는 것이 아니다. 비극은 환상과 더 깊은 통합에 대한 정서적 관여가 결합해 가치를 얻는다. 비극은 상징적인 인간 개인의 삶을 기꺼이 망각에 내맡기고, 이로써 관객들이 삶의 고통, 상실, 무상함, 실패와 같은 끔찍한 진실을 인지적으로 인식하고 그 진실을 받아들일 수 있는 입장에 서게 함으로써 그 가치를 획득한다.

4절 예술, 진실, 그리고 소크라테스주의

비극이 진실에 대한 지식이나 인식과 관련이 있다는 생각은 니체가 비극과 소크라테스주의의 힘을 분명히 대조시킨다는 점을 고려하면 이상하게 보일 수 있다. 소크라테스주의는 비극을 반대하고 이해하지 못할 뿐만 아니라 비극의 죽음을 초래했기 때문이다. 소크라테스는 '이론적 인간의 원형'이다. 그는 진실을 밝히는 과정을 즐기고 "사물의 본질을 철저히 규명할 수 있다고 믿으며, 지식과 과학에 만병통치약의 효력을 부여하고, 오류를 악의 화신으로 본다."[31] 만약 비극이 앞서 논한 그런 역할을 한다면, 진실에 천착하는 소크라테스가 어떻게 비극 시인의 치명적인 반대자가 될 수 있단 말인가?

니체의 소크라테스주의 비판에서 우리는 『도덕의 계보』에서 진실에의 의지에 의문을 가지라는 그의 요청[32]의 초기 버전을 발견할 수 있다. 앞서 인용한 구절에서 니체는 예술을 진실에의 의지와 대조시키면서, 예술은 "바로 거짓이 신성시되며 속이려는 의지가 선한 양심의 편에 서 있는 곳으로, 과학보다 훨씬 더 근본적으로 금욕적 이상에 반대한다."[33]라고 주장한다. 니체는 여기서 소크라테스에 대한 그의 초기 논의, 즉 미적 소크라테스주의가 그리스 예술을 악화시켰다는 주장을 떠올리려는 듯이, 예술과 금욕적 이상의 대립을 '플라톤 대 호메로스'에 비유하며, 예술가가 금욕적 이상에 복종하는 것이야말로 예술가에게 있을 수 있는 가장 진정한 타락이라고 탄식한다. 니체는 여기서 진실을 밝히는 것 자체가 예술에 본질적으로 반대되는 것처럼 이야기한다. 그러나 우리가 진실을 만나는 방법이 하나뿐이라고 가정할 필요는 없다. 『비극의 탄생』에서 묘사된 것처럼 소크라테스는 설명, 이성적 근거, 이론, 변증법, 즉 "모든 것이 아름답기 위해서는 먼저 이해할 수 있어야 한다."[34]라는 신념에 사로잡혀 있다. 소크라테스의 영향을 받지 않았을 때 비극은 꿈–이미지와 개체성 소멸의 환희가 결합된, 직관Anschauung과 황홀경Entzückung의 강력한 합작품이었으나, 소크라테스주의가 주입된 예술은 직관을 개념적 사고Gedanken로 대체하고 황홀경을 단순한 '정동Affecte'으로 대체한 모조품이다.[35] 소크라테스주의의 사명은 이미지와 황홀경을 모두 이성적인 것에 종속시키는 것이다. 그래서 소크라테스주의가 확고하게 자리 잡으면, 그 계승자인 우리는 논증과 설명이 진실에 접근하는 유일하거나 주요한 수단이라고 가정하기 쉽다. 그렇지만 소크라테스주의에 감염되지 않았을 때 비극은 진실과의 독특하고 강력한 미적 대면을 가능하게 했다. 합리적 설명에 대한 과도한 집착이 그리스 문화를 지배하기 전까지 비극에 참여한 사람들은 아름다운 이미지를 통해 감각적으로 구현된 진실과 만나는 디오니소스적 인식Erkenntnis 형태에 도달할 수 있었다.

니체가 후기에 "진실의 가치에 대해 한번은 실험적으로 의문을 제기해야 한다."[36]라고 권고할 때, 그의 표적은 진실을 가치 있게 평가하는 특정 방식, 즉 "진실에 대한 과대평가 …… 진실은 평가하거나 비판할 수 없다는 믿음"[37]이며, 또 과학의 특권적인 방식으로 진실을 추구하고 소유하는 것은 무조건적으로 가치 있다는 생각임이 매우 분명하다.[38] 더욱이 진실의 가치에 실험적으로 의문을 제기해야 한다는 말은 우리가 오로지 환상에 만족해야 한다거나 진실 추구가 아무런 가치도 없다는 의미가 아니다. 오히려 이 말은 삶에 대한 소크라테스식의 이성적 고찰에서 벗어나 예술적 환상, 허구, 상상력, 꿈 작업에 착수하는 것이 때로는 삶을 위해 필요하다는 생각을 열어 준다. 하지만 아무리 양심에 거리낌 없이 거짓말을 하더라도, 적어도 어느 정도 진실을 믿고 원하는 마음은 막지 못한다.

5절 니체 후기의 예술과 진실

그렇다면 예술과 진실의 관계에 대한 니체의 초기와 후기 견해 간의 연속성과 불연속성에서 무엇을 발견할 수 있을까? 니체는 후기 저술에서 '근원적 일자'라는 암호 같은 쇼펜하우어의 유물을 버리고, 1886년 『비극의 탄생』 서문에서 말하듯이 이제 이 책의 전체적인 '예술가의 형이상학'을 "자의적이고, 한가로우며, 환상적인 것"으로 간주한다.[39] 그렇다면 예술과 진실의 관계에 대한 질문에서 본질적으로 바뀐 것은 무엇일까? 적어도 표면적으로는 예술을 본질적으로 진실되지 않고 기만적인 활동으로 보는 시각이 후기 저술의 수사학에 널리 스며들어 있다. 『즐거운 학문』, 『선악의 저편』, 『도덕의 계보』, 『우상의 황혼』에 나오는 수많은 구절에서는 예술과 예술가의 역할을 거짓말, 단순화, 미화, 선택, 완곡하게 다듬기, 추한 것을 숨기고 재해석하기, 사물을 거리 두고 보기, 한 측면에서 보기, 맥락에서 제외하기, 왜곡하기, 색안경 끼고 보기, 완전히 투명하지 않은 표면이나 피부로 덮기, 허황된 이야기 하기, 속임수 부리기, 삶의 이미지를 왜곡함으로써만 삶을 즐기기, 양심에 따라 거짓말하기, 착각을 향한 선의, 진실이 아닌 것의 숭배, 표면적인 것의 숭배, 자신의 힘을 반영해 사물 변형하기, 진실을 왜곡하려는 의지, 기만하려는 의지, 어떠한 대가도 막론한 비진실에 대한 의지 등으로 다양하게 표현한다.[40] 니체는 예술이 사물을 있는 그대로 보지 않는 것을 반기면서 '있는 그대로 보는 것'은 "반예술적"이라고 말한다.[41] 다시 한 번 주목할 점은 이 많은 구절에서 니체의 관심은 예술 그 자체가 아니라 예술가로부터 자신을 해석하고 가치 있게 만드는 방법을 배우는 데 있다는 것이다. 그는 "보통 예술가들의 경우, 이 섬세한 힘은 예술이 끝나고 삶이 시작되는 곳에서 멈추지만, 우리는 가장 사소하고 일상적인 일에서 시작하는 우리 삶의 시인이 되기를 원한다."[42]라고 말한다. 그러나 앞서 말했듯이 우리가 시인들에게 배우는 것이 이런 온갖 형태의 거짓말과 왜곡으로 이뤄져 있다면, 그것은 시인들이 본질적으로 자신의 예술에서 거짓말과 왜곡을 하기 때문일 것이다. 니체가 진실 추구의 가치에 대해 의문시하거나 양가적이라고 해도, 예술이 진실의 전달자와 거짓의 전달자 중 어떤 역할을 하는지에 대해 대답하지 못할 이유가 없다. 앞서 인용한 많은 구절을 보면, 표면적으로는 우리가 논의하는 시대의 예술이 일관되게 진실의 전달과는 반대 방향으로 나아가는 것처럼 보인다. 만약 우리가 진실을 원한다면 예술로 가서는 안 되지만, 진실 이외의 것을 중요하게 여긴다면 예술은 독특한 지점에서 도움이 될 수 있다.

그러나 나는 이렇게 표면에만 머물러서는 니체의 입장에서 발견할 수 있는 몇 가지 미묘한 점을 놓칠 수 있다고 주장하고 싶다. 우선 '진실 때문에 죽는 것'은 '진실을 직시하지 않는 것'의 반대지만, '진실을 직시하고도 죽지 않는 것'과도 역시 반대되는 개념이다. 따라서 후기의 메모에서 "진실은 추하다. 우리는 진실 때문에 죽지 않으려고 예술을 소유한다."라는 구절은 아폴론적이거나 비극적인 뉘앙스로, 혹은 양쪽 다로 읽을 수 있다. 추악함을 인식한다면 우리는 보상적 환상으로 자신을 보호해야 할 수도 있고, 또는 그것을 견디며 심지어 기뻐해야 할 수도 있다. 니체는 창작 인생의 마지막 해에 작품 두 편으로 출간될 예정이었던 글을 썼는데, 거기에는 처음부터 그가 비극적 경험에 대해 말하고자 했던 바가 담겨 있다.

> 가장 낯설고 가혹한 삶의 문제 속에서도 삶에 '예'라고 말하기, 최
> 고 유형의 삶을 희생하면서도 그 무궁무진함에 기뻐하는 삶에의 의
> 지, 이것이 바로 내가 디오니소스적이라고 불렀던 것이자 비극적
> 시인의 심리에 이르는 가교라고 추측했던 것으로 …… 모든 공포와
> 연민을 넘어 그 자체가 생성의 영원한 기쁨인 것, 파괴의 기쁨마저
> 내포하는 기쁨인 것이다.[43]

"가장 낯설고 가혹한 삶의 문제 속에서도 삶에 '예'라고 말하기"의
요지는 앞서 레긴스터와 함께 살펴봤던 가치의 재평가와 관련된 진
실, 즉 힘에의 의지라는 본성 때문에 우리가 삶에서 가치 있게 여기는
것 안에 고통, 상실, 무상함, 실패가 포함돼야 한다는 진실을 수용하는
것으로 보인다. 그리고 니체는 여전히 이 통찰을 비극적 시인의 심리
와 연결할 준비가 돼 있다. 따라서 위안을 주는 기만적인 예술과 끔찍
한 진실을 즐겁게 대면하는 매체로서의 예술 사이의 긴장은 계속
된다.

1882년에 발표한 『즐거운 학문』에서 두드러지는 관심사는 지적 양
심과 정직의 덕목이다. 이 외에도 자기 자신을 대하는 창의적인 태도
를 배우기 위해 예술가들의 활동을 참고하라는 권고가 반복적으로 등
장한다. 에런 리들리는 이런 관심사가 통합되고 있음을 다음과 같이
발견한다.

> 예술가의 '지적 양심'은 정직함을 고집하므로, 한번 그가 자신과 우
> 리의 가장 근본적인 욕구의 성격을 정직하게 인식하고 나면, 거짓
> 을 꾸며 내고 가치 있게 여기더라도 '구토와 자살'을 피하기 위해

필요한 최소한도로만 그렇게 하게 된다. …… 『즐거운 학문』에서 상상하는 창조적 정신은 …… 첫째, 가능한 한 정직하게 진실을 마주하고 둘째, '상황의 필연성'에서 가능한 한 많은 아름다움을 보려고 노력하며[44] …… 그리고 마지막으로 이런 시도, 즉 '존재'를 '미적 현상'으로 바꾸려는 시도를 좌절시키는 조건들을 가능한 한 최소한도로 왜곡해 삶을 '견딜 만하게' 만드는 것이다.[45]

이 해석에 따르면, 니체가 정직성에 대항하는 힘이라는 의미로 예술을 말할 때는 완전히 또는 영구적으로 자기를 기만하거나 진실을 차단하는 것이 아니라 오히려 진실을 미세하게 가공하는 것을 염두에 두고 있는 것이다. 예를 들어 니체는 "우리가 항상 시를 완성하거나 마무리 짓지 않으려고 애쓰는 것은 아니다. …… 때때로 우리는 자신을 바라보거나 내려다보며 예술적 관점에서 거리를 두고 자신을 비웃거나 슬퍼하며 자신으로부터 휴식을 취할 필요가 있다."[46]라고 말한다. 따라서 리들리에 따르면 "니체가 관심을 가지는 창조성의 조건은 먼저 진실을 마주한 다음에 스스로 (소박하게) 진실을 왜곡하고 다듬는 작업에 착수하는 것이다."[47] 누구나 어느 정도는 조작이 필요하며, 어느 정도의 조작이 필요한지가 그 사람의 '힘'의 한계를 시험한다. 니체는 『선악의 저편』에서 다음과 같이 설명한다.

어떤 정신의 강함은 얼마나 많은 '진실'을 견뎌 낼 수 있는지, 더 분명히 말하자면 어느 정도까지 진실을 희석하고 은폐하고 감미롭게 만들며 단순화하거나 거짓말할 필요가 있는지에 비례한다.[48]

그러나 이 해석에 따르면, 예술의 도움이 추구하는 이상은 가능한 한 정직하게 삶의 진실을 마주하는 것이다. 예술의 왜곡은 진리에서

도피하려는 독자적 행위가 아니라, 오히려 진실을 직면하는 지적 양심의 과업을 수행하고자 환상을 사용하는 것이다. 이는 다른 모든 수단이 우리가 견딜 수 있는 한계에 이르렀을 때 전술을 바꾸는 것이다.

진실을 말하는 가치와 환상을 만드는 가치 사이의 이런 우호적인 타협은 마치 니체가 자신의 결론에 만족해하는 듯 보이게 한다. 그러나 나는 바로 그런 이유로 리들리의 해석에 의문을 제기해야 한다고 생각한다. 니체는 다른 데서 진실의 가치를 몹시 고민스럽고 문제적인 것으로 묘사하며 "진실을 향한 의지가 우리 안에서 그 자체를 문제로 의식하게 됐다는 것, 이것이 아니라면 우리 존재 전체가 무슨 의미를 갖겠는가?"[49]라거나 그의 노트에서 "예술과 진실의 관계에 대해 나는 아주 일찍부터 진지하게 고민했고 지금도 이 이분법Zwiespalt 앞에 신성한 두려움을 안고 서 있다."[50]라고 말한다. 니체는 예술과 진실을 화해시킬 수 있는 가능성에 대해 안도하기보다는 계속 고민한다. 그리고 이런 불안은 나중에 『즐거운 학문』 5권과 2판 서문에 추가한 내용에서 더욱 커져서, 앞으로 살펴보겠지만 진실의 본질과 진실을 추구하는 가치에 대해 보다 근본적인 질문을 제기한다.

6절 진실의 본질과 가치에 대한 불안

니체는 예술 안팎에서 진실을 추구하는 것이 바람직한지에 대해 양가성을 드러낸다. 우리가 개인적 이익과 어떤 의미에서는 자기 자신까지 희생하면서 진실을 무조건적으로 가치 있는 목표로 삼는다는 생각—진실을 "존재로서, 신으로서, 최고 권위로서" 상정하는 동시에 "삶의 특정한 궁핍화"[51]—에 불안감을 느낀 니체는 진실의 가치를 중시하지 말라고 하지 않고, 단지 그 가치에 실험적으로 의문을 제기하라고 권한다. 왜 그럴까? 그 답은 "진실을 향한 의지가 우리 안에서 그 자체를 문제로 의식하게 됐다는 것, 이것이 아니라면 우리 존재 전체가 무슨 의미를 갖겠는가?"[52]라는 니체의 질문에서 찾을 수 있다. 『도덕의 계보』가 나올 무렵, 니체는 우리 가치의 가치를 탐구하는 사람으로서 자신의 위치와 역할을 발견했다. 그는 진실성에 대한 헌신을 통해 인도됐기 때문이다. 하지만 그는 이 과정에서 이것이 신에 대한 믿음을 약화시키고 이제는 도덕성을 약화시키고 있는 독특한 도덕적 헌신이자 '기독교적 진실성'임을 깨달았다.[53] 동시에 가치로서의 진실성에 대한 의문은 그의 작업 전반에 걸쳐 계속해서 재등장한다.

> 어떤 판단이 잘못됐다고 해서 그 자체로 판단을 거부한다는 의미는 아니다. 아마도 이 대목에서 우리의 새로운 언어가 가장 낯설게 들릴 것이다. 중요한 것은 그런 판단이 얼마나 삶을 증진하고 보존하는지, 얼마나 종을 보존할 뿐 아니라 육성하느냐 하는 것이다. …… 거짓을 삶의 한 조건으로 인정하는 것은, 물론 일반적인 가치감정에 위험한 방식으로 저항하는 것을 의미한다.[54]

따라서 진정한 믿음을 추구하고 유지하는 것보다 더 중요한 다른 가치들이 존재한다. 그러나 때때로 니체는 삶에 대해 가능한 한 많은 진실을 이해하는 것처럼 보이는 이상을 상상한다. 이는 "가장 고상하고 활기차며 세계를 긍정하는 인간의 이상으로, 그는 과거와 현재를 있는 그대로 받아들이고 따라갈 뿐만 아니라 영원토록 과거와 현재가 그대로 반복되기를 원하는 사람"[55] 또는 "앞으로도 뒤로도 영원토록 그 무엇도 달라지지 않기를 바라는 사람이다. 이때의 이상은 필연성을 단지 참아 낼 뿐만 아니라 그것을 숨기지 않고 …… 오히려 사랑하는 것……"[56]이다. 이와 유사한 맥락의 글 중 가장 유명한 구절[57]에서 니체는 자신과 삶에 너무도 호의적이라 그 삶이 끝없이 반복될 것이라는 전망에 기뻐하는 사람을 상상한다. 이런 경우에 이상은 공포를 있는 그대로 바라보고 탁월한 힘으로 견디며 심지어 거기에 긍정적 가치까지 부여하는 비극적 지혜의 이상처럼 보인다. 다시 말해 삶을 진실하게 대면하고, 있는 그대로의 변함없는 삶을 사랑하거나 받아들이며 삶을 자신이 좋아하거나 긍정할 수 있는 환상적 버전으로 흐리거나 숨기거나 왜곡하지 않는 것이다. 하지만 『즐거운 학문』에서도 "꼭 필요한" 한 가지는 "이런저런 시를 통해서든 예술을 통해서든 자기만족을 얻어야 한다는 것"[58]이다. 니체는 긍정적인 자기 평가의 태도를 추구하지만, 그 방법이 자신에 대한 진실을 직면하는 것인지 각색하는 것인지는 불분명해 보인다.[59] 그가 '예술과 진실'[60]의 이분법 앞에서 느끼는 '신성한 두려움Entsetzen'은 그의 양가적 태도를 보여 주는 증거일 것이다.

『즐거운 학문』 344절에는 니체가 말하는 '학문'에 대한 고민을 밝혀 주는 중요한 논증이 수록돼 있다. 니체는 이렇게 문제를 제기한다.

> 학문도 믿음에 기초한다는 것, 아무 전제 없이 이루어지는 학문은 없다는 것을 우리는 안다. 진실이 필요한가라는 질문은 미리 대답을 얻어야 하며, 그 대답은 "그렇다."여야 한다. 나아가 그 대답은 "진실보다 더 필요한 것은 없다. 진실에 비하면 다른 모든 것은 부차적인 가치만 있다."라는 진술, 믿음, 확신의 형태로 매우 확고해야 한다. 이런 진실에의 무조건적인 의지는 대체 무엇일까?

학문(니체 자신이 수행하는 역사적, 해석적 학문 포함)은 진실을 추구할 뿐만 아니라, 진실을 추구하고 달성하는 일이 다른 모든 일에 비해 무조건적인 가치를 지닌다는 사전적 확신이나 믿음에 기반을 둔다. '진실에의 의지'는 니체가 이 절 후반부에서 설명하듯이 '어떠한 대가를 치르더라도 진실'을 욕망하는 태도다. 그래서 니체는 진실의 탐구가 요구하는 바의 본질이 뭔지 알고 싶어 한다. 거짓된 믿음보다 참된 믿음을 가지고, '자신을 속이지 않는 것'이 무조건적으로 더 가치 있는 일일까? 니체는 그렇지 않다고 주장한다. 참된 믿음이 거짓된 믿음보다 더 큰 이익이 된다는 보장이 있을 때만 참된 믿음이 무조건적으로 더 가치 있다고 볼 수 있겠지만, 니체에게는 이것도 안전한 가정이 아니다.

> 자신을 속이지 않으려는 것이 정말로 덜 해롭고 덜 위험하며 더 적은 불행을 초래할까? 무조건적인 불신과 무조건적인 믿음 중 어느쪽이 더 유리한지 결정할 수 있을 만큼 존재의 성격에 대해 사전에 알고 있는 것이 있는가? 하지만 양쪽 다 필요하다면 …… 학문은 진실이 다른 모든 것보다, 다른 모든 확신보다 더 중요하다는 무조건적인 믿음이나 확신을 어디서 얻을 수 있을까? 진실과 비진실 모두 유용하다는 것을 끊임없이 분명히 밝혔다면, 이런 확신은 결코 생겨날 수 없었을 것이다.

대신 니체가 제시하는 설명은 '학문적' 탐구자로서 우리가 스스로에게 무조건적으로 '진실성'을 요구하고, 자기 자신조차 속이지 않는 미덕을 요구한다는 것이다. 하지만 이는 진실에 대한 우리의 신념이 '도덕적' 기반을 갖는다는 의미라고 니체는 주장한다. 오디세우스의 교활한 유연성과 기만성[61]이 적어도 유용한 전략이 된다는 좋은 사례가 있다면, 진실성에 대한 무조건적인 요구가 도덕성 자체가 아니라면 어디에서 비롯될 수 있겠는가? 그래서 니체는 우리가 (자신도 모르게) 진실 추구에 대한 의심할 여지가 없는 가치 평가에 도덕적으로 얽매여 있다고 주장한다.

그렇다면 니체의 대안은 뭘까? 모든 진실 추구를 포기하는 것도 아니고, 진실 개념을 포기하는 것도 아니다. 오히려 건강, 힘, 긍정 또는 우리가 유지할 수 있는 생존력, 내성, 자기만족의 가치에 따라 진실 획득의 가치를 조건부로 보는 것이다. 삶을 우선시하고, 필요하다면 삶을 위해 진실 추구를 희생할 수 있겠는가? 이런 시도(또는 실험)[62]는 다음 두 가지 의미에서 어떠한 대가를 치르더라도 진실을 추구해야 한다는 요구에서 탈피한다. 하나는 우리의 경험을 고양시키는 방법으로서 의도적인 우리 경험의 예술적 재구성을 받아들이는 것이다. 다른 하나는 피상적인 겉모습에 만족하고 굳이 그 아래까지 파헤치지 않아도 된다고 생각하는 것이다. 『즐거운 학문』서문의 끝을 장식하는 구절은 예술적 재구성과 숨겨진 진실의 탐구 포기라는 주제를 결합해 많은 공감을 얻으며 자주 인용된다.

> 오, 그리스인들이여! 그들은 어떻게 살아야 할지를 알았다. 살기 위해 필요한 것은 용감하게 표면, 주름, 피부에서 멈추고, 겉모습을 숭배하며, 모양과 음색, 말 등 겉으로 드러나는 올림포스 전체를 믿는 것이었다! 그리스인들은 피상적이었지만, 그것은 심오함에서 나오는 피상성이었다! 그리고 이것이 바로 우리가 돌아가야 할 곳이 아닐까? 우리 정신의 탐험가들이 말이다. …… 이 점에서 우리도 그리스인이 아닐까? 모양과 음색, 말을 숭배하는?[63]

진실 추구라는 (광의의) 학문적 개념에서 니체가 공략하려는 또 다른 측면은 사심 없는 객관성이란 이상에 헌신해야 한다는 믿음이다.

인격의 결여는 항상 그 대가를 치른다. 유약하고 희미하고 소멸된 인격, 자기 자신과 자신의 존재를 부정하는 인격은 더 이상 어떠한 좋은 일에도 유용하지 않고, 철학에서는 특히 더 그렇다. '사심 없음'은 하늘에서나 땅에서나 아무 가치가 없다. 모든 큰 문제는 큰 사랑을 요구하며, 오직 자신을 확고하게 지배하는 강하고 원만하고 단단한 마음만이 그것을 감당할 수 있다. 사상가가 자신의 문제와 개인적인 관계를 맺고 그 안에서 자신의 운명, 괴로움, 최대의 행복을 찾는지, 아니면 냉정하고 호기심 많은 생각의 더듬이로만 문제를 다루고 이해하는 '비인격적'인 사람인지에 따라 엄청난 차이가 발생한다. 후자의 경우에는 아무 성과도 없을 것이다. 그 정도는 장담할 수 있다.[64]

이에 상반되는 것이 니체의 정동을 통한 해석 모델이다. 여기서는 가능한 많은 정동을 증폭시키면 지적 통찰력이 증가한다고 주장한다. 『도덕의 계보』에서 니체는 이렇게 말한다.

자신의 힘으로 찬반 입장을 통제하고 안팎으로 전환하는 능력으로 받아들여지며, 사람들은 이 능력을 통해 관점과 정서적 해석의 차이를 지식에 유용하게 활용하는 방법을 정확히 알게 된다. …… 어떤 문제에 대해 더 많은 정동이 말하도록 할수록, 그리고 하나의 동일한 사안에 대해 더 많은 눈과 다양한 눈을 동원할수록, 이 문제에 대한 우리의 '개념'과 '객관성'은 더욱 완전해질 것이다.[65]

여기서 니체는 '철학자'들에게 가능한 많이 개인적 감정을 개입시키고, 그 결과 그 주제를 더 완전히 이해하는 탐구 방식을 실천하라고 촉구한다. 우리 가치의 기원에 대한 니체의 감정적인 관여와 수사학적으로 도발적인 탐구는 이런 탐구의 좋은 본보기가 된다.[66]

니체가 보기에 최고의 탐구자는 무심한 '순수 주체'가 아니고, 탐구 대상은 우리의 많은 경험 뒤에 숨어 있는 신비하고 도달 불가능한 것이 아니며, 탐구 활동 자체로 유효성이 입증되지도 않는다. 진실은 하나가 아니며, 사물의 표면에 존재하고, 우리의 감정이 계속 살아 있어야만 가장 잘 발견되며, 진실 추구 활동 자체의 가치 외부에 있는 건강, 번영, 삶의 긍정 등의 가치에 기여할 때 가장 잘 추구될 수 있다. 따라서 이제 어떤 것은 왜곡이고, 어떤 것은 진실에 대한 통찰이라는 경직된 구분은 사라졌다. 『우상의 황혼』에서 비극적 예술가의 논의로 되돌아왔을 때 "예술 역시 삶에서 추악하고 가혹하고 의심스러운 것을 많이 제시한다. 이것이 삶을 망치는 것처럼 보이지 않는가?"[67]라며, 예술은 엄정한 진실의 전달자로 다시 등장한다. 다른 한편으로 "예술가들은 현실보다 외관을 더 높이 평가해 왔다."[68]라고 하지만, 여기에는 흥미로운 반전이 있다. "여기서 '외관'은 다시 한 번 현실을 의미한다. 단지 선택되고 강화되고 수정된 현실인 것이다. …… 비극적 예술가는 염세주의자가 아니며, 의심스럽고 끔찍한 것들 자체에 '예'라고 말한다. 그는 디오니소스적이다."[69]

따라서 예술은 우리가 직면하고 긍정해야 할 추한 진실을 드러내지만, 동시에 '현실(진정한 세계)'과 외관 또는 환상의 영역 사이의 절대적 구분이 불안정하거나 허상으로 보일 수 있다.[70] 이제 예술가의 단순화, 수정, 선택 절차는 자신에 대한 다른 관점을 열어 주는 방법이며, 기만이 아니라 진정한 자신에게 접근하는 방법이다. 이미 『즐거운 학문』에서 니체는 다음과 같이 말한다.

[예술가들은] 이런 일상적인 인물들 하나하나에 숨어 있는 영웅을 가치 있게 여기는 법을 우리에게 가르쳐 줬고, 자신을 멀리서 단순화되고 변모된 모습의 영웅으로 바라보게 하는 예술, 자신을 눈앞

의 '무대 위에 올려놓는' 예술을 가르쳐 줬다. 이렇게 해야만 우리는 우리 안의 비천하고 하찮은 부분들을 극복할 수 있다. 이런 예술이 없었다면 가장 가까이 있고 가장 천박한 것들이 엄청나게 크게 보이고, 현실 그 자체로 보이는 관점에 예속됐을 것이다.[71]

이처럼 예술가들은 다양한 감정을 끌어내고 새로운 해석을 찾아내고 그 사이를 유연하게 오가는 등 이해를 향상시키려는 모든 탐구자의 필수적 과제를 능숙하게 해내는 것처럼 보인다.[72] 따라서 자신에 대한 진실을 얻으려면 결국 선택하고 단순화하고 거리를 두고 보는 등의 숙련 과정을 거쳐야 한다. 우리 자신에 대한 관점을 선택하고 단순화하는 것은 어차피 우리가 해야 하는 일이며, 예술가들은 이 일을 전문적으로 수행하는 사람들일 뿐이다. 그렇다면 니체가 권장하는 모든 예술적 왜곡과 양식화를 통해 얻는 것은 결국 진실에 대한 더 나은 통찰일 것이다.

12장
고통을 대하는 태도
파핏과 니체

1절 서론

얼마 전, 필리파 풋은 "어찌하여 …… 오늘날 철학자들은 니체를 반박할 시도조차 하지 않으며 도덕성이 여전히 발밑에 굳건히 있다고 느끼는 것일까? …… 그 대답 중 하나는 니체와의 대결이 준비하기 어려운 일이기 때문인 것 같다."라는 글을 썼다.[1] 데릭 파핏은 크게 호평받은 역작『중요한 것에 관하여On What Matters』에서 이 문제를 고찰할 새로운 기회를 제공한다.[2] 이 책 2권 말미에서 파핏은 상당한 분량을 할애해, 니체의 사상이 거의 '우리' 모두가 갖고 있고 파핏이 누구나 직관적으로 알 수 있다고 믿는 주된 규범적 신념들과 생각보다 덜 충돌한다는 것을 입증하고자 한다. 파핏이 니체에 관해 쓴 글은 요즘 니체 연구에서 흔히 볼 수 있는 글과는 다르다. 심지어 니체에 관해 '분석적'인 저자들도 역사적 또는 해석학적 문제에 상당한 관심을 보이는 반면, 파핏은 주로 자신의 관심사와 관련해 니체의 저작에 접근한다. 파핏은 특히 "이상적인 조건이라면 우리와 니체가 기존의 규범적 신념에 동의할지"[3]를 알고 싶어 하며, 이를 위해 출처가 다양한 짧은 인용문 100여 개를 연달아 인용하거나 의역한다. 이 중 다수는 케임브리지판 『말년 노트의 글들Writings from the Late Notebooks』에서 인용한 뒤 자신의 연구 맥락에서 그 구절들의 진실성, 타당성, 깊이, 유용성 등을 판단한다. 이런 파핏의 접근 방식은 현재의 학문 기준에서 고리타분하고 순진해 보일 수도 있지만, 신선한 측면도 있다. 논평가들은 텍스트에 대해 지나치게 세심하거나 심지어 경건하고, 저자에게 과도한 연민을 느낄 수 있다. 파핏은 첫 번째 함정을 피하고 니체가 도덕철학에서 어떤 의미를 갖는지 직접적으로 질문한다. 두 번째 함정인 연민에 대해서는, 니체가 그의 생애에서 겪은 실제 고통을 인정하면서도, 우리가 굳이 늘 떠올리지는 않는 사실들을 상기시킨다. 니체가 독자 대부분이 전혀 동의하지 않을 충격적인 말을 했다는 사실과 니체처럼 예민하고 사려 깊은 사람이 이렇게 정교한 언어폭력을 구사하고, 인간 일반에 대해 명백한 경멸을 드러냈다는 사실에는 뭔가 불안한 구석이 있다는 것이다.

그러나 나는 파핏이 니체와 자신 사이의 상황을 잘못 해석하고 있다고 주장할 것이다. 니체는 파핏이 직관적으로 옳다고 믿는 규범적 주장, 특히 고통은 그 자체로 나쁘다는 주장에 의문을 제기하는 타당성 있는 안녕well-being 개념을 일관되게 옹호한다. 이런 규범적 주장과의 근본적인 불일치는 본인과 '우리'의 규범적 신념을 직관적으로 알 수 있다는 파핏의 주장에 도전한다. 그렇다면 이 점이 왜 중요할까? 첫째, 파핏의 연구가 여러 면에서 최근 분석적 도덕 이론의 논쟁을 요약해 영향력이 있기 때문이다. 둘째, 파핏이 니체를 "지난 두 세기 동안 가장 영향력 있고 존경받는 도덕철학자"로 꼽으며 본인도 니체에 대한 존경심을 표하기 때문이다.[4] 그런데도 파핏의 논의가 니체 저작의 독특한 특징을 놓친다면, 이는 실제로 니체 자체와 대면하지 않는 것이며, 오히려—파핏 자신의 도덕 이론의 깊이와 명성 때문에—풋이 지적한 니체와 도덕 이론 간의 더 일반적인 교착 상태를 상징하고 지속시키게 된다.

더 넓은 의미에서도 파핏은 니체와 대면하지 않는다. 그는 니체가 명성을 얻게 된 핵심 주장인 계보학 방법을 다루지 않는다. 버나드 윌리엄스가 말하듯이 계보학은 "현재의 윤리적 개념에서 근본적인 우연성을 밝혀 낼 가능성이 높아" "그 권위가 인정돼야 하는 윤리적 사상과 긴장 관계에 있는 듯하다."[5] 니체의 계보학이 어떻게 우리의 윤리적 가치에 대한 비판이 되고 또 될 수 있는지에 대해 많은 논쟁이 있었고,[6] 도덕의 기원에 대한 질문의 답이 우리의 현재 태도에 영향을 미칠 수 있는지 또는 미쳐야 하는지에 대한 논쟁은 아직 해결되지 않았다. 그럼에도 불구하고 파핏은 이런 모든 문제를 회피하며 다음과 같이 말한다.

> 니체는 도덕의 기원, 특히 기독교 도덕에 대해 몇 가지 매혹적인 주장을 펼치며, 때로는 이런 주장이 도덕성을 약화시킨다고 시사한다. 하지만 니체 자신도 가끔 지적하듯이 그렇지 않다. 우리는 도덕의 기원이나 인간 생활의 많은 특징들의 기원을 알았을 때 사물의 현재 상태나 가치에 대해서는 거의 배우지 못한다. 니체의 말을 빌리자면 "기원에 대해 더 많은 통찰을 가질수록 기원은 덜 중요하게 보인다."[7]

이는 부적절하다. 여기 인용된 문장은 니체의 계보학 개념이 성숙하기 전에 쓰인 『아침놀』 44절에 나오는데, 계보학이 아닌 다른 주제에 관한 구절이다.[8] 다른 증거들은 니체의 견해에서 계보학이 적어도 우리의 도덕적 직관을 의심해 볼 근거를 제시하는 정도까지는 도덕성을 '약화'시킬 수 있음을 보여 준다. 이것이 니체의 중요성에 대한 광범위하고 전통적인 이해다.[9] 나는 지금 파핏이 계보학의 도전에 아무런 반박도 하지 못했다고 주장하는 것이 아니라 단지 파핏이 그 도전을 인정하지 않았기 때문에 니체의 영역에서 니체와 대면하지 않았다고 주장하는 것이다. 이 점에서 파핏은 니체를 우회하며, 이는 도덕 이론가들이 종종 해 왔던 일이다. 하지만 파핏의 관점에서 보자면, 그는 지난 두 세기 동안 가장 영향력 있고 존경받는 도덕철학자를 우회하는 것이다. 따라서 파핏은 자신의 방법에 대한 확신이든 니체에 대한 존경심이든 줄어들어야 할 이유가 있다. 그러나 지금부터 논의할 문제는 오히려 파핏이 자신의 영역에서는 니체를 성공적으로 대면하고 있느냐 하는 것이다.

2절 고통의 가치에 대한 의견 일치와 불일치

니체에게 고통의 가치가 중요하다는 점은 논평가들 사이에서 오래전부터 인식돼 왔다. 니체는 초기의 비극 연구에서부터 명백히 고통의 가치에 관심을 보이기 시작해 이후의 가치 비판까지 이어 가는데, 이때의 관심사 중 하나가 모든 고통을 제거하려는 뚜렷한 충동을 지닌 '연민의 도덕'이다. 예를 들어 버나드 레긴스터는 니체의 주요 연구가 "인간 존재에서 고통의 역할과 중요성을 …… 재평가하려는 궁극적인 목표"를 가진다고 주장한다.[10] 고통의 가치나 의미는 니체에게 대단히 중요한 문제다. 따라서 파핏이 니체의 글에서 고통을 긍정적인 가치로 예찬하는 정도를 강조하는 것은 적절하다. 그런 구절 중 하나는『선악의 저편』에 나온다.

당신은 가능하다면 (이보다 더 멍청한 '가능하다면'도 없을 것이다.) 고통을 없애 버리고 싶어 한다. 그렇다면 우리는? 우리는 오히려 과거 어느 때보다 더 고통이 심해지고 악화되기를 바라는 듯 보인다. 당신이 생각하는 안녕 같은 것은 목표Ziel가 아니다. 그것은 우리에게 종말Ende처럼 보인다! ⋯⋯ 고통을 견디는 단련만이 ⋯⋯ 지금까지 인류의 모든 향상을 이끌어 온 유일한 원인이었다.[11]

파핏은 이런 구절들이 "[우리] 대부분이 믿는 것과 깊이 충돌하는 것 같다."[12]라고 말하는데, "우리 대부분이 믿는 것"이란 고통은 그 자체로 나쁘다는 주장이다. 그렇지만 그는 또 니체가 단지 "고통이 나쁘지 않다고 믿으려 했을 뿐"[13]이며, "니체는 때때로 고통이 나쁘다는 것을 부정하지만 ⋯⋯ 그것은 그의 진정한 견해가 아니다."[14]라고 주장한다. 니체의 '진짜 견해'를 찾으려는 것은 지나치게 낙관적인 임무일 수 있다. 하지만 내 주된 목표는 (뒤의 4-6절에서 직접 다루듯이) 고통에 대한 니체의 견해를 밝혀 내고, 그것이 파핏의 견해와 어떻게 충돌하는지를 질문하는 것이다. 이 논의에 앞서 '고통'이라는 용어와 니체가 '우리' 생각에 동의하는지 여부를 강조하는 파핏의 이유를 간략히 살펴보면 도움이 될 것이다.

'고통'이라는 용어는 다양한 종류와 정도의 상태를 나타내며, 니체가 쓰는 단어 Leiden도 마찬가지다. 니체는 특히 형벌과 잔인함에 대한 역사적 태도를 고려할 때 신체적 고통에 대해 논의[15]하지만, 그의 심리학자 같은 시선은 죄책감, 혐오감, 상실 또는 슬픔, 고독, 실망 또는 불만, 장기 질환, 운명의 파국적 반전, 금욕주의자의 자해적 고통 등 광범위한 영역을 천천히 훑는다. 고통의 가치에 대한 우리의 판단은 어떤 종류의 고통을 강조하느냐에 따라 달라질 수 있다. 예를 들어 레긴스터의 주장에 따르면 "고통은 저항에 의해 정의된다."[16] 이 생각은 우리는 목적을 의욕할 뿐만 아니라 목적의 달성을 가로막는 장애물의 극복도 의욕하기 때문에 "우리가 저항의 극복을 중요하게 여긴다면, 그 재료인 저항도 중요하게 여겨야 한다."라는 것이다.[17] 한 가지 예로 "베토벤은 음악적 성취를 거두기 위해 전통적인 화성법을 탈피해 새로운 음악적 표현 양식을 개발하고, 복잡한 새 음악적 아이디어를 표현하느라 고심하는 등 내재적 저항을 극복해야만 했다."[18] 여기서 '고통'은 "어려움 또는 우리가 선호하는 말로는 도전"으로 바꿔 말할 수 있다.[19] 이 관점에서 니체는 우리가 단순히 의지의 충족이 아니라 의지에 대한 도전을 긍정적으로 평가하고 또 그래야 한다고 주장하며, 레긴스터는 이런 생각이 힘에의 의지 개념을 이해하는 데 중요하다고 주장한다. 그럼에도 불구하고 레긴스터가 말하는 긍정적인 가치가 통상적으로 '고통'이란 용어로 포괄되는 모든 상태에 적용될 수 있는지는 의문이다. 첫째, 사별, 고문, 정신병적 경험, 만성질환과 같은 전형적인 종류의 고통은 단순히 '어려움'과 '도전'으로만 설명하기에는 불충분할 수 있다. 둘째, 이런 고통은 일반적으로 공통의 목표를 달성하는 데는 장애물이지만, 의식적으로 추구하는 목적 활동의 필수적인 부분이나 '재료'는 아니다. 베토벤의 목표를 향한 '저항'과 달리, 이런 고통은 당사자의 목표와 무관하게 발생한다는 의미에서 그저 당사자를 괴롭힐 뿐이다.

파핏이 말하는 전형적인 고통의 사례는 극심한 신체적 통증을 겪는 에피소드인 경향이 있지만(예를 들어 "뜨거운 쇠가 닿는 느낌"[20]) 그는 또 "정신적 고통이 …… 많은 신체적 고통보다 훨씬 더 심할 수 있다."라는 점을 인정한다.[21] 그의 색인에는 '통증, 고통, 고뇌'가 한 항목에 들어 있으며, 쉽게 '통증'에서 "심한 통증 …… 사람이 극도로 싫어하는 감각"으로 이동한다.[22] 여기서 중요한 것은 싫어하는 감각이다. 단순한 감각만으로는 싫지 않을 수 있으며, 이 경우 그 사람은 고통스럽지 않을 것이다. "우리가 고통스러울 때 나쁜 것은 감각이 아니라 싫다고 느끼고 있는 의식 상태다. …… 이런 의식 상태를 좋거나 나쁘게 만드는 것은 …… 우리의 쾌락적 호불호다."[23] 따라서 고통은 주체가 극도로 싫다고 여기는 큰 통증이다. 파핏의 관점에서 "고통의 본질이 우리가 미래의 고통을 피하고자 하는 이유를 제공한다."라는 주장은 직관적으로 인식할 수 있고, 더 이상 단순화할 수 없는 규범적 진실이다.[24] 실제로 『중요한 것에 관하여』를 보면 첫 페이지부터 이 고통에 대한 생각은 이런 규범적 진실의 대표적인 예이며, 뒤에 가서는 이성에 대한 주관주의적 관점에 반대하는 확장된 논증에서 핵심적인 역할을 한다.[25] 그렇지만 지금은 단순히 '고통'이라는 용어의 폭을 경계해야 할 필요성을 강조하고 싶다. 예를 들어 니체가 고통의 가치에 대해 파핏(과 파핏의 '우리')의 의견에 동조하지 않는다고 해도, 그것이 반드시 뜨거운 쇠에 닿는 통증이 좋은 삶에 필수적이라고 생각하기 때문은 아닐 것이다.

그런데 왜 파핏은 니체의 동의 여부에 그렇게 무게를 두는 것일까? 전체적인 맥락에서 파핏은 우리가 객관적인 이유에 반응하고, 더 이상 환원 불가능한 규범적 진실을 인식하는 직관적 능력을 가지고 있다는 자신의 주장에 반대하는 논증을 반박한다.[26] 파핏에 따르면, 편향되지 않고 정보도 충분한 이상적인 성찰 조건하에서 사람들이 진정으로 규범적 신념에 동의하지 않는다면 이렇게 생각해야 한다. "어째서 우리가 그렇게 특별할 수 있을까? 그리고 우리 중 누구도 그런 규범적 진실을 인식할 수 없다면, 그런 진실이 존재한다고 합리적으로 믿을 수 없을 것이다."[27] 그러나 파핏은 우리가 이런 입장에 도달하지 않을 것이라 믿으며 다음과 같은 주장을 제시한다.

수렴 주장: 만약 모든 사람이 관련된 비규범적 사실을 모두 알고, 동

일한 규범적 개념을 사용하며, 관련 논거를 이해하고 신중하게 성
찰하며 어떠한 왜곡된 영향도 받지 않는다면, 우리는 유사한 규범
적 신념을 갖게 될 것이다.[28]

수렴 주장은 경험적 예측이며, 니체가 언급되는 것은 그가 이 진실
을 위협하는 것처럼 보이기 때문에, 즉 우리의 주요 규범적 신념에 근
본적으로 동의하지 않는 것처럼 보이기 때문이다. 이에 따라 파핏은
"수렴 주장을 옹호할 때 니체를 무시할 수 없다."라는 주장을 도출
한다.[29]

파핏은 그가 '고통의 이중 악double badness of suffering'이라 부르는 특정
한 규범적 신념에 초점을 맞춘다. 즉 모든 고통은 그 자체로 고통받는
자에게 나쁘고 비인격적으로도 나쁘다는 것이다.[30] 이는 규범적 신념
으로, 파핏은 '나쁘다'를 '이유를 내포한다'라는 의미로 사용하므로,
뭔가 나쁘다는 것은 우리가 그것을 원하지 않을 이유가 있다는 의미
다. 그리고 파핏은 그런 이유가 있다는 데 대해 객관주의적 견해를 지
지, 만약 뭔가가 그 자체로 나쁘다면 그것에 대한 내재적 사실이 우리
가 그것을 원하지 않을 이유가 된다고 주장한다. 파핏은 우리의 이유
가 우리가 실제로 원하는 것, 또는 우리가 정보를 충분히 가지고 있
고 충분히 이성적이라면 실제로 뭘 선택할지에 따라 달라진다는 주
관주의적 견해를 거부한다. 이에 반해 객관주의적 견해에서는 우리
가 정보를 충분히 가지고 있고 충분히 이성적일 경우, 뭔가를 선택한
다는 것은 우리가 그것을 원할 이유가 있다는 사실에 의해 진실이 된
다.[31] 따라서 뭔가가 그 자체로 나쁘다는 것은 파핏에게 더 이상 환원
불가능한 객관적인 규범적 진실이며, 우리는 직관을 통해 이를 알 수
있다.[32] 파핏은 고통의 이중 악이 "아직 보편적으로는 [진실로] 인정되
지 않지만", 동의하지 않는 사람들도 여기에 귀 기울여 줄 것을 희망

한다.[33] 파핏이 특히 염두에 두는 지속적인 의견 불일치는 고통이 정당화될 때 비인격적으로 선할 수 있다고 생각하는지 여부에 달려 있다. 파핏 자신은 어떤 고통도 정당화될 수 없다고 생각하며, 우연찮게도 니체가 이 점에서는 그와 명시적으로 일치함을 발견한다.[34] 그러나 어떤 사람들은 고통이 처벌의 기능을 할 때 정당화될 수 있다고 생각하므로 이에 동의하지 않는다. 그럼에도 불구하고 파핏에 따르면, 이런 견해를 가진 사람들도 '고통의 이중 악'의 나머지 절반에는 동의하지 않을 수 없다. 그들은 고통이 그 자체로 고통받는 자에게 나쁘다는 것을 인정해야만 한다. 그래야만 그들의 견해에 따라 고통이 처벌의 기능을 할 수 있기 때문이다.

따라서 고통이 그 자체로 고통받는 자에게 나쁘다는 주장은 파핏에게 특히 중요하다. 그는 그것이 다른 규범적 주장과 달리 (a) "모호하지 않으며" (b) "우리가 이미 그에 대한 충분한 합의에 도달했다."라고 생각하기 때문이다.[35] 이런 경우, 위험 부담이 커진다. 만약 니체가 이 주장에 동의하지 않고, 그의 견해가 조금이라도 설득력 있다면, 우리는 이 주장에 대한 합의가 이미 '충분하다'는 파핏의 전제에 의문을 품기 시작할 수 있다. 그리고 앞으로 더 많은 사람들이 니체의 관점을 따르게 된다면 수렴에 대한 예측에 어느 정도 흠결이 생겨, 파핏의 견해에 따르면 규범적 진실을 직관적으로 인식할 수 있다는 우리의 능력에 대한 신뢰가 줄어들것이다. 그러므로 파핏의 전략은 고통이 그 자체로 나쁘다는 주장에 가장 동의하지 않는 듯 보이는 철학자가 실은 그렇지 않음을 입증하는 것이다.

3절 니체가 반대하지 않는다는 주장

파핏은 니체를 다룬 장 말미에서 "우리와 니체의 의견 불일치가 보이는 것만큼 명확하고 깊지는 않다."[36]라는 다소 약한 주장에 대해 여러 가지 근거를 요약한다. 그러나 그가 이렇게까지 말하는 근거 중 일부는 의심스러워 보인다. 예를 들어 파핏은 고통이 나쁘지 않다는, 취지가 명백한 니체의 발언이 일부 제정신이 아니라고 주장한다. 또 니체가 자기모순에 빠졌다고도 주장한다. 둘 다 니체를 부당하게 매도하는 다소 진부한 주장이다. 물론 우리도 니체의 후기작인 『이 사람을 보라』에서 "그의 정신이 붕괴되기 시작"[37]했음을 암시하는 '끔찍하게' 폭력적인 구절을 접하게 된다. 그렇지만 1888년 후기 저작을 쓸 당시 니체의 정신 상태에 대해 많은 논쟁이 있었어도 결론에는 이르지 못했다. 일각에서는 니체의 신랄한 글쓰기를 문학적 아이러니나 설득할 목적으로 계산된 절망과 좌절의 과장으로 해석하기도 한다. 어쩌면 이 모든 요소들이 조금씩 작용했을 수도 있다. 그렇지만 설령 우리가 정신적 붕괴의 징후를 감지한다고 해도, 그것이 얼마나 중요한지에 대한 의문이 남는다. 에런 리들리에 따르면 "과장된 말이라도 진실일 수 있고, 정신 나간 소리로 들릴지라도 흥미로울 수 있다."[38] 게다가 니체는 우리가 주로 근거로 인용할 『즐거운 학문』과 『선악의 저편』을 쓸 당시에는 충분히 제정신이었다. 자기모순에 관해서도 파핏은 이렇게 말한다. "니체는 사람들 대부분이 믿는 것과 모순되는 여러 주장을 하지만, 니체 자신은 이런 주장과 모순된다. 니체가 자신의 주장과 불일치할 때는 우리의 의견과 크게 불일치하지 않는다."[39] 이 말은 이상하다. 파핏은 니체가 직접적으로 모순되는 주장을 했다는 증거를 제시하지 않고, 단지 니체의 견해가 시대와 맥락에 따라 달라진다는 것만 제시한다.[40] 니체 저작의 모든 구절이 통시적으로 정립된 단일한 철학적 입장에 들어맞지는 않는다. 하지만 노트는 물론이고 16년 동안 저술을 출간하면서 이런 테스트를 통과할 수 있는 저자는 거의 없으며, 유독 니체의 저작을 이렇게 테스트하는 것은 현명해 보이지 않는다. 그래서 나는 니체의 고통에 대한 주장이 파핏과 불일치하지 않는다는 근거로서 광기와 자기모순 모두 타당하지 못하다고 주장한다.

그나마 파핏의 주장에서 설득력 있어 보이는 근거는 니체가 고통이 그 자체로 선하다고 주장하면서 '모든 것'이 선하다거나 우리가 긍정하거나 환영하면 모든 것이 선해질 수 있다는 모호한 근거를 대는 듯한 구절들이다.[41] 파핏의 말로는 니체가 자신의 고통과 타협해야 한다는 왜곡된 압박감 때문에 "모든 것이 선하다고 믿으려 노력"했으나 그 과정에서 나쁜 논리를 펼치게 되고,[42] 그 결과 수렴성을 검증할 이상적인 조건이 충족되지 않으므로 니체의 의견 불일치는 무시될 수 있다는 것이다. 그렇다면 니체가 고통을 선하다고 주장하거나 모든 것이 선하다고 주장했다는 근거는 뭘까? (후자 때문에 전자를 주장했다는 근거는 일단 차치하더라도 말이다.) 파핏은 노트에서 '존재에 '예'라고 말하기'에 관한 구절 전체, 고통과 고난은 "그 자체로 바람직하다."거나 "최고로 바람직함의 일부"[43]라는 구절, 『이 사람을 보라』에서 니체가 루 살로메의 시「삶의 찬가Hymn to Life」를 인용해 '고통은 삶에 대한 반론이 아니다.'라는 메시지를 전하는 구절,[44] 운명애에 대한 유명한 구절인 "앞으로도 뒤로도 영원토록 그 무엇도 달라지지 않기를 바라는 것"[45] 등을 인용한다. 파핏은 니체의 관점에서 모든 것을 사랑하고 모든 것에 '예'라고 말하거나 아무것도 달라지길 원하지 않는다면, 모든 것이 선하고 필히 고통도 선해야 한다고 가정하는 듯하다. 그러나 니체가 정말 그렇게 생각하는지는 불분명하다. 우리가 어떤 존재를 사랑하거나 원하거나 긍정하려면 반드시 그것이 선해야 할까? 설령 그렇다고 해도, 어떤 것이 전체적으로 선해서 사랑하는 경우에 그 구성 요소 하나하나가 그 자체로 선해야 할까? 나는 도시나 사람을 전체적으로 사랑하고 그들이 지금 그대로 변하지 않기를 바라지만, 그들의 모든 요소가 선하지는 않을 수 있다. 또한 니체가 "가장 낯설고 가혹한 삶의 문제 속에서도 삶에 '예'라고 말하기"[46]에 대해 논할 때 '가혹한 문제'를 본질적으로 누군가의 삶의 좋은 구성 요소로 해석해야 하는지에 대해서는 논란의 여지가 있다. 따라서 니체가 정말 "모든 것이 선하다고 믿으려 노력"[47]했는지는 분명하지 않다. 고통의 가치에 대한 니체의 견해가 파핏과 다르다면, 이처럼 불확실한 이유로 그의 견해를 일축하는 것은 안전하지 않다.

마지막으로, 특히 고통에 대한 도덕적 태도와 관련해 파핏은 니체가 자신과 직접적으로 의견을 달리할 수 없다고 주장한다.[48] "니체는 도덕적 주장이 명령을 표현한다고 가정하기 때문에 영어에서 'ought morally(도덕적으로 ……해야 한다)'로 표현되는 개념을 거의 또는 전혀 사용하지 않는다. 따라서 니체의 주장은 우리가 도덕적으로 해야 한다고 믿는 것과 직접적으로 충돌할 수 없다."[49] 여기서 파핏은 언어학적으로 중요한 점을 지적한다. 독일어에서 동사 sollen은 칸트가 "du sollst nicht: 'thou shalt not'(너는 하지 말라.)"[50]라는 구절에서 쓴 것처럼 명령을 표현하는 데 쓸 수 있다. 명령은 참일 수 없다. 하지만 뭔가를 해야 한다거나 하지 말아야 한다는 믿음 역시 sollen을 사용해 표현할 수 있음에도 원칙적으로 참일 수 있다. 그리고 파핏의 관점에 따르면 (아주 대략적으로 말해) 어떤 사실들은 누구도 특정한 방식으로 행동하기를 합리적으로 원치 않게 만드는 결정적 요인으로 작용하므로 특정한 믿음이 참이 된다. 파핏은 독일어에서는 이 두 가지 주장이 혼동될 수 있으며, 도덕적으로 해야 할 일에 대한 진실이 존재할 수 있는 유일한 방법은 반드시 따라야 할 명령이 존재하는 것으로 생각할 수도 있다고 주장한다. 파핏이 언급한 바대로, 쇼펜하우어[51]는 이 점에서 칸트의 윤리학을 신랄하게 비판하며(한참 뒤에 앤스콤도 마찬가지였다.[52]) 신적인 명령자를 믿지 않으면 무조건적인 권위를 가진 명령은 있을 수 없다고 주장한다. 쇼펜하우어는 이를 통해 도덕은 규범적이지 않으며 의무를 수반하지 않는다는 것을 보여 준다. 니체는 여기서 쇼펜하우어에게 영향을 받은 것으로 보이며, 따라서 니체가 신의 죽음에서 도덕적 당위의 부재로 곧바로 논증을 전개했다면 sollen을 해석하는 두 방식의 혼동에서 그 이유를 찾을 수 있다고 보면 도움이 된다.

하지만 니체가 정말 이렇게 주장했을까? 니체는 조지 엘리엇 등의 비신학적 윤리에 반대하면서 "기독교 도덕은 하나의 명령이다. 그 기원은 초월적이며, 모든 비판과 모든 비판할 권리를 넘어선다. …… 이 도덕의 흥망은 신에 대한 믿음과 함께한다."[53]라고 말한다. 따라서 기독교 신에 대한 믿음의 소멸은 단순히 해야 할 일과 하지 말아야 할 일에 대한 기독교 도덕의 신념을 유지하려는 도덕성에 정당화 가능한 공백을 남긴다. 그렇다고 해서 니체의 주장을 신에 대한 믿음의 소멸이 그 자체로 도덕적 의무가 없다는 결론을 내리기에 충분하다는 식으로 해석할 필요는 없다. 사이먼 로버트슨Simon Robertson이 제안하듯이 이 구절을 더 관대하게 해석하면 니체의 주장은 "종교적 기틀 없이는 …… 누구도 도덕이 권위 있다거나 도덕적 가치를 유지해야 한다고 가정할 권리가 없다."라는 것이다.[54] 이런 해석은 니체가 자신의 주장을 구성하는 다음과 같은 방식을 통해 더욱 힘을 얻는다.

영국인들이 정말로 선과 악이 무엇인지 전부 다 스스로 '직관적으로intuitiv' 안다고 믿을 때, 그 결과 더 이상 도덕을 보장하기 위해 기독교가 필요하지 않다고 생각할 때, 이는 단지 기독교적 가치 판단이 지배해 온 결과이자 이 지배가 얼마나 강력하고 깊숙이 파고들었는지를 보여 주는 데 지나지 않는다. 그리하여 영국 도덕의 기원은 잊혀 버렸고, 아무도 도덕이 존재할 권리가 실로 얼마나 엄격한 조건을 요구하는지 이해하지 못할 정도가 됐다. 영국인에게 도덕은 아직도 문제시되지 못하는 것이다……[55]

여기서 니체의 논지는 계보학적이며, 정확히 "우리는 이유에 반응하고 일부 규범적 진실(특히 도덕적 진실)을 인식하는 직관적 능력을 가지고 있다."[56]라는 파핏의 주장에 들어맞는 듯 보인다. 니체가 보기에 '영국 도덕' 신봉자들은 자신들의 핵심 신념에 대한 직관성이 강하지만, 그 직관적인 감각은 그 기원에 비춰 설명될 수 있다. 우리가 그토록 확고한 신념을 유지하는 것은 종교적 교리의 권위에 대한 과거의 신뢰를 통해 현재의 직관이 고착화됐기 때문이다. 우리가 지금 종교적 교리를 무조건적인 권위로 여기는 것은 과거의 역사를 망각했기 때문이다. 니체는 ought morally가 명령을 표현한다고 가정하지 않는다. 오히려 그는 현재 태도에 대한 확신을 '망치는' 니체 특유의 작업을 수행하고 있다.[57]

그렇더라도 니체가 "영어에서 ought morally로 표현되는 개념을 거의 또는 전혀 사용하지 않는다."라는 파핏의 주장은 진실일 것이다. 비록 니체는 '도덕적으로 ……해야 한다'가 명령을 표현한다고 가정하지 않지만 말이다. 상당히 초기인 『인간적인 너무나 인간적인』에서부터 니체는 "'해야 한다'라는 의미에서의 도덕은 우리의 사고방식에 의해 파괴됐다."[58]라고 선언할 준비가 돼 있었다. 『아침놀』에서는 어떤 일을 하거나 피해야 할 도덕적 이유가 존재한다는 것을 부정한다.[59] 그리고 '선악의 저편'으로 나아가라는 후기 주장의 주된 취지는 우리에게 도덕적 판단을 내리지 말라고 촉구하는 것이다. 따라서 니체는 도덕적인 의무나 이에 상응하는 개념을 (언급하기는커녕) 결코 사용하지 않는다고, 좀 더 대담하게 가정해 보자. 니체는 결코 누가 도덕적으로 뭘 해야 한다거나 하지 말아야 한다고 주장한 적이 없다. 따라서 파핏에 따르면, 니체의 신념은 "모든 사람이 도덕적으로 고통을 피하거나 예방해야 한다."라는 믿음과 직접적으로 불일치할 (또는 '정면으로 충돌할') 위치에 있지 않다. 그렇지만 의견이 불일치할 여지는 많이 남아 있다. 니체는 그런 주장이 어떤 식으로 분석되든 진실이 아니라고 주장함으로써 의견의 불일치를 보인다. 그리고 이는 '도덕적으로 ……해야 한다'가 그 무엇의 전제도 될 수 없다는 그의 부인에 근거하고 있음을 고려하면, 중요한 의견 불일치다.

4절 고통을 통한 성장

고통의 가치에 대한 니체의 '진짜 견해'를 찾기 위해 파핏이 언급하지 않은 더 실질적인 증거 몇 가지를 살펴보자. 『즐거운 학문』에서 다음과 같은 명확한 성찰을 발견할 수 있다.

우리가 가장 심하게 가장 개인적으로 고통받는 일에 대해, 거의 모든 다른 사람들은 이해할 수도 없고 접근할 수도 없다. 이 점에서 우리는 한솥밥을 먹는 가장 가까운 사람들에게조차 숨겨져 있다. 그러나 우리가 고통받는다는 것이 알려질 때마다 우리의 고통은 피상적으로 이해된다. 고통에서 진정으로 개인적인 것을 박탈하는 것이 동정이라는 감정의 본질이다. 선행을 베푸는 '은인'들은 적들보다 우리의 가치와 의지를 더 많이 깎아내린다. 곤경에 처한 사람들에게 베풀어지는 대부분의 선행에는 동정을 느끼는 사람이 운명의 역할을 하는 지적인 경솔함이 있어서 불쾌한 뭔가가 있다. 그는 나나 당신에게 불운을 가져오는 전체적인 내적 순서와 상호 연관성을 전혀 알지 못하는 것이다! 내 영혼의 전체 경제와 '불운'으로 맞춰지는 균형, 새로운 동기와 욕구의 힘찬 개방, 오래된 상처의 치유, 과거 전체 기간의 허물 벗기 등 불운과 관련된 모든 것들이 친애하는 동정 어린 사람들에게는 중요하지 않다. 그들은 '돕기'를 원하며, 불운에도 개인적인 필연성이 있다는 것을, 공포와 박탈, 빈곤, 한밤중의 시간, 모험, 위험, 실수도 그 반대의 것들만큼이나 나와 당신에게 필요하다는 것을, 사실 신비롭게 표현하자면 항상 자신의 지옥에서 느끼는 관능적인 쾌락을 통해 자신의 천국에 이른다는 것을 전혀 알지 못한다. 아니, 그들은 이에 대해 아무것도 모른다. '연민의 종교(또는 심장)'는 그들에게 도움을 주라고 명령하고, 가장 빨리 도움을 줬을 때 가장 잘 도왔다고 믿는다! 만약 이 종교를 신봉하는 당신이 정말로 동료 인간들을 대하는 태도로 자기 자신도 대한다면, 만약 당신이 단 한 시간의 고통도 견디기를 거부하고 대신 가능한 모든 불운을 미리 막으려고 끊임없이 애쓴다면, 만약 당신이 고통과 불쾌를 악하고 증오스럽고 소멸돼야 마땅한 존재의 결함으로 여긴다면, 당신 마음속에는 연민의 종교 외에 또 다른 종교가 있으며, 후자는 아마도 전자의 어머니일 것이다. 바로 안락함의 종교Behaglichkeit다. 아, 속 편하고 선량한 자여, 당신은 인간의 행복에 대해 얼마나 아는 것이 없는가! 행복과 불행은 두 형제이자 쌍둥이로서 함께 자라거나—당신의 경우처럼—함께 못 자라고 남아 있을 뿐이다![60]

여기에는 사소한 번역 문제가 있다. 단어 Mitleid가 '연민'과 '동정'으로, Unglück가 '불운'과 '불행'으로 번역됐다. 이로 인해 우리는 다른 방향으로 이끌릴 수 있다. "불운에 대해 연민을 받는 것이 좋은 가?"와 "불행에 대해 동정을 받는 것이 좋은가?"라는 질문은 서로 다른 답변을 이끌어 낼 수 있다. 따라서 본래의 구절이 요구하는 대로 Unglück는 고통을 느끼는 상태고, Mitleid는 고통을 부정적으로 평가하는 반응으로 일반적으로 예방이나 완화를 목표로 하는 동기 상태와 관련이 있다고 가정해 보자.

니체는 연민 또는 동정의 '종교'에 대해 이야기한다. 이는 그가 문제 삼는 태도기 기독교의 자선 개념에 문화적 기원을 두고 있음을 암시하지만, '친애하는 동정 어린 사람들'이 반드시 종교 신자일 필요는 없다. 오히려 '종교'라는 개념은 권위 있다고 믿는 고정된 원칙을 의심 없이 신봉하는 태도를 의미하는 듯하다. 나는 이런 원칙이 적어도 다음과 같아야 한다고 주장한다.

(S) 인간이 고통받고 있거나 고통받을 가능성이 있는 모든 경우에, 그 고통을 예방, 제거하거나 감소시키는 것이 그 인간에게 이롭다.

(S)는 단지 고통이라는 이유만으로 그것이 어떤 고통이든 예방하고 제거하거나 감소시킬 일반적인 이유를 제공한다. 그러나 니체는 (S)를 부정한다.[61] 첫째, 그는 사람들이 나쁜 이유로 (S)를 받아들이게 된다고 주장한다. 동정을 베푸는 자들은 고통을 없애는 것이 고통받는 자에게 이롭다고 가정하지만, 그로 인해 고통을 겪는 사람의 '숨겨져' 있거나 '진정으로 개인적인' 고통의 가치를 고려하지 못한다. 이런 종류의 도움은 일반적으로 고통을 겪는 사람의 서사 안에서 특별한 의미를 지닐 수도 있는 특정한 고통을 감안하지 못한다고 말할 수 있다.[62] 특정한 고통을 겪는 일은 그 당사자의 태도를 중요한 방식으로 재구성할 수 있다. 그들은 사물을 다르게 이해하고, 다른 감정을

느끼기 시작하며, 다른 감정으로부터 해방되고, 자기개념을 변화시키며, 새로운 능력을 개발하고, 사건의 진행 과정이나 삶 전체에서 의미를 찾을 수 있다. 이런 일들이 고통을 겪는 사람에게 유익하고, 특정한 고통을 겪는 것이 이런 혜택을 얻는 필수 조건이라면 (S)는 거짓이다. 그럼에도 불구하고 (S)는 어떤 고통에 대해서든 단지 고통으로 일반화될 수 있는 가치만 찾으려는 사람들에게 마치 진실인 양 가장하며, 그로 인해 특수하고 개인적이거나 '숨겨진' 가치를 시야에서 암묵적으로 지워 버린다.

　니체의 두 번째 요점은 (S)를 자신의 경우에 적용해 실제 또는 가능한 고통에서 일반적인 부정적 가치만 찾는다면, 모든 위험이나 위기로부터 벗어난 편안하고 안락한Behaglichkeit 상태에 무엇보다 중요한 가치를 부여하게 된다는 것이다. 사실 여기서 위험으로부터의 안전이라는 이 '안녕'의 개념은 근본적인 것으로, 동정 어린 도움의 손길이란 원칙의 '어머니'다. 이는 안녕에 필수적인 개념이 아니라 사실상 널리 퍼져 있는 개념일 뿐이다. 니체는 다른 데서 그 가치를 의문시한다.

　　"도덕적 행위란 타인에 대한 동정Sympathie에서 비롯되는 행동이다."라는 현재 유행하는 도덕적 기본 원칙 뒤에서, 나는 지적인 가면 뒤에 숨어 있는 소심함이라는 사회적 충동Trieb der Furchtsamkeit을 발견한다. 이 충동은 무엇보다 먼저 한때 삶에 상존하던 '모든 위험'이 삶에서 제거되고, '모든 사람'이 전력을 다해 이를 위해 힘쓰기를 바란다. 그리하여 공공의 안전과 사회의 안정감을 지향하는 행동에만 '선하다'는 술어가 부여될 것이다. 이런 소심함의 폭정이 사람들에게 최고의 도덕법을 규정하고, 사람들이 자기 자신은 돌보지 않은 채 다른 데 존재하는 모든 고통과 고난을 매의 눈으로 주시하라는 명령에 아무 반발 없이 따른다면, 오늘날의 사람들은 자기 자신에 대해 얼마나 적은 기쁨을 누릴 것인가! 우리는 삶에서 날카롭고 모난 것들을 모두 없애려는 이 터무니없는 목표로 인해 인류를 모래로 만드는 길을 걷고 있는 것이 아닐까? 모래! 작고 부드럽고 둥글고 끝없는 모래! 이것이 당신들의 이상인가, 동정 어린 애정의 전령들이여?[63]

니체의 주장은 우리가 고통의 부재를 안녕으로 여긴다면 인간을 주로 주변 환경으로부터 보호받아야 하는 수동적인 존재로 취급하려는 감정적 욕구에 이끌리게 되고, 그렇게 인간을 대하면 둔감성과 획일화를 촉진할 가능성이 높다는 것이다. 니체는 사실 이와 반대로 인간이 자신을 포함한 사물을 창조하고 변형하거나 새로운 형태와 의미를 부여할 수 있는 능동적인 능력을 긍정적으로 평가한다고 지적한다. 하지만 이런 능력은 앞의 원칙 (S)로 대표되는 고통에 대한 평가를 공동체 안에서 받아들이는 정도에 따라 그만큼 덜 가치 있게 여겨지고 덜 발휘될 것이다. 그 결과, 개인의 자기 계발과 창조적 성취를 위한 역량이 증진되지 않게 된다.

『선악의 저편』에서 니체는 '연민의 종교'에 반론을 제기한다. 연민의 종교가 수동적인 '인간 속의 피조물'을 보호하려고 하는 반면, 니체 자신은 원칙 (S)와 같은 것을 고수함으로써 억압될 수 있는 인간의 잠재적으로 변형 가능한 '창조자'의 성격에 연민을 느낀다고 말한다. 그래서 그는 연민의 종교 신봉자들에게 "당신이 생각하는 안녕 같은 것은 목표가 아니다. 그것은 우리에게 종말처럼 보인다!"[64]라고 외친다. "모든 것의 가치를 쾌락과 고통을 기준으로 측정하는 것"은 "부수적인 상태와 사소한 일에 따라 가치를 측정하는 것"이다. 왜냐하면 "일체의 쾌락과 고통과 동정의 문제보다 더 높은 문제가 있으며, 여기서 끝나는 철학은 모두 순진"[65]하기 때문이다. (따라서 파핏이 "[안녕에 대한] 어떠한 그럴듯한 이론에서도 쾌락주의가 적어도 진실의 상당 부분을 차지한다."[66]라는 말로 그의 전체 프로젝트를 시작할 때, 이미 실질적인 의견 불일치가 시작된 셈이다.)

고통의 존재와 '고통이 자신에게 머물도록 허용하는' 수용의 태도는 니체가 말하는 우월한 종류의 안녕을 부추긴다. 예를 들어 다음 같은 구절에서도 이런 대조가 명확히 드러난다.

> 우리가 …… 우리의 연민을 초월해 우리 자신에게 승리하려면, 어떤 행동이 이웃에게 이롭거나 해로운지를 발견했을 때 안심하는 것보다 더 높고 자유로운 관점과 태도가 필요하지 않을까? 반면에 우리는 …… 더 많은 것을 얻지 못하더라도 인간의 힘에 대한 일반적인 느낌을 강화하고 고취할 것이다. 하지만 이조차도 행복을 긍정적으로 향상시킬 것이다.[67]

『즐거운 학문』 338절에서 니체는 안녕의 대안적 개념으로 개인적 '성장'의 개념을 선택한다. 니체는 당신과 당신의 공동체가 종교적으로 원칙 (S)를 채택하면, 당신의 행복은 성장하지 않고 작은 상태로 유지될 것이라고 말한다. 이런 성장이 무엇으로 구성되는지 명확히 규정하기는 쉽지 않지만, 자신의 경험을 이해하고 의미를 부여하는 능력, 일관된 서사적 의미를 부여하는 능력, 힘의 감각을 느끼는 능력의 향상이 속할 것으로 보인다. 니체는 우리가 원칙 (S)에 따른다면, 이런 형태의 성장이 안녕에 속하며 이런 성장이 일어나려면 고통의 경험이 필요하다는 사실을 인식하지 못한다고 주장한다. 원칙 (S)에 따르는 행동은 다른 사람들의 고통과 자신의 고통 모두와 관련해 안녕을 감소시키는 경향이 있다.

내가 보기에 니체의 이런 견해는 쉽게 이해될 수 있으며, 니체 혼자만의 생각도 아니다. 그는 1990년대 이래로 경험적 연구를 통해 외상 후 성장이라 불리는 현상을 거듭 확인해 온 현대 심리학의 일부 견해를 놀랍도록 정확히 예고한다. 이 개념의 지지자 중 한 사람의 말을 인용하면 다음과 같다.

> 심리학자들은 이제 슬픔이나 불행이 없는 삶을 추구하는 것은 순진한 생각이며, 따라서 행복을 추구하려면 역경과 함께 사는 법을 배우고 역경으로부터 배워야 한다는 것을 깨달았다. …… 심리적 안녕이란 …… 자율성, 숙련감, 개인적인 성장, 타인과의 긍정적 관계, 자기수용 및 삶의 목적을 의미한다.[68]

외상 경험이 이렇게 개념화된 심리적 안녕을 향상시킬 수 있다는 주장은 많은 연구들을 통해 뒷받침되고 있다. 니체의 안녕 개념도 이와 비슷해 보인다. 우리는 『즐거운 학문』 338절에서 개인적 성장이 문자 그대로 언급되는 것을 봤고, 여기서 말하는 안녕의 다른 네 가지 측면, 즉 자율성, 숙련감, 자기수용, 삶의 목적도 니체 저작의 여러 구절과 유사한 것을 확인할 수 있다.[69]

외상 후 성장에 관한 문헌의 사례 연구로는 성폭행을 당한 한 여성이 "그 일이 전환점이었다. …… 그 과거를 지운다면 나는 지금의 내가 아닐 것이다."[70]라고 말한 사례를 예로 들 수 있다. 이와 유사하게 정신의학과 교수 케이 레드필드 제미슨은 자신의 심각한 양극성 기분장애 경험에 대해, 그 병을 앓거나 앓지 않을 수 있는 선택권이 주어진다면 "이상하게도 나는 병을 앓는 쪽을 선택할 것 같다. …… 왜냐하면 나는 솔직히 병이 덕분에 더 많은 것을 더 깊이 느끼고, 더 많은 경험을 더 강렬하게 했다고 믿기 때문이다. …… 나는 내 마음과 정신에서 새로운 구석을 발견했다는 것을 깨달았다."[71] 이는 니체가 "가장 낯설고 가혹한 삶의 문제 속에서도 삶에 '예'라고 말하기"를 열망할 때, 그리고 고통을 배제하길 원하지 않고 자기 삶 속 모든 사소한 일들의 귀환을 기뻐할 때 염두에 뒀던 고통에 대한 태도와 가까워 보인다. 니체는 자신의 질병을 사례 연구의 기회로 삼는다.

> 나는 이런 고통이 우리를 '더 나은 사람'으로 만들지는 의문이지만, 그것이 우리를 더 깊이 있게 만든다는 것은 안다. …… 이렇게 위험한 자기 숙달 훈련을 거친 사람은 다른 사람으로 변하며, 좀 더 많은 의문부호를 갖고, 무엇보다도 앞으로는 더 많이, 더 깊이, 더 엄격하고, 더 혹독하게, 더 사악하고, 더 조용하게 질문하려는 의지를 갖는다.[72]

따라서 니체와 같이 안녕의 개념을 이해하면, 고통은 안녕을 향상시킬 수 있다. 마지막으로 니체는 인간이 이미 그의 개념에 부합하는 고통에 대한 태도로 살아가고 있다고 믿는다. 『도덕의 계보』에서 그는 다음과 같이 관찰한다.

> 인간은 …… 고통 그 자체를 부정하지 않는다. 고통의 의미나 목적[73]이 밝혀져 있기만 하다면, 인간은 고통을 바라고 심지어 추구한다. 고통 그 자체가 아니라, 고통의 무의미함이 이제까지 인류에게 내려진 저주였다.[74]

어떤 것이 누군가의 안녕에 기여한다면 그들에게 좋은 것이고, 누군가의 안녕을 해친다면 그들에게 나쁜 것이라는 가정은 합리적이다. 따라서 니체가 안녕에 대해 이해할 수 있는 개념을 제시한다면, 우리는 그 개념에 비춰 어떤 것이 누군가에게 좋거나 나쁠 수 있다고 주장하는 것으로 니체의 견해를 해석해도 무방하다. 니체의 견해를 살펴보는 한 가지 방법은 다음과 같다. 만약 어떤 사건의 과정, 즉 삶이나 삶의 일부가 '고통을 통한 성장growth-through-suffering'이라 부를 수 있는 것을 전반적으로 구현한다면, 그것은 인정된 형태의 안녕에 기여할 수 있다. 이런 사건 과정은 전체적으로 선하면서도 동시에 필수 불가결한 요소로서 고통을 포함할 수 있다. 우리가 이를 이해하지 못하고 모든 고통이 제거되거나 예방돼야 한다고 믿으며 '종교적'으로 원칙 (S)를 신봉한다면, 안녕을 열등한 개념으로 대체하는 셈이다. 고통이 제거된 삶은 안녕 수준이 낮고 왜소한 삶이 될 것이다.

5절 좋은 전체의 나쁜 부분들

앞 절에서 제시한 고려 사항이 아무리 통찰력 있다고 해도, 파핏의 의미에서 고통은 그 자체로 나쁘다는 주장을 반박하는 데 결정적인 근거는 아닐 수 있다. 우리가 원하지 않는 이유가 있는 뭔가가, 우리가 원하는 이유가 있는 더 넓은 상황에 기여할 수 있기 때문이다. 우리는 그 자체로는 나쁘더라도 전체적으로 좋은 것을 얻기 위한 필수 조건이라면 참고 견딜 수 있다. 따라서 니체가 찾아낸 고통을 통한 성장이라는 독특한 선을 받아들이고, 고통이 고통을 통한 성장에 필수적인 조건임을 인정하더라도, 여전히 고통 그 자체는 고통을 겪는 사람에게 나쁜 것일 수 있다. 그렇다면 아마도 니체의 사고 흐름에서 우리가 결론 내릴 수 있는 최대치는 우리가 고통을 원하지 않을 결정적인 이유가 항상 존재하지는 않는다는 것이다.

이와 관련해 한 가지 명백한 사례는 고통에 단순히 도구적 가치를 부여하는 경우다. 그 자체로 나쁜 고통(예를 들어 고통스러운 의료 시술)은 분명히 그 자체로 좋은 목적을 위한 수단이 될 수 있으며, 이 경우는 파핏에게 문제가 되지 않는다. 파핏[75]은 니체의 발언 일부를 고통이 도구적으로 좋다는 주장으로 해석한다. 예를 들어『선악의 저편』에서 "심오한 고통은 고결함을 만든다."[76]라는 주장이 그렇다. 여기에 "고통을 견디는 단련만이 …… 지금까지 인류의 모든 향상을 이끌어 온 유일한 원인이었다alle Erhöhungen des Menschen bisher geschaffen hat."[77]라는 유사한 발언을 추가할 수 있다. 만약 니체의 생각이 삶의 고통이 인간의 향상에 기여하므로 고통을 삶에서 없애는 것은 바람직하지 않다는 것이라면, 모든 고통은 그 자체로 나쁘다는 파핏의 믿음과 불일치할 필요가 없다. 고통이 그 자체로는 나쁘더라도 좋은 결과를 초래하는 사건의 과정을 통해 안녕을 증진시킬 수 있다.

니체는 고통이 도구적으로 선할 수 있다는 입장을 그 누구보다 부인할 이유가 없다. 그러나『즐거운 학문』338절로 대표되는 그의 입장은 이런 관점으로 환원되지 않는다. 예를 들어 "당신의 고통을 감당하라."라는 다소 모호한 개념을 고려해 보자. 이 개념은 최소한 고통에 대한 '태도'를 견지하는 것을 포함한다. 만약 고통을 통한 성장이 고통을 '숙달'하고 '긍정'하거나, 고통을 이해하거나 배우고, 해석하거나 의미를 부여하는 등 고통에 대한 다양한 태도까지 포함한다면, 고통과 성장의 관계는 단순히 좋은 목적을 위한 수단에 불과한 고통의 인과적 필연성에 그치지 않는다. (대조적으로 일반적으로 고통스러운 의료 치료에 부여하는 가치는 환자가 거기에 부여하는 해석이나 의미와는 무관하다.) 그렇더라도 고통을 통한 성장이란 전체적인 선이 고통은 그 자체로 나쁘다는 생각과 상충되는지 여부는 여전히 불명확하다. 이 문제를 결정하는 데는 G. E. 무어가 제시한 구분이 도움이 될 수 있다. 무어는 그 자체로는 나쁜 것이 전체적인 선을 위한 필수 조건이 될 수 있는 두 가지 경우를 구분한다. 어떤 것이 좋은 결과를 얻는 수단으로서 필요한 경우와 무어[78]가 유기적 전체organic whole[79]라고 부르는 경우다. 무어는 이 차이를 다음과 같이 설명한다. 어떤 것이 선한 목적을 위한 수단일 때, 그 목적과 수단의 관계는 '자연적 또는 인과적 필연성'에 불과하다. 그러므로 자연의 법칙이 허용한다면, 그 수단의 '완전한 소멸'이 '현재 추구하는 목적의 가치에 조금도 영향을 미치지 않을 것'이다. 즉 선한 목적은 다른 방식으로 이뤄지더라도 여전히 좋을 것이다. 반면 유기적 전체의 경우 "문제의 선은 그 부분이 존재하지 않는 한 존재할 수 없다. 이 두 가지를 연결하는 필연성은 자연법과는 상당히 무관하다."[80] 이 경우 선한 목적(전체)은 어느 한 부분이라도 빠지면 존속할 수 없다.

니체의 고통을 통한 성장 개념은 고통이 선한 목적을 위한 수단이 아니라, 선한 유기적 전체의 일부분을 이룬다고 보는 편이 더 적절한 듯하다. 그렇지만 이래서는 여전히 고통이 그 자체로 나쁠 가능성이 열려 있다. 무어의 개념에 따르면, 유기적 전체의 가치는 부분들의 가치의 합과 같지 않기 때문이다. 유기적 전체는 단순히 기여한 선의 양을 축적해 놓은 결과가 아니다. 무어의 관점에 따르면, 고통을 제거하는 것은 고통을 통한 성장이라는 선한 전체를 완전히 파괴하는 것을 의미하지만, 선한 전체에 대한 부분의 기여는 부분 자체가 선하지 않을 뿐만 아니라 '원칙적으로' 부분 자체가 악한 경우와도 양립할 수 있기 때문에 고통은 여전히 그 자체로 악할 수 있다. 여기서 '원칙적으로'라고 말한 것은 무어 자신의 다소 제한된 견해를 반영해서다. "좋은 전체에 나쁜 것을 추가하면 전체의 긍정적인 가치가 증가할 수 있는지, 또 나쁜 것에 나쁜 것을 추가해도 긍정적인 가치가 있는 전체를 생성할 수 있는지 여부는 …… 의심스러울 수 있지만, 적어도 가능성은 있다."[81] 따라서 고통을 통한 성장이 이런 종류의 유기적 전체라면, 『즐거운 학문』 338절에서 니체는 고통이 그 자체로 나쁘다는 것을 부인할 필요가 없다.

좀 더 직접적인 사항들을 고려해 보면 니체가 고통 그 자체를 나쁘다고 여겼다는 견해로 몰아갈 수도 있다. 고통을 통해 안녕을 얻은 사람, 예를 들어 제미슨처럼 양극성 기분장애를 겪는 사람을 생각해 보자. 양극성 기분장애 삽화는 제미슨의 성장에 없어서는 안 될 역할을 했고, 더 깊이 이해하고 느낄 수 있게 해 줬다는 점에서 그녀가 겪은 고통이 유익했다고 인정해 보자. 정신적 고통이 없었다면 그녀의 삶은 더 나빴을 것이다. 이제 우리는 다소 반발할 수도 있다. 제미슨이 자신의 고통을 이렇게 긍정적으로 회고하는 것은 다행스럽지만, 만약 고통이 시작되기 이전 상황으로 돌아간다면 그녀는 그런 고통의 가능성을 두려워했을 것이고, 어떤 식으로든 고통을 원하지 않았을 것이며, 가능하다면 분명히 고통을 막으려 애썼을 것이다. 그녀가 실제로 고통을 겪는 동안에도 마찬가지로 부정적인 태도가 존재하며 한층 더 심해졌을 것이다. 따라서 이 경우, 그녀가 고통의 발생을 어떻게든 좋은 일로 여길 수 있었다고 보기는 어렵다. '고통을 통한 성장'이라는 과정을 떠나서 고통을 그 자체로 받아들인다면 그녀나 우리 중 누구라도 그 고통을 원하지 않을 이유가 없었을까? 즉 그 고통이 결과적으로 다른 선에 기여한다고 해도 그 자체로 나쁘지 않았을까? 둘째로 양극성 기분장애의 경험(그리고 다른 고통의 경험)이 사실상 의미를 찾거나 성장하거나 어떤 식으로든 유용한 데 도움이 되지 않을 수도 있다. 이렇게 구제되지 않고 남는 고통이 많은 것은 분명하다. 고통이 '성장'하는 과정으로 이어지기도 전에 고통받는 사람들이 죽거나 다른 방식으로 무력해질 수 있다. 또는 그들의 고통이 삶의 잔인하고 소화되지 않은 특징으로 남아 그로부터 아무것도 얻지 못할 수도 있다. 과연 이렇게 구제되지 않는 고통에 대한 단순한 사실만으로도 고통을 겪는 사람들이 고통을 원하지 않는다고 판단할 수 있을까? 이런 생각은 고통이 그 자체로 고통을 겪는 사람에게 나쁘다는 것이, 심지어『즐거운 학문』338절에 나온 니체의 견해를 고려하더라도, 타당해 보이게 한다. 구제되지 않은 고통이 단순히 고통 그 자체로 나쁘다면, 즉 본질적으로 나쁘다면, 설령 니체가 말하는 고통을 통한 성장 과정의 일환이라고 해도, 그 자체로 나쁘지 않다고 여기기는 불가능해 보이기 때문이다. 적어도 무어의 유기적 전체에 대한 개념에 따르면, 그런 전체 중 일부분의 본질적 가치는 변하지 않기 때문에 전체 중 일부일 때와 그렇지 않을 때 서로 다른 본질적 가치를 지닐 수 없다.

만약 니체가 고통이 고통을 통한 성장에 필수적이긴 해도 그 자체로는 나쁘다고 주장했다면, 결국 파핏의 의견과 일치하는 것일까? 단순히 고통이 그 자체로 나쁘다는 주장만 놓고 보면 그렇다. 하지만 니체는 또 우리 삶에 고통이 (인과적이진 않아도) 필수적인 좋은 상태를 포함시킴으로써 안녕이 증진된다고 주장한다. 이는 때때로 어떤 맥락에서는 우리가 고통을 원할 만한 이유가 있음을 암시한다. 어쨌거나 니체가 보기에 고통을 막으려는 노력은 우리의 안녕을 해칠 수 있다. 따라서 이런 관점에서 볼 때 고통이 그 자체로 나쁘다는 파핏의 주장은 기껏해야 불완전하거나 오해의 소지가 있다. 우리는 설령 고통이 그 자체로 나쁘더라도 꼭 고통이 없거나 줄어들기를 바랄 이유가 없다.

그러나 니체의 입장을 이렇게 무어의 방식으로 해석하면 어느 정도 내적 긴장이 수반된다. 우리는 항상 그 자체로 우리에게 나쁜 것을 억제하지 못함으로써 삶이 빈곤해지고 더 나빠진다고 믿어야 한다. 이를 어떻게 설명해야 할까? 무어의 설명에 따르면 고통의 가치는 불변하며, 어떤 전체의 맥락에서든 항상 그 자체로 나쁘다. 고통의 존재는 어떤 좋은 전체가 존재하는 데 비도구적으로 필요하며, 때로는 나쁜 전체의 일부이기도 한데, 고통의 불변하는 가치는 고통이 어떻게 전체의 가치에 따라 차별적으로 기여하는지를 설명하지 못한다. 우리는 많은 맥락에서 고통을 원하는 이유가 있지만, 많은 맥락에서는 고통을 원하지 않는다. 비록 고통의 가치는 결코 변하지 않고 항상 우리에게 고통을 원하지 않을 이유를 제공하지만 말이다. 조너선 댄시[Jonathan Dancy]는 무어의 주장에 전반적으로 결함이 있다고 다음과 같이 지적한다.

> [무어의 주장은] …… 부분을 부분으로 보존할 이유는 없지만 [또는 우리의 경우, 부분을 부분으로 보존하지 않을 이유가 있지만] 전체를 보호할 이유가 있으며, 그 이유는 부분의 존재에서 비롯된다고 말한다. 이는 분명히 일관성 없게 들린다. 부분이 가치에 기여한다면, 분명히 그 부분을 보호할 이유가 있다.[82]

댄시는 이런 문제를 없애기 위해 어느 부분이 '한 전체에서 다른 전체로 이동하면서' 그 가치가 변할 수 있음을 받아들여야 한다고 주장한다.[83] 만약 그렇다면 원칙적으로 동일한 고통이라도 어느 한 과정의 일부일 때는 우리가 원하지 않을 이유가 있을 수 있고, 다른 과정의 일부일 때는 우리가 원하지 않을 이유가 없거나 심지어 원할 이유가 있을 수도 있다. 나는 니체의 견해가 이런 종류라고 주장한다. 고통은 그 자체로 변함없이 좋거나 나쁜 것이 아니다.

6절 니체는 진정으로 의견을 달리한다

만약 니체가 정말로 고통이 그 자체로 고통받는 사람에게 나쁘다는 것을 부인한다면, 우리는 니체의 '고통을 통한 성장' 개념에 대해 두 가지 이유에서 더 바람직한 해석에 이르게 된다. (1) 무어의 유기적 전체 개념에 내재하는 긴장이 제거된다. (2) 텍스트상의 증거에 잘 부합한다. 결론적으로 니체는 직관으로 알 수 있는 규범적 진실의 가장 두드러진 예에서 파핏과 진정으로 의견을 달리한다.

그러나 우선 니체가 동일한 개념을 사용하지 않는 한 '우리'와 직접적으로 의견이 불일치하지 않는다는 파핏의 주장이 제기하는 또 다른 도전에 대응해야 한다. 파핏은 이렇게 말한다. "나는 주로 …… 이유를 함축하는 개념인 선과 악을 포함하는 믿음에 대해 논의해 왔다. …… 니체는 이 개념들을 거의 사용하지 않기 때문에, 그가 이런 믿음과 직접적으로 의견이 불일치하는 경우는 거의 없다."[84] 그러나 여기서 마지막 주장은 석연치 않다. 예를 들어 『도덕의 계보』 첫 번째 논문의 요지는 도덕적으로 포화된 개념인 '악'을 '나쁨'의 개념과 구별하는 것(또한 '선'을 '도덕적으로 좋음'과 구별하는 것)이다. 그리고 니체는 명백히 선악 개념을 도덕과 무관한 의미로 유지하고자 한다. "'선악의 저편'은 …… 최소한 '좋음과 나쁨의 저편'을 의미하지는 않는다."[85] 그렇지만 '나쁨'이 니체에게 이유가 함축된 의미의 개념일까? 그렇지 않을 이유를 찾기 어렵다. 자주 논의되는 『아침놀』의 한 구절에서 니체는 어떤 행동을 하거나 피하는 데는 "지금까지와는 다른 이유"가 있다고 말한다.[86] 그리고 니체 본인도 수많은 부정적인 평가를 제시한다. 그는 많은 것들이 해롭고, 위험하고, 역겹고, 건강에 좋지 않다는 등 뭔가가 나쁠 수 있는 온갖 방식을 명백하고 거침없이 표현한다. 해롭거나 건강에 좋지 않다는 것이 보편적으로 적용될 필요는 없으며, 특정인이나 특정 유형의 인간에게만 해롭거나 건강에 좋지 않을 수도 있다.[87] 하지만 만약 뭔가가 이런 식으로 나쁘다면, 그것을 나쁘게 여기는 사람들은 그것을 원하지 않을 이유가 있다는 것이 자연스러운 해석이다.

파핏은 어떤 것이 이유가 함축된 의미에서 그 자체로 나쁘다고 주장할 때, 그것에 관한 내재적 사실이 객관적으로 우리가 그것을 원하지 말아야 할 이유로 작용한다고 생각한다. 그러나 이런 이유가 함축된 '나쁨'의 개념을 니체에게 적용하는 것은 상당히 근거 없는 주장이다. 『즐거운 학문』에서 니체가 "현세에서 가치를 지니는 모든 것은 그 본성에 따라 그 자체로 가치 있는 것이 아니라 …… 가치가 부여되고 허락된 것이며, 그런 가치를 부여하고 허락한 것은 바로 우리였다!"[88]라고 말한 구절을 떠올려 보라. 더욱이 니체가 사물에 내재적 사실이 존재한다고 믿었다는 것은 성급한 판단이다.[89] 그런데도 파핏은 우리에게 니체가 (사실과 달리) 파핏의 이유가 함축된 의미의 좋고 나쁨 개념을 받아들인다면 뭐라고 말할지 상상해 보라고 권한다. "니체가 우리와 동일한 개념을 사용하고 다른 이상적인 조건이 충족된다면, 우리와 유사한 규범적 신념을 가졌을지 예측해 볼 수 있다."[90] 만약 니체가 파핏이 말하는 방식대로 '나쁨'의 개념을 사용했다면, 모든 고통은 그 자체로 고통받는 자에게 나쁘다는 데 동의했을까? 나는 그렇지 않다고 생각한다.

문헌상의 증거는 니체가 고통 그 자체의 나쁨을 부정하고 있음을 보여 준다. 『즐거운 학문』 388절에서 니체는 고통이 비록 악하고 증오스러워도 고통을 통한 성장이라는 전체적인 선에 기여한다고 말하지 않는다. 그는 고통을 "악하고 증오스럽고 소멸돼야 마땅한 존재의 결함"으로 여긴다면 명백히 실수를 저지르는 것이라고 지적한다. 이 실수는 고통에 대해서만 따로 규범적 주장을 하고 고통이 속한 '전체적인 내적 순서와 상호 연관성'은 고려하지 않는 데서 발생한다. 또한 니체는 "인간은 고통 자체를 부정하지 않는다."라며 '저주'는 단지 의미를 부여할 수 없는 고통의 존재일 뿐이라고 말한다.[91] 우리는 여전히 전체와 부분의 관점에서 이 점을 파악할 수 있다. '친애하는 동정 어린 사람들'처럼 고통 그 자체에 가치를 부여하는 데 집중하면, 우리는 고통이 속한 전체에서 고통이 갖는 가치와 고통받는 사람에게 부여하는 의미를 놓치게 된다. 고통이 고통을 통한 성장의 필수적인 부분이 되는 전체는 선한 것으로 안녕에 기여하는 반면, 고통이 가혹하고 해석되지 않고 아무런 가르침을 주지 못하고 구원받지 못한 채 고통으로만 남는 전체는 나쁜 것이며, 자신의 삶에 포함되지 않기를 바라는 이유가 있는 것일 수 있다. 그러나 이는 고통이 그 자체로 선하지도 악하지도 않고 모든 맥락에서 변함없이 존재한다는 주장과 양립할 수 있다.

니체의 입장에 대한 더 자세한 설명은 텍스트상의 증거로 결정되지 않는다고 생각한다. 니체가 가졌을 법한 한 가지 견해는 '전체적인 내적 순서와 상호 연관성'만이 고통을 통한 성장에서 유일하게 가치를 결정하며, 그 구성 요소인 고통은 각각 긍정적이거나 부정적인 가치를 지니지 않는 중립적 사건이라는 것이다. 이 견해에 대한 반론은 의미 없는 고통의 '저주'가 단지 (대부분 사건이 그렇듯이) 일어난 일이 무의미하게 남아 있다는 사실로만 구성될 수 없다는 것이다. 이때 나쁨의 근원은 당신이 고통을 겪었고, 그 고통의 무의미함에 갇혀 있다는 것이다. 고통스러운 에피소드 자체에 나쁜 것이 없다면 어떻게 고통에 갇혀 있는 것이 나쁠 수 있을까? 여기서 고통에 대한 비규범적인 주장이 문제를 혼란스럽게 할 수 있음에 주목해야 한다. 예를 들어 고통이 고통받는 사람에게 부정적으로 느껴지는 것은 사실이다. 파핏에게 고통은 항상 달갑지 않은 것이다. 그러나 이는 분석적 진실일 뿐 규범적 주장이 아니다. 파핏은 우리가 고통을 싫어하는 것이 어떤 이유 때문이 아님을 분명히 밝힌다.[92] 둘째, 인간에게 본능적으로 고통을 피하려는 경향이 있는 것도 사실이다. 이는 심리학적 또는 인류학적 사실이므로 규범적 주장이 아니다. 앞서 우리는 구원되지 않는 고통을 겪는 사람들을 생각할 때 그들이 나쁘게 느껴지는 상태를 겪고 있고, 분명히 혐오감이나 저항감을 느낄 수 있는 상태를 겪을 것으로 생각했다. 그러나 이는 고통을 각각 떼어 놓고 보면, 이유를 부여하는 의미에서 선하거나 악하지 않다는 주장과 양립할 수 있다. 이런 견해로는 고통이 나쁘다는 것을 부정하는 니체의 입장이 "삶에서 나쁜 것들을 갖는 것은 좋은 것이다."로 요약될 수 있다. 그러나 이는 "당신은 원하지 않을 이유가 있는 것들이 당신의 삶에 포함되기를 바랄 이유가 있다."라는 의미가 아니라 "당신은 나쁜 느낌이 들고 자연적으로 혐오하는 경향이 있는 것들이 당신의 삶에 포함되기를 바랄 이유가 있다."라는 의미일 것이다. ("가장 가혹한 삶의 문제들 속에서 삶에 '예'라고 말하기"란 아마도 이렇게 받아들여질 것이다.)

　니체의 발언과 양립할 수 있는 또 다른 견해는 사실상 댄시가 주장한 견해, 즉 고통은 규범적으로 중립적이지 않으며, 이유가 함축된 의미에서 좋거나 나쁠 수 있고, 우리가 원하거나 원하지 않을 이유가 있는 것이지만, 고통의 가치는 맥락에 따라 달라진다는 견해다. 니체가 종종 그러듯이 이론적 용어로 명시한 바는 없지만, 니체의 입장은 적어도 이런 견해에 부합하는 것으로 봐야 타당할 것이다. 전체적인 고통을 통한 성장 과정의 일부인 고통은 우리의 안녕을 향상시키기 때문에 우리가 원할 이유가 있는 것이다. 반면 무의미하게 남아 있는 과정의 일부인 고통은 우리가 원할 이유가 없으며 어쩌면 원하지 않을 이유가 있는 것이다. 만약 니체가 이런 견해를 가지고 있다면 파핏에 동의하지 않는 것이다. 그리고 앞서 논증했듯이 니체가 이유가 함축된 의미로 파핏의 '나쁘다'는 개념을 사용했다면, 고통 자체에 대한 내재적 사실 때문에 객관적으로 우리가 고통을 원하지 않는다는 데 동의하지 않을 것이다. 그렇다면 니체는 파핏의 주장에 진정으로, 직접적으로 의견을 달리한다고 할 수 있다.

이제 파핏은 우리가 니체의 입장으로 귀속시킨 고통의 가치에 대한 입장이 파핏의 수렴 주장에 대한 반례를 제공하지는 않는다고 주장할 가능성이 있다. 규범적 신념에 진정한 불일치(중요한 불일치)가 존재하려면, 양 당사자가 파핏의 수렴 주장 중 조건부 부분인 '모든 사람이 관련된 비규범적 사실을 모두 알고, 동일한 규범적 개념을 사용하고, 관련 논거를 이해하고 신중하게 성찰하며, 어떠한 왜곡된 영향도 받지 않는다면'을 충족해야 한다. 우리는 니체가 파핏과 같은 규범적 개념을 사용했다면 고통이 그 자체로 나쁘다는 데 동의하지 않았을 것이라고 논증했다. 그러나 원칙적으로 다른 조건들은 여전히 충족하지 못할 수 있다. 우리가 니체에게 귀속시킨 입장을 취하는 사람이 관련 사실을 모르거나, 관련 논거를 충분히 이해하거나 숙고하지 못한다면, 파핏과 의견이 불일치한다는 사실만으로 수렴 주장을 반박하지는 못할 것이다. 그러나 이 논리는 파핏에게도 동일하게 적용돼야 한다. 파핏이 고통을 통한 성장에 대한 사실을 고려하지 않거나, 부분이 기여하는 전체의 가치에 따라 부분의 가치가 달라질 가능성에 대한 논증을 충분히 숙고하지 않는다면, 우리가 제시했듯이 니체와 진정으로 의견이 불일치한다고 할 수 없을 것이다. 따라서 우리의 진정한 결론은 여기에 수렴 주장을 위협하는 진정한 의견 불일치가 있거나 니체가 어딘가에서 실수를 했거나 파핏이 어딘가에서 실수를 했다는 것이다. 전체에 가치를 기여하는 사물은 다양한 맥락에 따라 그 가치가 달라질 수 있다는 견해에 대해 잘못된 추론이라는 비난이 제기될 수 있다. 그러나 이 견해를 반박하는 논증보다 지지하는 논증이 더 비판하기 쉽지 않다고 판명된다면, 우리는 메타 수준에서 또 다른 수렴의 부재에 직면하게 될 것이다.

7절 결론

파핏은 니체가 고통 그 자체의 나쁨에 명백하게 동의하지 않는 것은 '우리가 무시할 수 없는 일'이라고 주장한다. 만약 이 의견 불일치가 진정으로 온전하고 편견이 없으며 사실에 입각한 이성적 성찰에서 비롯됐다면, 우리는 "고통은 그 자체로 나쁘다."라는 규범적 주장의 진실을 알 수 있는 능력에 대해 자신할 수 없다. 파핏은 니체의 진정한 견해가 그 규범적 주장과 불일치하지 않는다고 말한다. 그러나 우리는 니체가 고통을 통한 성장에 대해 일관되고 설득력 있는 설명을 제시하며, 이것이 경험적 심리학으로 증명되고 타당한 안녕 개념에 근거한 진정한 현상임을 발견했다. 안녕을 위해 고통을 통한 성장이 필요하다는 것은, 니체가 보기에 고통이 고통을 겪는 자에게 그 자체로 나쁘다는 것이 진실이 아님을 의미한다. 따라서 니체와 파핏의 의견 불일치는 단순히 표면적인 것이 아니다. 파핏은 의견이 불일치하는 당사자들이 동일한 개념을 사용하지 않는 경우, 진정한 불일치로 간주하지 않는다. 하지만 그는 당사자들이 동일한 개념을 쓴다면, 적어도 그들이 동의하는지를 질문할 수 있다고 인정한다. 그는 니체가 파핏의 이유를 함축하는 '나쁨'의 개념을 사용했다면 고통 그 자체가 나쁘다는 데 불일치하지 않았을 것이라고 주장한다. 우리는 이를 부정하는 근거를 제시했다. 니체에 따르면, 고통은 발생하는 모든 맥락에서 이유를 함축하는 불변의 가치를 지니지 않는다. 고통이 고통을 통한 성장이라는 '전체 과정과 상호 연관성'의 맥락에서 발생할 때, 니체에 대한 설득력 있는 해석에 따르면 우리는 고통을 원할 이유가 있고 고통을 우리 삶에서 제거하지 않을 이유가 있다. 파핏 자신도 니체와의 의견 불일치를 중요하게 여긴다. 이는 수렴 주장에 대한 도전을 제기하며, 직관을 통해 규범적 진실을 알 수 있다는 파핏의 중요한 믿음에 의문을 던진다. 파핏은 언젠가 그의 직관과 니체의 직관(그리고 '우리 모두'의 직관)이 수렴할 수 있는 고통에 대한 좀 더 복잡한 규범적 주장을 공식화할 수 있을지 모르지만, 현재의 자료에서는 그러지 못했다.

13장

니체의 도덕, 충동, 인간의 위대함

1절 인간이 위대해지는 방식

특히 후기 저작에서 니체는 자신에 대한 특정한 태도를 이상화하는 데 중점을 둔다. 여기서 말하는 '태도'란 때로는 원하거나 의욕하고 때로는 사랑하며 때로는 긍정하거나 '예'라고 말하는 것이다. 니체가 『이 사람을 보라』에서 제시한, 인간이 위대해지는 방식은 잘 알려진 대로 "운명애: 앞으로도 뒤로도 영원토록 그 무엇도 달라지지 않기를 바라는 …… 필연성을 단지 참아 낼 뿐만 아니라 그것을 숨기지 않고 …… 오히려 사랑하는 것……"[1]이다.

그리고 『선악의 저편』에서 니체는 "가장 고상하고 활기차며 세계를 긍정하는 인간의 이상, 과거와 현재를 있는 그대로 받아들이고 따라갈 뿐만 아니라 영원토록 과거와 현재 그대로가 반복되기를 원하는 사람"[2]에 대해 설명한다. 이는 영원회귀에 대한 긍정을 암시하며, "자신과 삶에 대해 잘 처신"해 "모든 것에서 '이것을 다시 그리고 수없이 다시 원하는가?'라는 질문"에 직면했을 때 이보다 더 열렬히 원하는 것은 없으리라 상상할 수 있는 태도다.[3] 이런 이상을 엿볼 수 있는 가능성은 "쇼펜하우어와 부처처럼 더 이상 도덕적인 속박과 망상에 사로잡히지 않고 선악의 저편"[4]에 위치한 사람에게 주어진다. 따라서 니체의 눈에 그것은 비도덕적이거나 초도덕적인 이상이다. 니체는 다른 데서 도덕적 가치를 고수하는 것과 자기 삶의 영원회귀를 긍정하는 것의 양립 불가능성을 분명히 밝힌다. "회귀라는 아이디어를 견디려면 도덕에서 자유로워져야 한다."[5]

니체는 (한순간의 고립과 연약함 속에서 즐기는) 영원회귀 사상을 통해 '자신과 삶에 대해 얼마나 호의적인가'라는 시험을 제시하면서 이를 갈고 저주하고 짓밟히거나 엄청나게 환희하고 갈망하는 두 가지 극단적인 반응만을 언급한다. 그러나 여기서 말하는 호의적 또는 비호의적 태도가 단순히 양자택일의 문제인지는 불명확하다. 여기서 시험하는 것은 자신과 삶에 대해 얼마나 호의적인가일 수도 있다.[6] 이렇게 보면, 이상은 가능한 한 최고로 호의적인 태도에 도달하는 것이다. 또한 이 이상이 명령문이나 지시문의 형태로 제시되지 않는 점에 주목하자. 니체는 여기서 우리가 어떻게 살아야 하는지 말하지 않는다. 이 구절의 요지는 "이런 태도로 자신을 대하며 살아라."가 아니다. 오히려 니체는 질문과 조건문으로 논의를 이어 간다. 만약 당신이 영원회귀 사상을 마주한다면 어떤 느낌이 들까? 만약 엄청난 희열을 느끼고 모든 일에 대해 "내가 이것을 계속 반복해서 원하는가?"라고 묻는 습관을 들이고 매번 '예'라고 대답할 수 있다면, 자신과 삶에 대해 어느 정도나 호의적인 태도를 확인하게 될까? 물론 여기에 함축된 주장은, 만약 그럴 수 있다면 당신은 가능한 최고 수준으로 자신을 호의적으로 대하고 있다는 것이다. 그러나 니체는 여기서 우리에게 어떤 방식으로 살라고 명하지 않으며, 우리 모두 이렇게 살아야 한다고, 또는 우리 삶을 이렇게 대해야 한다고 말하지도 않는다. 이 텍스트를 통해 우리는 명령의 개념을 버리고 니체의 이상이 도덕성, 적어도 니체가 묘사하는 도덕성과는 다르다는 것을 확인할 수 있다. 여기서 니체는 이상적인 인간이 되는 것이 어떤 것인지 설명하려고 노력하는 듯 보인다. 느슨하게 유사한 예를 들자면, 런던 마라톤에서 10회 연속 우승하려면 얼마나 뛰어난 신체적 기량을 갖춰야 할까? 대작 오페라 네 편을 작곡하면서 일관된 스타일, 표현력, 서사를 유지하려면 얼마나 훌륭한 작곡가가 돼야 할까? 이런 경우, 나는 당신에게 뭘 하라고 명령하지 않지만, 질문과 조건문을 통해 만약 당신이 그런 일을 할 수 있다면 한 가지 측면에서 뛰어날 것이라는 암묵적인 평가적 주장을 한다. 나는 단순히 특정한 종류의 위대함이 무엇으로 구성되는지를 말할 뿐이다.

한편 이상이란 뭘까? 규범적 함의가 없는 이상이 존재할 수 있을까? 어떤 상태가 이상적이라는 것은 평가적 주장을 내포한다. 즉 그것이 좋은 상태며, 관련된 다른 상태(예를 들어 삶의 일부를 선택적으로 긍정할 만큼만 자신에게 호의적인 상태, 모든 것을 부정할 만큼 비호의적인 상태, 대부분에 대해 무관심한 상태 등)보다 더 좋은 상태라는 것이다. 이상적인 상태는 또한 이런 다양한 경쟁 상태와 비교했을 때 가장 좋은 상태여야 한다고 생각한다. 만약 다음과 같은 방식으로 생각한다면, 니체의 이상이 일종의 규범적 힘을 지닌다고 주장할 수 있을 것이다. 어떤 상태가 좋다, 더 좋다, 가장 좋다라고 묘사될 수 있다면, 누군가는 그런 상태에 있어야 할 이유나 그런 상태에 있기를 원할 이유가 있을 것이다. 그리고 이런 귀결이 일반적으로 성립된다고 생각한다면, 어떤 상태가 가장 좋은 상태일 경우 누군가는 실제로 다른 어떤 상태보다 그 상태에 있어야 할 이유가 더 많거나, 그 상태에 있기를 원할 이유가 더 많을 것이다. 그렇다면 니체의 이상은 적어도 암묵적으로 규범적일 것이다. 여기는 평가적 상태에서 규범적 상태로의 일반적인 귀결이 성립하는지를 논쟁하는 자리가 아니며, 니체가 그런 귀결이 성립되는 방식으로 가치를 이해했는지 여부를 입증할 방법도 찾기 어렵다. 만약 그 귀결이 성립하지 않는다면, 자신과 삶에 대해 너무 호의적이어서 모든 것의 영원회귀를 긍정한다는 니체의 이상이 어떤 사람에게는 가장 좋은 상태일 수 있어도, 그 사람이 그런 상태에 있거나 그런 상태를 원할 이유가 없을 수도 있다. 만약 그 귀결이 성립한다면, 누군가는 그런 호의적인 상태에 있거나 그런 상태를 원할 이유가 있을 것이다. 그렇지만 여기서 '누군가'의 범위에 대해서도 생각해 봐야 한다. 니체가 도덕에 대해 자주 던지는 비판 중 하나는 모든 인간 행위자가 특정한 방식으로 행동하거나 느끼거나 그렇게 되거나 그렇게 해야 할 이유가 있어야 한다는 가정으로, 니체 해석에서 비교적 논쟁의 여지가 없는 부분은 그가 모든 행위자에게 구속력 있는 특정한 처방을 내리기를 피하고자 한다는 것이다.[7] 이는 그가 모든 개인에게 좋은 단일한 조건이란 없으며, 한정된 인간만이 위대해질 수 있다는 견해를 갖고 있기 때문이다. 좋은 상태는 과연 내가 도달할 수만 있다면 내게도 좋은 상태일까? 내가 도달할 수 있는 상태여야만 내게 좋은 상태일까? 이 문제는 다소 복잡하지만, 설득력 있는 한 가지 입장이 있다. 누군가가 완전한 자기긍정을 할 수 있다면, 오직 그럴 때만, 그가 완전한 자기긍정의 상태에 도달하는 것이 좋은 상태라는 것이다. 이 입장을 받아들인다면, 오직 소수의 인간만이 이상에 도달할 수 있다는 니체의 견해에 따라 어떤 암묵적 규범성, 완전한 자기긍정의 이유나 욕구도 기껏해야 소수의 인간에게만 해당하는 이야기일 것이다.[8]

그러나 이 해석에서는 긍정의 상태를 이루거나 유지하는 것이 훌륭하지, 무엇을 긍정하느냐가 관건은 아니라는 점에 주목해야 한다. 니체는 삶에 얼마나 많은 선이 포함되는지를 평가하거나 판단하는 것에 대해 말하지 않는다. 오히려 그의 질문은 삶에 수반되는 고통, 결핍, 지루함, 사소함의 양을 감안할 때, 그런 삶에 얼마나 호의적일 수 있는가 하는 것이다. 다른 데서 니체는 "가장 낯설고 가혹한 삶의 문제 속에서도 삶에 '예'라고 말하기"[9]에 대해 언급한다. 그래서 그의 입장은 다음과 같아 보인다. 삶은 내 모든 욕망을 충족시키지 못했고, 완벽하지 않으며, 나는 그것을 바꿀 수 없지만, 그래도 나는 삶을 사랑할 수 있는가? 이상하고 힘든 것, 고통스럽고 해로운 것, 어쩌면 지루하고 무의미한 것("이 거미와 나무 사이의 달빛조차",[10] "이 작은 인간"[11])을 원하고 사랑하고 긍정하는 것, 즉 자신의 의지에 반하거나 범위를 벗어난 일을 긍정하는 것이 가장 큰 시험이다. 자신의 의지에 반하는 일까지 원한다는 개념은 당혹스러울 수 있지만, 나는 다른 데서 일차적 의지와 이차적 의지를 구분해 운영할 경우, 자신의 바꿀 수 없는 삶 전체를 긍정하는 것이 의미 있다고 주장한 바 있다.

> 어떤 삶에서든, 수많은 사건들을 일차적으로 부정적인 태도로 겪거나 기억하거나 예상하게 되는데, 이는 자신이 이런 부정적인 경험을 겪었다는 데 대한 수용이나 긍정, 긍정적인 평가라는 이차적 태도와 양립할 수 있다. 예를 들어 어떤 사건의 과정에서 굴욕을 당했다면, 그 경험 자체는 달갑지 않고 고통스럽고 그럴 것이다. …… 니체는 이런 질문을 제기한다. 당신은 당신의 삶을 다시 원할 만큼 충분히 호의적인가? 여기서 그 (이차적) 원함이 여러 대상 중 당신이 겪은 특정한 증오스럽고 극도로 고통스러운 굴욕을 포함하는가?[12]

따라서 가장 훌륭한 인간은 자기 삶 전부가 완벽하거나 선하거나 바람직하다고 여기는 사람이 아니라, 모든 결점에도 불구하고 위축되지 않고 자신의 삶을 긍정할 수 있는 사람일 것이다. 또한 삶이 힘겹고 낯설수록 삶을 긍정하는 데서 더 큰 훌륭함이 드러나는 것처럼 들리기도 한다.

2절 최고의 인간: 내적 조건

니체는 종종 인간의 충동과 본능이라는 내적 구성 상태의 측면에서 위대함의 이상을 다른 식으로 표현한다. 다음은 니체의 1884년 노트 중 한 구절이다.

> 인간은 동물과 달리 대립하는 여러 충동과 욕망의 풍부함을 내면의 위대함으로 키워 왔으며, 이런 종합을 통해 지구의 주인이 됐다. 도덕은 이 다양한 충동의 세계에서 지역적으로 국한된 위계질서의 표현으로, 인간이 그들의 모순으로 인해 멸망하지 않도록 하기 위한 것이다. 그래서 어느 한 충동이 주도적인 역할을 하고, 그에 반대되는 충동은 약화되거나 다듬어져 주된 충동의 활동을 자극하는 충동으로 작용한다. 최고의 인간은 가장 다양한 충동을 갖고 있으며, 상대적으로 가장 잘 견딜 수 있는 힘을 지녔다. 실제로 식물성 인간이 강인한 모습을 보일 때는 본능이 서로 강력하게 충돌하면서도(예를 들어 셰익스피어) 한데 묶여 있는 것을 발견할 수 있다.[13]

이 구절에는 '충동Trieb'과 '본능Instinkt'이 거의 동일하다는 함의가 있는 듯하다. 어쨌든 나는 이를 기본 가정으로 받아들이겠다.[14] 그러나 니체가 말하는 충동이 무엇인지에 대한 개념이 필요하다. 니체는 때때로 매우 다양한 것들을 충동이라고 부른다. 이 개념들이 공통적으로 가진 최소한의 특성을 들자면, 상대적으로[15] 특정한 방식으로 행동하려는 지속적인 성향이 있으며, 행위자의 완전히 이성적이거나 의식적인 통제하에 있지 않다는 것이다. 최근 폴 카사파나스[16]는 니체적 충동이 충족하는 조건을 더 자세히 제시한다. 그는 충동이 행위자의 대상 인식에 정보를 제공하고, 대상에 대한 평가적 지향을 생성함으로써 행위자의 행동, 의식적 반성 및 사고가 행위자가 알지 못하는 목표를 위해 이루어지게 만드는 성향이라고 주장한다. 카사파나스의 설명은 쇼펜하우어의 성적 욕망에 대한 설명과 유사하다. 여기서 인간 개개인은 그의 개인적 매력 때문에 사랑해 줄 사람을 의식적으로 욕망하고 추구하며, 그 사람과 함께 독특한 충족을 얻기를 희망한다. 그러나 이 모든 의식적 동기는 종의 가장 유리한 번식이라는 성행위의 진정한 목표를 개인에게 감춰 버린다. 나는 니체적 충동에 대한 카사파나스의 설명에 전반적으로 동의하지만, 마지막 부분, 즉 충동이 행위자에게 그가 모르는 구조화된 목표를 제시한다는 부분에 대해서는 의문을 제기하고 싶다. 반드시 그래야만 할까? 니체가 말하는 또 다른 충동인 예술적 자기표현을 목표로 하는 충동을 예로 들어 보겠다. 내가 이 충동을 가지려면 그 목표에 대해 무지해야만 할까? 내 행동을 살펴보면 이 목표가 내 행동의 많은 부분에 스며들어 있다는 것을 알아챌 수 있지 않을까? 또한 내가 스스로 이 점을 인식하면 (그리고 아마도 내 충동을 인식해 예술적 작업을 의식적으로 추구하기 시작하면) 예술적 자기표현에 대한 충동이 내 안에서 작동을 멈춰야 한다고 생각할 필요는 없어 보인다. 실제로 그런 충동이 나도 모르는 사이에 내 행동을 구조화했을 수도 있지만, 어떤 것이 충동이 되는 데 내가 무지해야 한다는 것이 본질적인 요소인 것 같지는 않다. 반면 내가 의식적 사고나 이성적 결정으로 예술적 자기표현에 대한 충동을 완전히 통제할 수 없다는 것은 본질적인 요소로 보인다. 즉 나는 이 성향을 갖지 않기로 결정하거나 이 성향이 내 인식과 평가를 구조화하지 않도록 선택할 수 없다. 충동은 행위자가 마음대로 켜거나 끌 수 없는 성향이다. 누군가가 성적 충동이 있다면 성욕과 성애화된 인식을 경험할 성향이 있는 것이지, 그렇게 되고 싶거나 그렇게 되기로 결정했거나 그럴 만한 근거나 이유가 있기 때문이 아니다. 따라서 나는 충동이 행위자가 인지하지 못할 수도 있는 비교적 지속적인 성향이지만, 행위자가 어느 정도 인식하고 있더라도 행위자의 이성적이거나 의식적인 통제 밖에서 작동하며, 특정 종류의 행동을 유발하는 방식으로 행위자가 사물을 평가하게 만드는 성향이라고 말하는 편이 더 낫다고 생각한다.

위에 인용한 노트 구절에서 많은 것을 추론할 수 있다.[17] 이렇듯이 충동과 관련된 한 가지 요소는 충동 자체가 강하거나 약한 정도다. 비교적 강한 충동은 오랜 시간에 걸쳐 다양한 많은 맥락에서 지속되고 경험을 구조화하며 동기를 부여하는 탄력적인 경향을 보일 것이다. 예를 들어 성적 충동의 경우, 그 주체가 계속해서 매력적인 대상을 찾고 관련된 욕망을 자주 일으킨다면 강한 충동이며, 거의 그러지 않는다면 약한 충동이다. 충동이 약해지거나 강해지는 또 다른 명백한 방법은 상호 관계에 있다. 개인은 많은 경우에 한 충동이 다른 충동을 희생시켜 자신의 욕망이나 인식을 형성하는 것을 발견하는데, 이때 희생된 욕망은 개인에게 동기를 부여할 수 있지만, 지배적인 충동이 활성화되면 그러지 못한다. 예를 들어 어떤 사람은 성적 충동이 존재하지만 자기부정 충동(이런 충동을 가정할 수 있다면)에 비해 일관되게 약하게 표현될 수도 있고, 그 반대의 경우도 있을 수 있다. 각각의 충동을 약-강이라는 축에 놓고 본다면, 니체는 강한 충동의 존재를 가장 위대하거나 건강한 개별 인간 유형의 특징으로 본다.

니체의 최고의 인간 개념에서 또 다른 중요한 특징은 그의 충동의 다원성, 충만함Fülle 또는 (내가 번역한 대로) 풍부함이다. 한 개인 안에 지탱할 수 있는 충동이 많을수록 그 개인은 더 위대해질 것이다. 이 특징은 인간의 위대함의 전형으로 간주하기에는 다소 터무니없는 몇 가지 예를 배제하는 데 도움이 된다. 예를 들어 우표 수집[18]에 대한 강하고 지배적인 충동이 있고 수면욕과 식욕 등 몇 가지 일상적인 충동도 있는 사람은 주된 충동이 아무리 열렬하고 지배적이더라도 니체가 말하는 위대함에 근접하지 못하는 지나치게 단순화된 개인이다. 그리고 오로지 철학이나 음악 작곡에 대한 강한 충동만 가진 사람도 이 다원성 모델을 충족하지 못한다.

또한 니체는 이런 강한 충동들의 내부적 다원성이 통합되고 결합돼 어떤 식으로든 단일한 전체를 이뤄야 한다고 주장한다. 니체는 『선악의 저편』에서 철학자의 이상을 설명하며 "전체만큼이나 다양하고, 가득할 만큼 폭넓은 능력만이 오직 위대함이라 불릴 수 있다."[19]라고 쓴다. 여기서 니체가 훗날 괴테를 이상화한 부분도 언급할 수 있다. "그가 원한 것은 총체성이었다. 그는 이성과 감성과 느낌과 의지의 분리에 대항해 싸웠다. …… 그는 온전함을 향해 자신을 단련했다."[20] 여기서 요구되는 것은 유기적 통합이라 표현할 수 있다.[21] 따라서 위대함의 '내적' 이상의 측면은 개별 충동의 힘, 충동 범위의 다양성, 그리고 다양성 내의 온전함 또는 유기적 통합 등이다. 그러나 이 통합(어떤 면에서는 여전히 모호한 개념)은 또 다른 조건을 충족해야 한다. 바로 상충되는 요소들 사이의 통합이어야 한다는 것이다. 이는 헤라클레이토스적 통합이라 부를 수 있을 것이다. ("다툼 속에서, 그것은 스스로와 조화를 이루며 반전되는 조화harmoniē[또는 연결]를 이룬다.", "정의는 투쟁이며 …… 모든 것은 투쟁에 따라 일어난다."[22] 같은 단편들을 염두에 둔다.) 이는 전체적인 충동 체계의 강도 측면에서 설명할 수 있다. 체계의 요소들은 서로 다른 방향으로 나아가는 경향이 있으며, 서로를 압도하거나 유기적 통합을 파괴할 위험이 있다. 그러나 전체 체계가 강할 때는 충동들이 분열되지 않고 개인의 목적 자체를 향해 함께 기능한다.[23] 『선악의 저편』 200절에서 니체는 '해체'의 시대에 나타날 수 있는 위대한 개인들의 특성을 다음과 같이 묘사한다.

> ······ 인간의 몸 안에는 여러 혈통의 유산이 있으며, 이는 서로 싸우고 서로를 좀처럼 그냥 내버려두지 않는 상충되는 (그리고 종종 단순히 상충되는 것이 아닌) 충동과 가치 기준을 의미한다. ······ 그리고 자기 자신과의 전쟁에서 진정한 능숙함과 교묘함(즉 자기 자신을 통제하고 속이는 능력)이 그의 가장 강력하고 화해하기 어려운 충동들과 함께 유전되고 길러진다면, 그 결과 놀랍고 불가해하고 불가사의한 인간, 즉 승리와 유혹의 운명을 짊어진 수수께끼 같은 인간이 출현하게 된다. 이런 유형이 가장 절묘하게 구현된 예가 알키비아데스와 카이사르다.[24]

(이전 구절로 돌아가서) 니체의 이론에서 인간이 다양한 충동을 스스로 '키워 왔다'는 점에 주목하자. 이는 니체가 말하는 충동들이나 본능들의 관계가 반드시 인간 본성, 심지어 개개인의 본성에서 불변하는 타고난 것이 아니라 문화적 수단에 의해 수정될 수 있음을 알려 준다. 나는 더 나아가 이 같은 논리가 충동과 본능 자체에도 적용된다고 주장하고 싶다. 니체가 '본능'과 '충동'이란 용어를 사용하는 방식에 따르면, 이런 것들은 인간에게, 즉 일반적인 인간 전체에든 인간 개개인의 기질에든 불변적으로 내재돼 있을 필요가 없다. 개개인의 충동이 시간이 지남에 따라 어떻게 작동하는지, 심지어 어떤 충동을 계속 유지하는지도 달라질 수 있다. 하지만 먼저 약한 주장부터 살펴보자. 최소한 충동의 상대적 강약은 시간이 지남에 따라 달라질 수 있으며, 니체는 충동의 강약이 끊임없이 변동하고 있다고 생각한다. 『아침놀』

의 특히 문학적인 구절에서는 충동이 일상적인 경험에 반응해 지속적으로 증감을 반복한다고 설명한다.

> …… 우리의 일상적인 경험은 어떤 때는 이 충동에, 어떤 때는 저 충동에 먹이를 던져 주고, 그 충동들은 탐욕스럽게 먹이를 낚아챈다. …… 우리 삶의 모든 순간은 거기에 함유된 먹이의 영양분에 따라 우리 존재의 폴립 촉수들 중 일부는 성장하고 다른 일부는 시들어 가는 것을 본다. …… 충동은 마치 갈증에 시달리듯이 인간이 처할 수 있는 모든 상태를 맛볼 것이고, 대개는 거기서 자신을 위해 아무것도 발견하지 못하고 기다리며 갈증 상태를 이어 가야 할 것이다. 잠시 후 충동은 약해질 것이고, 몇 달 동안 충족되지 못하면 비를 맞지 못한 식물처럼 시들어 버릴 것이다.[25]

이 구절은 충동이 영양분을 공급받지 못하면 그냥 사라질 수 있다는 가능성을 제기한다. 나는 '시들어 버린다'는 표현을 반드시 그만 존재하거나 작동을 멈춘다는 의미로 해석할 필요는 없다고 생각한다. 폴 카사파나스도 여기서 니체의 의도는 충동이 완전히 사라진다는 것이 아니라 충동이 힘을 잃고 얼마 동안 우리에게 영향을 미치지 못한다는 의미일 수 있다고 주장한다.[26] 최근 논문에서 카사파나스는 "충동은 제거될 수 없다."라고 말한다.[27] 나도 충동이 발현되는 주체가 충동을 마음대로 제거할 수 없다는 데 동의한다. 내가 의도적으로 성행위를 자제한다고 해서 성적 충동을 스스로 없애는 것은 아니다. 또 충동은 동기가 부여된 상태에서 아무리 자주 방출된다고 해도 제거되지 않는다. 성행위를 한다고 해서 성행위를 하려는 성향이 사라지는 것도 아니다. 그렇지만 방금 인용한 구절은 환경에서 '영양분'이 부족하면 적어도 일부 충동은 주체에게서 사라질 수 있음을 분명히 인정하는 듯하다. 비를 맞지 못해 메마른 일부 식물은 단순히 '시들어 버리는' 것이 아니라 사실상 명백히 말라 죽으며, 니체가 이 비유를 충동에 적용하는 데 반대할 이유가 있을 것이라고는 생각하지 않는다.

반대로 니체에게 충동은 생겨날 수도 있고, 누군가에게 한때는 충동이 아니었던 것이 충동으로 변할 수도 있다. 『즐거운 학문』에서 그는 교육을 통해 사고방식이 "습관, 충동, 열정이 돼" 개인을 지배할 수 있다고 말한다.[28] 다른 데서 니체는 특정 유형의 사람들에게 '본능이 되는' 다양한 것들을 이야기한다. "자유의 특권에 대한 지식" 또는 "자유의 의식",[29] "저항할 수 없는 무능력",[30] "세련됨, 대담함, 선견지명, 절제",[31] "고귀한 냉정함과 명료함",[32] 심지어 이 장에서 가장 중요하게 다루는 "도덕성" 자체[33]도 포함된다. 내가 충동의 특성을 설명할 때 '상대적으로'라는 표현을 쓴 이유도 여기에 있다. 충동은 주체가 인식하지 못할 수도 있지만, 주체가 어느 정도 인식하고 있어도 주체의 이성적이거나 의식적인 통제 밖에서 작동하며, 주체가 특정한 방식으로 사물을 평가하고 행동하게 만드는 '상대적으로 지속적인' 성향이다.

니체가 말하는 충동의 범위도 놀랍다. 『아침놀』 109절에는 '편안함의 충동'이 나오고, '수치심과 다른 악한 결과에 대한 두려움'과 '사랑' 모두 충동으로 불린다. 『아침놀』 119절에서는 '부드러움이나 유머러스함, 모험심, 음악과 산에 대한 욕망'에 대한 독특한 충동을 언급하며, 모든 사람에게 각자만의 더 두드러진 충동이 있을 것이라고 설명한다. 이는 적어도 일부 충동이 모든 인간에게 공통적이지 않음을 시사한다. 그리고 어떤 충동이 원칙적으로 시들어 버릴 수 있다면, 어떤 충동이든 모든 인간에게 항상 존재해야 한다거나 어떤 개인에게 한번 존재한 충동이 계속 존재해야 한다고 가정하는 것은 안전하지 않다. 성적 충족이나 자기보존에 대한 충동처럼 지극히 흔한 충동도 있을 수 있다. 이런 충동 중 일부는 모든 인간에게 공통적일 뿐만 아니라 보편적일 수 있다. 일부는 타고났을 수도 있다. 그러나 어떤 이유로든 몇 가지 일반적인 충동이 실제로 모든 인간에게 존재한다고 해도, 그리고 니체가 실제로 "인간의 모든 기본적 충동"[34]에 대해 이야기한다고 해도, 일반적인 충동이 모든 인간에게서 똑같이 두드러진 설명적 역할을 한다거나 심지어 모든 인간에게서 사라지지 않아야 할 필요는 없다. 니체가 제시하는 예들을 보면, 예를 들어 모든 충동은 학습이나 문화적 조건을 통해 습득된 것을 배제한다는 의미에서 생물학적 또는 생리적이라고 말함으로써 충동이란 무엇인지를 한정 지을 수 없게 된다. 그리고 '본능'이란 단어에 대한 우리의 예상과는 달리, 니체가 말하는 '본능Instinkte'이 이 점에서 충동과 다르다는 증거는 없다.

따라서 건강이나 힘 같은 인간의 위대함은 한번에 또는 여러 시대에 걸쳐 나타나는 양자택일의 문제가 아니다. 이제 위대함은 모든 매개변수의 정도에 달린 문제로 보인다. 개개인의 충동은 더 약하거나 더 강할 수 있고, 더 많거나 더 적을 수 있으며, 더 심하거나 더 약하게 충돌할 수 있고, 더 좋거나 더 나쁘게 결합될 수도 있다. 그리고 시간과 상황은 이런 다양한 차원을 따라 충동을 양방향으로 이동시키며 심지어 새로운 충동을 생성하거나 오래된 충동을 없앨 수도 있다. 따라서 최고의 인간은 완전한 이성적 통제를 받지 않으면서도, 상충되지만 통합되고 비교적 지속적이고 강한 성향이 다양하게 존재하며, 그 성향이 그의 지각을 구조화하고 동기를 부여하는 상태에 도달하는 덕분에 그런 존재가 된다.

지금까지 우리의 내적 조건에 대한 설명은 충동이 개별적으로 강하고, 최대한 다양하며, 서로 충돌하면서도 통합된 상태로 묶여 있다는 것만 명시해 한 유형의 인간을 '가장 위대한 인간'으로 규정했다.

하지만 이 유형의 인간을 구성하는 충동들이 무엇을 지향하는지에 대해서는 아무런 언급도 하지 않았다. 이런 식으로 읽으면, 이 내적 조건에 대한 진술이 위대함을 위한 필요조건이자 충분조건이 된다. 하지만 니체가 실제로 그런 의도였다고 단정 지을 수는 없다. 위대함은 보다 관습적으로 성취의 측면에서 측정될 수도 있으며, 여기에는 암묵적인 '외부' 가치 기준이 있을 수도 있다. 이런 관점에서는 위대한 오페라를 작곡하고, 위대한 제국이나 공화국을 세우고, 위대한 질병 치료제를 개발하는 등의 성과를 이뤄 내야만 위대하다고 할 수 있다. 그렇지만 니체는 여전히 내적 조건이 어떠한 종류의 위대함에도 필수적이며, 어떤 의미에서는 위대함의 본질, 즉 모든 종류의 위대한 업적에서 발견되는 하나의 공통 요인을 규정한다고 주장할 수 있다. 그는 또한 내적 조건을 충족하는 사람이 어떤 위대한 것을 이루지 못할 리 없으므로, 설령 위대함이 부분적으로는 업적으로 이루어진다고 해도 내적 조건은 위대한 성취를 이루는 데 충분조건이며, 그런 의미에서 위대함의 충분조건이라고 주장할 수 있다. 그러나 이쯤 되면 이미 매우 사변적인 상태에 이르게 된다. 니체가 무엇을 위대한 성취의 '외부' 기준으로 받아들일지는 불분명하다. 나는 위대함의 전부를 이루지는 않더라도 모든 위대함의 공통 요인인 내적 조건에 집중해 논의를 이어 가겠다.

3절 위대함과 자기긍정

우리는 '위대해지는 방식'을 찾는 과정에서 니체가 한편으로는 자신에 대한 이상적인 평가적 태도를 생각한다는 것을 확인했다. 위대하거나 좋은 삶을 산 사람이라기보다 자신의 삶에 무엇이 포함되든 간에 자신에 대해 높은 수준으로 긍정적인 태도를 지니기 때문에 위대하다는 것이다. 다른 한편으로 니체는 인간의 위대함이, 스스로 알든 모르든 간에, 관련된 특정한 내적 속성과 충동 및 본능의 관계를 그 조건으로 삼는다고 말한다. 자기긍정의 태도와 내적 조건은 서로 어떤 관련이 있을까? 비슷한 주제에 대한 존 리처드슨John Richardson의 논의는 한 가지 가능한 대답을 제시한다. 그의 대답은 이 글에서는 피하고 있는 개념인 '초인Übermensch, overman'의 관점에서 제시된다. 여기서는 당장은 '초인'과 '가장 위대한 인간' 개념의 관련성을 전제하지 않고, 단순히 '가장 위대한 인간'의 개념으로 리처드슨의 주장을 논의하고자 한다. 리처드슨은 '초인은 이상적인 유형이 아니라 삶에 대한 특정한 태도(특히 영원회귀의 개념에 대한 태도)를 의미하며, 특정한 성격 특성을 내포하지 않는 태도'라는 베른트 마그누스Bernd Magnus의 견해에 반대한다. 리처드슨은 "나는 초인이 이런 태도를 지닌다는 데 동의하지만, 충동이 특정하게 구조화돼야만 이런 태도를 지닐 수 있으므로 니체는 특정한 유형의 인간을 염두에 두고 있다."[35]라고 주장한다. 이 관점에 따르면, 특정한 유형의 인간, 즉 충동들의 상태로 특징지어진 인간이란 자신에게 대단히 호의적일 수 있는 능력을 가진 인간이다. 따라서 내적으로 올바른 방식으로 구성된 인간은 이상적인 자기긍정의 태도를 지닐 수 있는 사람일 것이다. 또는 자기긍정의 태도를 최상으로 유지하기 위한 시험을 통과할 수 있다는 것은 니체가 충동과 본능이라 부르는 종류의 강하고 충만하며 상충되지만 통합된 성향의 기질을 가진 것이라고 설명할 수도 있다. 나는 이 생각에 동의하지만 이것이 전체 이야기를 설명한다고 생각하지는 않는다.

4절 통합, 행위, 우연성

니체를 해석할 때 (내 생각에) 골치 아픈 큰 의문점 중 하나는 이것이다. 니체의 견해에서 인간의 위대함에 필요한 충동들을 통합하거나 구성하는 것은 무엇일까? 우리는 충동이나 본능이 '묶여 있으며$_{gebändigt}$', 단일한 인간 안에서 이것들이 '종합된다'는 생각을 갖고 있다. 이는 말 그대로 유기적이기 때문에 의식적인 행위가 필요 없는 기능들의 결합일까? 다시 말해 어느 정도 충동이 통합된 인간은 유기체로 지속될 수 있을 만큼 충분히 잘 기능하는 건강한 문어나 참나무와 같은 종류의 통합성을 지닌 것일까? 인간의 경우는 단지 더 다양하고 내적 긴장이 클 뿐 동일한 종류의 기능적 통합성을 지닌 것일까? 니체의 '식물성 인간$_{die\ Pflanze\ Mensch}$'이란 표현에는 이런 함의가 있다. 그러나 괴테에 관한 구절은 어쩌면 다른 방향을 가리키는지도 모른다. 괴테의 전체성은 그가 원하거나 의욕하는$_{wollte}$ 바이자 그가 행하거나 만든 것이라고 한다. "그는 자신을 단련했다." 이 말은 인간이 아닌 유기체가 할 수 있는 일처럼 들리지 않는다. 이 구절에 따르면, 괴테는 자신의 요소들을 서로의 새로운 관계로 끌어들였다. 그는 자신의 의지로 자신의 내면에서 종합을 이뤘다. 이것이 무엇으로 구성되는지는 매우 불분명해도, 적어도 누군가가 행위자로서 어떤 종류의 행동을 하는 것으로 보인다. 괴테에 대한 나머지 구절도 이에 부합한다. 그는 "자신과 관련된 모든 것에 '예'라고 말했다." 그는 "강하고 고도로 교육받은 인간을 구상했다."—아마도 자신을 그런 존재로 바꾸고 싶어 했다.—"…… 감히 자연의 모든 광활함과 풍요로움을 자신에게 허용할 수 있으며 이 자유를 누릴 만큼 강인한 사람을."

'예라고 말하기', '구상하기', '자신에게 허용하기'는 모두 주체적인 표현이며, 이 모든 실천은 '자유'의 행위라고까지 말한다. 그래서 니체가 위대하거나 더 높은 인간이 되는 것과 연관시키는, 상충되는 요소들 사이의 이런 전체성, 총체성, 통합성의 상태에 대한 질문에 직면하게 된다. 그런 상태는 어느 정도는 자기의식, 의도, 행동(세부 사항은 일단 차치하더라도)에 의해 생겨나는 것일까? 아니면 니체가 『도덕의 계보』에서 "강력한 영혼과 육체를 가진 인간이라는 드문 경우, 즉 인간에게 일어난 행운의 사례"[36]라고 언급한 것처럼, 행위와는 무관한 충동과 본능의 형성물일까? 아니면 두 가지 방식이 모두 관련되는 것일까? 니체의 많은 구절은 충동 상태에 영향을 미치는 모든 역할에서 의식과 행위를 분리한다는 견해를 지지한다. 앞서 논의한 『아침놀』119절이 그 좋은 예다. 여기서 니체는 자신의 존재를 구성하는 충동의 총체를 어느 누구도 완전히 알 수 없으며, "충동의 수와 강도, 흥망성쇠, 상호 간의 작용과 반작용, 무엇보다도 그 영양 공급Ernährung의 법칙은 전혀 알려져 있지 않다. 따라서 충동이 이렇게 키워지는 것은 우연Zufall의 산물이다."라고 역설한다. 또 "자기 자신이 되는 일은 자신이 본래 무엇인지 조금도 모른다는 것을 전제로 한다."[37]라는 유명한 구절을 떠올려 보자. 그리고 노트의 한 구절에서는 직설적으로 "다양한 충동들—우리는 그 주인을 가정해야 하지만, 그것은 의식에 있지 않다. 오히려 의식은 위장과 같은 기관이다."[38]라고 말한다. 이런 해석에 따라 괴테가 '자기 자신이 되는' 과정을 거쳤다고 보는 것이 만약 옳다면, 그의 모든 자기 단련, 특정 방식으로 자신을 구상하기, 특정 방식으로 되기를 원하는 의지, 자신의 일부분들에 '예라고 말하기' 등은 그 과정의 핵심에 불필요했을 뿐이다. 그의 '자기 숙달'은 그의 의식적 활동 외부에서 일어났다. 하지만 이렇게 해석한다면, 니체가 왜 이런 모든 불필요한 활동을 그렇게 중요하게 여겼는가 하는 문제가 남는다.

내 생각에 여기에는 전체성 또는 통합성의 두 가지 관점, 즉 '행위'

의 관점과 '우연'의 관점이 있다. 일부 논평가들은 니체가 실제로 어느 한 관점을 의미하지 않은 것으로 몰아가는 쪽을 선호한다. (예를 들어 브라이언 라이터Brian Leiter는 니체의 진정한 입장을 일종의 운명론으로 간주하며, 행위에 대한 모든 언급을 단순한 오류로 치부하려 한다.[39]) 그러나 우리는 잠시 멈추고 이 문제를 다른 해석학적 접근 방식으로 고려해 볼 수 있다. 한 가지 가능성은 니체가 이 두 가지 입장을 충분히 명확하게 구분하지 못하고 긴장 상태에 있다는 것이다. 행위와 의식을 자연주의 심리학과 조화시키는 문제에 걸려 넘어지는 것은 어떠한 이론에서도 충분히 일어날 수 있는 일이며, 따라서 니체처럼 비체계적이고 다층적인 수사적 도발과 비판이 난무하는 경우에 이를 기대하지 않는 것은 무리라고 주장할 수 있다. 하지만 좀 더 관대하게 해석하면, 위대함의 상태는 충동에 필요한 내적 조건에 따라 다르게 실현될 수 있어, 어떤 위대한 인간은 우연히 그렇게 될 수도 있고, 다른 위대한 인간은 문화적 맥락이 다르기 때문에 행동과 의식적인 노력을 통해 그 상태에 도달해야 할 수도 있다는 것이다.[40] 예를 들어 고대 귀족 전사 계급의 일원은 스스로 '통합화' 작업을 수행하지 않고도 강력한 충동을 잘 조율하는 사례일 수 있다.[41] 내면의 삶과 내적 성찰이 고도로 발달하고 자기부정적 성향이 학습된 현대인은 괴테처럼 충동이 올바른 방식으로 작동하기 전까지 위대함의 내적 조건을 충족하기 위해 일종의 주체로서 엄격한 노력, 자기 단련과 자기통제가 필요할 수도 있다.

대담한 해석은 자기긍정의 태도가 후자 유형인 인간에게서 상충되는 강한 충동들을 통합하는 기능을 할 수 있다는 것이다. 칸트의 '통각의 종합적 통일' 개념과 놀랍도록 유사하게도, 내 충동들의 '종합'은 모든 충동을 내 것으로 '소유하는' 긍정의 태도에 의해 위에서부터 이루어지거나, 칸트를 패러디하자면 '나는 의욕한다.'라는 내 모든 충동의 표현에 수반돼야 하며, 그렇지 않으면 그것들은 모두 내 충동이라고 할 수 없을 것이다. 니체에 따르면, 고양이 같은 유기체는 일종의 기능적 통일성을 지닌 충동을 분명히 가지고 있다. 그러나 고양이는 자신의 충동을 자신의 것으로 긍정하는 이차적 태도를 취할 수 없다. 자신의 충동을 받아들이거나 거부할 수 없고, 충동의 존재나 특정한 표현에 기뻐하거나 불쾌해할 수 없으며, 어떤 충동을 다른 것보다 더 촉진하거나 근절하려고 시도할 수도 없다. 어떤 인간도 자신의 충동을 완전히 알지 못하며, 충동의 존재나 표현 방식을 완전히 합리적으로 통제할 수 없다. 그러나 이런 요소만으로는 고양이와 인간의 충동을 정확히 동등하게 평가하기에 충분하지 않다. 인간의 경우, 자신에 대한 태도를 취하는 과정에서 더 큰 수준의 통합을 이룰 가능성이 있다. 성적 충동이나 예술적 자기표현 충동이 강한 사람을 다시 한 번 생각해 보자. 이런 충동이 지속되는 동안, 행위자는 금욕적이고 사회적으로 순응하는 사람이 되기 위해 그런 충동을 버리려고 끊임없이 노력할 수 있다. 반면에 괴테처럼 전체성을 지향하는 인간은 그런 충동과의 의식적인 투쟁이 부재하고, 의지가 가능한 한 많은 충동들과 일치해 결과적으로 충동들을 하나의 통일체로 구성하지 않을까?

그러나 이 구성적 주장은 충분하지 않다. 니체가 자신의 충동에 맞서 싸우는 것에 대해 공식적으로 이야기한 부분은 『아침놀』 109절에 나오는 다음 구절이다. "근본적으로 그것은 하나의 충동이 다른 충동에 대해 불평하는 것이다." "격렬한 충동에 맞서 싸우려는 욕망은 …… 우리 힘으로는 충족할 수 없다."라는 의미에서 충동들과 독립적으로 존재하는 '의지'란 없다. 따라서 우리는 모든 충동을 완전히 알고 통제할 수 있는 별도의 '자아'를 상정해서는 안 된다. 내가 어떤 강력한 충동을 받아들이거나 물리치려 노력한다는 사실이 충동들의 집합과는 별개인 '나'가 존재한다는 의미는 아니다. 내 충동 집합이 그 집합의 일부에 대해 자기의식적인 태도를 형성할 수 있는 것이다. 그렇지만 니체는 자기긍정의 태도를 취할 수 있다는 사실은 실제로 자신의 충동에 대한 사실일 뿐이며, 내 충동의 상태는 내가 충동에 대해 취하는 태도로서 자기의식으로 드러난다고 말할 것이다.

그러나 마지막으로 나는 자기긍정과 충동의 구성 간의 연관성에 대해 다른 설명을 제시하고자 한다. 여기서 인과관계는 앞서 리처드슨에 대한 논의에서 제시된 것과는 반대 방향으로 작동한다. 거기서 자기긍정의 능력은 충동의 내부 구조 중 한 증상으로 설명됐다. 나는 니체의 관점에서 자기긍정적 또는 자기부정적 태도가 충동과 그 관계를 변화시켜, 충동이 인간의 위대함의 내적 조건을 충족시키는 상태에 더 가까워질 수 있게 한다고 주장한다. 자기긍정적 태도의 훌륭함은 변하기 쉬운 충동을 더 풍성하고 강하게 만드는 역할을 할 수 있다. 하지만 니체가 보기에 인과관계가 원칙적으로 이런 올바른 방향으로 나아갈 수 있을까? 이를 확인하기 위해 도덕성이 우리가 설명한 위대함의 내적 조건을 달성하는지 여부에 어떤 차이를 만드는가에 대한 질문으로 돌아가 보자.

5절 증상과 위험으로서의 도덕

도덕성에 대한 니체의 인과론적 이야기는 두 가지 방향으로 전개된다. 두드러진 사례에서 충동의 상태는 의식적이거나 자기의식적인 태도를 유발한다. 니체는 "도덕은 이 다양한 충동의 세계에서 지역적으로 제한된 위계질서 …… 의 표현으로, 인간이 그들의 모순으로 인해 멸망하지 않도록 하기 위한 것이다."라고 말한다. 나는 여기서 '……의 표현'을 대단히 니체적인 개념인 '……의 증상'으로 대체할 수 있다고 생각한다. 도덕은 적어도 일종의 가치 집합으로, 이런 가치 집합에 따른다는 것은 곧 평가적 신념과 정서가 포함된 태도를 채택한다는 것이다. 예를 들면 더 강한 인간은 일반적으로 다른 사람을 해치지 않아야 한다는 믿음, 인간은 본질적으로 특정 방식으로 행동할 자유가 있다는 믿음, 자기 이익을 위해 동정을 베풀기를 거부하는 행위는 비난받아 마땅하고 때로는 충격적이라는 느낌, 자기주장 성향에 대한 죄책감, 잔인한 행위에 대해 느끼는 분노, 그런 분노가 왜 정당한지에 대한 판단 등이 포함된다. 니체에 따르면 우리가 이런 감정을 느끼고, 이런 신념을 갖고, 이런 정당성을 부여하는 것은 인간의 특정 충동이 그렇게 작동하도록 명령된 방식의 증상이다. 여기서 내가 생각하는 니체의 입장을 제시하기 위해 『도덕의 계보』에 나오는 부분들을 바탕으로 과도하게 단순화한 예시를 들어 보겠다. 니체가 '약자'나 '노예'라고 부르는 사람들에게는 표현되기를 원하는 특정한 충동이 존재한다. 이들은 자신을 학대하는 사람에게 보복하려는 충동이 있지만, 힘이 부족해 이 충동을 직접적으로 표현할 수 없다. 한 충동은 다른 충동과 상충되므로, 보복 충동을 억제하는 자기보호 또는 자기보존 충동이 있다고 가정해 보자. 그럼에도 불구하고 보복 충동은 잠재적인 형태로 남아 있으며, 결국 더 강한 자보다 우월한 권력을 얻는 느낌, 즉 강자를 '악'으로, 무해함을 '선'으로 재해석함으로써 얻을 수 있는 느낌을 만들어 낸다. 이처럼 충동의 구성은 앞서 언급한 의식적 태도, 즉 자유의지가 있다는 믿음, 강자는 약하게 행동할 자유가 있다는 믿음, 모두가 동등한 대우를 받을 자격이 있다는 믿음, 고통은 항상 피해야 한다는 믿음 등과 그에 따른 정서적 반응을 유발함으로써 내적 갈등을 해결한다.

그러나 니체의 설명에서 흥미로운 점은 우리 자신에 대한 도덕적 개념, 즉 우리 자신에서 긍정적 가치와 부정적 가치가 있는 부분에 대한 개념과 그로 인해 우리 자신에게 취하게 되는 태도가 우리를 더 적고, 약하고, 덜 조율된 충동을 가진 존재로 만들고, 내적 갈등에 대한 관용도 줄어들게 만든다는 것이다. 도덕의 개념에 따르면, 인간은 이기적이고 무질서하며 고통과 불평등을 증가시키는 것으로 간주되는 모든 종류의 욕망을 표출해서는 안 된다. 도덕의 특징적인 태도를 취하는 인간은 자신의 부분들을 혐오하거나 부인하게 되며, 정신을 이루는 많은 부분의 존재 자체에 죄책감을 느끼고, 식욕과 본능에서 자유로우며 그에 반대하는 (추정컨대) 순수한 선을 추구하는 의지와 자신을 동일시하려고 노력한다. 그리고 니체가 보기에 우리가 도덕의 추종자로서 의식적으로 가지고 있는 일련의 신념과 평가적 태도는 충동이 위치한 특정 상태의 증상일 뿐만 아니라, 충동의 상태를 형성하고 영속시키는 힘이기도 하다. 따라서 도덕—도덕적 태도—은 증상인 동시에 '위험'이 될 수 있으며, 이 점을 생각해 보면 분명한 인과적 개념이다.[42] 그리고 니체는 이런 인과적 방향의 이중성을 대단히 명확하게 설명한다. 그는 "바로 여기서 나는 인류를 위협하는 커다란 '위험'을 봤다. …… 나는 점점 더 널리 퍼져 가는 연민의 도덕을 현재 우리 유럽 문화의 가장 불가사의한 '증상'으로 이해했다."라고 『도덕의 계보』 서문에서 말한다.(필자 강조)[43] 그러므로 우리는 "결과로서의 도덕, 증상으로서의 도덕, 가면으로서의 도덕, 위선으로서의 도덕, 질병으로서의 도덕, 오해로서의 도덕, 그러나 또한 원인으로서의 도덕, 약으로서의 도덕, 억제제로서의 도덕, 독으로서의 도덕"[44]에 대한 지식이 필요하다. 따라서 니체에게 도덕은 단순히 인간의 충동 구성에서 인간이 도달할 수 있는 위대함과 대조되거나 다른 것이 아니다. 도덕은 그런 위대함의 달성을 방해한다. 그리고 도덕과 충동 사이의 관계는 일정한 순환적 또는 자기 영속적 구조를 띤다. 충동이 이미 약하거나 약해지거나 그 수가 줄어든 사람은 도덕적 태도를 취할 때 충동이 정리되고 그 사이의 모순이 해결된다. 또 도덕적 태도는 충동을 약해

지고 줄어들게 하거나 그런 상태로 유지하는 역할을 한다.[45]

앞서 살펴봤듯이 충동과 본능은 개인마다 다를 수 있고, 개인 안에서도 시간이 지남에 따라 달라질 수 있다. 충동이나 본능은 가변적이며, 기복이 심하고, 새로 획득되거나 완전히 사라질 수도 있다. 충동과 본능은 일상적인 환경에 반응해, 영양분이 공급되면 번성하고 부족하면 쇠퇴하거나 아예 멈추기도 한다. 이제 니체가 『도덕의 계보』에서 반론을 제기한 "연민, 자기부정, 자기희생의 본능"[46]에 대해 생각해 보자. 이런 본능이 내 행동에 영향을 미친다고 해도, 내가 스스로를 자기부정의 본능이 지배적이어서 창의적인 자기표현이나 모험심 등의 다른 충동을 약화시키고 어쩌면 억제하는 사람으로 묘사한다는 의미는 아니다. 그럼에도 불구하고 나는 의식적인 활동을 통해 다른 충동과 본능을 희생하면서까지 이 자기부정 본능에 영양분을 공급하는 환경을 계속 제공하고 있을지도 모른다. 나는 항상 다른 사람의 이익을 우선시하는 것이 옳다고 믿고, 때때로 이 믿음에 따라 행동하며, 더 자주 그렇게 행동해야 한다고 생각한다. 나는 모든 인간의 가치가 본질적으로 평등하다고 강하게 느끼며, 다른 사람을 해치면 죄책감을 느끼고, 다른 사람을 해치고 죄책감을 느끼지 않는 사람에게 분노한다. 나는 연민이 도덕적 선의 원천이라는 생각에 동조하기 때문에 쇼펜하우어의 에세이 『도덕의 기초에 관하여』를 즐겨 읽는다. 등등. 다시 말해 자기부정 본능을 살찌우고 다른 충동을 굶주리게 하는 환경에 결정적으로 영향을 미치는 것은 나 자신의 의식적인 태도, 즉 도덕성, 획득된 도덕적 신념, 감정 등이다. 또 니체는 약해지거나 사라지지 않는 충동도 이미 도덕화된 충동에 의해 조정돼 그 본질과 가치가 변경될 수 있다는 보다 미묘한 점을 지적한다. 『아침놀』의 또 다른 구절에서 그는 동일한 충동이 "선한 양심이나 양심의 가책 중 어디에든 붙어 다닌다."라고 말한다. 예를 들어 보복을 피하려는 충동은 비겁함이나 겸손함의 감정으로 발전할 수 있지만, "모든 충동이 그렇듯이 그 자체로는 이런 도덕적 성질도, 또 다른 어떠한 도덕적 성질도 없으며, 쾌감과 불쾌감이라는 특정한 감정을 수반하지도 않는다. 충동은 이미 선악의 세례를 받은 충동들과 관계를 맺을 때만 이런 성질을 제2의 본성으로 획득한다."[47]

니체는 도덕적 태도의 '기원'이 약하고 무력한 자들의 충동에 있다는 주장을 매우 강조한다. 그 결과, 이런 도덕적 태도가 어떻게 약하거나 무력하지 않은 사람들에게도 주입될 수 있는지 종종 의문이 제기된다. 우리는 이제 이 답의 일부가 우리의 충동과 그 상호 연관성에 대해 무지한 정도와, 의식적 태도가 환경의 일부로 녹아들어 충동을 변화시키는 힘의 결합에 있다고 주장할 수 있다. 의도적으로 충동을 약화시키거나 그 수를 줄이거나 위계질서를 바꾸려고 하지 않아도 특정한 평가적 태도의 환경 속에서 일상적인 행동을 통해 충동에 영향을 미칠 수 있다. 따라서 원한을 해소할 필요가 없고, 주인과 노예의 관계에 있지 않으며, 맹수의 자비에 맡겨진 어린 양이 아닌 사람도 의식적으로 도덕적 환경에 몸담음으로써 충동이 계속 빈곤해지는 결과를 초래할 수 있다. 이런 환경의 기원은 노예 입장에서 원한을 품기 쉬운 사람들에게 적합한 것으로 설명되지만, 의식적으로 유지되는 태도의 환경이 일단 안정화되면 현재의 평범하고 별 볼 일 없는 인간들, 부지런하고 안락한 학자들, 그리고 우리 주변의 잠재적으로 위대하고 더 높은 '행운의 사례'들의 충동을 줄이는 데 영향을 미칠 수 있다. 앞서 제기된 질문—자기긍정의 태도가 충동의 강도와 통합성 측면에서 인간의 위대함과 어떤 관련이 있는가?—으로 돌아가면, 자기긍정은 내적으로 구성된 위대함의 '징후'일 뿐만 아니라 그것을 '촉진'하는 역할을 한다고 말할 수 있다.

앞서 살펴봤듯이 니체는 의식의 중복성 또는 비중요성에 대해 빈번이 경고한다. 이는 그의 재평가 프로젝트 중 일부 측면과 다소 어색하게 배치된다. 니체가 보기에 도덕적 가치에 의문을 제기하는 것은 가치 재평가의 서막이며, 일부 증거에 따르면 일종의 자유로운 선택 행위다. 그러나 논쟁의 여지가 있으니 너무 신경 쓰지 말자. 재평가에는 행위가 포함된다는 점만 염두에 두자. 새로운 가치가 어떻게 생겨나는지에 대한 니체의 개념에는 발명, 발견, 창조, 법 제정, 과제, 시도 등 '행위' 관련 단어가 도처에 있다.[48] 정동은 단순히 경험되는 것이 아니라 사용되고 주제에 영향을 미치며 말로 표현된다.[49] 그렇지만 의식의 중복성에 대한 경고에 특히 깊은 인상을 받고, 결과적으로 의식 수준 아래에서 더 강하고 더 다양하며 더 통합된 상충되는 충동을 활성화하는 것이 니체의 재평가의 유일한 목적이라고 가정한다면,[50] 그럼에도 불구하고 이런 니체조차도 현재의 의식적인 자기 평가로부터 우리를 분리하려는 시도를 수단으로 삼고, 의식적인 자기긍정을 함양할 수 있는 모든 방법을 수단으로 삼을 만한 충분한 이유가 있다는 것이 내 주장의 요지다.

니체의 설득 과정은 아주 대략적으로[51] 다음과 같이 이루어진다. 우리의 판단에 대한 다양한 심리적 기원, 즉 여러 양가적이고 자기비판적인 감정, 충격과 당혹감 등을 보여 주고, 우리가 당연하게 여기는 가치에 대한 확신에서 벗어나도록 모든 가능한 방법으로 우리를 유혹하며, 앞서 언급한 것들에 영향을 받기에 적합한 사람이라면 누구든 각자가 아직 알지 못했던 감정과 성찰을 통해 더 건강한 평가적 태도가 있을 수 있는지 탐색 가능한 공간으로 우리를 초대한다. 니체는 도덕으로 길러진 반응과 함께 우리 안에 공존하는 정서적 반응 성향, 즉 스스로 법이 돼 성공하는 영웅과 창조적 천재에 대한 동경, 잔인함에 대한 거의 알아차리지 못하는 기쁨, 노예 같은 반응에 대한 혐오, 다른 사람들을 죄책감에 빠뜨리려는 자신의 소망에 대한 실망, 동정심에 압도당하는 당혹감, 고통을 유별나게 질색하는 데 대한 의구심 등을 활성화하려고 노력한다. 이런 반응이 있다면, 우리 안에 도덕이 형성하는 형태 외에도 다른 충동들이 공존하며 행동을 촉발할 수 있음을 암시한다. 만약 우리에게 이런 반응이 없다면, 그리고 누구도 이 모든 상황에서 개개인이 어떻게 느낄지 예측할 수 없다면, 우리는 가치관을 바꿀 이유가 없을 것이며, 니체의 특징적인 설득 방식은 우리에게 아무 영향도 미치지 않을 것이다. 『도덕의 계보』를 읽고 기독교적 동정심이 자극되거나 강화되는 독자를 상상해 보라. 그는 '노예들'에게 압도적인 연민과 호의를 느끼고, '주인들'과 그들의 도덕성에 순수하고 단순하게 경악하며, 주인들을 존경하려는 일말의 유혹에도 죄책감을 느끼고, 하느님 앞에서 씻을 수 없는 죄의식을 느낀다는 생각에 열중하며, 죄인들이 벌 받는 모습에 감사하고, 기독교인에 대한 니체의 아이러니한 묘사에 담긴 의미를 인식하지만 웃어넘기는 등의 행동을 보인다. 이런 사람은 자신의 가치관을 바꾸지 않고, 바꾸고 싶어 하지도 않으며, 그럴 이유도 없다고 생각한다. 더 어려운 질문은 그들에게 바꿔야 할 이유가 있는지 여부다. 나는 니체 자신도 종종 소수만 알아들을 수 있는 글을 쓰는 작가로 스스로를 묘사했듯이, 자신의 정서적 반응이 앞서 말한 다른 사람들과 비슷하지 않다면 가치관을 바꾸거나 바꾸고 싶을 이유가 없을 수 있다고 생각한다. 니체가 요구하는 자기 도전적이고 양가적인 반응을 할 수 있는 내적 구성을 가진 사람만이 더 건강한 가치, 니체가 보기에 위대함에 한 걸음 더 다가갈 수 있는 가치를 찾도록 동기를 부여하는 방식으로 도덕적 가치의 본질과 그것이 정신에 미치는 영향을 이해할 수 있는 위치에 있다. 무엇보다도 그런 개인은 자기긍정의 이상, 즉 총체적인 자신에 대한 호의적인 태도를 열망할 이유가 있을 수 있다. 만약 그들이 이런 이상을 열망한다면, 약점, 부족함, 충동이 불일치하는 증상이자 원인인 의식적 태도와 목표를 가지는 대신, 니체가 위대함이라고 묘사하는 강하고 상충되지만 종합된 충동의 풍부함을 증가시키는 징후이자 원인인 의식적인 태도와 목표를 가질 수 있을 것이다. 결국 자기긍정의 태도는 위대함의 결과인 동시에 위대함을 달성하는 수단이 될 수 있다.

14장

누가, 무엇이 삶에 '예'라고 말하는가

1절 서론

니체는 '예라고 말하기'라는 표현을 여러 맥락에서 자주 사용한다. 14장은 '예라고 말하기' 자체가 무엇이며 어떻게 발생할 수 있는지 등 전체상에 접근하기 위해 이런 다양한 용례를 검토하는 데 목표를 둔다. '삶에 예라고 말하기'라는 개념에 관해서는 '예라고 말하기란 무엇인가'와 '삶이란 무엇인가'라는 두 가지 질문을 제기할 수 있다. 여기서는 전자의 질문을 주제로 삼지만, 후자에 대해서도 간략하게 언급할 필요가 있다. 니체가 '삶'이란 단어를 개인의 일생을 구성하는 일련의 사건들과 삶 자체의 조건이나 과정을 모두 지칭하는 데 사용한다는 점은 일반적으로 인정된다.[1] 잘 알려진 『즐거운 학문』의 영원회귀에 관한 구절에서는 긍정의 대상이 "당신이 지금 살고 있는 이 삶과 당신이 살아온 삶"[2]이다. 하지만 다른 많은 곳에서 개인, 계층, 가치 체계가 "삶에 예라고 말하는가"라는 질문은 이런 식으로 해석될 수 없다. 이런 많은 맥락에서 니체에게 무엇이 중요한지를 간결하게 설명하는 나딤 후사인Nadeem Hussain의 다음과 같은 글은 유용하다.

> 니체에게 …… 삶을 정의하거나 적어도 삶에 필수적인 근본적인
> 경향은 확장, 지배, 성장, 저항의 극복, 힘의 증가 등 한마디로 권력
> 이다.[3]

따라서 기독교적 가치는 인간 개인과 공동체의 확장, 지배, 성장 등에 반대한다는 점에서 삶을 부정한다고 주장된다. 반면 다른 가치들은 이런 경향을 촉진하거나 강화하기 때문에 삶을 긍정한다고 주장된다. 여기서는 이를 당연한 전제로 삼겠다. 그러나 내 초점은 '삶'의 개념이 아니라 다음 질문에 있다. (1) 니체가 말하는 '예라고 말하기'란 태도의 주체는 무엇일 수 있는가? (2) '예라고 말하기'란 태도의 대상은 무엇일 수 있는가? (3) '예라고 말하기'란 태도가 발생하거나 유지되는 데는 어떤 종류의 과정이 개입되는가?

2절 '예라고 말하기': 주체와 대상

먼저 니체가 예라고 말하기와 관련해 이야기하는 다양한 방식에 대해 순수 언어학부터 살펴보자. 우리가 니체 사상에서 긍정에 대해 언급할 때는 그가 가장 흔히 쓰는 표현인 Ja sagen 또는 bejahen을 말하는 것이다. bejahen은 항상 직접목적어를 취하는 타동사로, 영어에는 해당되는 구문이 없기 때문에(예컨대 'to yes' something이나 'to be-yes' 같은 표현이 없으므로) 'to affirm(긍정하다)'으로 번역하는 것이 적절하다. Ja sagen은 보다 직접적으로 'to say Yes'로 번역되며, 영어에서 'say Yes to ~'로 쓰이듯 일반적으로 전치사 zu가 뒤에 붙는다. 그러

나 뒤에서 보겠지만, 니체는 종종 이 전치사를 생략해 특정한 대상을 지정하지 않고 넓은 의미의 예라고 말하기에 대해 이야기한다. 이번 장에서 논의할 모든 관련 구절에는 동사 bejahen 또는 Ja sagen과 동족어 Ja-sager, jasagend, Bejahung, welt-bejahend 등이 쓰여 있다. (참고로 라틴어 기반 단어인 Affirmation과 affirmiren은 『유고』를 통틀어 각각 세 번씩만 등장하며, 출간된 저작에서는 전혀 쓰이지 않는다.[4])

니체의 텍스트에서 예라고 말하기의 대상은 '삶'이 특히 두드러지지만, 무지, 잔혹성, 도덕성, 타락, 모든 금지된 것, 반대, 전쟁과 생성, 세계, 다른 세계, 자신의 존재, 자신, 현실, 그리고 모든 것 등이 포함된다.[5] 그렇지만 니체는 매우 자주 특정 대상을 명시하지 않고 단순히 예라고 말하기에 대해 이야기한다. 예를 들어 『아침놀』은 그저 예라고 말하는 책이며,[6] 자라투스트라는 "모든 영혼 중 가장 예라고 말하는 자"[7]라고 하지만, 이 책이나 등장인물이 예라고 말하는 대상은 명시돼 있지 않다. 특정 대상이 명시되지 않는 다른 용례도 있다. "언젠가 나는 오직 예라고 말하는 사람이 되고 싶다."[8]에서도 긍정의 대상이 적어도 문법적으로는 명시되지 않는다. 또 다른 구절에서 "객관적인 인간"의 "거울 같은 영혼"은 일반적으로 "더 이상 예라고 말하거나 아니오라고 말하는 법"을 모르는데, 그 대상은 뭐든 해당되는 것으로 보인다.[9] 니체는 또 양심의 가책이 "풍부한 …… 긍정"을 드러낸다[10]고 말하는데, 무엇에 대한 긍정이 누구에 의해 드러난다는 것일까? 요컨대 인간과 인간의 가치 체계나 심리 상태는 단순히 예라고 말하거나 아니오라고 말하거나 어느 쪽의 태도도 전혀 취하지 못하는 상태로 묘사된다. 니체가 『유고』의 한 구절에서 말하듯이, 문제는 "그 사람이 천성적으로 예라고 말하는지, 아니오라고 말하는지, 아니면 다채로운 색깔의 공작새 깃털 같은지"[11]이지 이런 종류의 구절에서 예나 아니오라고 말하는 대상이 무엇인지는 별로 중요하지 않은

것 같다. 문제는 당신이 예라고 말하는 유형인지 아니오라고 말하는
유형인지이다. 이 말은 니체가 적어도 때로는 예라고 말하는 것을 일
시적인 행위라기보다 지속적인 태도, 성향, 성격적 특성으로 생각하
고 있음을 시사한다.

　예라고 말하기의 주어에 관해서는, 그런 태도(또는 반대인 '아니오라
고 말하기', Nein sagen 또는 verneinen)를 문자 그대로 귀속시킬 수 있는
것은 인간이나 인격체다. 예라고 말하기는 Yes 또는 Ja 같은 단어의
실제 발화 어부와 상관없이 동의, 찬성, 수락, 수용, 평가 등의 행동이
나 태도를 문자 그대로 포용하는 것으로, 이는 모두 인간이나 인격체
의 행동이나 태도다. 니체의 많은 용례는 이런 기대에 부합하며 단순
히 인간을 지칭하는 표현을 언어적 주어로 사용한다. 예를 들면 다음
과 같다. "나는 다시 예라고 말하는 법을 배웠다."[12] "나는 오직 예라
고 말하는 사람이 되고 싶다."[13] "한 염세주의자 〔쇼펜하우어〕는 도덕
에 예라고 말하고 플루트를 연주한다."[14] 자라투스트라는 "모든 영혼
중 가장 예라고 말하는 자."[15] 등. 때로는 일부 유형의 정확히 규정하
기 힘든 인간을 지칭할 때도 있다. "이상의 광신도들은 …… 예라고
말한다."[16] "철학자 …… 는 자신의 존재에 예라고 말한다."[17] 등. 또
는 주어가 일반적인 '인간'일 때도 있다. "인간은 …… 자신에게 예라
고 말하는 방법을 몰랐다."[18] 그러나 니체가 인간 개인이나 인간 유
형이 아닌 문화적 제도, 문화적 산물, 가치 집합인 문법적 주어에 예
라고 말하기라는 술어를 적용할 때 비유적 전환이 발생한다. 예를 들
어 그는 헤라클레이토스 철학(또는 그로부터 영감을 받은 이상적인 철학)에
서 "소멸과 파괴에 대한 긍정Bejahung, …… 대립과 싸움에 대해 예라
고 말하기das Jasagen, 생성"[19]을 발견하고, 앞서 봤듯이 『아침놀』은 "예
라고 말하는 책"이며,[20] 금욕주의적 이상은 "오직 그것의 유일한 해
석 기준에 따라 …… 예라고 말하는" 것[21]이고, "현대 역사 기록학 전

체는 …… 부정하지도 긍정하지도 않는다."**22**라고 하며, "무어인 지배하의 스페인 문화 세계는 …… 삶에 예라고 말했다."**23**라고 말한다. 그리고 고귀한 도덕과 기독교처럼 대립되는 가치 체계가 예와 아니오를 말한다는, 자주 반복되는 핵심 주장이 있다. "기독교 도덕이 본능적으로 부정하듯이, 주인도덕은 본능적으로 긍정한다."**24** 그리고 니체가 비극을 "삶에 대해 예라고 말하는 최고의 예술"**25**이나 "최고 긍정Bejahung의 공식"**26**이라고 말할 때, 어떠한 인간 개인이나 유형도 주체로 명시되지 않는다.

때때로 니체의 예라고 말하기는 인간 개인, 유형, 제도 등의 주체 범위를 넘어 확장되기도 한다. 그래서 때로는 삶에 예라고 말하는 표면적인 주체가 삶에의 의지나 그 자체에의 의지일 때도 있다.**27** 삶에의 의지는 쇼펜하우어의 핵심 개념으로, 니체가 이 표현을 선택한 것은 그가 예라고 말하기에 천착하는 동기를 일부 드러낸다. 쇼펜하우어의 『의지와 표상으로서의 세계』 4권은 '삶에의 의지의 긍정과 부정'을 주제로 삼고 있다. 쇼펜하우어는 아니오라고 말하는 것이 삶과 고통으로부터 구원을 얻는 유일한 길이라고 주장한다.**28** 그리고 실제로 이는 삶에의 의지가 그 자체에 대해 아니오라고 말하는 것으로, 쇼펜하우어가 무엇보다 중요하게 여기는 것을 적절히 표현하자면 삶에의 의지의 자기부정Selbstverneinung des Willens zum Leben이기 때문이다. '나'라는 주체가 삶에의 의지를 부정하는 것이 아니라 삶에의 의지가 어떻게든 자기 파괴의 주체가 되는 것이다. 여기서 쇼펜하우어의 이 개념을 해석하는 데 따르는 어려움을 군이 따질 필요는 없다. 그러나 쇼펜하우어가 이미 긍정을 비인격적 주체가 취하는 행동이나 태도로 이해하고 있다는 점은 주목할 만하다. 마찬가지로 니체에게 긍정의 주체는 "상승하고 예라고 말하는 삶Jasagenden Leben"**29**에서 말하는 삶 자체나 심지어 "전체적으로 모든 것이 스스로를 구원하고 자신에게 예라고 말할 수 있다."[30]에서 말하는 '모든 것'이 될 수 있다.

지금까지 언급한 사례들에서 니체는 창조적 실천, 가치 체계, 전체 문화, 삶, 모든 것 등 인간 개인보다 더 광범위한 것을 예라고 말하기의 주체로 언급한다. 하지만 다른 데서는 예나 아니오라고 말하는 주체가 인간 개인보다 더 작은 범위, 이를테면 누군가의 취향Geschmack, 양심Gewissen, 영혼Seele, 정신Geist 등으로 묘사된다. "내 취향은 마주치는 모든 것에 예라고 말하는 것과는 거리가 멀다. 그것은 전혀 예라고 말하기를 좋아하지 않는다."[31] 어떤 사회에서는 잔인함에 대해 "양심이 기꺼이 '예'라고 말한다!"[32] 우리는 "예라고 말하고 싶을 때 …… 그의 영혼이 '아니오'라고 말하도록 강요하는 …… 인식자"를 생각할 수 있다.[33] 또는 우리는 누군가의 "거울 같은 영혼이 …… 더 이상 예라고 말하거나 아니오라고 말하는 법을 모른다."[34]라는 것을 발견한다. 『자라투스트라는 이렇게 말했다』에는 심지어 "예"와 "아니오"라고 말하는 법을 배운 혀와 위장에 대한 이야기도 나온다.[35] 때로는 '본능'이나 '우리 안의 뭔가'가 예라고 말하기도 한다. "우리 안에 있는 뭔가가 살기를 원하고 스스로 긍정하기를 원한다."[36]라거나 "우리의 본능은 …… 결정을 내리고 심지어 오성이 발화하기도 전에 예나 아니오라고 말한다."[37]

3절 긍정은 어떻게 이루어지는가

이제 용어가 쓰인 대략적인 목록을 살펴봤으니 분석을 해 보도록 하자. 예라고 말하는 주체가 제도나 관행인 경우에는 이 태도가 실제로는 인간에게 귀속되는 수사적 비유라고 쉽게 해석할 수 있다. 예를 들어 특정 문화의 구성원이나 특정 가치 체계의 옹호자, 역사 기록학 논평가, 책의 저자, 고대 그리스비극 작가와 독자 등이 예라고 말하는 것으로 볼 수 있다. 그러나 일부 후기 저작에서 봤듯이 광범위하고 무심한 예라고 말하기는 정확하게 해석하기가 더 어렵다. 그렇더라도 이 경우의 용어는 인간 개인 또는 인간 유형이 특정 문화적 맥락에서 구현할 수 있는 긍정적인 심리적 관점을 상징하거나 표현하는 것으로 읽는다면 합리적인 접근일 수 있다. 실제로 니체는 "삶에 예라고 말하기 …… 자신의 무궁무진함을 기뻐하는 삶에의 의지"라는 개념이 비극적 시인의 심리에 이르는 가교로서 그에게 중요하다고 말한다.[38] 반면에 양심이나 영혼 등이 예라고 말하는 일부 사례는, 부분과 전체의 관계를 반대 방향으로 수사적으로 활용해 부분으로 전체를 나타내는 제유법을 사용한다고 볼 수 있다. 이 경우에 긍정이나 부정의 문법적 주어는 어떤 사람의 일부라도, 실제 발생하는 상태는 그 사람 자체가 긍정이나 부정을 하는 식이다. 예를 들어 내 양심이 뭔가를 승인한다고 말하는 것은 아마도 내가 그것을 승인한다고 말하는 더 흥미로운 방법일 것이다.

그러나 개별 인간이 아닌 개인의 하위 항목이 예나 아니오라고 말하는 진정한 주체로 소환되는 경우도 있다. 이 경우, 사람의 어떤 상태는 그의 일부 요소가 뭔가와 '긍정' 또는 '부정'의 관계에 있는 별개의 상태로 설명돼야 한다. 예를 들어 『즐거운 학문』에서 니체는 "우리는 부정하고, 또 부정해야만 한다. 우리 안에 있는 뭔가가 살기를 원하고 스스로 긍정하기를 원하기 때문이다. 우리가 아직 알지 못하거나 보지 못하는 뭔가가!"[39]라고 말한다. 여기서 니체는 심리적 과정, 즉 어떤 사람이 이전에 믿었던 것을 오류라고 거부할 때 어떤 일이 벌어지는지를 설명하고 있다. 당사자의 이런 부정은 "우리 안에 허물을 벗겨 내며 살아서 추동하는treibende 힘이 존재한다."[40]는 증거일 수 있다. 이 경우, "내 안의 뭔가가 스스로 긍정하기를 원한다."라는 말이 단순히 "내가 스스로 긍정하기를 원한다."의 수사적 변형이라고 단정하기는 더 어렵다. 여기서 '긍정하기'란 개인의 성찰적이거나 의식적인 태도가 아니기 때문이다. 이 예에서 '나'가 원하는 것은 기존의 집착에서 탈피하는 것이다. 즉 '나'의 태도는 부정이다. 그러나 이 태도는 내 '안'에 있는 '뭔가'의 활동으로 설명될 수 있는데, 그 '뭔가'는 스스로를 긍정하고 예라고 말하기를 원한다.

니체는 종종 충동과 본능에 긍정이나 부정의 행위를 귀속시킨다. 이런 귀속은 의식적이고 반성적인 태도의 관점에서 이뤄진 일반적인 심리학적 설명을 전복하려는 의도에서다. 따라서 그는 1887년 『유고』의 한 메모에서 이렇게 쓴다. "아름다움과 추함에 대한 판단은 …… 본능에 호소해 그 순간 우리의 본능은 가장 빨리 결정을 내리고 심지어 오성이 발화하기도 전에 예나 아니오라고 말한다……."[41] 니체는 노예 반란을 통한 도덕적 가치 창출에 대한 진단에서 "이런 종류의 인간은 …… 자기보존과 자기긍정의 본능에서 빠져나와 중립적인 '주체'에 대한 믿음이 필요하다."[42]라고 쓴다. 이때 인간 행위자의 의식적 태도는 긍정의 태도가 아니라 절대적 자유의지에 대한 믿음이다. 하지만 이 의식적인 믿음은 본능이 인간 행위자의 존재에 예라고 말하는 별개의 태도를 통해 설명된다. 다시 말해 이는 의식이 접근할 수 없어야만 그 영향력을 발휘할 수 있는 일종의 긍정이다. 따라서 예라고 말하는 것은 사람이 아니라 그 사람의 한 부분이다. 마찬가지로 『유고』의 다른 구절은 이렇다. "여기서 진정으로 예라고 말하는 것은 우선 고통받는 자들의 본능, 그다음으로는 무리의 본능, 그리고 세 번째는 예외에 맞서는 다수의 본능이다."[43] 이런 본능들은 특정한 (도덕적, 기독교적) 가치에 예라고 말하지만, 이 긍정의 태도는 의식적인 도덕적 판단을 설명한다고 주장함에도 불구하고, 그런 가치의 옹호자들이 내리는 판단의 명시적인 내용에는 반영되지 않는다. 따라서 이 모든 사례에서 우리는 행위자의 의식적 이해로는 접근할 수 없거나 그와 불일치하는 예라고 말하기 과정을 다루고 있는 것으로 보인다. 본능이나 '우리 안에 있는 뭔가'의 예라고 말하기는 행위자인 인간 수준에서 관련된 태도를 설명하는 별개의 행위로 봐야 할 것이다.

최근의 일부 논평가들과 마찬가지로, 나는 보통 '충동drive'과 '본능instinct'으로 번역되는 니체의 용어 Trieb와 Instinkt를 사실상 같은 의미로 본다.[44] 내가 이해하는 충동(또는 본능)의 대략적인 의미는, 행위자가 인식하지 못할 수도 있지만, 행위자가 어느 정도 인식하고 있더라도 행위자의 이성적이거나 의식적인 통제 밖에서 작동하며, 특정 목적을 추구하기 위해 특정 방식으로 지각하고 평가하고 느끼고 생각하고 행동하도록 행위자를 이끄는 비교적 지속적인 성향이다.[45] 이제 니체가 충동과 본능을 마치 문자 그대로 행위자나 자아인 것처럼 의인화된 언어로 표현하는 것은 잘 알려져 있다. 만약 이런 표현을 문자 그대로 받아들인다면, 충동이 예라고 말하는 것이 인간이나 인격체가 뭔가를 동의하고 승인하고 수용하는 방식과 거의 동일하다고 생각할 수 있다. 그러나 충동에 대한 이런 단선적인 해석에는 심각한 문제가 있으며, 폴 카사파나스는 이를 간결하게 요약했다.[46] 한 행위자 안에 여러 행위자를 위치시킨다고 해서 니체에게 어떤 설명력을 부여할 수 있을까? 만약 니체가 통상적으로 단일한 자아와 행위 개념으로 해석되는 현상들을 새롭게 설명하고자 한다면, 똑같이 논쟁적인 개념을 단지 더 낮은 수준으로 옮겨 서술한다고 해서 어떻게 새로운 설명이 가능할지 이해하기 어렵다. 둘째로, 카사파나스가 지적하듯이 "단선적인 해석은 우리가 이미 일관된 자아 개념을 갖고 있고, 단순히 어떤 실체들이 이 개념을 구현하는지 착각하고 있다고 가정"하는[47] 반면 니체는 애초에 일관된 자아 개념이 존재하지 않는다고 주장한다.

니체가 스스로 부정하는 자아 개념을 가정한다는 불일치에서 벗어나게 하고, 충동에 대한 논의가 인간 행위를 설명할 수 있다는 생각을 유지하려면, "충동이 X에 예라고 말한다."를 단순히 "충동이 X를 촉진하거나 용이하게 한다."라는 말로 이해하는 것이 한 가지 방법일 수 있다. 만약 충동이 실제로 어떤 종류의 행위자가 아니라면, 충동이 "X를 긍정한다."라는 것은 단지 X가 발생하거나 더 효율적으로 발생하는 방식으로 기능한다는 의미에 불과할 수 있다. 따라서 만약 삶을 유기체의 목적으로 생각한다면, 유기체 안의 어떤 충동(예를 들어 생식 충동이나 식욕)이 "삶에 예라고 말한다."라는 것은 단지 삶을 촉진하는 경향이 있다는 의미일 것이다. 이런 식으로 어떤 인간의 예라고 말하는 성향이나 전반적인 성격은 그 안에 존재하는 특정한 충동이나 인간을 구성하는 '충동의 위계질서'에 의해 구성될 수 있다.[48] 니체는 '선천적으로' 또는 '본능적으로' 예라고 말하는 사람들을 중시하는 경향이 있는데, 이들은 성격상 긍정하는 데 아무런 성찰이나 의식적 자각이 필요하지 않고, 그냥 그렇게 태어나서 충동이 그렇게 작동하는 것처럼 보인다. 고귀한 도덕은 '본능적으로' 예라고 말하며,[49] 니체 자신의 '디오니소스적 본성'은 '예라고 말하는 것'과 '아니오라고 말하는 것'을 분리할 수 없다고 주장한다Neinthun nicht vom Jasagen zu trennen weiss.[50] 『선악의 저편』[51]에서는 무지나 알지 못함에 대해 예라고 말하는 정신Geist이 '소화력'과 유사하다고 묘사돼, 그 긍정이 의식의 개입 없이 일어난다는 점을 강조하는 듯하다.

이와 유사하게 모든 동물에게 본능적으로 존재하는 성적 충동Geschlechts-trieb이 "삶에 대한 가장 강력하고 결정적인 긍정die entschiedene, stärkste Bejahung des Lebens"[52]이라는 쇼펜하우어의 견해를 생각해 보자. 쇼펜하우어의 관점에서 삶에 예라고 말하는 것은 문화나 학습의 영향과는 무관하게 자연에서 기원하는 충동이다. 이 충동은 인간과 성적으로 번식하는 모든 생물, 심지어 쇼펜하우어의 견해로는 자연 전체에 동일하게 존재한다.[53] 이 충동은 '우리 안'에 존재하며, 의식으로부터 감춰져 있지만 의식에 지배적인 영향력을 발휘한다. 이 충동이 삶을 긍정하는 데 개념화나 의식적인 성찰이 필요하지는 않다. 앞서 살펴봤듯 니체의 일부 발언은 이와 유사한 관점을 보여 주는 듯하지만, 앞으로 살펴볼 것처럼 이 해석에는 몇 가지 중요한 제한점이 있다. 첫째, 우리는 이런 유형의 긍정을 보다 성찰적인 유형의 긍정과 구분할수 있다. 둘째, 니체의 경우에는 모든 잠재적 충동이나 본능이 쇼펜하우어의 삶에의 의지처럼 자연에 내재된 것이 아니다. 니체가 말하는 일부 충동과 본능은 문화적 기원을 지닌다.

4절 순진한 긍정과 성찰적 긍정

선천적으로 또는 본능적으로 예라고 말하는 사람이란 개념은 켄 제임스가 말하는 '순진한 긍정naïve affirmation'의 개념과 유사해 보인다. 제임스는 버나드 레긴스터의 긍정에 대한 논의[54]를 다루면서 레긴스터의 긍정 개념이 '지나치게 인지적'이라고 주장한다.

> 레긴스터의 긍정에는 다양한 인지적 입장이 포함된다. 그래서 그는 "일반적으로 삶을 긍정한다는 것은 '지금까지 부정되던' 삶의 필수적인 측면들이 '그 자체로 바람직함'을 인식하는 것"이며 …… "삶이 영원회귀하리란 전망에 기쁨으로 반응한다면 삶을 긍정하는 것이다."라고 말한다. …… 『도덕의 계보』 첫 번째 논문에 나오는 단순한 귀족들이 그런 성찰적 입장을 취하는 수고를 했을지는 의심스러우나, 니체는 그들을 삶의 긍정의 전형으로 묘사한다.[55]

따라서 긍정의 한 가지 버전은 'x가 바람직하다는 것을 인식하기' 나 'p라는 전망에 기뻐하기' 같은 태도에 포함된다. 이는 개념화된 명 제적 내용에 대해 의식적으로 채택하는 태도로, 긍정이 향하는 내용 에는 고통을 비롯해 인간 삶에서 만연한 특징이 포함된다. 이런 특 징을 인식하고 평가하기 위해서는 성찰적 사고가 필요하다. 따라서 이를 긍정하는 것은 성찰적 긍정에 참여하는 것이라는 개념이 생긴 다. 제메스는 이 긍정의 개념에 대해『도덕의 계보』에 나오는 귀족들 로 대표되는 '순진한 긍정'이란 또 다른 개념으로 반박한다. 귀족들은 "직접적이고 표현적인 방식으로 삶을 살아감으로써 삶을 긍정하는" 것처럼 보인다. 후자의 관점에서는 "삶을 긍정하는 것이 자신의 충동 에 완전하고도 온전한 표현을 부여하는 것"처럼 보일 수 있다.[56]

앞서 봤듯 니체는 종종 인간의 하위 부분, 주로 충동이나 본능을 긍 정의 주어로 사용한다. 우리는 적어도 일부 경우에는 "S의 하위 부분 이 예라고 말한다."를 단순히 "S가 예라고 말한다."의 비유적 표현으 로 해석해서는 안 된다고 주장했다. 이런 경우, S의 태도는 하위 부분 의 예라고 말하는 태도와 구별된다. 또 니체의 경우에 S의 의식적 태 도가 충동이나 본능의 예라고 말하기로 설명된다고 본다는 점에서 후 자가 전자보다 더 근본적이라고 여긴다고 주장했다. 순진한 긍정의 개념은 이런 구조에 적합한 것처럼 보인다. 니체는 성찰적 사고, 이론 화, 심지어 의식 자체도 일반적으로 부차적이고 피상적인 현상으로 폄하한다.[57] 성찰적 수준 아래에는 결코 행위자에게 완전히 알려지지 않음에도 '그가 누구인지'를 나타내는 충동의 위계질서가 존재한다.[58] 따라서 단순히 의식적인 추론과 평가적인 판단에 따른 삶에 대한 성 찰적 긍정은 그 자체가 삶을 긍정하는 보다 근본적이고 건강한 충동 의 구성에서 비롯되지 않는 한 니체에게 별 의미가 없을 것이다.

5절 문화적으로 습득된 본능

그러나 때때로 간과되는 중요한 점은 니체의 관심사가 종종 문화적으로 습득된 충동과 본능의 표현에 있다는 것이다. 이 점을 이해하려면 추가적인 구분이 필요하다. 제메스의 구분은 (1) 삶에 대한 성찰적 지지로서의 긍정과 (2) 충동을 성찰 없이 표현하는 행위로서의 긍정이 대립된다. 그러나 (2)는 다시 두 가지로 구분된다. 즉 (2a) 문화 이전에 존재하는 충동(예를 들어 인간이 아닌 동물에게 '선천적으로' 존재하는 것이나 쇼펜하우어의 성적 충동 같은 것)을 성찰 없이 표현하는 행위로서의 긍정과 (2b) 문화적으로 습득된 충동을 성찰 없이 표현하는 행위로서의 긍정이다. 중요한 점은 니체가 생각하는 충동과 본능이 문화적 수단에 의해 수정되거나 획득될 수 있다는 것이다. 클라크Clark와 더드릭Dudrick은 "니체에게는 모든 충동이 생물학적으로 주어진 것이라거나 인간이 비인간 동물과 모든 충동을 공유한다고 생각할 이유가 없다."라고 잘 지적하며, 충동은 "생물학적으로 주어진 충동이나 본능이라기보다 훈련으로 형성된 아리스토텔레스의 습관에 더 가깝다."라고 설명한다.[59] 니체는 때때로 특정한 역사적 상황에 처한 특정 유형의 사람들은 특정한 특성이 본능이 된다고 말하기도 한다. 이런 본능의 예로는 '자유의 특권에 대한 지식' 또는 '자유에 대한 의식',[60] '성실성',[61] '저항 불가능성'[62] 등이 있다. 충동은 모든 인간에게 보편적일 필요가 없으며, 실제로 니체가 쇼펜하우어에게 부여한 "세계의 수수께끼를 풀고자 하는 충동"[63]처럼 한 개인에게만 특유한 것일 수도 있다. 또 다른 예는 『우상의 황혼』 중 괴테에 대한 유명한 구절에서 등장한다. 여기서 니체는 괴테의 본능이 르네상스적 본능으로 "그는 감수성, 자연숭배, 반역사주의, 이상주의 등 18세기의 가장 강력한 본능을 자신 안에 지니고 있었다."[64]라고 말한다. 이런 본능은 당시의 역사적 시대 전체에 적용되지만, 여기서는 괴테의 심리적 구성에 특유한 것으로 묘사된다. 나아가 괴테는 상당히 복잡한 문화적 전승 과정을 통해 그런 본능을 획득했다고 가정해야 한다. 반역사주의의 본능은 그것이 정확히 뭐든 간에 확실히 생물학적으로 주어진 것이 아니며, 인간 문화 안에서 보편적이거나 심지어 단일 문화 안에서 널리 퍼져 있는 것도 아니다.

니체는 특정 역사적 맥락에서 (계급이나 '무리'에 의해) 널리 공유되는 충동을 자주 언급하며, 『즐거운 학문』에서는 어떤 것이 어떻게 문화적 적응을 통해 충동이 될 수 있는지를 명확히 설명한다.

> 교육이 항상 이런 식으로 진행된다. 교육은 다양한 매력과 이득을 제시해 개인에게 특정한 사고방식과 행동 방식을 주입시키려 노력한다. 이는 습관, 충동, 열정이 돼 그의 궁극적 이익에 반하지만 '공동선'을 위해 그를 안팎으로 지배하게 된다.[65]

따라서 니체의 목표는 "도덕적 풍토에 따라 인간의 충동이 얼마나 다르게 성장하며 여전히 성장할 수 있는지를 관찰하는 것"[66]이다. 기독교적 도덕성은 특정 충동, 특히 『도덕의 계보』에서 비판하는 "연민, 자기부정, 자기희생의 본능"[67]의 발달과 지배를 촉진하는 환경을 제공한다. 우리에게 자기부정 본능이 있다면, 그것은 특정 역사적 시대와 그 시대의 철학, 문학, 종교 기관, 학교, 일상적인 비공식적 행동 규범 등이 우리에게 자신의 이익보다 타인의 이익을 우선시하고 그렇게 하는 행위자를 가치 있게 여기는 습관을 가르쳤기 때문이다. 이렇게 해서 그 습관은 본능이나 충동, 특히 우리에게는 지배적인 충동이 된다.

물에 빠진 낯선 사람을 구하기 위해 강물로 뛰어들거나 강도를 잡으려고 '생각 없이' 몸싸움을 벌이는 것처럼 우리가 도덕적으로 선하다고 여기는 일부 행동은 비성찰적인 것으로 분류된다. 이런 종류의 행동은 문화적으로 습득된 본능의 발현으로 이해할 수 있으며, 이런 본능 덕분에 행위자는 어떤 결과를 예방하거나 촉진해야 할지를 인식한다. 그러나 습득된 본능은 성찰이 이루어지는 경우에도 발동될 수 있다. 예를 들어 아프리카에서 인도적 지원을 제공하기 위해 직장을 그만둘지 여부와 같은 복잡한 상황에 직면했을 때, 나는 (모든 상황을 고려할 때) 무엇이 중요한지, 다른 인간의 삶은 어떤 가치가 있는지, 그 결과가 나와 미래 세대에 어떤 영향을 미칠지 등을 오랜 시간 숙고할 수 있다. 그런데도 이런 숙고 끝에 인도주의적 선택을 했다면, 니체가 말하는 '연민의 본능'이나 '자기희생 본능'에 따라 행동한 사례가 될 수 있다. 이는 내가 합리적인 근거에 따라 행동하지 않았거나 숙고하지 않았거나 가치 원칙을 의식적으로 참조하지 않았다는 뜻이 아니다. 오히려 내 생각 중 어떤 것이 두드러졌고, 어떤 행동과 감정이 내게 긍정적 또는 부정적 가치로 다가왔으며, 무엇이 나를 궁극적으로 다른 방향이 아닌 특정 방향으로 움직이게 했는지는 내 의식적 통제 아래 있지 않았으며 지속적인 기본 습관이나 성향, 그리고 성찰적인 선택을 거치지 않은 채 내 성격의 일부가 된 지배적 충동에서 비롯됐다는 것을 의미할 수 있다. 니체의 표현을 빌리자면, 내 결정은 (성찰적으로 내린 결정이라도) 본능이나 충동의 예라고 말하기에서 비롯됐을 것이다. 나는 교육을 통해 이 충동이나 본능을 습득했을 테고, 그것은 내 안에서 나 자신의 이익을 희생해서라도 '공동선'을 증진 또는 강화하거나 가능한 한 많은 고통을 줄이는 쪽으로 작동할 것이다. 니체의 관점에서 이런 동정과 자기희생의 본능의 존재는 내 성찰적 사고와 행동을 설명해 줄 수 있다.

6절 내부와 외부

이처럼 니체는 행동, 감정, 성찰적 사고가 누군가의 충동을 표현하는 방식과, 문화가 이런 충동을 형성하는 방식 모두에 관심을 갖는다. 니체가 또 역사적 시대, 문화, 예술 형식의 예라고 말하기를 자연스럽게 언급했다는 앞서의 관찰을 상기하면서, 나는 조너선 리어Jonathan Lear가 『국가』에 나온 플라톤의 심리를 분석한 내용에서 빌려 온 가설을 제시하고자 한다. 이 비교는 우선 영혼의 고대 개념을 보존하고(니체는 이 용어를 유지해야 한다고 주장한다.) 영혼을 "주체 다수성"이나 "충동과 감정으로 구성된 사회"[68]로 다뤄야 한다는 니체의 탄원을 상기하는 데서 동기를 찾을 수 있다고 생각한다. 니체의 이 탄원은 『국가』의 복합적인 영혼을 의미할 것이라고 클라크와 더드릭은 자신 있게 주장한다.[69] 한때 플라톤 학자였던 니체가 『국가』에서 발견된 다양한 특징을 정신에 대한 이해에 통합하는 것은 그리 놀라운 일이 아니며, 특히 『국가』에서 영혼의 모든 요소를 충동으로 해석하고, 플라톤에게 가장 건강하고 고귀한 영혼은 진리를 발견하려는 충동이 다른 충동들을 지배하는 영혼이라고 해석하는 플라톤 학문의 전통을 고려하면 더더욱 그렇다.[70]

그러나 여기서는 플라톤과 니체의 정신에 대한 관점에 존재하는 수많은 유사점과 대조점을 자세히 설명하지 않고,[71] 1992년에 처음 발표된 영향력 있는 논문에서 리어가 발견한 한 가지 특징을 분리해 보겠다. 리어는 플라톤이 개인 정신의 내부 구조와 폴리스 전반의 구조 사이에 그린 평행선이 가끔씩 거론되는 설득력 없는 비유가 아니라 플라톤이 "한 사람의 정신 내부와 외부, 내면적 삶과 문화적 환경 사이의 심리적 상호작용에 대한 역동적 설명"[72]에 깊이 몰두했음을 반영한다고 주장한다.

우리는 문화적 영향을 내재화함으로써 우리의 정신을 '양육'한다. …… 우리는 심리적 구성을 내재화에 너무 의존하기 때문에 문화적 행운에 좌우되기 쉽다. 우리의 궁극적인 의존성은 우리가 문화적 영향의 중요성을 이해하기 전에 그 영향을 내재화한다는 사실에서 드러난다. …… 폴리스는 그것을 만든 사람들의 정신 내부 구조를 외재화하는 과정에서 형성된다. …… 우리는 교육 과정을 통해 문화적 역할을 내재화한 뒤 우리의 사회적 역할로 그것을 외재화한다. …… 정신과 폴리스는 상호 간에 일련의 내재화와 외재화를 통해 구성되며, 이 과정에서 경계 양쪽에서 변형이 일어난다.[73]

요컨대 개인 안에서 어떤 종류의 충동이 지배권을 얻는지는 그의 주변 환경에서 어떤 종류의 가치와 행동이 두드러지는지에 따라 결정되지만, 동시에 환경은 개인이 표현하는 자신의 내적 충동 구성에 의해 형성된다.

이제 니체에 대한 내 가설은 니체도 문화적 가치와 개인의 충동에 대해 이와 유사한 견해를 암묵적으로 채택하고 있다는 것이다. 개인이 교육받는 윤리 체계와 기타 문화적 관습은 그의 내적 충동을 형성하고, 충동들 간의 상호 연관성을 결정하는 데 중요한 역할을 한다. 동시에 더 넓은 문화와 가치가 지속되는 것은 그 문화의 구성원인 개인들 자체도 특정한 충동의 위계질서에 의해 내적으로 구성돼 있기 때문이다. 이처럼 충동이 문화에, 또 문화가 충동에 양방향으로 영향을 미치는 과정이 존재해야 하는데, 그렇지 않고는 니체가 어떻게 문화 현상인 도덕을 증상인 동시에 위험으로 여길 수 있는지 설명하기 힘들기 때문이다.[74] 니체의 견해에서 도덕은 본능과 충동의 외재화인 동시에 본능과 충동이 교육되는 방식이라고 말할 수 있다.[75] 이처럼 '일련의 내재화와 외재화를 통한 상호 구성'이라는 가설은 니체가 다양한 예라고 말하기의 주체들 사이를 유연하게 넘나드는 것을 이해하게 해 준다. 거칠게 말하자면, 전체 문화가 예라고 말하는 것은 개인 내면의 충동이 예라고 말하기 때문이며, 이런 충동이 예라고 말하는 것은 예라고 말하는 환경에서 길러지기 때문이다.

7절 '아아!'

니체 자신의 삶에 대한 긍정은 어떨까? 1882년에 그는 다음과 같은 글을 썼는데, 이는 가슴 아픈 고백으로 다가온다.

> 나는 다시는 삶을 원하지 않는다. 어떻게 내가 삶을 견뎌 냈을까? 창조함으로써. 내가 어떻게 그 광경을 참아 냈을까? 삶에 예라고 말하는das Leben bejaht 초인Übermensch의 비전으로. 나는 삶에 예라고 말하려 스스로 노력했다. 아아![76]

여기서 니체는 스스로 초인이 될 수 있는 긍정을 성취하지 못했다고 고백한다. 물론 초인이란 현실이라기보다 이상이며, 나아가 허구 속의 이상이다. 다시 말해 지금까지 실현되지 않은 초인의 유형이 니체의 책에 등장하는 주인공 자라투스트라의 개념이다. 그리고 놀랍지 않게도, 인간 니체는 그가 제시한 이상적인 허구적 인물의 특징적인 예라고 말하기에 도달하지 못한 것으로 보인다. 이는 어쩌면 너무도 높은 기준을 요구해 실현 불가능한 이상일 수도 있다.[77] 니체는 점점 극단으로 치닫고 있다. 자라투스트라는 모든 정신 중에서 "가장 긍정적인" 또는 "가장 예라고 말하는" 정신으로 묘사된다.[78] 이상은 가장 세계를 긍정하는 인간이 되는 것이다.[79] 그렇게 되기 위한 도전(영원회귀라는 생각에 대한 반응으로서 "최고의 긍정의 공식"[80])은 "가장 무거운 짐"이다.[81] 이 상상적인 상태에는 항상 최상급 표현을 사용하지만, 어찌 됐든 위의 노트[82]에서 니체라는 인간은 삶을 한 번 더 원하기는커녕 현재의 삶도 전혀 긍정하지 못하는 것으로 보인다.

니체는 왜 실패했을까? 단지 그의 내적 정신 구조가 견딜 수 없을 정도로 고통과 불행을 겪었기 때문일까? 아니면 그가 예라고 말하기의 최고 극단을 열망하면서도 "아아!"라고밖에 말할 수 없는 사실을 더 폭넓게 설명할 수 있을까? 여기서는 앞선 긍정에 대한 논의를 바탕으로 주장을 해 보겠다. 충동을 내면화할 수 있는 문화의 도움 없이 자신의 충동을 발달시키는 것은 불가능하지는 않더라도 대단히 어렵다. 개인은 저마다 고유한 충동의 구성이 있지만, 그 충동은 결코 완전히 알거나 통제할 수 없으며, 외부의 가치나 환경에서 내면화한 것의 영향을 받을 수밖에 없다. 니체의 성격은 매우 복잡했고, 그의 문화적 환경도 마찬가지였다. 그런 상황에서는 니체가 "한 사람의 내면, 심지어 한 영혼 안에서도"[83] 공존할 수 있다고 말한 주인도덕과 노예도덕이 첨예하게 대립하면서 투쟁과 갈등이 끊이지 않을 것이다. 니체가 생각하는 예라고 말하는 (그의 시대와는 다른) 문화에서는 개인이 자신을 둘러싼 가치관으로부터 그에 상응하는 강력하고 긍정적인 본능이나 충동의 구성을 습득할 수 있을 것이다. 내면에서 예라고 말하는 뭔가에 동기를 부여받은 개인은 그 충동을 행동으로 표현해, 다시 개인에게 예라고 말하는 충동을 형성하는 그 문화적 환경을 형성하는 데 기여할 것이다. 그러나 니체의 비극은 그가 외적으로 자신을 발견하는 문화 때문에 내적으로 완전한 예라고 말하는 존재로 구성될 수 없다는 것이다. 플라톤이 이상적인 도시가 아니라 "말의 도시"[84]만을 허구적으로 구성할 수 있었듯이, 니체는 현실에서 예라고 말하는 사람이 되지 못하고 말로만 이상적인 예라고 말하는 사람을 구성하는 데 그친다.

8절 결론

우리는 니체가 Ja-sagen(예라고 말하기)과 bejahen(긍정하다)이라는 표현을 어떻게 쓰는지 살펴보는 것으로 시작했다. 그리고 그가 다양한 대상에 이런 긍정의 태도를 적용한 것을 발견했다. 니체는 '삶'을 긍정하는 태도의 가능성과 바람직함을 보여 주는 데 우선순위를 두지만, '예라고 말하는 사람이 되는 것' 자체를 중요시하고, 예라고 말하는 능력을 이상에 근접한 정도를 측정하는 척도로 본다. 우리는 니체의 관점에서 예라고 말하기 또는 긍정이 어떻게 이뤄져야 하는지 살펴봤다. 예라고 말하는 것은 문자 그대로 인간만이 할 수 있는 일이라고 생각하기 쉽다. 하지만 니체의 글을 보면 종종 인간 행위자가 아닌 주체에도 예라고 말한다는 술어를 쓰는데, 이는 두 가지 다른 방향으로 나타난다. 첫째, 책과 예술 장르, 철학 체계, 가치관, 사회, 역사적 시대와 같은 문화적 산물이 예라고 말할 수 있다. 둘째, 양심, 충동, 본능 또는 단순히 '우리 안의 뭔가' 같은 행위자의 내적 요소도 예라고 말할 수 있다. 이런 용례 상당수는 하나 이상의 인간 행위자에게 긍정적인 태도를 부여하는 비유적인 표현으로서 문제없이 해석될 수 있다. 그러나 나는 니체가 종종 충동이나 본능 같은 개인의 하위 요소에도 비유적이지 않은 의미로 예라고 말하기를 적용한다고 주장했다. 이 경우, 예라고 말하는 행위는 행위자의 의식적인 승인 행위라고 말할 수 없고, 의식적인 수준에서 발생하는 별개의 태도를 설명하는 것으로 간주된다. 이런 경우는 니체가 근본적으로 충동이나 본능의 건강한 구성을 포함한다고 보는 순진하고 성찰적이지 않은 긍정의 개념에 부합한다.

그러나 우리는 니체의 관점에서 모든 충동과 본능이 인간 종에 보편적인 것은 아니며, 더 구체적으로 말하면 모든 것이 생물학에 뿌리를 두고 있지 않다는 증거도 제시했다. 문화적으로 획득되는 충동과 본능도 존재하는 것이다. 나는 니체가 암묵적으로 상호적인 '내부-외부' 모델을 사용한다고 주장했다. 이 모델에서는 개인 행위자의 충동이 '도덕'과 같은 더 넓은 문화적 관습에 영향을 받고, 이런 문화적 관습은 그 자체도 내적 충동과 본능의 작용으로 설명되는 행위자의 행동에 의해 유지된다. 이런 관점에 따르면, 니체가 행위자와 그들의 내적 충동, 나아가 더 넓은 문화에 대해 예라고 말하거나 그렇지 않다고 설명하는 것은 매우 자연스러운 일이다. 또 니체 자신이 삶을 긍정하는 최고의 이상에 도달하지 못할 수밖에 없었던 이유도 짐작할 수 있다. 그의 내적 구성은 삶을 긍정한다고 여길 만한 문화에 의해 형성되지 않았기 때문이다. 19세기 유럽 문화로부터 근본적으로 고립된 개인만이 자신의 충동들 속에서 '가장 예라고 말하는' 영혼이 되는 데 필요한 수준의 건강을 이룰 수 있었다. 따라서 그런 개인은 오직 허구에만 존재할 수 있었다.

감사의 말

이 책에 실은 초기 논문들을 쓸 당시 나는 사우샘프턴대학의 AHRC가 지원하는 연구 프로젝트 '니체와 현대 도덕철학'의 책임 연구자였으며, 나중에는 쇼펜하우어 저작집 케임브리지판 번역본의 편집장을 맡았다. 두 프로젝트의 주요 공동 연구자인 켄 제메스, 데이비드 오언, 에런 리들리, 사이먼 로버트슨과 데이비드 카트라이트, 아드리안 델 카로, 에드워드 에르트만, 주디스 노먼, 자비네 뢰르, 앨리스터 웰치먼 등에게 감사의 말씀을 전한다. 이 책에 실린 여러 글들의 초기 버전은 런던대학 버크벡, 겐트대학, 뉴욕대학, 프린스턴대학, 런던대학 철학 연구소, 베른대학, 캘거리대학, 프라이부르크대학, 옥스퍼드대학, 서식스대학, 사우샘프턴대학, 텍사스대학 샌안토니오, 워릭대학, 요크대학와 국제니체학회 및 북미니체학회 학술 대회에서 발표됐다. 이 모든 행사의 주최 측과 청중, 그리고 이 글들이 처음 발표된 다양한 저널과 컬렉션의 편집자 및 익명의 심사 위원들에게 감사드린다. 5장 「개인을 넘어: 쇼펜하우어, 바그너, 그리고 사랑의 가치」는 처음 발표하지만, 위에 언급한 여러 곳에서 발표한 자료를 담고 있다. 특히 이 책에 수록한 글들에 대해 지지와 의견을 보내 주신 다음 분들께 감사의 말씀을 전한다. 대니얼 케임, 앨릭스 코언, 서배스천 가드너, 켄 제메스, 마리 기요, 베아트리스 한필레, 렉스 할리, 앤서니 젠슨, 폴 카사파나스, 폴 뢰브, 크리스틴 로페스, 사이먼 메이, 마크 미고티, 데이비드 오언, 버나드 레긴스터, 에런 리들리, 사이먼 로버트슨, 크리스토퍼 라이언, 지니아 쇤바움스펠트, 산드라 샥셰이, 로버트 스턴, 커트 실반, 바트 반데나벨레, 데니스 반덴 오웰, 구드룬 폰 테베나르, 데이비드 배더 우즈.

다음 출처의 자료를 출판할 수 있도록 허가해 주신 데 감사드린다.

1장 「The Real Essence of Human Beings: Schopenhauer and the Unconscious Will」 in Angus Nicholls (ed.), 『The Concept of the Unconscious in Nineteenth Century German Thought』 (Cambridge: Cambridge University Press, 2010), 140-55. ⓒ Cambridge University Press 2010, reproduced with permission of the Licensor through PLSclear.

2장 「Necessity, Responsibility and Character: Schopenhauer on Freedom of the Will', 《Kantian Review》 17 (3) (2012): 431-57. Reproduced with permission.

3장 「Schopenhauer on the Aimlessness of the Will」, 《British Journal for the History of Philosophy》 26 (2018): 331-47. Reprinted by permission of the publisher, Taylor & Francis Ltd. http://www.tandfonline.com

4장 「What's So Good about Negation of the Will? Schopenhauer and the Problem of the summum bonum」, 《Journal of the History of Philosophy》 54 (4) (2016): 649-69. Copyright ⓒ

2016 The Johns Hopkins University Press.

6장 「Schopenhauer's Consoling View of Death」, 《IFCoLog Journal of Logics and their Applications》 4 No. 11 (2017): 3705-18.

7장 「Worse than the Best Possible Pessimism: Olga Plümacher's Critique of Schopenhauer」, 《British Journal for the History of Philosophy》 (2021): 1-20. Reprinted by permission of the publisher, Taylor & Francis Ltd. http://www.tandfonline.com

8장 「Schopenhauer's Christian Perspectives」, in Sandra Shapshay (ed.), 『The Palgrave Schopenhauer Handbook』 (Cham, Switzerland: Palgrave Macmillan, 2017), 351-72. Reprinted by permission of Springer Nature Customer Service Center GmbH.

9장 「On the Very Idea of "Justifying Suffering"」, 《Journal of Nietzsche Studies》 48 (2017): 152-70. Copyright © The Pennsylvania State University Press. This article is used by permission of The Pennsylvania State University Press.

10장 「Affect and Cognition in Schopenhauer and Nietzsche」, in Alix Cohen and Robert Stern (eds.), 『Thinking about the Emotions: A Philosophical History』 (Oxford: Oxford University Press, 2017), 206-22.

11장 「Beauty is False, Truth Ugly: Nietzsche on Art and Life」, in Daniel Came (ed.), 『Nietzsche on Art and Aesthetics』 (Oxford: Oxford University Press, 2014), 39-56.

12장 「Attitudes to Suffering: Parfit and Nietzsche」, 《Inquiry》 60 (2017): 66-95. Reprinted by permission of the publisher, Taylor & Francis Ltd. http://www.tandfonline.com

13장 「Nietzsche on Morality, Drives, and Human Greatness」, in Christopher Janaway and Simon Robertson (eds.), 『Nietzsche, Naturalism and Normativity』 (Oxford: Oxford University Press, 2012), 183-201.

14장 「Who—or What—Says Yes to Life?」, in Daniel Came (ed.), 『Nietzsche on Morality and the Affirmation of Life』 (Oxford: Oxford University Press, 2022), 154-69.

절 제목과 참조한 문구를 일치시키기 위해 약간씩 수정했다. 쇼펜하우어의 출간된 글에서 발췌한 부분은 전부 쇼펜하우어 저작집 케임브리지판 번역본에서 인용했다. 일부 글에서 처음 발표할 당시, 페인 번역본에서 인용했던 구절도 케임브리지판 번역본으로 교체했다.

약어

쇼펜하우어의 저작들

독일어 원서

GB　『Gesammelte Briefe서간 전집』 Ed. Arthur Hübscher. Bonn: Bouvier, 1978.

HN　『Der handschriftliche Nachlaß친필 유고집』 Ed. Arthur Hübscher. Frankfurt am Main: Kramer, 1970.

SW　『Sämtliche Werke선집』 Ed. Arthur Hübscher. Mannheim. F. A. Brockhaus, 1988.

WWR$_{1818}$　『Die Welt als Wille und Vorstellung의지와 표상으로서의 세계』 [1st edition] Leipzig: Brockhaus, 1819 [1818].

SW와 HN의 인용은 권 수와 쪽 수를 표기한다.

영어 번역본

BM　『Prize Essay on the Basis of Morals도덕의 기초에 관하여』 (수상 에세이)

FR　『On the Fourfold Root of the Principle of Sufficient Reason충족이유율의 네 겹의 뿌리에 관하여』

FW　「Prize Essay on the Freedom of the Will의지의 자유에 관하여」 (수상 에세이)

MR　『Manuscript Remains유고』

PP　『Parerga and Paralipomena여록과 보유』

WN　『On Will in Nature자연에서의 의지에 관하여』

WWR　『The World as Will and Representation의지와 표상으로서의 세계』

MR의 인용은 E. F. J. 페인의 번역본(Oxford: Berg, 1988)의 권 수와 쪽 수를 표기한다. 나머지 인용은 모두 쇼펜하우어 저작집 케임브리지판에 따르며 쪽 수를 표기한다(PP와 WWR는 권 수를 앞에 표기한다).

니체의 저작들

독일어 원서

KSA 『Kritische Studienausgabe비평 연구판』 Ed. Giorgio Colli and Mazzino Montinari. Berlin: de Gruyter, 1988.

KSB 『Sämtliche Briefe: Kritische Studienausgabe서간 전집: 비평 연구판』 Ed. Giorgio Colli and Mazzino Montinari, Berlin: de Gruyter, 1986.

KSA와 KSB의 인용은 권 수와 쪽 수를 표기한다.

영어 번역본

A   『The Anti-Christ안티크리스트』

BGE   『Beyond Good and Evil선악의 저편』

BT   『The Birth of Tragedy비극의 탄생』

CW   『The Case of Wagner바그너의 경우』

D   『Daybreak아침놀』

EH   『Ecce Homo이 사람을 보라』

GM   『On the Genealogy of Morality도덕의 계보』

GS   『The Gay Science즐거운 학문』

HH   『Human, All Too Human인간적인 너무나 인간적인』

TI   『Twilight of the Idols우상의 황혼』

UM   『Untimely Meditations반시대적 고찰』

WLN 『Writings from the Late Notebooks후기 노트의 글들』

WP   『The Will to Power힘에의 의지』

Z   『Thus Spoke Zarathustra자라투스트라는 이렇게 말했다』

니체 저작 번역본의 인용은 별도로 명시하지 않는 한 절section 수를 표기한다. 인용된 번역본에 대한 자세한 내용은 뒤의 참고 문헌에 수록한다.

참고 문헌

Die Welt als Wille und Vorstellung: Faksimiledruck der ersten Auflage von 1819 [1818]. Frankfurt am Main: Insel Verlag, 1987.

Der handschriftliche Nachlaß. Ed. Arthur Hübscher. Munich: Deutsche Taschenbuch Verlag, 1985, vols. 1–5.

Gesammelte Briefe. Ed. Arthur Hübscher. Bonn: Bouvier, 1978.

Manuscript Remains. Trans. E. F. J. Payne, ed. Arthur Hübscher. Oxford: Berg, 1988, vols. 1–4.

On the Fourfold Root of the Principle of Sufficient Reason. Trans. and ed. David E. Cartwright, Edward E. Erdmann, and Christopher Janaway. In *On the Fourfold Root of the Principle of Sufficient Reason and Other Writings*. Cambridge: Cambridge University Press, 2012, 1–197.

On Will in Nature. Trans. and ed. David E. Cartwright, Edward E. Erdmann, and Christopher Janaway. In *On the Fourfold Root of the Principle of Sufficient Reason and Other Writings*. Cambridge: Cambridge University Press, 2012, 303–460.

Parerga and Paralipomena, Volume 1. Trans. and ed. Sabine Roehr and Christopher Janaway. Cambridge: Cambridge University Press, 2014.

Parerga and Paralipomena, Volume 2. Trans. and ed. Adrian del Caro and Christopher Janaway. Cambridge: Cambridge University Press, 2015.

Prize Essay on the Basis of Morals. Trans. and ed. Christopher Janaway. In *The Two Fundamental Problems of Ethics*. Cambridge: Cambridge University Press, 2009, 113–258.

Prize Essay on the Freedom of the Will. Trans. and ed. Christopher Janaway. In *The Two Fundamental Problems of Ethics*. Cambridge: Cambridge University Press, 2009, 31–112.

Sämtliche Werke. Ed. Arthur Hübscher. Mannheim: F. A. Brockhaus, 1988, vols. 1–7.

The World as Will and Representation, Volume 1. Trans. E. F. J. Payne. New York: Dover, 1969.

The World as Will and Representation, Volume 1. Trans. and ed. Judith Norman, Alistair Welchman, and Christopher Janaway. Cambridge: Cambridge University Press, 2010.

The World as Will and Representation, Volume 2. Trans. E. F. J. Payne. New York: Dover, 1969.

The World as Will and Representation, Volume 2. Trans. and ed. Judith Norman, Alistair Welchman, and Christopher Janaway. Cambridge: Cambridge University Press, 2018.

Beyond Good and Evil. Ed. Rolf-Peter Horstmann and Judith Norman, trans. Judith Norman. Cambridge: Cambridge University Press, 2002.

Daybreak. Ed. Maudemarie Clark and Brian Leiter, trans. R. J. Hollingdale. Cambridge: Cambridge University Press, 1997.

Ecce Homo. Ed. Aaron Ridley, trans. Judith Norman. In *The Anti-Christ, Ecce Homo, Twilight of the Idols, and Other Writings*. Cambridge: Cambridge University Press, 2005, 71-151.

Human, All Too Human. Trans. Roger J. Hollingdale. Cambridge: Cambridge University Press, 1986.

Kritische Studienausgabe. Ed. Giorgio Colli and Mazzino Montinari. Berlin: de Gruyter, 1988, vols. 1-15.

On the Genealogy of Morality. Trans. Maudemarie Clark and Alan J. Swensen. Indianapolis: Hackett, 1998.

Sämtliche Briefe: Kritische Studienausgabe. Ed. Giorgio Colli and Mazzino Montinari. Berlin: de Gruyter, 1986, vols. 1-8.

The Anti-Christ. Ed. Aaron Ridley, trans. Judith Norman. In *The Anti-Christ, Ecce Homo, Twilight of the Idols, and Other Writings*. Cambridge: Cambridge University Press, 2005, 1-67.

The Birth of Tragedy. Trans. Ronald Spiers. In *The Birth of Tragedy and Other Writings*. Cambridge: Cambridge University Press, 1999, 1-116.

The Birth of Tragedy. Trans. Shaun Whiteside. Harmondsworth: Penguin, 1993.

The Birth of Tragedy. Trans. Walter Kaufmann. In *The Birth of Tragedy and The Case of Wagner*. New York: Vintage Books, 1967.

The Case of Wagner. Ed. Aaron Ridley, trans. Judith Norman. In *The Anti-Christ, Ecce Homo, Twilight of the Idols, and Other Writings*. Cambridge: Cambridge University Press, 2005, 231-62.

The Gay Science. Ed. Bernard Williams, trans. Josephine Nauckhoff and Adrian del Caro. Cambridge: Cambridge University Press, 2001.

The Will to Power. Trans. Walter Kaufmann and R. J. Hollingdale. New York: Random House, 1968.

Thus Spoke Zarathustra. Trans. R. J. Hollingdale. Harmondsworth: Penguin, 1969.

Twilight of the Idols. Ed. Aaron Ridley, trans. Judith Norman. In *The Anti-Christ, Ecce*

Homo, Twilight of the Idols, and Other Writings. Cambridge: Cambridge University Press, 2005, 155–29.

Untimely Meditations. Trans. R. J. Hollingdale. Cambridge: Cambridge University Press, 1983.

Writings from the Late Notebooks. Ed. Rüdiger Bittner, trans. Kate Sturge. Cambridge: Cambridge University Press, 2003.

Allison, Henry E. 1990. *Kant's Theory of Freedom*. Cambridge: Cambridge University Press.

Allison, Henry E. 2006. 'Kant on Freedom of the Will'. In Paul Guyer, ed., *The Cambridge Companion to Kant and Modern Philosophy*. Cambridge: Cambridge University Press, 381–415.

Anderson, R. Lanier 2012. 'What is a Nietzschean Self?' In Christopher Janaway and Simon Robertson, eds., *Nietzsche, Naturalism, and Normativity*. Oxford: Oxford University Press, 202–35.

Anquetil-Duperron, Abraham Hyacinthe 1801. *Oupnek'hat (id est, secretum tegendum)*, vol. 1. Argentorati: Levrault.

Anscombe, G. E. M. 1958. 'Modern Moral Philosophy'. *Philosophy* 33: 1–19.

App, Urs. 2014. *Schopenhauer's Compass: An Introduction to Schopenhauer's Philosophy and Its Origins*. UniversityMedia.

Assoun, Paul-Laurent 1976. *Freud: La Philosophie et les philosophes*. Paris: Presses Universitaires.

Atwell, John E. 1995. *Schopenhauer on the Character of the World: The Metaphysics of Will*. Berkeley, CA: University of California Press.

Atzert, Stephan 2012. 'Schopenhauer and Freud'. In Bart Vandenabeele, ed., *A Companion to Schopenhauer*. Chichester: Wiley–Blackwell, 317–32.

Barnes, Jonathan, ed. 2001. *Early Greek Philosophy*. Harmondsworth: Penguin.

Barth, Karl 1958. *Church Dogmatics*. Ed. Geoffrey W. Bromiley and Thomas F. Torrance. Edinburgh: T. & T. Clark, vol. III.

Becker, Johann Karl, ed. 1883. *Briefwechsel zwischen Arthur Schopenhauer und Johann August Becker*. Leipzig: Brockhaus.

Beiser, Frederick C. 2014. *After Hegel: German Philosophy 1840–1900*. Princeton: Princeton University Press.

Beiser, Frederick C. 2016. *Weltschmerz: Pessimism in German Philosophy 1860–1900*. Oxford: Oxford University Press.

Bischler, W. 1939. 'Schopenhauer and Freud: A Comparison'. *Psychoanalytic Quarterly* 8: 88-97.

Bok, Hilary 1998. *Freedom and Responsibility*. Princeton: Princeton University Press.

Bowie, Andrew 2003. *Aesthetics and Subjectivity from Kant to Nietzsche*. Manchester: Manchester University Press.

Brobjer, Thomas 2008. *Nietzsche's Philosophical Context: An Intellectual Biography*. Urbana-Champaign: University of Illinois Press.

Brook, Andrew, and Young, Chris 2019. 'Schopenhauer and Freud'. In Richard G. T. Gipps and Michael Lacewing, eds., *The Oxford Handbook of Philosophy and Psychoanalysis*. Oxford: Oxford University Press, 63-82.

Brun, Georg and Kuenzle, Dominique 2008. 'Introduction: a New Role for Emotions in Epistemology?'. In Georg Brun and Ulvi Doguoglu, eds., *Epistemology and Emotions*. Abingdon: Ashgate, 1-31.

Came, Daniel 2005. 'The Aesthetic Justification of Existence'. In Keith Ansell-Pearson, ed., *A Companion to Nietzsche*. Oxford: Blackwell, 41-57.

Came, Daniel 2011. 'Schopenhauer on Salvation and the Highest Good'. In Margit Wasmaier-Sailer and Benedickt Paul Goecke, eds., *Idealismus als Chance für die natürliche Theologie*. Berlin: Verlag Karl Alber, 258-74.

Campioni, Giuliano, D'Iorio, Paolo, Fornari, Maria Cristina, Fronterotta, Francesco, and Orsucci, Andrea, eds., 2003. *Nietzsches Persönliche Bibliothek*. De Gruyter: Berlin.

Cartwright, David E. 1988. 'Schopenhauer on Suffering, Death, Guilt, and the Consolation of Metaphysics'. In Eric von der Luft, ed., *Schopenhauer: New Essays in Honor of his 200th Birthday*, Lewiston, NY: Edwin Mellen Press, 51-66.

Cartwright, David E. 2001. 'Two Senses of "Thing-in-Itself" in Schopenhauer's Philosophy'. *Idealistic Studies* 31: 31-54.

Cartwright, David E. 2010. *Schopenhauer: A Biography*. New York: Cambridge University Press.

Cassirer, Ernst 1946. *The Myth of the State*. Oxford: Oxford University Press.

Clark, Maudemarie 1990. *Nietzsche on Truth and Philosophy*. Cambridge: Cambridge University Press.

Clark, Maudemarie, and Dudrick, David 2006. 'The Naturalisms of *Beyond Good and Evil*'. In Keith Ansell Pearson, ed., *A Companion to Nietzsche*. Oxford: Blackwell, 2006, 148-67.

Clark, Maudemarie, and Dudrick, David 2012. *The Soul of Nietzsche's Beyond Good and*

Evil. Cambridge: Cambridge University Press.

Cooper, John M. 2001. 'Plato's Theory of Human Motivation'. In Ellen Wagner, ed., *Essays on Plato's Psychology*. Lanham, Md.: Lexington Books, 91–114.

Cooper, John M., ed. 1997. *Plato, Complete Works*. Indianapolis: Hackett.

Cornford, Francis Macdonald. 1929–30. 'The Division of the Soul'. *Hibbert Journal* 28: 206–19.

Dahlkvist, Tobias 2007. *Nietzsche and the Philosophy of Pessimism: A Study of Nietzsche's Relation to the Pessimistic Tradition: Schopenhauer, Hartmann, Leopardi*. Uppsala: Uppsala University.

Dancy, Jonathan 2003. 'Are There Organic Unities?' *Ethics* 113: 629–50.

De Cian, Nicoletta, and Segala, Marco 2002. 'What is Will?' *Schopenhauer-Jahrbuch* 83: 13–42.

Deussen, Paul 1915. 'Schopenhauer und die Religion'. *Schopenhauer-Jahrbuch* 4: 8–15.

Doris, John 2009. 'Genealogy and Evidence: Prinz on the History of Morals'. *Analysis* 69: 704–13.

Ellenberger, Henri 1970. *The Discovery of the Unconscious: The History and Evolution of Dynamic Psychiatry*. New York: Basic Books.

Fazio, Domenico M. 2009. 'Einleitung. Die "Schopenhauer-Schule". Zur Geschichte eines Begriffs'. In Fabio Ciracì, Domenico M. Fazio, and Matthias Koßler, eds., *Schopenhauer und die Schopenhauer-Schule*. Würzburg: Königshausen and Neumann, 15–41.

Fernández, Jordi 2006. 'Schopenhauer's Pessimism'. *Philosophy and Phenomenological Research* 73: 646–64.

Ferrari, Giovanni R. F. 2007. 'The Three-Part Soul'. In Ferrari, ed., *The Cambridge Companion to Plato's Republic*. Cambridge: Cambridge University Press, 165–201.

Foot, Philippa 2001. 'Nietzsche: the Revaluation of Values'. In John Richardson and Brian Leiter, eds., *Nietzsche*. Oxford: Oxford University Press, 210–20.

Foucault, Michel 2001. 'Nietzsche, Genealogy, History'. In John Richardson and Brian Leiter, eds., *Nietzsche*. Oxford: Oxford University Press, 341–59.

Frankl, Viktor E. 1950. *Homo Patiens: Versuch einer Pathodizee*. Vienna: Franz Deuticke.

Freud, Sigmund 1905. *Three Essays on the Theory of Sexuality*. In *The Standard Edition of the Complete Psychological Works of Sigmund Freud*, vol. VII (1901-1905). London: The Hogarth Press, 123–246.

Freud, Sigmund 1914. 'On the History of the Psycho-analytic Movement'. In *The Standard*

Edition of the Complete Psychological Works of Sigmund Freud, vol. XIV (1914-16). London: The Hogarth Press, 1-66.

Freud, Sigmund 1917. 'A Difficulty in the Path of Psycho-Analysis'. In The Standard Edition of the Complete Psychological Works of Sigmund Freud, vol. XVII (1917-19). London: The Hogarth Press, 135-44.

Freud, Sigmund 1925. 'An Autobiographical Study'. In The Standard Edition of the Complete Psychological Works of Sigmund Freud, vol. XX (1925-1926). London: The Hogarth Press, 1-74.

Gardner, Sebastian 1999. 'Schopenhauer, Will, and the Unconscious'. In Christopher Janaway, ed., The Cambridge Companion to Schopenhauer. Cambridge: Cambridge University Press, 375-421.

Gardner, Sebastian 2010. 'Eduard von Hartmann's Philosophy of the Unconscious'.In Angus Nicholls and Martin Liebscher, eds., Thinking the Unconscious: Nineteenth-Century German Thought. Cambridge: Cambridge University Press, 173-99.

Gardner, Sebastian 2013. 'Nietzsche's Philosophical Aestheticism'. In Ken Gemes and John Richardson, eds., The Oxford Handbook of Nietzsche. Oxford: Oxford University Press, 599-628.

Gemes, Ken 2008. 'Nihilism and the Affirmation of Life: A Review of and Dialogue with Bernard Reginster'. European Journal of Philosophy 16: 459-66.

Gemes, Ken 2009a. 'Janaway on Perspectivism'. European Journal of Philosophy 17: 101-12.

Gemes, Ken 2009b. 'Freud and Nietzsche on Sublimation'. Journal of Nietzsche Studies 38: 38-59.

Gemes, Ken, and Sykes, Chris 2014. 'Nietzsche's Illusion'. In Daniel Came, ed., Nietzsche on Art and Life. Oxford: Oxford University Press, 80-106.

Geuss, Raymond 1999. 'Art and Theodicy'. In Morality, Culture, and History: Essays on German Philosophy. Cambridge: Cambridge University Press, 78-115.

Geuss, Raymond 2001. 'Nietzsche and Genealogy'. In John Richardson and Brian Leiter, eds., Nietzsche. Oxford: Oxford University Press, 322-40.

Gilson, Étienne 1955. History of Christian Philosophy in the Middle Ages. London: Sheed and Ward.

Gödde, Günther 1999. Traditionslinien des 'Unbewussten': Schopenhauer, Nietzsche, Freud. Tübingen: Edition Discord.

Golther, Wolfgang, ed. 1904. Richard Wagner an Mathilde Wesendonk: Tagebuchblätter und Briefe 1853-1871. Berlin: Duncker.

Gupta, R. K. 1980. 'Freud and Schopenhauer'. In Michael Fox, ed., *Schopenhauer: His Philosophical Achievement*. Sussex: Harvester, 226-35.

Guyer, Paul 2012. 'Schopenhauer, Kant and Compassion'. *Kantian Review* 17: 403-29.

Hannan, Barbara 2009. *The Riddle of the World: A Reconsideration of Schopenhauer's Philosophy*. New York: Oxford University Press.

Hartmann, Eduard von 1872. 'Ist der pessimisticher Monismus trostlos?' *In Gesammelte Philosophische Abhandlungen zur Philosophie des Unbewussten*. Berlin: Duncker.

Hartmann, Eduard von 1931. *Philosophy of the Unconscious*. Trans. William Chatterton Coupland. London: Routledge, Trench, Trubner and Co.

Heller, Erich 1985. 'Introduction'. In Thomas Mann, ed., *Pro and Contra Wagner*. London:Faber and Faber, 11-22.

Henry, Michel 1993. *The Genealogy of Psychoanalysis*, trans. Douglas Brick. Stanford: Stanford University Press.

Hobbes, Thomas 1975. *Leviathan*. London: Dent.

Holloway, Richard 2012. *Leaving Alexandria: A Memoir of Doubt and Faith*. Edinburgh: Canongate.

Hookway, Christopher 2002. 'Doubt: Affective States and the Regulation of Inquiry'.In *Truth, Rationality and Pragmatism: Themes from Peirce*. Oxford: Oxford University Press, 246-64.

Huddleston, Andrew 2016. 'Nietzsche and the Hope of Normative Convergence'. In Peter Singer, ed., *Does Anything Really Matter? Essays on Parfit on Objectivity*. Oxford: Oxford University Press, 169-94.

Hume, David 2006. *An Enquiry Concerning Human Understanding*. Oxford: Clarendon Press.

Hurka, Thomas 2007. 'Nietzsche: perfectionist'. In Brian Leiter and Neil Sinhababu, eds., *Nietzsche and Morality*. Oxford: Clarendon Press.

Hussain, Nadeem J. Z. 2011. 'The Role of Life in the *Genealogy*'. In Simon May, ed., *Nietzsche's On the Genealogy of Morality: a critical guide*. Cambridge: Cambridge University Press, 142-69.

Hussain, Nadeem J. Z. 2013. 'Nietzsche's Metaethical Stance'. In Ken Gemes and John Richardson, eds., *The Oxford Handbook of Nietzsche*. Oxford: Oxford University Press, 389-414.

Jacquette, Dale 1992. 'Schopenhauer's Circle and the Principle of Sufficient Reason'. *Metaphilosophy* 23: 279-87.

Jacquette, Dale 1994. 'Schopenhauer on the Antipathy of Aesthetic Genius and the Charming'. *History of European Ideas* 18: 373-85.

Jacquette, Dale 1996. 'Schopenhauer's Metaphysics of Appearance and Will in the Philosophy of Art'. In Jacquette, ed., *Schopenhauer, Philosophy, and the Arts*. Cambridge: Cambridge University Press, 1-36.

Jacquette, Dale, ed. 1996. *Schopenhauer, Philosophy, and the Arts*. Cambridge: Cambridge University Press.

Jacquette, Dale 1999. 'Schopenhauer on Death'. In Christopher Janaway, ed., *The Cambridge Companion to Schopenhauer*. Cambridge: Cambridge University Press, 293-317.

Jacquette, Dale 2000. 'Schopenhauer on the Ethics of Suicide'. *Continental Philosophy Review* 33: 43-58.

Jacquette, Dale 2005. *The Philosophy of Schopenhauer*. Chesham: Acumen.

Jacquette, Dale 2007. 'Schopenhauer's Proof that the Thing in Itself is Will'. *Kantian Review* 12: 76-108.

Jacquette, Dale 2012. 'Schopenhauer's Philosophy of Logic and Mathematics'. In Bart Vandenabeele, ed., *A Companion to Schopenhauer*. Chichester: Wiley-Blackwell, 43-59.

James, William 1897. 'The Sentiment of Rationality'. In *The Will to Believe and Other Essays in Popular Philosophy*. New York: Longmans, 63-110.

Jamison, Kay Redfield 1997. *An Unquiet Mind: A Memoir of Moods and Madness*. London: Picador, 218-19.

Janaway, Christopher 1989. *Self and World in Schopenhauer's Philosophy*. Oxford: Clarendon Press.

Janaway, Christopher 1999. 'Schopenhauer's Pessimism'. In Janaway, ed., *The Cambridge Companion to Schopenhauer*. Cambridge: Cambridge University Press, 318-43.

Janaway, Christopher 2007. *Beyond Selflessness: Reading Nietzsche's Genealogy*. Oxford: Oxford University Press.

Janaway, Christopher 2010. 'The Real Essence of Human Beings: Schopenhauer and the Unconscious Will'. In Angus Nicholls and Martin Liebscher, eds., *Thinking the Unconscious: Nineteenth-Century German Thought*. Cambridge: Cambridge University Press, 140-55.

Janaway, Christopher 2012a. 'Necessity, Responsibility and Character: Schopenhauer on Freedom of the Will'. *Kantian Review*, 17: 431-57.

Janaway, Christopher 2012b. 'Nietzsche on Morality, Drives, and Human Greatness'.

In Christopher Janaway and Simon Robertson, eds., *Nietzsche, Naturalism, and Normativity*. Oxford, Oxford University Press, 183–201.

Janaway, Christopher 2014a. 'Nietzsche's Psychology as a Refinement of Plato's'. *Journal of Nietzsche Studies* 45: 12–21.

Janaway, Christopher 2014b. 'Schopenhauer on Cognition (Erkenntnis) (WI, §§ 8–16)'. In Oliver Hallich and Matthias Koßler, eds., *Arthur Schopenhauer: Die Welt als Wille und Vorstellung*. Berlin: De Gruyter, 35–50.

Janaway, Christopher 2016a. 'Attitudes to Suffering: Parfit and Nietzsche'. *Inquiry* 20: 1–31.

Janaway, Christopher 2016b. 'What's So Good about Negation of the Will? Schopenhauer and the Problem of the *Summum Bonum*'. *Journal of the History of Philosophy* 54: 649–70.

Janaway, Christopher 2022. 'Schopenhauer's "Indian" Ethics'. In Patrick Hassan, ed., *Schopenhauer's Moral Philosophy*. London: Routledge, 173–192.

Johnston, Mark 2001. 'The Authority of Affect'. *Philosophy and Phenomenological Research* 43: 181–214.

Johnston, Mark 2010. *Surviving Death*. Princeton: Princeton University Press.

Joseph, Stephen 2011. *What Doesn't Kill Us: The New Psychology of Posttraumatic Growth*. New York: Basic Books.

Jung, Carl Gustav 1963. *Memories, Dreams, Reflections*. Trans. R. and C. Winston. New York: Random House.

Kahn, Charles H. 1987. 'Plato's Theory of Desire'. *Review of Metaphysics* 41: 75–103.

Kail, Peter 2011. '"Genealogy" and the *Genealogy*'. In Simon May, ed., *Nietzsche's On the Genealogy of Morality: A Critical Guide*. Oxford: Oxford University Press, 214–33.

Kant, Immanuel 1996a. *Practical Philosophy*. Trans. Mary J. Gregor. Cambridge: Cambridge University Press, 41–108.

Kant, Immanuel 1996b. *Religion and Rational Theology*. Trans. and ed. Allen W. Wood and George di Giovani. Cambridge: Cambridge University Press.

Kant, Immanuel 1997. *Critique of Pure Reason*. Trans. and ed. Paul Guyer and Allen W. Wood. Cambridge: Cambridge University Press.

Karnes, Kevin C., and Mitchell, Andrew J. 2020. 'Schopenhauer's influence on Wagner'. In Robert L. Wicks, ed., *The Oxford Handbook of Schopenhauer*. Oxford: Oxford University Press, 517–34.

Katsafanas, Paul 2005. 'Nietzsche's Theory of Mind: Consciousness and Conceptualization'. *European Journal of Philosophy* 13: 1–31.

Katsafanas, Paul 2011. 'The Concept of Unified Agency in Nietzsche, Plato, and Schiller'.
Journal of the History of Philosophy 49: 87–113.

Katsafanas, Paul 2012. 'Nietzsche on Agency and Self-Ignorance'. *Journal of Nietzsche
Studies* 43: 5–17.

Katsafanas, Paul 2013a. *Agency and the Foundations of Ethics: Nietzschean Constitutivism*.
Oxford: Oxford University Press.

Katsafanas, Paul 2013b. 'Nietzsche's Philosophical Psychology'. In Ken Gemes and John
Richardson, eds., *The Oxford Handbook of Nietzsche*. Oxford: Oxford University
Press, 725–53.

Katsafanas, Paul 2013c. 'Review of Christopher Janaway, *Beyond Selflessness: Reading
Nietzsche's Genealogy*'. *Mind* 122: 553–60.

Kieser, Rolf 1990. *Olga Plümacher-Hünerwadel: Eine gelehrte Frau des neunzehnten
Jahrhunderts*. Lenzburg: Lenzburger Ortsburgerkommission.

King, Andrew 2005. 'Philosophy and Salvation: The Apophatic in the Thought of Arthur
Schopenhauer'. *Modern Theology* 21: 253–74.

Klosko, George 1986. *The Development of Plato's Political Theory*. New York: Methuen.

Korsgaard, Christine M. 1995. 'Two Distinctions in Goodness'. In *Creating the Kingdom of
Ends*. Cambridge: Cambridge University Press, 249–74.

Korsgaard, Christine M. 1996. *Creating the Kingdom of Ends*. Cambridge: Cambridge
University Press.

Koßler, Matthias 1999. *Empirische Ethik und christliche Moral*. Würzburg: Königshausen
and Neumann.

Koßler, Matthias 2014. 'Schopenhauers Soteriologie (WI, §§ 68-71)'. In Oliver Hallich and
Matthias Koßler, eds., *Arthur Schopenhauer: Die Welt als Wille und Vorstellung*.
Berlin: de Gruyter, 171–90.

Lear, Jonathan 2001. 'Inside and Outside the *Republic*'. In Ellen Wagner, ed., *Essays on
Plato's Psychology*. Lanham, Md.: Lexington Books, 169–201.

Leiter, Brian 2002. *Nietzsche on Morality*. London: Routledge.

Leiter, Brian 2004. 'The Hermeneutics of Suspicion: Recovering Marx, Nietzsche, and
Freud'. In Leiter, ed., *The Future for Philosophy*. Oxford: Clarendon Press, 74–105.

Leiter, Brian 2008. 'Review of Christopher Janaway, *Beyond Selflessness: Reading
Nietzsche's Genealogy*'. *Notre Dame Philosophical Reviews* (6).

Leiter, Brian 2014. 'Moral Skepticism and Moral Disagreement in Nietzsche'. *Oxford Studies
in Metaethics*, vol. 9, ed. Russ Shafer-Landau. Oxford: Oxford University Press, 126–

51.

Lewis, C. S. 2012. *The Problem of Pain*. London: Collins.

Liebscher, Martin 2018. 'Carl Gustav Jung'. In Daniel Schubbe and Matthias Koßler, eds., *Schopenhauer Handbuch: Leben—Werk—Wirkung*, 2nd edn. Stuttgart: J. B. Metzler, 324–8.

Loeb, Paul S. 2005. 'Finding the Übermensch in Nietzsche's *Genealogy of Morality*'. *Journal of Nietzsche Studies* 30: 70–101.

Loeb, Paul S. 2021. 'Ecce Superhomo: How Zarathustra Became What Nietzsche Was Not'. In Duncan Large and Nicholas Martin, eds., *Nietzsche's 'Ecce Homo'*. Berlin: de Gruyter, 207–34.

Magee, Bryan 1998. *The Philosophy of Schopenhauer*, 2nd edn. Oxford: Oxford University Press.

Magnus, Bernd 1983. 'Perfectibility and Attitude in Nietzsche's Übermensch'. *Review of Metaphysics* 36: 633–59.

Magnus, Bernd 1986. 'Nietzsche's Philosophy of 1888: *The Will to Power* and the Übermensch'. *Journal of the History of Philosophy* 24: 79–93.

Maharaj, Ayon 2017. 'Swami Vivekananda's Vedāntic Critique of Schopenhauer's Doctrine of the Will'. *Philosophy East and West* 67: 1191–1221.

Malter, Rudolf 1982. 'Schopenhauers Verständniss der Theologie Martin Luthers'. *Schopenhauer-Jahrbuch* 63: 22–53.

Malter, Rudolf 1991. *Arthur Schopenhauer: Transzendentalphilosophie und Metaphysik des Willens*. Stuttgart: Frommann–Holzboog.

Mann, Thomas 1947. 'Freud and the Future'. In *Essays of Three Decades*, trans. H.T. Lowe-Porter. London: Secker and Warburg, 411–28.

Mann, Thomas 1985. *Pro and Contra Wagner*. London: Faber and Faber.

Mannion, Gerard 2003. *Schopenhauer, Religion and Morality: The Humble Path to Ethics*. Aldershot: Ashgate.

May, Simon 1999. *Nietzsche's Ethics and his War on 'Morality'*. Oxford: Clarendon Press.

May, Simon 2011a. 'Why Nietzsche Is Still in the Morality Game'. In May, ed., *Nietzsche's On the Genealogy of Morality: A Critical Guide*. Cambridge: Cambridge University Press, 78–100.

May, Simon 2011b. *Love: A History*. New Haven: Yale University Press.

McPherson, David 2016. 'Nietzsche, Cosmodicy, and the Saintly Ideal'. *Philosophy* 91: 39–67.

Migotti, Mark 1995. 'Schopenhauer's Pessimism and the Unconditioned Good'. *Journal of the History of Philosophy* 33: 643-60.

Moore, G. E. 1993. *Principia Ethica*. Thomas Baldwin, ed. Cambridge: Cambridge University Press.

Nagel, Thomas 1979. *Mortal Questions*. Cambridge: Cambridge University Press.

Nehamas, Alexander 1985. *Nietzsche: Life as Literature*. Cambridge, MA: Harvard University Press.

Neiman, Susan 2002. *Evil in Modern Thought: An Alternative History of Philosophy*. Princeton: Princeton University Press.

Parfit, Derek 2011a. *On What Matters*, vol. 1. Oxford: Oxford University Press.

Parfit, Derek 2011b. *On What Matters*, vol. 2. Oxford: Oxford University Press.

Parkes, Graham 1994. *Composing the Soul: Reaches of Nietzsche's Psychology*. Chicago: Chicago University Press.

Pierce, Charles Sanders 1992. 'The Fixation of Belief ' In Nathan Houser and Christian Kloesel, eds., *The Essential Peirce: Selected Philosophical Writings*, vol. 1 (1867-1893). Bloomington/Indianapolis: Indiana University Press, 109-23.

Plümacher, Olga 1879. 'Pessimism'. *Mind* 4: 68-89.

Plümacher, Olga 1881a. *Der Kampf um's Unbewusste*. Berlin: Karl Duncker.

Plümacher, Olga 1881b. *Zwei Individualisten der Schopenhauer'schen Schule*. Vienna: L. Rosner.

Plümacher, Olga 1888. *Der Pessimismus in Vergangenheit und Gegenwart: Geschichtliches und Kritisches*, 2nd edn. Heidelberg: Georg Weiss.

Poellner, Peter 2015. 'Review of *Agency and the Foundations of Ethics: Nietzschean Constitutivism*, by Paul Katsafanas'. *European Journal of Philosophy* 23: 162-9.

Prinz, Jesse J. 2007. *The Emotional Construction of Morals*. Oxford: Oxford University Press.

Proctor-Gregg, Nancy 1956. 'Schopenhauer and Freud'. *Psychoanalytic Quarterly* 25: 197-214.

Rabinowicz, Wlodek, and Rønnow-Rasmussen, Toni 1999. 'A Distinction in Value: Intrinsic and for Its Own Sake'. *Proceedings of the Aristotelian Society* 100: 33-51.

Reginster, Bernard 2006. *The Affirmation of Life: Nietzsche on Overcoming Nihilism*. Cambridge, MA: Harvard University Press.

Reginster, Bernard 2012. 'Schopenhauer, Nietzsche, Wagner'. In Bart Vandenabeele, ed., *A Companion to Schopenhauer*. Chichester: Wiley-Blackwell, 349-66.

Reginster, Bernard 2014. 'Art and Affirmation'. In Daniel Came, ed., *Nietzsche on Art and Life*. Oxford: Oxford University Press, 14-38.

Richardson, John 1996. *Nietzsche's System*. New York: Oxford University Press.

Richardson, John 2004. *Nietzsche's New Darwinism*. New York: Oxford University Press.

Richardson, John 2013. 'Nietzsche on Life's Ends'. In Ken Gemes and John Richardson, eds., *The Oxford Handbook of Nietzsche*. Oxford: Oxford University Press, 754-83.

Richardson, John, and Leiter, Brian, eds., 2001. *Nietzsche*. Oxford: Oxford University Press.

Ricoeur, Paul 1970. *Freud and Philosophy*, trans. D. Savage. New Haven: Yale University Press.

Ridley, Aaron 2005. 'Introduction' In Friedrich Nietzsche, *The Anti-Christ, Ecce Homo, Twilight of the Idols, and Other Writings*, trans. Judith Norman. Cambridge: Cambridge University Press, pp. vii-xxxiv.

Ridley, Aaron 2007. *Nietzsche on Art*. London: Routledge.

Ridley, Aaron 2013. 'Nietzsche and the Arts of Life'. In Ken Gemes and John Richardson, eds., *The Oxford Handbook of Nietzsche*. Oxford: Oxford University Press, 415-31.

Roberts, Marc 2008. 'Facilitating Recovery by Making Sense of Suffering: A Nietzschean Perspective'. *Journal of Psychiatric and Mental Health Nursing* 15: 743-48.

Robertson, Simon 2012. 'The Scope Problem: Nietzsche, the Moral, Ethical, and Quasi-Aesthetic'. In Christopher Janaway and Simon Robertson, eds., *Nietzsche, Naturalism, and Normativity*. Oxford: Oxford University Press, 81-110.

Robinson, Thomas M. 1995. *Plato's Psychology*. Toronto: University of Toronto Press.

Ryan, Christopher 2010. *Schopenhauer's Philosophy of Religion: The Death of God and the Oriental Renaissance*. Leuven: Peeters.

Salaquarda, Jörg 2007a. 'Schopenhauers Kritik der Physikotheologie'. In Konstantin Broese, Matthias Koßler, and Barbara Salaquarda, eds., *Die Deutung der Welt: Jörg Salaquardas Schriften zu Arthur Schopenhauer*. Würzburg: Königshausen & Neumann, 69-82.

Salaquarda, Jörg 2007b. 'Schopenhauer und die Religion'. In Konstantin Broese, Matthias Koßler, and Barbara Salaquarda, eds., *Die Deutung der Welt: Jörg Salaquardas Schriften zu Arthur Schopenhauer*. Würzburg: Königshausen & Neumann, 83-96.

Salter, William Mackintire 1911. 'Schopenhauer's Contact with Theology'. *The Harvard Theological Review* 4: 271-310.

Sandford, Stella 2019. 'From *Geschlechtstrieb* to *Sexualtrieb*: the originality of Freud's conception of sexuality'. In Richard G. T. Gipps and Michael Lacewing, eds., *The Oxford Handbook of Philosophy and Psychoanalysis*. Oxford: Oxford University Press,

83-106.

Schlick, Moritz 1971. 'On the Foundation of Knowledge'. In *Philosophical Papers*, ed. Henk Mulder and Barbara van de Velde-Schlick, vol. 2. Dordrecht: Reidel, 370-87.

Schroeder, Mark 2011. 'Review of *On What Matters*, by Derek Parfit'. *Notre Dame Philosophical Reviews*. https://ndpr.nd.edu/news/25393-on-what-matters-volumes-1-and-2/

Scruton, Roger 2004. *Death-Devoted Heart: Sex and the Sacred in Wagner's Tristan and Isolde*. Oxford: Oxford University Press.

Shapshay, Sandra 2008. 'Poetic Intuition and the Bounds of Sense: Metaphor and Metonymy in Schopenhauer's Philosophy'. *European Journal of Philosophy* 16: 211-29.

Shapshay, Sandra 2016. 'Schopenhauer's Early *Fourfold Root* and the Ghost of Kantian Freedom'. In Jonathan Head and Dennis Vanden Auweele, eds., *Schopenhauer's Fourfold Root*. London: Routledge, 81-98.

Shapshay, Sandra 2019. *Reconstructing Schopenhauer's Ethics: Hope, Compassion, and Animal Welfare*. Oxford: Oxford University Press.

Soll, Ivan 2012. 'Schopenhauer on the Inevitability of Unhappiness'. In Bart Vandenabeele, ed., *A Companion to Schopenhauer*. Chichester: Wiley-Blackwell, 300-13.

Solomon, Robert C. 1998. 'The Virtues of a Passionate Life: Erotic Love and the "Will to Power"'. *Social Philosophy and Policy* 15: 91-118.

Strawson, P. F. 1974. 'Freedom and Resentment'. In *Freedom and Resentment and Other Essays*. London: Methuen, 1-25.

Sully, James 1891. *Pessimism: A History and a Criticism*. New York: D. Appleton and Co.

Swinburne, Richard 2005. *Faith and Reason*. Oxford: Oxford University Press.

Tanner, Michael 1993. 'Introduction'. In Friedrich Nietzsche, *The Birth of Tragedy*, trans. Shaun Whiteside. Harmondsworth: Penguin, pp. vii-xxx.

Theologia Germanica 1966. Trans. Susanna Winkworth. London: Stuart and Watkins.

Thiele, Leslie Paul 1990. *Friedrich Nietzsche and the Politics of the Soul: A Study of Heroic Individualism*. Princeton: Princeton University Press.

Turner, Denys 1995. *The Darkness of God: Negativity in Christian Mysticism*. Cambridge: Cambridge University Press.

Vaihinger, Hans 1902. *Nietzsche als Philosoph*. Berlin: Reuther and Reichard.

Vanden Auweele, Dennis 2015. 'Schopenhauer on Religious Pessimism'. *International Journal of the Philosophy of Religion* 78: 53-71.

Vivekananda, Swami 2007. 'Buddhism and Vedānta'. In *The Complete Works of Swami*

Vivekananda: Mayavati Memorial Edition, vol. 5, 279-81. Kolkata: Advaita Ashrama.

Welsen, Peter 1995. *Schopenhauers Theorie des Subjekts: Ihre Transzendental-philosophischen, anthropologischen und naturmetaphysischen Grundlagen*. Würzburg: Königshausen und Neumann.

Whyte, Lancelot Law 1979. *The Unconscious Before Freud*. London: Julien Friedman.

Williams, Bernard 2002. *Truth and Truthfulness*. Princeton: Princeton University Press.

Wittgenstein, Ludwig 1969. *Notebooks 1914-16*, trans. G.E.M. Anscombe. Oxford: Blackwell.

Wolf, Jean-Claude 2009. 'Eduard von Hartmann als Schopenhauerianer?' In Fabio Ciraci, Domenico M. Fazio, and Matthias Koßler, eds., *Schopenhauer und die Schopenhauer-Schule*. Würzburg: Königshausen and Neumann, 15-41.

Wood, Allen W. 1984. 'Kant's Compatibilism'. In Wood, ed., *Self and Nature in Kant's Philosophy*. Ithaca/London: Cornell University Press, 73-101.

Wood, Allen W. 2005. *Kant*. Malden MA/Oxford: Blackwell.

Young, Christopher, and Brook, Andrew 1994. 'Schopenhauer and Freud'. *International Journal of Psychoanalysis* 75: 101-18.

Young, Julian 1987. *Willing and Unwilling: A Study of the Philosophy of Arthur Schopenhauer*. Dordrecht: Martinus Nijhoff, 1987.

Young, Julian 2005. *Schopenhauer*. London: Routledge, 2005.

Zaibert, Leo 2014. 'On the Matter of Suffering: Derek Parfit and the Possibility of Deserved Punishment'. *Criminal Law and Philosophy* 11: 1-18.

Zentner, Marcel R. 1995. *Die Flucht ins Vergessen: Die Anfänge der Psychoanalyse Freuds bei Schopenhauer*. Darmstadt: Wissenchaftiche Buchgesellschaft.

Zöller, Günter 1999. 'Schopenhauer on the Self '. In Christopher Janaway, ed., *The Cambridge Companion to Schopenhauer*. Cambridge: Cambridge University Press, 18-43.

미주

들어가며

1 GS, 357/KSA 3: 599.

2 GS, 357/KSA 3: 599-601.

3 GS, 357/KSA 3: 599-601.

4 GM, Preface, 5/KSA 5: 251-2.

5 GM, Preface, 5/KSA 5: 252.

6 KSA 10: 187.

7 GS, 349/KSA 2: 585-6. 케임브리지판 번역본에서는 니체의 입장을 'will to life'라고 잘 못 번역했다. 이는 쇼펜하우어의 사상과 혼동을 초래할 수 있어, 이 책에서는 'will of life' 로 표현을 수정했다. 'Wille des Lebens'의 다른 용례로는 BGE, 259/KSA 5: 208; GM, Preface, 3/KSA 5: 250이 있다.

8 WWR 1, 455/SW 3: 507 참조.

9 WWR 2, 209/SW 3: 221-2.

10 Atwell 1995: 106-28; Cartwright 2001; De Cian and Segala 2002; Shapshay 2008을 예 로 들 수 있다.

11 Jacquette 2007: 104.

12 WWR 2, 208/SW 3: 221.

13 WWR 2, 338/SW 3: 371.

14 GS, 220-1/KSA 3: 601-2 참조.

15 GM III: 12/KSA 5: 363-5.

1부 쇼펜하우어의 의지

1장 인간의 진정한 본질: 쇼펜하우어와 무의식적 의지

1 WWR 2, 309/SW 3: 338. 쇼펜하우어는 괴테가 자연과학에 접근하는 정신이 자신의

이론과 일치하지만, 본인(쇼펜하우어)은 이런 영향을 의식하지 못했다고 이어서 말한다. WWR 2, 3 10/SW 3: 338 참조.

2   MR 2, 339-91/HN 2, 304-40 참조.

3   Bowie 2003: 263

4   Gardner 1999: 391-8

5   Whyte 1979; Ellenberger 1970; Henry 1993에 언급된 바와 같다.

6   이 논의에 대해서는 Gardner 1999; Bischler 1939: 88-97; Cassirer 1946: 31-2; Mann 1947: 411-28; Proctor-Gregg 1956: 197-214; Assoun, 1976: part Ⅱ; Gupta 1980: 226-35; Young and Brook 1994: 101-18 참조. 또한 Magee 1998; Günther Gödde 1999; Zentner 1995 참조.

7   Freud 1917: 143-4.

8   Freud 1905: 134.

9   Freud 1914: 15.

10   Freud 1925: 59.

11   추가적으로 이 주제에 대한 더 최근의 논의는 Atzert 2012, Brook and Young 2019를 참조할 수 있다.

12   Gardner 1999: 379. 융에 대해 간략히만 언급하자면, 융의 전집 색인에는 쇼펜하우어 인용이 90건 정도 나온다. 추가 주석: 융이 쇼펜하우어를 어떻게 받아들였는지는 Liebscher 2018 참조. 융은 Jung 1963: 69-72에서 쇼펜하우어를 일찌감치 수용했다고 밝히고, 나중에는 쇼펜하우어의 의지 개념을 자신의 리비도 개념과 동일시했다. (Liebscher 2018: 325)

13   WWR 2, 151/SW 3: 156.

14   WWR 2, 588/SW 3: 657.

15   WWR 1, 128/SW 2: 124.

16   WWR 1, 125-6/SW 2: 120-1.

17   FR, 38/SW 4: 11.

18   WWR 2, 221/SW 3: 234-5.

19   WWR 1, 132/SW 2: 128.

20   WWR 1, 139/SW 2: 136; WWR 2, 305-16/SW 3: 331-46.

21   WWR 2, 365/SW 3: 399-400.

22   WWR 1, 356/SW 2: 390.

23   WWR 1, 353/SW 385-6.

24   WWR 2, 621/SW 3: 695.

25 WWR 2, 209/SW 3: 221-2 참조.

26 WWR 2, 222/SW 3: 236.

27 WWR 2, 219/SW 3: 232.

28 WWR 2, 219/SW 3: 232-3.

29 WWR 2, 219/SW 3: 233.

30 WWR 2, 219-20/SW 3: 233.

31 WWR 2, 417-18/SW 3: 458.

32 WWR 2, 222/SW 3: 235.

33 WWR 2, 220/SW 3: 234.

34 WWR 2, 220/SW 3: 234.

35 WWR 2, 231/SW 3: 245.

36 특히 쇼펜하우어의 에세이 「성적 사랑의 형이상학Metaphysik der Geschlechtsliebe」, WWR 2, 547-82/SW 3: 607-51 참조.

37 WWR 2, 530/SW 3: 588.

38 WWR 2, 530/SW 3: 588.

39 WWR 2, 550/SW 3: 610-11.

40 니체도 같은 깨달음을 이야기한다. GM III: 6/KSA 5: 346-8의 잘 알려진 구절 참조.

41 WWR 2, 551/SW 3: 612.

42 WWR 2, 571/SW 3: 636.

43 WWR 2, 575/SW 3: 642.

44 WWR 2, 552/SW 3: 613 참조.

45 WWR 1, 390/SW 2: 426.

46 WWR 2, 524/SW 3: 582.

47 WWR 1, 201/SW 2: 210-11; WWR 1, 417/SW 2: 461-2 참조.

2장 필연성, 책임감, 성격: 쇼펜하우어의 자유의지

1 Holloway 2012: 226-7.

2 "liberum arbitrium indifferentiae(리베룸 아르비트리움 인디펜티시아) …… 는 '자유의지'라고 불리는 것에 대한 단 하나의 명확하고 안정적이며 분명한 개념이다. 따라서 이 개념을 벗어나면, 망설이는 반쪽짜리 마음이 이면에 숨어 있는, 흔들리고 불분명한 설명에 빠지게

된다." (FW, 36/SW 4: 9) (추가로 『의지와 표상으로서의 세계』에 따르면 '무차별성의 자유'란 아무런 영향을 받지 않는 자유로운 의지 결정을 의미한다.-옮긴이)

3   FW, 62-3/SW 4: 42.

4   FW, 107/SW 4: 95.

5   Allison 1990: 28.

6   Allison 1990.

7   *Critique of Pure Reason*, A539/B567.

8   WWR 1, 531/SW 2: 595.

9   WWR 1, 535/SW 2: 599.

10 FW, 34/SW 4: 6.

11 FW, 38/SW 4: 11.

12 BM, 250/SW 4: 266.

13 Hobbes 1975: 110.

14 Hume 2006, Section 8.23.

15 FW, 44-5/SW 4: 20.

16 FW, 54/SW 4: 31.

17 FW, 40/SW 4: 14.

18 WWR 1, 124-5/SW 2: 119 참조.

19 WWR 1, 324/SW 2: 351; WWR 1, 327/SW 2: 355 참조.

20 FW, 57/SW 4: 35.

21 FW, 57-8/SW 4: 35-6.

22 WWR 1, 317-18/SW 2: 343-4.

23 FW, 68-77/SW 4: 48-58 참조.

24 FW, 72/SW 4: 52.

25 Allison 2006: 409.

26 Allison 2006: 409.

27 FW, 105/SW 4: 93.

28 FW, 105/SW 4: 93.

29 BM, 173/SW 4: 175.

30 예를 들어 Nietzsche, HH 1, 39/KSA 2: 63; Nagel 1979: 198-9; Korsgaard 1996: 183, 203-5; Strawson 1974 참조.

31 FW, 105-6/SW 4: 93-4.

32 FW, 107-8/SW 4: 96-7.

33 Wood 2005: 98.

34 Wood 2005: 99-100.

35 Korsgaard 1996: 174.

36 Allison 1990: 52, 141. 그 밖에 Bok 1998: 158-62 참조.

37 WWR 2, 209/SW 3: 221-2 참조.

38 WWR 1, 455/SW 2: 507 참조. 여기서 '절망Verzweiflung'은 쇼펜하우어의 표현이다. (그가 한말치고 표현이 꽤 강하지 않은가?)

39 BM, 175/SW 4: 178.

40 *Critique of Pure Reason*, A551/B579.

41 WWR 1, 180/SW 2: 185.

42 WWR 1, 315-16/SW 2: 341.

43 WWR 1, 328/SW 2: 356.

44 WWR 1, 536/SW 2: 601.

45 쇼펜하우어는 여기서 따로 언급하지 않지만, 독일철학자 야코비가 특히 잘 알려져 있다.

46 WWR 1, 532/SW 2: 595-6.

47 BM, 173/SW 4: 175.

48 WWR 1, 328/SW 2: 355-6.

49 WWR 1, 316/SW 2: 341-2.

50 WWR 1, 316/SW 2: 341.

51 FW, 108/SW 4: 97.

52 *Critique of Pure Reason*, A551/B579.

53 *Critique of Pure Reason*, A553/B581.

54 *Religion within the Boundaries of Mere Reason*, Ak 6: 25, in Kant 1996b; *Critique of Practical Reason*, Ak 5: 97-100, in Kant 1996a 참조.

55 Wood 1984: 94; Allison 1990: 139; Allison 2006: 410 참조.

56 BM, 176/SW 4: 179.

57 Wood 1984: 96.

58 *Religion within the Boundaries of Mere Reason* 31g 26e.

59 Wood 1984: 93.

60 Allison 1990: 47-52; 139-43 참조.

61 Allison 1990: 39.

62 WWR 1, 25/SW 2: 5.

63 *Human All Too Human* 39/KSA 2: 63.

64 원문 용어는 Verantwortlichkeit로, 앞의 쇼펜하우어 구절에서는 '책임'으로 번역됐다.

65 HH 1, 39/KSA 2: 63-4.

66 PP 2, 206/SW 6: 242.

67 WWR 1, 250/SW 2: 265 참조.

68 WWR 1, 430.

69 앞에서 인용한 FW, 105/SW 4: 93 참조.

70 WWR 2, 524/SW 3: 582.

71 WWR 2, 619/SW 3: 693.

3장 쇼펜하우어와 의지의 무목적성

1 예를 들어 WWR 1, 345-6/SW 2: 376-7; WWR 2, 590-2/SW 3: 659-62 참조. 다른 2차 저자의 구절에 포함된 쇼펜하우어의 인용문은 페인의 『의지와 표상으로서의 세계』번역을 그대로 차용했다.

2 WWR 1, 347/SW 2: 378.

3 Fernández 2006: 654-5.

4 Fernández 2006: 651.

5 Fernández 2006: 651.

6 Fernández 2006: 646.

7 Fernández 2006: 650, 656.

8 예를 들어 Cartwright 1988: 59; Migotti 1995: 648-50; Janaway 1999: 328-30; Soll 2012: 302-4 참조.

9 Fernández 2006: 654-5.

10 Fernández 2006: 659.

11 Fernández 2006: 656.

12 Fernández 2006: 656.

13 Fernández 2006: 655.

14 WWR 1, 219/SW 2: 231; WWR 1, 338/SW 2: 367.

15 Fernández 2006: 657.

16 Fernández 2006: 654.

17 Fernández 2006:655.

18 여기서는 페르난데스가 인용한 페인 번역문을 그대로 유지한다.

19 WWR 1(Payne), 164/SW 2:195.

20 WWR 1(Payne), 308/SW 2:364.

21 WWR 1(Payne), 321/SW 2:378.

22 Fernández 2006:658.

23 FW, 40/SW 4:14.

24 WWR 1, § 29, 163.

25 WWR 1, § 29, 164.

26 Migotti 1995:647.

27 Fernández 2006:659.

28 이 점에 대한 명백한 부주의로 인해 한 논평가(Hannan 2009: 12)는 "쇼펜하우어 자신은 항상 이 관습을 일관되게 따르지 않는다.", 즉 소문자 의지와 대문자 의지를 구별하는 이 관습을 따를 수 없었을 것이라는 주목할 만한 진술을 했다.

29 WWR 1, 188/SW 2:195.

30 WWR 1, 187/SW 2:193.

31 WWR 1, 338/SW 2:367.

32 WWR 1, 301/SW 2:324.

33 BM, 190/SW 4:196-7.

34 WWR 1, 188/ SW 2:194-5.

35 WWR 1, 424/SW 2:470.

36 예를 들어 1844년 12월 10일 요한 아우구스트 베커Johann August Becker에게 보낸 서신(GB, 220); WWR 2, 623/SW 3:698; PP 2, 279/SW 6:328 참조.

37 WWR 1, 336/SW 2:365.

38 Reginster 2006:108.

39 레긴스터는 페인의 번역서인 WWR 1(Payne), 362에서 인용했으며, 모든 대괄호는 그의 표기다. 같은 구절이 바로 아래에 나오는 케임브리지판 번역본에서 더 온전히 인용된다.

40 WWR 1, 389/SW 2:428.

41 WWR 1, 389/SW 2:428.

42 WWR 1, 336, 345, 389/SW 2:365, 376, 427 참조.

43 WWR 1, 406/SW 2:448.

44 예를 들어 WWR 1, 401, 406, 417, 419/SW 2:442, 448, 461, 464 참조.

45 WWR 1, 417/SW 2: 461.

46 WWR 1, 432/SW 2: 478.

47 WWR 1, 418-19/SW 2: 463.

48 WWR 1, 389/SW 2: 428 (wahre Willenslosigkeit); WWR 1, 406/SW 2: 448 (gänzliche Willenslosigkeit) 참조.

49 WWR 1, 418-19/SW 2: 463.

4장 의지를 부정하다: 쇼펜하우어와 최고선의 문제

1 WWR 1, 424/SW 2: 470.

2 Young 200: 188. (또 196 참조.) 영은 E. F. J. 페인의 번역본에 따라 Verneinung을 denial로 번역한다. 나는 Verneinung의 번역어로 negation을 사용한다.

3 Atwell 1995: 184.

4 Solomon 1998: 92.

5 Reginster 2006: 12. 다음 2절에서 쇼펜하우어의 관점에서 의지의 부정이 '행복'과는 상당히 구별된다는 것을 살펴볼 것이다.

6 Came 2011: 259.

7 WWR 1, 389/SW 2: 428.

8 WWR 1, 315/SW 2: 341.

9 WWR 1, 301/SW 2: 324.

10 WWR 1, 353/SW 2: 385.

11 WWR 1, 405/SW 2: 447.

12 "68절을 요약하면, 여기서 다룬 '삶에의 의지의 부정'은 단일한 현상도 아니고 단일한 철학적 개념도 아니라고 말할 수 있다. 이것은 한편으로는 모든 의지와 욕망을 잠재우는 '진정한 평정' 상태를 나타내며 …… 또 한편으로는 인식 그 자체를 나타내며 …… 아울러 자기 자신의 의지에 맞서는 (의도적인) 투쟁인 금욕적인 실천을 의미한다." (Koßler 2014: 175)

13 예를 들어 WWR 1, 389, 406/SW 2: 428, 448 참조.

14 WWR 2, 224/SW 3: 236.

15 WWR 1, 311/SW 2: 336.

16 WWR 1, 390/SW 2: 429 참조.

17 WWR 1, 392/SW 2: 431-2.

18 WWR 1, 424/SW 2: 470.

19 WWR 1, 432/SW 2: 478.

20 WWR 1, 432/SW 2: 478.

21 WWR 1, 336, 345, 389/SW 2: 365, 376, 427 참조.

22 BM, 120/SW 4: 113.

23 BM, 190/SW 4: 196-7.

24 BM, 120/SW 4: 113.

25 WWR 1, 406/SW 2: 448.

26 예를 들어 WWR 1, 401, 406, 417, 419/SW 2: 442, 448, 461, 464 참조.

27 더 복잡한 문제는 쇼펜하우어가 가끔씩 다른 맥락에서 쾌활함Heiterkeit과 기쁨Freudigkeit 등 양쪽 그룹에서 자주 쓰이지 않는 용어를 쓴다는 점이다. WWR 1, 343, 416, 439/SW 2: 373, 461, 486의 구절을 비교해 보자.

28 Reginster 2006: 12.

29 WWR 1, 221-2/SW 2: 233.

30 WWR 1, 389/SW 2: 427.

31 WWR 1, 338/SW 2: 367.

32 MR 1: 516/HN 1: 466.

33 WWR 1, 389/SW 2: 427-8.

34 WWR 2, 588/SW 3: 657.

35 『여록과 보유』 속 인기 있는 '삶의 지혜를 위한 아포리즘'에서 쇼펜하우어는 쾌활함Heiterkeit이 "두 영원 사이의 불가분의 현재라는 형식을 가진 존재에게 최고선"이라고 말한다. (PP 1, 283/SW 5: 344) 그러나 여기서의 문맥은 철학적으로 진지하지 않다. 이 아포리즘은 그의 이전 저작에서 옳지 않음을 입증한 '행복주의'의 실천이며, 그의 철학이 그 가능성을 부정하는 '행복한 존재에 대한 지침'이라는 경고가 담긴 서문으로 시작한다. (PP 1, 273/SW 5: 333)

36 WWR 2, 555/SW 3: 617.

37 WWR 2, 482/SW 3: 532.

38 WWR 1, 113, 116/SW 2: 103, 106 참조.

39 "그러나 미덕에 대해 추후 상정되는 이 보상은 …… 미덕과 행복의 통일이라는 '최고선'의 이름으로 그럴듯하게 가려져 있는 듯하다. 하지만 그 밑바닥을 보면 행복을 낳는 도덕, 결국 자기 이익이나 행복주의로 지탱되는 도덕에 다름 아니다. 이것은 칸트가 그의 체계 앞문에서는 이질적이라며 형식적으로 내쫓았으나, 이제 최고선이라는 이름으로 뒷문을 통해 다시 기어들어 온다. 이렇게 모순을 은폐하는 무조건적이고 절대적인 당위의 가

정은 스스로에게 복수한다." (BM, 128/SW 4: 124) BM, 123/SW 4: 118; WWR 1, 555/SW 2: 621도 참조.

40 WWR 1, 220/SW 2: 231.

41 SW 2: 461/WWR 1, 417.

42 WWR 1, 389/ SW 2: 428.

43 Migotti, 1995: 653.

44 PP 1, 273/SW 5: 333 참조. 여기서 쇼펜하우어는 인간의 삶이 "객관적으로 또는 냉정하고 신중한 고려를 거친 뒤에는 …… 분명히 비존재를 선호하게 될 존재"라고 부정한다. 이와 관련된 생각은 WWR 1, 350/SW 2: 382 참조. "누구든 인생의 마지막에 분별 있고 솔직하다면 다시 한 번 인생을 되풀이하기를 소망하는 사람은 없을 터이며, 차라리 완전한 비존재를 선택할지도 모른다."

45 PP 2, 309/SW 6: 328 참조.

46 Migotti 1995: 653.

47 Migotti 1995: 654.

48 Reginster 2012: 355-6.

49 Reginster 2012: 356.

50 폴 가이어Paul Guyer는 모든 고통을 완화하는 도덕적 이상에 대해 유사한 '차선책'의 지위를 제안한다. "쇼펜하우어가 부정적으로 생각한 최고선은 …… 단지 이상에 머물러야 한다. 최고선은 모든 고통을 완화하는 것이지만, 자연적 존재의 삶에서 우리가 성취할 수 있는 것이 아니다." (Guyer 2012: 412) 그러나 쇼펜하우어는 이 특정한 도덕적 목표를 문자 그대로나 비유적으로 최고선으로 생각하지 않는다.

51 WWR 1, 387/SW 2: 425.

52 WWR 1, 389/SW 2: 427. 쇼펜하우어에게 에우튀프론의 딜레마의 일반화된 버전은 존재할 수 없다. 즉 누군가가 "먼저 어떤 것에 의지가 생겨 그 결과 그것을 선하다고 말하는 대신, 먼저 어떤 것을 선하다고 인식해 그 결과 그에 대한 의지가 생길" 가능성은 없다. (WWR 1, 319/SW 2: 345)

53 WWR 1, 387/SW 2: 426.

54 WWR 1, 417/SW 2: 462.

55 WWR 1, 417/SW 2: 461.

56 WWR 1, 405/SW 2: 447.

57 WWR 1, 394/SW 2: 434.

58 BM, 200/SW 4: 208.

59 "'이웃을 사랑한다.'는 것은 의지를 의미한다!" (Wittgenstein 1969: 77) Young 1987: 150은 이 구절을 연관시킨다. 비트겐슈타인은 1916년 7월 29일자 메모에서 이 책 4장과 관련한 쇼펜하우어의 문제를 반추하는 듯하다. "사람이 선을 의욕하고 악을 의욕하면서 의욕하지 않을 수가 있는가? 아니면 의욕하지 않는 사람만이 행복한가? …… 일반적인 개념에 따르면 이웃에게 선도 악도 아닌 것을 의욕하는 것이 좋은가? 하지만 어떤 의미에서는 의욕하지 않는 것이 유일하게 좋은 것 같다Kann man gut wollen, böse wollen und nicht wollen? Oder ist nur der glücklich, der nicht will? …… Ist es, nach den allgemeinen Begriffen, gut, seinem Nächsten nichts zu wünschen, weder Gutes noch Schlechtes? Und doch scheint im einem gewissen Sinne das Nichtwünschen das einzig Gute zu sein."

60 WWR 1, 387/SW 2: 426.

61 WWR 1, 399/SW 2: 439.

62 WWR 1, 401-2/SW 2: 443.

63 WWR 2, 621/SW 3: 696.

64 Becker 1883: 27, 필자 번역.

65 GB, 220, 필자 번역.

66 예를 들어 Korsgaard 1995; Rabinowicz and Rønnow-Rasmussen 1999 참조.

67 WWR 2, 621/SW 3: 696. 추가 주석: WWR 1[Payne], 606의 "진전시키는 수단"이란 문구를 사용해 번역을 수정했다.

68 BM, 217-18/SW 4: 228-9.

69 WWR 1, 389/SW 2: 428.

70 WWR 1, 438/SW 2: 486.

71 WWR 1, 417/SW 2: 461.

72 WWR 1, 389/SW 2: 428.

73 Migotti 1995: 657는 이 문제를 제기한다. "존 애트웰은 개인 서신에서 쇼펜하우어에게 두 가지 선 개념을 부여하자고 제안한다. 하나는 앞서 정의했던 엄격한 선 개념이고, 다른 하나는 무의지가 선이라고 보는 더 넓은 개념이다. 나는 이 제안이 비록 '선'이라는 개념은 단일하다는 쇼펜하우어의 주장을 즉시 무효하게 만들 수 있어도 추구할 가치가 있다고 생각한다."

74 WWR 1, 406/SW 2: 448.

75 WWR 1, 416-17/SW 2: 461.

76 WWR 2, 452/SW 3: 497.

77 WWR 1, 388/SW 2: 427.

78 WWR 1, 418-19/SW 2: 463.

79 WWR 2, 221/SW 3: 234-5.

80 GB, 221.

81 Soll 2012: 311-12.

82 PP 2, 218/SW 6: 331. 쇼펜하우어는 『여록과 보유』 2권의 이 구절에서 의지와 비의지를 라
    틴어 명칭인 벨레velle와 놀레nolle로 대조하면서, 두 행위의 '주체'는 같지만 놀레의 주체는
    설명될 수 없다고 주장한다. "삶에의 의지의 긍정과 부정은 단순한 벨레와 놀레에 불과하
    다. 이 두 행위의 주체는 하나며 동일하다. …… 놀레의 경우, 단지 그 현상이 벨레의 현상
    일 수 없다고 말할 수 있을 뿐 그것이 대체 나타나기는 하는지, 즉 그것이 먼저 생산해야
    할 지성에 대해 이차적 존재를 얻는지 여부는 알 수 없다. …… 또한 우리는 그 주체에 대
    해 아무것도 말할 수 없는데, 오직 반대 행위인 벨레에서만 현상계의 물자체로서 그것을
    적극적으로 인식해 왔기 때문이다." (PP 2, 281-2/SW 6: 331-2)

83 "Sei er nun in seiner Außerzeitlichkeit schon Wille zum Leben, wie sollte er da jemals
    von diesem seinen Wesen loskommen können? Von seinem Wesen könne doch kein
    Ding jemals frei werden." (휩셔Hübscher의 프라우엔슈테트 서신 요약, GB, 568-9 발췌)

84 GB, 288.

85 필자 번역. "Der Wille kann nur sein Wollen. Die Rede von der freiwilligen Verneinung
    (Selbstverneinung) des Willens würde, wenn sie Schopenhauers letztes soteriologische
    Wort wäre, das System in einem einfachen logischen Widerspruch, also in einem
    simplen Skandal, enden lassen" (Malter 1991: 408-9)

86 "…… seine Soteriologie und hiermit den Zielpunkt seiner gesamten Philosophie vor
    dem nihil negativum des logischen Widerspruchs rettet" (Malter 1991: 409)

87 WWR 1, 25/SW 2: 5.

88 쇼펜하우어가 이 비교를 제시하는 부분은 WWR 2, 290/SW 3: 314 참조.

89 SW 3: 315/ WWR 2, 291.

90 쇼펜하우어가 주장하는 자기의 복잡성은 Janaway 1989, Welsen 1995, Zöller 1999 참조.

91 WWR 1, 432/SW 2: 478.

92 "…… mit einem Problem …… von welchem nachgewiesen ist, daß es nicht gelöst
    werden kann" (Malter 1991: 409)

93 WWR 2, 514/SW 3: 571.

94 PP 2, 309/SW 6: 328.

95 WWR 1, 425-6/SW 2: 471.

96   이는 Young 1987: 127 등의 2차 문헌도 인정하고 있다.

97   WWR 1, 428/SW 2: 474.

98   WWR 2, 525/SW 3: 583.

99   WWR 2, 524/SW 3: 582.

2부 쇼펜하우어: 존재, 비존재, 개체

5장 개인을 넘어: 쇼펜하우어, 바그너, 그리고 사랑의 가치

1   WWR 2, 588/SW 3: 657.

2   WWR 2, 508/SW 3: 563.

3   *Symposium* 192e. (in Cooper ed. 1997)

4   Symposium 211e.

5   MR 1, 467/HN 1, 422.

6   WWR 1, 201/SW 2: 210-11.

7   BM, 249/SW 4: 265 참조.

8   Karnes and Mitchell 2020: 518.

9   Johnston 2010: 346-7.

10   Heller 1985: 20.

11   WWR₁₈₁₈, 555.

12   WWR 1, 413/SW 2: 456.

13   Love of humanity 라는 번역어는 도덕적 범위에서 인간이 아닌 존재를 암묵적으로 배제한다는 점에서 오해의 소지가 있으며, 이는 윤리학자기도 한 쇼펜하우어의 주된 관심사에 정면으로 위배된다. BM, 226-31/SW 4: 238-45; Shapshay 2019 참조.

14   WWR 1, 401/SW 2: 443, 444; BM, 216, 217/SW 4: 227, 228 참조.

15   WWR 1, 401-2/SW 2. 443-4.

16   BM, 207/SW 4: 216.

17   BM, 216/SW 4: 227.

18   BM, 217-18/SW 4: 228-9 참조.

19   이 문제에 대한 더 자세한 내용은 Janaway 2016b(이 책 4장) 참조.

20 WWR 2, 621-2/SW 3: 696.

21 쇼펜하우어는 남성 동성애를 간과하지 않고, 이를 남색의 개념으로 논의한다. 쇼펜하우어가 가정하듯이, 일반적인 의미의 성적 충동이 생식을 목적으로 존재한다면 동성 간 성 관계는 이례적인 경우를 제시한다. 쇼펜하우어의 대답은 개인들이 번식에 적합하지 않은 경우, 성적 충동을 생식에서 멀어지게 하는 자연적인 방법이 남색이라는 것이다. 1859년에 일종의 추신으로 추가된 부록인 WWR 2, 576-82/SW 3: 643-51 참조.

22 Sandford 2019: 91에서는 Geschlechtstrieb를 '성적 사랑'으로 잘못 번역하고, 심지어 쇼펜하우어의 전체 에세이 제목을 "Metaphysik der Geschlechtstriebe"라고 보고하는데, 원래 제목은 "Metaphysik der Geschlechtsliebe"다.

23 WWR 2, 530/SW 3: 587.

24 WWR 2, 555, 557, 571, 573/SW 3: 612, 619, 636-7, 639 참조.

25 WWR 2, 565/SW 3: 630.

26 WWR 2, 549/SW 3: 610.

27 WWR 2, 565-6/SW 3: 630.

28 WWR 2, 558-64/SW 3: 621-8 참조.

29 WWR 2, 557/SW 3: 619.

30 BM, 190/SW 4: 196-7.

31 WWR 2, 554/SW 3: 616.

32 Scruton 2004: 33-4.

33 이 주제는 Scruton 2004: 51과 다음 주석 참조.

34 Mann 1985: 124-6; May 2011b: 171-4.

35 Mann 1985: 124에서 인용.

36 WWR 2, 524/SW 3: 582.

37 WWR 2, 525/SW 3: 583.

38 Golther 1904: 79-80. 필자 번역.

39 Trans. Boris Kment, in Johnston 2010: 347 n. 20.

40 WWR 2, 641/SW 3: 719.

41 WWR 2, 644/SW 3: 723.

42 Golther 1904: 80.

43 WWR 1, 379/SW 2: 416-17 참조.

44 WWR 2, 596/SW 3: 665.

45 Grausen, WWR 1, 379/SW 2: 417.

46 Vivekananda 2007: 279–80. 논평은 Maharaj 2017: 1198–209; Janaway 2022 참조.

47 WWR 2, 209/SW 2: 221-2.

48 쇼펜하우어는 물자체가 의지라고 반복적으로 주장할 뿐만 아니라, 한 구절에는 "이 물자체로서의 의지라는 형이상학적 정체성에 근거하는 …… 현상은 …… (1) 정의와 자애 caritas의 기초가 되는 …… 연민, (2) 종의 생명이며 개인보다 우선권을 유지하는 완고한 선택성amor을 지닌 성적 사랑을 포함한다."(WWR 2, 617/SW 3: 691)라고 명시돼 있음을 인정해야 한다. 이런 증거를 고려할 때, 이 장에서 논의된 주장은 쇼펜하우어의 구원 개념을 가장 잘 이해할 수 있는 재구성으로 옹호돼야 한다.

6장 위안이 되는 쇼펜하우어의 죽음관

1 참고 문헌에서 'jacquette' 항목 참조. 추가 주석: 6장은 2016년에 사망한 데일 자케트를 추모하는 책에 처음 수록됐다.

2 Jacquette 1999: 298.

3 WWR 1, 337-8/SW 2: 367.

4 WWR 2, 481/SW 3: 530.

5 WWR 2, 503-4/SW 3: 558.

6 예를 들어 WWR 2, 507-8, 588-92/SW 3: 563, 657-8 참조.

7 쇼펜하우어에서 시작된 철학적 염세주의는 비존재가 존재보다 낫다고 본다는 관점은 Plümacher 1888: 124 참조.

8 Jacquette 1999: 313.

9 WWR 2, 524/SW 3: 582.

10 WWR 2, 517/SW 3: 574.

11 Jacquette 2000: 46.

12 쇼펜하우어 부친의 자살과 그 죽음이 쇼펜하우어에게 미친 지속적인 영향은 Cartwright 2010: 87-94 참조.

13 PP 2, 279/SW 6: 328.

14 Jacquette 2000: 46.

15 WWR 1, 425-6/SW 2: 471.

16 WWR 1, 379/SW 2: 416-17.

17 BM, 190/SW 4: 196.

18 쇼펜하우어가 왜 '비유적으로'만 최고선이 존재할 수 있다고 생각하는지는 여기서 논의

하지 않겠다. 이 주장은 Janaway 2016b(이 책 4장), 대안적 해석은 Migotti 1995; Reginster 2012: 355-6 참조.

19   WWR 1, 389/SW 2: 428.

20   예를 들어 WWR 1, 389, 401, 417, 419/SW 2: 428, 442, 461, 464 참조.

21   WWR 1, 427/SW 2: 472-3.

22   WWR 1, 428/SW 2: 474.

23   Jacquette 2000: 54.

24   WWR 1, 418-19/SW 2: 463.

25   WWR 2, 483/SW 3: 532-3.

26   WWR 2, 484-5/SW 3: 534.

27   WWR 2, 485/SW 3: 534.

28   WWR 2, 291/SW 3: 314.

29   WWR 2, 508/SW 3: 563.

30   WWR 1, 519-21/SW 2: 581-3; WWR 2, 291/SW 3: 314 참조.

31   WWR 2, 489/SW 3: 539-40.

32   WWR 2, 507/SW 3: 562.

33   WWR 2, 507/SW 3: 562.

34   WWR 2, 524/SW 3: 582-3.

35   PP 2, 252/SW 6: 297-8.

36   PP 2, 253/SW 6: 299.

37   PP 2, 253-4/SW 6: 299.

38   PP 2, 249/SW 6: 293-4.

39   BM, 251-2/SW 4: 268-9.

40   WWR 2, 628-9/SW 3: 705.

41   앙크틸 뒤페롱Anquetil Duperron이 번역한 『Oupnek'hat』. 이 작품과 쇼펜하우어가 이 작품을 어떻게 활용했는지에 대한 자세한 설명은 App 2014 참조.

42   BM, 254/SW 4: 271; WWR 2, 616/SW 3: 690; PP 2, 199, 336/SW 6: 233, 396 참조.

7장 가능한 최선이 염세주의보다 더 나쁜가?

1   여기서는 전체적으로 1888년 판을 인용한다.

2 전기는 Kieser 1990 참조. 그 외에 Beiser 2016: 168-9, 182-5; Beiser 2014: 218-19; Dahlkvist 2007: 37, 222; Fazio 2009: 27-9 참조.

3 여기서는 전체적으로 Weltschmerz를 사용한다. World-weariness는 플뤼마허가 기독교와 관련해 사용한 용어인 Weltmüdigkeit(세계 피로)로 번역하는 편이 더 정확하다. (Plümacher 1888: 48)

4 Plümacher 1888: 1. 플뤼마허의 책은 필자 번역.

5 플뤼마허는 외젠 뒤링Eugen Dühring, 페르디난트 라반Ferdinand Laban, 라파엘 쾨버 Raphael Koeber, 모리츠 베네치아너Moriz Venetianer, A. 타우베르트A. Taubert 등을 "독자적인 체계가 없는 염세주의자"로 거론한다. (Plümacher 1888: 175-7)

6 하르트만의 철학에 대한 간결한 설명은 Beiser 2016: 122-61; Gardner 2010; Wolf 2009 참조.

7 Beiser 2016: 182.

8 Beiser 2014: 160.

9 Brobjer 2008: 99. 주석 목록은 Campioni et al. 2003: 467-8 참조.

10 따라서 바이저가 아무리 플뤼마허를 옹호하더라도, 그녀는 그의 최근 저서에서 철학적 염세주의와 세계고를 연결 짓는 데 동의하지 않았을 것이다.

11 Plümacher 1888: 88.

12 Plümacher 1888: 5.

13 Plümacher 1888: 107.

14 Plümacher 1888: 106.

15 KSA 5: 300-5.

16 Plümacher 1888: 101-2.

17 Campioni et al. 2003: 468 참조.

18 Genealogy II: 6/KSA 5: 301. 플뤼마허의 "지옥에서 불타는 저주받은 자들을 보는 천상의 행복감"은 또 니체가 아퀴나스와 테르툴리아누스에게서 그 태도를 인용한 GM I: 15/KSA 5: 284-5에서도 그 영향을 찾을 수 있다.

19 Plümacher 1888: 129.

20 Plümacher 1888: 103.

21 Plümacher 1888: 104.

22 Plümacher 1888: 103-4.

23 Plümacher 1888: 124.

24 Plümacher 1888: 127.

25 Plümacher 1888: 129.

26 WWR 2: 508/SW 3: 563.

27 WWR 1: 379/SW 2: 416.

28 WWR 2, 524/SW 3: 582.

29 WWR 2, 517/SW 3: 574.

30 PP 2: 253/SW 6: 299.

31 PP 2: 253-4/SW 6: 299.

32 PP 2: 254/SW 6: 300.

33 예를 들어 WWR 2, 480/SW 3: 529 참조.

34 WWR 1, 214/SW 2: 225.

35 WWR 1, 208-9/SW 2: 218.

36 "여성은 상당한 재능을 가질 수는 있어도 천재성은 없다."(WWR 2, 409/SW 3: 449)라는 것이 쇼펜하우어의 악명 높은 견해다.

37 WWR 1, 295/SW 2: 315.

38 Plümacher 1888: 1.

39 Plümacher 1888: 1.

40 WWR 2, 591/SW 3: 661.

41 WWR 2, 591-2/SW 3: 661.

42 Plümacher 1888: 129-33.

43 Plümacher 1888: 70.

44 Plümacher 1888: 66-7.

45 플뤼마허와 니체의 독일어 텍스트를 비교해 보라. 니체는 플뤼마허의 1884년 초판을 읽었다. Plümacher 1888: 66-7: "wir sind aus unreinem Samen hervorgegangen …… Ekelhaft ist die Ernährung des Kindes in Mutterleibe …… du aber scheidest Urin, Speichel und Koth aus; …… du aber gibst abscheulichen Gestank non dir (우리는 부정한 씨에서 나왔다. …… 역겨운 것은 뱃속 아이의 영양분 …… 당신은 소변, 침, 대변을 분비하고 …… 역겨운 악취를 풍긴다)!", Nietzsche, GM II: 7/KSA 5: 303: "unreine Erzeugung, ekelhafte Ernährung im Mutterleibe, Schlechtigkeit des Stoffs, aus dem der Mensch sich entwickelt, scheusslicher Gestank, Absonderung von Speichel, Urin und Koth(불결한 생식, 모태에서의 역겨운 양육, 인간의 발육에 필요한 더러운 물질, 지독한 악취, 침, 소변, 대변의 분비)."

46 Plümacher 1888: 6.

47 Plümacher 1888: 129.

48   Plümacher 1888:125.

49   WWR 2,641/SW 3:718-19.

50   Plümacher 1888:130. 여기서 플뤼마허는 WWR 2,595-6/SW 3:666을 인용한다. "우리 존재 자체가 짊어진 죄책감의 정도를 측정하려면 그것과 관련된 고통을 보면 된다. 육체적 고통이든 정신적 고통이든 모든 큰 고통은 우리가 마땅히 받아야 할 것이 무엇인지 알려 준다. 왜냐하면 우리가 마땅히 받아야 할 고통이 아니라면 우리에게 닥칠 수 없기 때문이다."

51   GS,357/KSA 3:601.

52   Plümacher 1888:248.

53   특히 WWR 2,600,643-4/SW 3:671-2,722 참조.

54   Plümacher 1888:106.

55   Plümacher 1888:131. 그녀는 또한 "개별화의 뿌리가 현실에 얼마나 깊이 뻗어 있는지" 탐구하지 않는다는 쇼펜하우어의 고백(PP 2,206/SW 6:242; WWR 2,658/SW 3:737-8 참조)을 상기시킨다. (Plümacher 1888:246)

56   Plümacher 1888:130.

57   Plümacher 1888:130.

58   FW 105/SW 4:93.

59   Plümacher 1888:131.

60   BM,201,254-5/SW 4:210,272 참조.

61   Plümacher 1888:246.

62   Plümacher 1888:132.

63   Plümacher 1888:132.

64   Plümacher 1888:1.

65   Plümacher 1888:2,Hartmann 1931,III:12 참조.

66   Plümacher 1888:2.

67   쇼펜하우어는 한 구절에서 '염세주의'를 엄격한 최상급의 의미로 쓰려 하며, 이곳이 가능한 최악의 세계라고 주장한다. (WWR 2,598-9/SW 3:669-71)

68   WWR 2:590/SW 3:659-60.

69   Plümacher 1888:3.

70   Plümacher 1888:3.

71   플뤼마허는 Hartmann 1931,II:13-14를 인용한다.

72   Plümacher 1888:138.

73   Plümacher 1888: 138.

74   Hartmann 1931, II: 23-79 참조.

75   Hartmann 1931, II: 14.

76   Hartmann 1872: 73. 필자 번역.

77   WWR 1, 349/SW 2: 381.

78   Plümacher 1888: 137.

79   Plümacher 1888: 137.

80   Plümacher 1888: 4.

81   Plümacher 1888: 136.

82   하르트만은 「염세주의적 일원론은 절망적인가Ist der pessimistische Monismus trostlos」
     라는 논문에서 이를 분명히 밝힌다. (Hartmann 1872: 74-8)

83   Plümacher 1888: 4.

84   Hartmann 1931, III: 149.

85   Plümacher 1888: 134. Hartmann 1931, III: 187-97에서 하르트만도 같은 주장을 한다.
     그러나 서배스천 가드너에 따르면, 이는 하르트만 측의 설득력 없고 때늦은 설명 시도며
     하르트만의 기본 개념인 "의지와 이데아는 …… 생각할 수 있는 모든 면에서 서로 이질적
     이다."라는 주장과 상충된다. (Gardner 2010: 190)

86   Plümacher 1888: 134. '그것' 대 '어떻게'와 '무엇'의 이분법은 후기 셸링에서 비롯됐다.
     Gardner 2010: 187 참조.

87   Hartmann 1931, III: 133.

88   Plümacher 1888: 157-8.

89   Hartmann 1931, III: 142.

90   UM II: 9/KSA 1: 311-24.

91   Beiser 2016: 156.

92   Hartmann 1931, III: 142.

93   Gardner 2010: 196.

3부 니체가 쇼펜하우어에게 답하다

8장 쇼펜하우어의 기독교적 관점

1   GS, 357/KSA 3:599.

2   PP 2, 353/SW 6:418.

3   PP 1, 121/SW 5:141.

4   PP 2, 352/SW 6:417.

5   GS, 357/KSA 3:599-601.

6   브로크하우스에게 보내는 편지, 1818년 4월 3일. (GB, 31) 필자 번역. 유사한 구절은 WWR 1, 435/ SW 2:483 참조. (브로크하우스는 『의지와 표상으로서의 세계』를 처음 출간한 출판업자다.-옮긴이)

7   외르크 살라카르다Jörg Salaquarda는 쇼펜하우어의 '신념Glaube' 개념의 빈약함을 지적한다. 그것은 'ein bloßes Meinen', 즉 어떤 것이 사실이라는 단순히 믿음에 따른 의견으로, 개인이 신과 맺는 신뢰와 헌신 관계라는 더 복잡한 신학적 개념인 '피두차fiducia'와는 대조된다는 것이다. (Salaquarda 2007b: 88-9) Swinburne 2005:142 참조.

8   PP 2, 297/SW 6:349.

9   PP 2, 324/SW 6:382 참조.

10   PP 2, 310/SW 6:364.

11   WWR 2, 169-97/SW 3:175-209.

12   WWR 2, 192/SW 3:203.

13   PP 2, 293/SW 6:344.

14   PP 2, 303/SW 6:357.

15   PP 2, 298/SW 6:350.

16   PP 2, 192/SW 6:225; PP 2, 193-6/SW 6:226-9 참조.

17   PP 2, 307/SW 6:361.

18   PP 2, 293/SW 6:345; PP 2, 294-5, 320/SW 6:345-7, 377 참조.

19   WWR 2, 196-7/SW 3:209.

20   PP 2, 300-3/SW 6:352-3 참조.

21   WWR 2, 644/SW 3:722.

22   Mannion 2003.

23   Mannion 2003:42 n. 11.

24 WWR 1, 542/SW 2: 607.

25 WWR 1, 541/SW 2: 606.

26 WWR 1, 449-50/SW 2: 500-1.

27 예를 들어 PP 1, 97-8/SW 5: 112-13 참조. 쇼펜하우어의 견해에 따르면, 존재론적 증명은 "아무 설득력 없는 궤변적인 개념 유희"다. (WWR 1, 541/SW 2: 606) 우주론적 증명은 충족이유율을 오용한다. 결과는 그 근거에 따라 필연적으로 도출될 수 있어도 근거 자체는 필연적일 수 없으며, 인과법칙은 "우리를 세계로부터 그 원인으로 이끌어야 한다면, …… 여기서 멈추지 않고, 그 원인으로 되돌아가 계속해서 우리를 무자비하게 무한대로 이끈다." (PP 1, 99/SW 5: 114; FR, 43-4/SW 4: 41) 물리신학적 증명 또는 설계로부터의 증명은 더 존중받을 가치가 있지만, 세계와는 구별되는 뭔가가 있어야만 세계에 목적론이 있을 수 있다는 잘못된 가정에 빠진다. (WN, 355/SW 4: 39) Salaquarda 2007a: 80 참조.

28 WWR 1, 450, 540/SW 2: 501-2, 605.

29 PP 1, 103/SW 5: 119.

30 FR, 118, 121-2/SW 4: 125, 129 참조.

31 PP 2, 311-12/SW 6: 366-8.

32 FR, 121-2/SW 4: 129.

33 그러나 크리스토퍼 라이언Christopher Ryan이 말했듯이 이런 발언은 기만적이다. "쇼펜하우어는 이런 [일신교적] 신념이 엄밀히 유대교적이라고 규정했지만 …… 또 그것이 기독교인에 의해 문자적인 진리로 체계화됐음을 알고 있었다." (Ryan 2010: 89) 유대교에 대한 쇼펜하우어의 설명은 심각하게 단순화돼 있으며, 유신론의 교리를 '유대인의 악취foetor Judaicus'와 연관 지을 때는 반유대주의적 색채를 띤다. (PP 1, 69/SW 5: 78; PP 2, 334-5, 357/SW 6: 394-5, 423 참조)

34 PP 1, 59/SW 5: 67.

35 PP 1, 111/SW 5: 129.

36 PP 1, 112/SW 5: 130.

37 PP 1, 113/SW 5: 131.

38 PP 1, 113/SW 5: 131.

39 FW, 68-79, 105-9/SW 4: 48-60, 93-8 참조. 그러나 쇼펜하우어는 '선험적 자유'를 주장하면서 우리의 '전체 존재와 본질'이 어떤 의미에서는 공간, 시간, 인과관계를 벗어난 예지적 성격의 차원에서 '자유로운 행위'라고 주장한다. (FW, 108/SW 4: 97) 이 논의는 Janaway 2012a(이 책 2장); Shapshay 2016 참조.

40 BM, 197-202/SW 4: 205-10.

41 PP 1, 112/SW 5: 129.

42 Mannion 2003: 79, 83 참조. 매니언은 쇼펜하우어가 '호전적인 무신론자'가 아니라고 주장하는데(Mannion 2003: 41-3) 이는 사실이다. 쇼펜하우어는 종교적 신념 자체를 부정하거나 신자들을 개종시키려 하지 않기 때문이다. Ryan 2010: 95-6 참조.

43 PP 2, 183/SW 6: 214-15 참조, 뒤에서 논의.

44 Deussen 1915: 8-15 참조. 도이센은 43년 전에 이런 결론에 이르렀다고 주장한다.

45 Vaihinger 1902: 64-5.

46 쇼펜하우어를 기독교 사상가로 보는 19세기 후반-20세기 독일 이론에 대한 간략한 정보는 Koßler 1999: 11-20 참조.

47 WWR 1, 413/SW 2: 456-7.

48 BM, 217/SW 4: 228.

49 BM, 255/SW 4: 272.

50 WWR 1, 413/SW 2: 457.

51 쇼펜하우어는 이 책을 『독일 신학(Theologie Deutsch 또는 Theologia Germanica)』이라고 불렀다. 쇼펜하우어의 서신을 보면 1852년에 처음 읽은 이 책에 대한 열정이 드러나는데, 그는 에크하르트보다 이 책을 더 선호했다. (GB, 277, 425)

52 WWR 2, 627/SW 3: 704.

53 WWR 2, 628/SW 3: 704.

54 WWR 2, 627/SW 3: 703.

55 WWR 1, 438/SW 2: 485 참조.

56 쇼펜하우어가 이 개념을 주체-대상의 언어로 해석한 것은 분명히 시대착오적인 측면이 있다. 예를 들어 에티엔 질송은 에크하르트를 이렇게 요약한다. "신과 하나 되기 위해 인간은 그저 '영혼의 성채'에 자신을 가두기만 하면 된다. 그곳에서는 인간과 신이 하나 안에서 공유돼 더 이상 구별되지 않기 때문이다." (Gilson 1955: 441) 신이라는 '대상'이 사라지고 오직 '주체'만 남는 것이 아니다. 오히려 영혼에 이미 신과 구별되지 않는 요소가 존재하는 것이다. 신은 어느 것과도 구별되지 않으며, 영혼이나 영혼의 한 측면 역시 신과 구별되지 않는다. (Turner 1995: 163-5 참조)

57 WWR 2, 629/SW 3: 705. 여기서 구분이 모호해질 수 있다. 최근 한 논평가는 "에크하르트가 숨은 무신론자인가, 아니면 쇼펜하우어가 숨은 기독교인인가?"(King 2005: 253-74)라는 신랄한 질문을 제기한다. Ryan 2010: 112-13 참조.

58 MR 4, 386/HN 4(i): 28.

59 WWR 2, 635-8/SW 3: 712-16.

60   WWR 2, 636/SW 3: 713-4. '창조'를 악으로 본다는 점에서 마르키온과 쇼펜하우어의 견
해가 일맥상통한다는 카를 바르트의 주장에 주목할 가치가 있다. (Barth 1958: 337)

61   WWR 2, 635/SW 3: 712.

62   WWR 2, 640-1/SW 3: 718.

63   예를 들어 WWR 1, 29-32, 51/SW 2: 9-13, 34 참조.

64   HH 1, 26/KSA 2: 47.

65   PP 2, 183/SW 6: 214-15. 니체가 이 구절에 친숙하다는 것은 『비극의 탄생』(1886) 서문인
「자기비판의 시도」 5절에서 확인할 수 있다. (BT, 'Attempt', 5/KSA 1: 17-18)

66   PP 2, 94/SW 6: 108.

67   WWR 2, 592/SW 3: 662.

68   PP 2, 94/SW 6: 108.

69   예를 들어 WWR 2, 508, 651/SW 3: 563, 730 참조.

70   PP 2, 349/SW 6: 412 참조. 낙관주의와 염세주의를 구분하는 기준은 Vanden Auweele
2015: 53-71 참조.

71   PP 2, 349/SW 6: 412-13.

72   WWR 1, 352/SW 2: 358.

73   WWR 2, 600/SW 3: 671.

74   PP 2, 242/SW 6: 285. 이 생각의 변형은 WWR 1, 350/SW 2: 383; WWR 2, 482, 523, 591-
2/SW 3: 531, 581, 661; PP 1, 273/SW 5: 333; PP 2, 19, 259-60/SW 6: 306-7에서 나타난
다. 1870년대와 1880년대에는 이것이 철학적 염세주의의 핵심으로 인식됐다. Plümacher
1888: 1 참조: "현대의 철학적 염세주의는 …… 가치론적 판단을 의미한다. 불쾌의 총합
이 쾌락의 총합보다 크므로, 결과적으로 세계의 비존재가 존재보다 더 낫다는 것이다."(필
자 번역) 또한 Beiser 2014: 160, 218-19; Dahlkvist 2007: 37, 222 참조. 추가 주석: 플뤼마
허에 대해서는 이 책 7장도 참조.

75   WWR 2, 651/SW 3: 731.

76   WWR 2, 644/SW 3: 722 참조.

77   특히 WWR 1, 406-16/SW 2: 448-60 참조.

78   Mannion 2003: 67.

79   MR 1: 10/HN 1: 10.

80   MR 1: 44/HN 1: 42.

81   MR 3: 376/HN 1: 344.

82   PP 1, 105/SW 5: 122.

83 PP 1, 170/SW 5: 202.

84 PP 2, 92-3/SW 6: 106.

85 MR 1: 44/HN 1: 42.

86 MR 3: 376-7/HN 3: 343-5, 번역 수정.

87 PP 2, 94/SW 6: 108.

88 PP 2, 93/SW 6: 106.

89 PP 2, 92/SW 6: 106.

90 PP 1, 105/SW 5: 133.

91 MR 4, 12/HN 4(i): 2.

92 FR, 121/SW 4: 129.

93 매니언은 쇼펜하우어가 디오니시우스를 '칭찬한다'고 주장하지만(Mannion 2003: 86), 반대로 마티아스 코슬러는 여기에서 쇼펜하우어가 자신의 사상과 부정신학 간의 "오해의 소지가 있는 근접성"verführerische Nähe을 인정하고 있음을 발견한다. (Koßler 1999: 184)

94 Turner 1995: 22.

95 WWR 2, 209/SW 3: 221-2, 번역 수정.

96 WWR 1, 389/SW 2: 427-8; Janaway 2016b(이 책 4장) 참조.

97 WWR 1, 432/SW 2: 479.

98 쇼펜하우어와 아우구스티누스에 대해서는 Koßler 1999: 27-169 참조. 의지의 긍정과 부정에 대해서는 특히 80-102 참조. 루터와의 관계에 대해서는 Koßler 1999: 309-421, Malter 1982: 22-53; Malter 1991: 421-7 참조.

99 WWR 2, 628/SW 3: 705.

100 Theologia Germanica 1966: 108-9.

101 Theologia Germanica 1966: 37-8.

102 특히 PP 2, 241-54/SW 6: 284-300 참조.

103 WWR 2, 595/SW 3: 665.

104 WWR 2, 596/SW 3: 666.

105 이는 또한 쇼펜하우어가 자신의 입장을 불교에 동화시킨 데 의문을 제기한다. (니체에 따르면) 불교는 '죄와의 전쟁'을 '고통과의 전쟁'으로 대체한다. (A, 20/KSA 6: 186)

106 WWR 1, 432-3/SW 2: 478-9.

107 WWR 1, 418/SW 2: 463.

108 WWR 1, 435-6/SW 2: 483.

109 Malter 1991: 424.

110   GS, 151/KSA 3: 494.

9장 '고통의 정당화'라는 생각에 대하여

1   Lewis 2012: 14.

2   Ridley 2013: 430.

3   Ridley 2007: 135-7.

4   Came 2005: 41.

5   Gardner 2013: 605 n. 15.

6   Geuss 1999: 105.

7   Geuss 1999: 109.

8   May 2011a: 88, 80.

9   May 2011a: 91.

10   '신정론Theodicee'이란 단어는 출간본과 미출간본을 통틀어 니체의 전체 저작에서 열한 번 등장한다. 출간된 저서에서는 세 번, 즉 BT, 3; UM 1: 7/KSA 1: 197; UM 4: 3/KSA 1: 445에 등장한다. (마지막은 또 KSA 8: 230에서 미리 초안이 작성됐다.) 초기 미발표 원고에 등장하는 세 번은 모두 그리스인에게 신정론이 없다는 내용을 다시 쓴 것이다. (미주 32 참조) 초기의 또 다른 사용 사례는 KSA 7: 203에 등장하고, 후기의 사용 사례는 1887년에 쓴 미발표 단편들에서 세 번 찾아볼 수 있다. (KSA 12: 144, 468, 533)

11   출간된 저서에서 고통Leiden이나 악Uebel이 '정당화'의 대상으로 명시된 구절은 두 군데뿐이다. 한 군데는 GM II: 7/KSA 5: 304로, 니체는 신이 고통을 지켜본다면 고통의 정당성을 발견하려는 심리적 경향을 관찰하지만 이에 동의하지는 않는다. 또 한 군데는 HH 1: 591/KSA 2: 339로, 니체는 "화산 지대 위의 작은 정원"처럼 모두가 불행 속에서도 행복의 단편을 발견할 것이라고 말한 후에 "이런 행복으로 고통 자체가 정당화된다고 말하는 것은 터무니없다lächerlich."라고 덧붙인다.

12   GS, 343/KSA 3: 573.

13   Vaihinger 1902: 59.

14   McPherson 2016: 40. 맥퍼슨은 니체가 이 용어를 사용하지 않는다고 주장한다. (41-2) 하지만 이는 사실이 아니다. 1872년 에르빈 로데Erwin Rohde가 니체의 신간 홍보 방안을 논의하면서 'Kosmodicee(한국어 번역판에서 '세계정의론', '변우주론' 등으로 용어가 통일되지 않아 이 책에서는 문맥상 '신정론'에 맞춰 '세계정론'으로 번역했다.-옮긴이)'라는 용어를 니체에게 제안했고, 니체는 가끔 이 용어를 썼다. 하지만 물론 출판된 사례는 다비트 슈트라우스에 관한 논문

(UM 1: 7/KSA 1: 197)에서 단 한 번뿐이다. 출판되지 않은 사례는 한 건(KSA 10: 533)을 제외하고는 모두 1872-1873년 초기에 쓰였다. (KSA 1, 825; KSA 7: 526, 597; KSB 3: 294 참조)

15 BT, 5/KSA 1: 47.

16 Frankl 1950 참조.

17 Geuss 1999: 82-3.

18 Neiman 2002: 239.

19 GM III: 28/KSA 5: 411.

20 Plümacher 1888: 124, 필자 번역. 플뤼마허에 대해서는 Beiser 2014: 160, 218-19; Dahlkvist 2007: 37, 222 참조. 추가 주석: 이 책 7장 참조.

21 PP 2, 183/SW 6: 214-15. 이 구절은 뒤의 『비극의 탄생』에 관한 절에서 자세히 설명한다.

22 쇼펜하우어의 독자들은 평범한 인간의 삶에 대해 그가 강조하는 메시지를 기억할 것이다. "대다수 인간의 삶이 …… 얼마나 공허하고 무의미하게 흘러가는지." (WWR 1, 348/SW 2: 379) 하지만 여기서 중요한 점은 평범한 인간의 삶이 개별화와 욕망이 뒤얽힌 망상에 사로잡혀, 존재에 의미가 있다는 형이상학적 진리를 파악할 수 없다는 것이다.

23 WWR 2, 591-2/SW 3: 661.

24 PP 2, 271/SW 6: 319 외 여러 군데 참조.

25 WWR 1, 352/SW 2: 385.

26 WWR 2, 600/SW 3: 671.

27 WWR 2, 651/SW 3: 731.

28 WWR 1, 432/SW 2: 479.

29 WWR 2, 596/SW 3: 666.

30 설리는 쇼펜하우어가 "그의 신정론을 주장하며, 이는 참으로 기이한 일"이라고 썼다. (Sully, 1891: 104) 그의 발언은 설터에 의해 반복된다. "영원한 질서는 잘못을 저지르지 않는다. …… 우리가 세계에서 겪는 고통은 우리, 즉 세계가 책임을 져야 한다. 이것이 바로 쇼펜하우어의 신정론이다." (Salter, 1911: 291) 하지만 루돌프 말터는 여기에 이의를 제기한다. "영원한 정의의 교리는 선하거나 섭리적인 세계 질서를 말하는 것이 아니며, 그 핵심은 고통의 유일한 원천인 의지를 폭로하고 고발하는 것이다." (Malter, 1991: 375, 필자 번역)

31 BT, 3/KSA 1: 36.

32 KSA 1: 560, 필자 번역. 1870년에 작성된 동일한 요지의 세 가지 버전이 현존한다. 그해 초에 작성된 한 노트 단편(KSA 7: 77)이 두 에세이 「디오니소스적 세계관」(본문에 인용)과 「비극적 사유의 탄생」(KSA 1: 580)에 약간씩 수정돼 등장한다.

33 BT, 5/KSA 1: 47.

34   Gardner 2013: 603–6; Gemes and Sykes 2014: 82–4.

35   Geuss 1999: 105.

36   Came 2005: 41.

37   Tanner 1993: xiii.

38   GS, 107/KSA 3: 444.

39   BT, 'Attempt': 1, 2, 3/KSA 1: 11–14.

40   BT, 'Attempt': 5/KSA 1: 17.

41   BT, 'Attempt': 5/KSA 1: 17. 번역 수정.

42   PP 2, 183/SW 6: 214–15.

43   BT, 'Attempt': 5/KSA 1: 19.

44   PP 2, 293/SW 6: 344.

45   WWR 2, 192/SW 3: 203.

46   WWR 2, 592/SW 3: 662.

47   PP 2, 94/SW 6: 108.

48   GS, 151/KSA 3: 494.

49   GS, 357/KSA 3: 600.

50   GS, 357/KSA 3: 601.

51   EH, 'Zarathustra', 1/KSA 6: 336.

52   GS, 338/KSA 3: 567.

53   BGE, 225/KSA 5: 161.

54   BGE, 225/KSA 5: 161.

55   BGE, 44/KSA 5: 61.

56   D, 174/KSA 3: 155.

57   BGE, 270/KSA 5: 225.

58   GM II: 6/KSA 5: 302.

59   Reginster 2006: 177. 이와 관련된 Katsafanas 2013a의 설명에서는 니체에게 이런 구조가 모든 행위의 구성 요소며 실질적인 규범적 결론을 도출할 수 있다고 주장한다. 레긴스터와 카사파나스는 이런 개념을 니체의 힘에의 의지 개념과 연관시킨다.

60   GS, 338/KSA 3: 566–7.

61   Janaway 2016a(이 책 12장) 참조.

62   Joseph 2011 참조.

63   GS, 338/KSA 3: 566.

64 Jamison 1997: 218-19. 이 인용문은 Roberts 2008: 745-6 참조. 그 외 Janaway 2016a: 18 참조. 추가 주석: 이 책 12장 참조.

65 May 2011a: 80, 91.

66 May 2011a: 81.

67 근거는 모호할 수 있다. 이 방향으로 나아가기 위해 신정론Theodizee이란 용어가 드물게 쓰인 후기 노트 두 구절을 살펴보자. 한 구절에서 니체는 이렇게 쓴다. "쾌락이나 지성, 도덕성이나 의식 영역의 다른 어떤 특수성을 최고의 가치로 설정하는 것은 순진한 일이다. 이것이 내가 모든 철학적-도덕적 세계정론과 신정론, 이전 철학과 종교철학의 모든 이유와 최고 가치에 반대하는 주된 지점이다. 일종의 수단이 목적으로 오해되고, 반대로 생명과 그 힘의 강화는 수단으로 축소됐다." (KSA 10: 533-4) 이 구절은 이유를 묻지 않고 삶을 그 자체로 긍정하는 메이의 개념과 잘 맞아떨어진다. 니체는 모든 신정론이나 세계정론에 반대하며, 삶이 그 이상의 어떤 가치를 실현한다고 보는 것은 잘못이라고 말한다. 암시하건대 삶이 내포하는 고통 역시 '왜'라는 질문을 필요로 하지 않는다. 한편 같은 시기의 한 메모에서는 '힘의 염세주의'를 다음과 같이 설명한다. "이제 인간은 더 이상 '악의 정당화'가 필요하지 않으며, 정확히 말하면 '정당화'에 진저리 친다. 인간은 순수하고 거친 악을 즐기며, 무의미한 악을 가장 흥미로워한다. …… 이 힘의 염세주의 역시 신정론으로 끝나서, 사람들은 이전에 세계에 대해 '아니오'라고 말했던 근거에 따라 이제는 세계에 절대적으로 '예'라고 말한다." (KSA 10: 467-8) '정당화'를 넘어선다는 개념은 메이의 긍정에 대한 설명에 유리해 보이지만, 니체는 긍정을 신정론적 전통과 연결시키면서 끝을 맺고 근거um Gründe 때문에 세계에 대해 '예'라고 말하는 것, 고통 때문에 삶을 긍정하는 것에 대해 언급한다.

68 Loeb 2021 참조.

10장 쇼펜하우어와 니체의 정동과 인식

1 WWR 1, 424/SW 2: 470.

2 BGE, 6, 12/KSA 5: 20, 27; WLN pp. 96, 139 참조.

3 Janaway 2007: 202-16.

4 GM III: 12/KSA 5: 365.

5 Brun and Kuenzle 2008: 1.

6 Brun and Kuenzle 2008: 3-4 참조.

7 Schlick 1971: 382. (Brun and Kuenzle 2008: 2에 인용)

8 Johnston 2001: 181.

9 GM, Preface, 1/KSA 5: 247 등.

10 GM, Preface, 6/KSA 5: 253.

11 WWR 1, 57-76/SW 2: 41-60; Janaway 2014b 참조.

12 FR, 100-4/SW 4: 105-10 참조.

13 WWR 1, 201/SW 2: 210.

14 BM, 255/SW 4: 273.

15 FW, 38/SW 4: 11.

16 Janaway 2007: 205-6 참조. 출처는 BGE, 19, 23, 187, 192, 260/KSA 5: 32, 38, 107, 113, 211; GM I, 10, 13; GM II, 11; GM III, 15, 20/KSA 5: 271, 280, 310, 374-5, 388.

17 BGE, 230/KSA 5: 169.

18 WWR 1, 177/SW 2: 181.

19 WWR 2, 389/SW 3: 425-6.

20 WWR 2, 390/SW 3: 426-7.

21 WWR 2, 390/SW 3: 426.

22 WWR 2, 227/SW 3: 241.

23 전부 WWR 2, 227-9/SW 3: 241-4에서 발췌.

24 WWR 2, 228/SW 3: 243.

25 Janaway 2010: 142-3(이 책 1장) 참조.

26 WWR 2, 219/SW 3: 233.

27 WWR 2, 222/SW 3: 235.

28 WWR 2, 220/SW 3: 234.

29 WWR 2, 220/SW 3: 234.

30 WWR 2, 231/SW 3: 245.

31 WWR 1, 25/SW 2: 5-6.

32 *Critique of Pure Reason*, A402. 쇼펜하우어는 WWR 2, 290/SW 3: 314에서 자신의 견해를 칸트의 견해와 비교한다.

33 WWR 1, 201/SW 2: 210-11.

34 WWR 1, 221/SW 2: 233.

35 WWR 2, 514/SW 3: 571.

36 WWR 2, 515/SW 3: 572.

37 GM III: 12/KSA 5: 364-5.

38 GM III, 28/KSA 5: 412.

39   BGE, 5/KSA 5: 19.

40   Janaway 2007: 206.

41   Gemes 2009a: 106-7.

42   GM III: 9/KSA 5: 357.

43   BGE, 6/KSA 5: 20.

44   Katsafanas 2013c: 557-8.

45   GM, Preface, 8/KSA 5: 255.

46   GS, 345/KSA 3: 577-8.

47   Katsafanas 2013c: 557.

48   GM, Preface, 6/KSA 5: 253.

49   Gemes 2009a: 105.

50   James 1897: 63.

51   Pierce 1992: 114. 자세한 논의는 Hookway 2002 참조.

52   BGE, 23/KSA 5: 38.

4부 니체: 고통, 긍정, 예술

11장 아름다움은 거짓이고 진실은 추하다: 니체의 예술과 삶

1   GS, 299/KSA 3: 538.

2   1888, KSA 13: 500의 메모.

3   GM III: 25/KSA 5: 402.

4   GS, 107/KSA 3: 464.

5   GS, 290/KSA 3: 530-1.

6   BT 7.

7   GS, Preface, 4.

8   BT 7.

9   Reginster 2006: 248-9.

10   Reginster 2006: 177.

11   Reginster 2006: 247.

12 Reginster 2006: 247, GS, Preface, 3 인용.

13 Reginster 2006: 242.

14 Reginster 2006: 243-8 참조.

15 레긴스터의 『예술과 긍정Art and Affirmation』(Reginster 2014)을 읽고 『비극의 탄생』에 대한 그의 상세한 해석과 내 해석이 상당 부분 일치한다는 점을 알게 돼 기쁘다.

16 Tanner 1993: xxix.

17 니체는 apollinisch라는 용어를 썼다. 이 단어를 숀 화이트사이드Shaun Whiteside는 Apolline으로 번역하며, 나는 Dionysiac과 함께 작은따옴표로 표시한다.

18 BT, 3/KSA 1: 37-8.

19 이 인용문과 이 단락의 모든 인용문은 BT, 3/KSA 1: 34-8 참조.

20 BT, 3/KSA 1: 35.

21 BT, 4/KSA 1: 38.

22 예를 들어 BT, 5/KSA 1: 42의 도입부 참조.

23 BT, 7/KSA 1: 56-7. 화이트사이드의 번역을 약간 수정해 사용한다.

24 BT, 7/KSA 1: 57. 여기서는 예외적으로 카우프만Walter Kaufmann의 번역본(『비극의 탄생』과 「바그너의 경우」(New York: Vintage Books, 1967))를 약간 수정해 사용한다.

25 BT, 7/KSA 1: 57. 화이트사이드의 번역을 약간 수정해 사용한다.

26 BT, 7/KSA 1: 56.

27 BT, 7/KSA 1: 57.

28 에세이 「디오니소스적 세계관」(1870)에 나오는 이 구절의 이전 버전에서, 니체는 바꾼다는 의미로 umwandeln이란 동사를 쓴다. ("이 구역질 나는 생각을 …… 그냥 받아들이고 살 만한 생각으로 바꾸는") 또 몇 문장 앞에서는 umbiegen(KSA 1: 567)을 써서, 비극적 예술을 통해 그리스인의 의지가 "그 부정의 분위기를 다시 전환하도록jene verneinende Stimmung wieder umzubiegen"(KSA 1: 566, 필자 번역) 작용했다고 말한다.

29 BT, 8/KSA 1: 62.

30 「디오니소스적 세계관」에서 니체는 진실과 구별되는 상징 개념을 (아마도 더 명확하게) 강조한다. 디오니소스와 아폴론을 결합한 예술은 "진실을 가리는 베일로, 아름다움보다는 투명하지만 여전히 베일Umschleierung"이며, 여기서 디오니소스적 인간은 "아름다움을 넘어서면서도 진실을 추구하지 않는다. 그는 그 둘의 중간에 머무른다. 그는 아름다운 환상이 아니라 환상Schein을, 진실Wahrheit이 아니라 개연성Wahrscheinlichkeit을 추구한다. (상징. 진실의 표식)"(KSA 1: 567) 그럼에도 불구하고 이 예술 형식은 "이전의 아름다운 환상의 관점과는 다른 신과 세계의 관점에 기반을 둔다." 비극은 끔찍한 진실을 상징적으로 나타낸다.

아폴론적 예술은 거짓된 아름다움을 위해 진실을 외면한다.

31 BT, 15/KSA 1: 98-100.

32 GM III: 23-27/KSA 5: 395-411.

33 GM III: 25/KSA 5: 402.

34 BT, 12/KSA 1: 85.

35 BT, 12/KSA 1: 84 참조.

36 GM III: 24/KSA 5: 401.

37 GM III: 25/KSA 5: 402.

38 Janaway 2007: 229-39 참조.

39 BT, 'Attempt at a Self-Criticism', 5/KSA 1: 17.

40 GS, 85, 107, 290, 299, 361/KSA 3: 442, 464, 530, 538, 608; BGE, 59, 192/KSA 5: 78, 114; GM III: 25/KSA 5: 402; TI, 'Expeditions', 9/KSA 6: 117-18 참조.

41 TI, 'Expeditions', 7/KSA 6: 115-16.

42 GS, 299/KSA 3: 538.

43 TI, 'Ancients', 5/KSA 6: 160. 니체는 EH, 'The Birth of Tragedy', 3/KSA 6: 312에서도 이 구절을 다시 인용한다. 쇼펜하우어의 "삶에의 의지"로 어휘가 바뀌고 "내가 불렀던 것", "내가 추측했던 것"에서 과거형이 사용되는 점에 주목하자. 이 후반 구절에서는 『비극의 탄생』 내용 일부가 다시 등장한다.

44 GS, 276/KSA 3: 521 참고.

45 Ridley 2007: 82-4.

46 GS, 107/KSA 3: 464.

47 Ridley 2007: 83.

48 BGE, 39/KSA 5: 57.

49 GM III: 27/KSA 5: 410.

50 KSA 13: 500.

51 GM III: 24-5/KSA 5: 401-3.

52 GM III: 27/KSA 5: 410.

53 그 밖에 GS, 344/KSA 3: 574-7 참조.

54 BGE, 4/KSA 5: 18.

55 BGE, 56/KSA 5: 75.

56 EH, 'Why I am so clever', 10/KSA 6: 297.

57 GS, 341/KSA 3: 570.

58 GS, 290/ KSA 3: 531.

59 자기긍정과 미적인 자기만족 간의 긴장에 대해서는 Janaway 2007: 254-64 참조.

60 KSA 13: 500, 필자 번역.

61 GS, 344/KSA 3: 576에서 polytropoi라는 단어로 표현된다. 오디세우스는 『오디세이아』의 첫 구절에서 polytropos로 묘사된다. (이 의미에 대한 해석이 다양하나, 국내에서는 기지 넘치고 임기응변에 강한 책략가 정도로 번역된다.-옮긴이)

62 GM III: 24/KSA 5: 401 참조.

63 GS, Preface, 4/KSA 3: 352.

64 GS, 345/KSA 3: 577-8.

65 GM III: 12/KSA 5: 364-5.

66 이 주제에 대해서는 Janaway 2007 참조.

67 TI, 'Expeditions', 24/KSA 6: 127.

68 TI, 'Reason', 6/KSA 6: 79.

69 TI, 'Reason', 6/KSA 6: 79.

70 그 밖에 많은 논의가 이루어진 『우상의 황혼』의 「어떻게 '참된 세계'가 마침내 우화가 되었는가」라는 장과 이에 관한 영향력 있는 논의인 Clark 1990: 109-17 참조.

71 GS, 78/KSA 3: 434.

72 이에 대한 설명은 Janaway 2007: 202-22 참조.

12장 고통을 대하는 태도: 파핏과 니체

1   Foot 2001: 210-11.

2   파핏의 니체 해석에 대한 또 다른 최근 반응은 Huddleston 2016 참조.

3   Parfit 2011b: 570.

4   Parfit 2011b: 570-1.

5   Williams 2002: 20-1.

6   다양한 견해에 대해서는 Nehamas 1985: 107-13; Williams 2002: 20-40; Leiter 2002: 165-92; Foucault 2001; Geuss 2001; Prinz 2007: 215-43; Janaway 2007: 9-14; Doris 2009; Kail 2011 참조.

7   Parfit 2011b: 583.

8   레이먼드 고이스의 해석에 따르면, 니체는 여기서 '기원의 신화', 즉 과거를 조사하는 과정에서 현재의 이해관계와 가치 평가에 대한 특권적 권위를 발견할 수 있다는 생각을 거부

한다. 요점은 우리가 현재 믿는 바를 확인하거나 정당화하기 위해 과거에 기댈 수 없다는 것이다. "'기원'으로 거슬러 올라갈수록 우리의 가치 평가 방식은 점점 더 설득력을 잃는다."(Geuss 2001: 326) 고이스는 이를 '족보 추적'이라 부르며, "니체에게 '계보 제시'는 …… '족보 추적'과 정반대되는 것이라고 지적한다.(Geuss 2001: 322) 이 말이 옳다면, 이 구절은 니체의 계보학적 방법에 위배되지 않으며, 파핏은 니체의 관점에서 계보학적 주장이 도덕성을 약화시키지 않는다고 생각할 이유를 제시하지 않았다.

9   브라이언 라이터는 니체, 마르크스, 프로이트에 대한 리쾨르의 묘사(Ricoeur 1970: 32)를 상기시킨다. 그들은 "자신의 욕망에 대한 평범한 심리적 성찰의 결과물이든 …… 정치 지도자와 일반 시민이 자신과 그들이 사는 사회 세계에 적용하는 도덕적 범주든 간에 우리의 의식적 이해와 경험을 의심해 보도록 가르친 사상가다."(Leiter 2004: 74)

10   Reginster 2006: 185.

11   BGE, 225/KSA 5: 161.

12   Parfit 2011b: 571.

13   Parfit 2011b: 571.

14   Parfit 2011b: 26.

15   GM II: 4-6/KSA 5: 297-302 참조.

16   Reginster 2006: 177.

17   이와 관련된 해석으로, 니체에게는 이 같은 구조가 모든 행위의 구성 요소며 실질적인 규범적 결론을 도출해 낼 수 있다고 주장하는 Katsafanas 2013a 참조. 좋은 논의는 Poellner 2015 참조.

18   Reginster 2006: 179.

19   Reginster 2006: 177.

20   Parfit 2011b: 459, 541.

21   Parfit 2011b: 569.

22   Parfit 2011b: 459-60.

23   Parfit 2011a: 54.

24   Parfit 2011b: 551.

25   Parfit 2011a: 73-82.

26   Parfit 2011b: 544.

27   Parfit 2011b: 546.

28   Parfit 2011b: 570. 파핏은 다른 형식으로도 표현한다. "…… 거의 모든 사람의 규범적 신념이 유사할 것이다."(2011b: 25, 563) "우리와 다른 사람들은 규범적 신념이 유사할 것이다."

(2011b: 546)

29 Parfit 2011b: 26.

30 Parfit 2011b: 569.

31 Parfit 2011a: 62-3.

32 이는『중요한 것에 관하여』두 권 전반에 걸쳐 구축된 견해지만, 특히 Parfit 2011a: 31-57,
Parfit 2011b: 433-9, 542-69 참조.

33 Parfit 2011b: 569.

34 Parfit 2011b: 583(HH 1: 39/KSA 2: 63 인용), 593 참조.

35 Parfit 2011b: 565.

36 Parfit 2011b: 603.

37 Parfit 2011b: 579.

38 Ridley 2005: ix.

39 Parfit 2011b: 595.

40 예를 들어 니체는 1882년, 종교의 창시를 논하는 구절(GS, 319/KSA 3: 551)을 쓰면서 종교인
들이 자신의 경험을 이성에 맡기지 않는다고 불평한다. 1888년, 철학사에서 소크라테스
의 중요성을 논할 때는(TI, 'Socrates', 10/KSA 6: 72) 문화적으로 습득된 본능에 반해 이성을
신뢰하는 것이 퇴보의 징후라고 불평한다. 파핏은 이 구절들을 병치하면서, 만약 누가 이
성에 따르는 것이 '미덕과 행복'으로 가는 길이라고 생각한다면(Parfit 2011b: 594), 니체는 그
와 '명확히 불일치하지 않는다.'라고 결론짓는다.

41 Parfit 2011b: 571.

42 Parfit 2011b: 571-2 참조.

43 WLN, pp. 135-6, note 7[38]; 173, note 10[3]; 207, note 11[30].

44 EH, 'Zarathustra', 1/KSA 6: 336.

45 EH, 'Why I am so clever', 10/KSA 6: 297.

46 TI, 'Ancients', 5/KSA 6: 160.

47 Parfit 2011b: 572.

48 Parfit 2011b: 589, 603 참조. 파핏은 무엇을 의견 불일치로 봐야 하는지에 대해 주제별로,
독특해 보이는 관점을 가지고 있다. 그는 많은 현대 이론가들이 동일한 개념을 쓰지 않
기 때문에 그와 ('직접적으로') 불일치하지는 않는다고 주장한다. 마크 슈뢰더Mark Schroeder
는 파핏의 책을 리뷰하면서 파핏의 의견 불일치 개념의 이런 특징에 주목한다. "예를 들
어 버나드 윌리엄스는 이유라는 개념이 결여된 것으로 드러났다. 존 매키John Mackie는 아
무것도 잘못되지 않았다고 믿기보다 아예 도덕성에 대한 생각이 없는 것으로 밝혀졌다.

크리스틴 코스가드는 규범적 개념이 부족하다. 그럼 사이먼 블랙번과 앨런 기바드는 파핏과 의견이 불일치하는가? 그것도 피상적이다. 그들 역시 규범적 개념이 없기 때문이다." (Schroeder 2011) 이 모든 경우에 해당 이론가는 파핏의 객관주의적 개념(예를 들어 Parfit 2011b: 435 참조)과 달리 "모든 이유는 우리의 현재 욕망이나 가치에 관한 특정 사실로부터 주어진다."(Parfit 2011b: 432)라는 내재적 또는 주관주의적 이유 개념을 가지고 있다. 슈뢰더가 암시하듯이 이런 경우에 불일치가 없다는 발상은 놀랍게 느껴진다.

49 Parfit 2011b: 589.

50 Groundwork, Preface (Ak. 4: 389), Kant 1996a: 44–45. Ak. 4: 419에서 칸트는 'du sollt nicht'라는 고어체를 사용하고, 쇼펜하우어(BM, 127/SW 4: 122)는 이 표현을 칸트의 명령에 대한 견해가 성경에서 유래했음을 드러내는 근거로 인용한다.

51 BM, 125–30/SW 4: 120–6. (Parfit 2011b: 586 참조)

52 Anscombe 1958.

53 TI, 'Skirmishes', 5/KSA 6: 114.

54 Robertson 2012: 95.

55 TI, 'Skirmishes', 5/KSA 6: 114.

56 Parfit 2011b: 544.

57 이 '망친다verleiden'는 개념에 대해서는 GS, 335/KSA 3: 562 참조.

58 HH I: 34/KSA 2: 54.

59 D, 103/KSA 3: 91.

60 GS, 338/KSA 3: 566–7.

61 GS, 338의 텍스트에 (S)보다 더 미묘한 원칙을 부여한다면 과도한 해석일 것이다. 그러나 니체의 (S)에 대한 부정만으로는 파핏의 고통에 대한 견해에 도전하기는 충분하지 않다는 점에 유의하자. 어떤 고통은 도구적으로 선할 수 있고, 도구적으로 선한 고통을 제거하는 것은 고통받는 자에게 이롭지 않을 수 있다는 점에서 파핏도 (S)를 부정할 수 있다. 그러나 내가 주장하듯이 니체가 (S)를 부정하는 근거는 파핏의 견해와 상반되는 고려 사항을 제기한다.

62 GS, 277/KSA 3: 522에 유사한 생각이 등장하는 것으로 보인다. "나쁜 날씨나 좋은 날씨, 친구와의 이별, 질병, 험담, 오지 않는 편지, 발목을 삐는 일, 가게를 들여다보는 일, 꿈, 사기 등 그것이 뭐든 간에 즉시 또는 곧이어 '없어서는 안 될 것nicht fehlen durfte'으로 나타나며, 이 모든 것이 우리에게 깊은 의미와 효용으로 충만하게 된다!" 그러나 이 맥락에서 니체는 그런 의미를 '개인적인 섭리'의 관점에서 해석하려는 유혹에 대해 경고하고 있음에 주목하자.

63   D, 174/KSA 3: 154-5, 번역 수정.

64   BGE, 225/KSA 5: 161.

65   BGE, 225/KSA 5: 161.

66   Parfit 2011a: 40.

67   D, 146/KSA 3: 138.

68   Joseph 2011: 14-17.

69   GS, Preface, 3/KSA 3: 350: "자기 숙달Herrschaft über sich"; GM I: 10/KSA 5: 270: "자기 자신에게 '예'라고 말하기[Ja-sagen zu sich selber"; GS, 335/KSA 3: 563: "자신에게 법을 부여하는 …… 인간들"; GS, 347/KSA 3: 583: "자기 결정의 기쁨과 힘Selbstbestimmung"; GM III: 1/KSA 5: 339: "인간 의지의 기본 사실: 거기에는 …… 목표가 필요하다." 등 참조. 니체는 외상 후의 안녕을 주로 타인으로부터 고립된 자신을 사랑하는 힘의 측면에서 생각하는 경향이 있으므로 '타인과의 긍정적 관계'는 예외로 보일 수 있다. 그러나 그는 자기계발을 다른 사람들을 이롭게 하는 길로 보고, 타인을 해악으로부터 보호하려고 지나치게 신경 쓰는 것보다 더 좋게 평가한다. D, 174/KSA 3: 155; GS, 290/KSA 3: 531 참조.

70   Joseph 2011: 70.

71   Jamison 1997: 218-19. 인용문은 Roberts 2008: 745-6 참조.

72   GS, Preface, 3/KSA 3: 350.

73   ein Dazu des Leidens. 출간된 번역 수정.

74   GM III, 28/KSA 5: 411.

75   Parfit 2011b: 571.

76   BGE, 270/KSA 5: 225.

77   BGE, 225/KSA 5: 161.

78   Moore 1993: 78-88.

79   나는 이 부분에서 무어가 발전시킨 유기적 전체 개념을 파펏이 무시하는 것으로 보인다는 Zaibert 2014의 관찰에 동의한다.

80   Moore 1993: 81.

81   Moore 1993: 79.

82   Dancy 2003: 631.

83   Dancy 2003: 629.

84   Parfit 2011b: 603.

85   GM I: 17/KSA 5: 288.

86   D, 103/KSA 3: 92.

87 Leiter 2002는 니체가 당사자에게 무엇이 좋고 나쁜지에 대해 현실주의적 입장을 취할 수 있고, 또 그의 도덕 비판을 위해서는 그래야만 한다고 설득력 있게 주장한다. Hussain 2013: 396 참조. 그러나 Leiter 2014는 다른 견해를 제시하면서, 니체에게 이 현실주의적 입장이 필요하지 않다고 주장한다.

88 GS, 301/KSA 3: 540. 그러나 여기서 '우리'란 모든 인간이 아니라 '소위 실천적 인간'에 반대되는 '사고-감각하는 인간die Denkend-Empfindenden'인 '더 높은 인간'을 의미한다는 점에 유의해야 한다.

89 KSA 12: 105(2[85])에서는 "만약 다른 '사물들'을 전부 없애면 하나의 사물은 어떠한 속성도 지니지 않게 된다. 즉 다른 사물들이 부재하는 사물은 존재하지 않는다." KSA 12: 353(9[40])에서는 "사물에 본연의 구조가 있다는 것은 …… 상당히 공허한 가설이다. 사물이 모든 관계에서 벗어나도 여전히 사물이란 것을 …… 전제하기 때문이다." 그 밖에 Nehamas 1985: 80-1 참조.

90 Parfit 2011a: 590.

91 GM III: 28/KSA 5: 411.

92 Parfit 2011a: 54-6.

13장 니체의 도덕, 충동, 인간의 위대함

1 EH, 'Why I am so clever', 10/KSA 6: 297.

2 BGE, 56/KSA 5: 75.

3 GS, 341/KSA 3: 570.

4 BGE, 56/KSA 5: 74.

5 KSA 11: 224. (WP 1,060)

6 여기서 논의하지는 않겠지만 더 넓은 의미의 '삶'에 대해서일 수도 있다.

7 예를 들어 GS, 335/KSA 3: 563 참조. "도덕적 판단에 머무는 것은 우리의 취향을 해친다. 그런 수다와 허접한 취향은 …… 다수, 즉 대다수에게 맡겨 두자! 하지만 우리는 새롭고 독특하고 비교 불가능한 인간, 스스로 법을 부여하고 스스로를 창조하는 인간, 즉 현재의 우리 자신이 되기를 원한다!"

8 여기서는 다른 행위자들이 위대해질 능력이 있는 소수의 위대함을 촉진해야 할 이유가 있느냐는 질문을 무시하고 있다. 니체의 입장이 그렇다는 주장에 대해서는 Hurka 2007 참조.

9 TI, 'Ancients', 5/KSA 6: 160. 니체는 EH, 'The birth of tragedy', 3/KSA 6: 312에서도 이

구절을 다시 인용한다.

10   GS, 341/KSA 3: 570.

11   Z, 'The Convalescent', 2/KSA 4: 274.

12   Janaway 2007: 257-8. 니체의 가치 기준으로서 힘에의 의지를 분석한 버나드 레긴스터는
      "이차적 욕망의 구조 …… 어떤 결정적인 일차적 욕망을 추구하는 과정에서 저항을 극복
      하려는 욕망"(Reginster 2006: 132)이라는 유사한 구조를 제시한다.

13   KSA 11: 289, 필자 번역.

14   폴 카사파나스는 니체의 저작에서 Trieb와 Instinkt가 일반적으로 동의어로 쓰이며, 현재
      쓰이는 영어 단어 instinct는 후자를 잘못 번역한 것이라고 주장한다. (Katsafanas 2013b)

15   '상대적으로'라는 표현에 대해서는 뒤에서 설명한다.

16   Katsafanas 2013b.

17   Richardson 1996: 48은 니체의 여러 다른 자료들을 인용, 충동의 다양한 측면과 관계에
      대해 유사한 설명을 제시한다.

18   켄 제메스의 예다. Gemes 2009b: 57 참조. 제메스는 이런 개인은 자신의 모든 충동을 표
      현하지 않으므로 통일된 자아로 간주할 수 없다고 주장한다. 이는 "자연주의자인 니체는
      우리가 인간으로서 풍부한 유전적 충동을 가지고 태어난다고 믿는다."라는 가정에 기초
      한다. 뒤에서 논의하겠지만, 니체는 그런 유전적 충동이 일부 개인의 경우 소멸할 수 있으
      며 이론적으로 하나의 지배적인 충동만 가진 개인도 존재할 수 있다고 주장한다. 그러나
      내 입장은 설령 이것이 가능하더라도, 그런 개인은 충동의 다원성이 부족하기 때문에 위
      대함의 사례로 간주될 수 없다는 것이다.

19   BGE, 212/KSA 5: 147.

20   TI, 'Skirmishes', 49/KSA 6: 151.

21   Hurka 2007: 24에서 사용한 용어다.

22   Heraclitus, fragments B51, B80. Barnes 2001: 50, 71 번역 인용.

23   충동 간의 다양한 상호작용을 어떻게 이해할지에 대한 좋은 설명은 다시 Richardson
      1996: 특히 16-72 참조.

24   BGE, 200/KSA 5: 120-1.

25   D, 119/KSA 3: 111-12.

26   개인 교신.

27   추가 주석: Katsafanas 2013b: 746.

28   GS, 21/KSA 3: 392.

29   GM II: 2/KSA 5: 294.

30   A, 29/KSA 6: 199~200.

31   KSA 13: 314.

32   KSA 13: 582.

33   KSA 8: 434.

34   BGE, 6/KSA 5: 20.

35   Richardson 1996: 67 n.104. 대조적으로 초인을 단지 '태도를 나타내는' 개념으로만 보는 관점은 Magnus 1983과 Magnus 1986 참조.

36   GM III: 14/KSA 5: 367.

37   EH, 'Why I am so clever', 9/KSA 6: 293.

38   KSA 11: 282.

39   Leiter 2002. 특히 3장.

40   켄 제메스의 주장이다.

41   그러나 이런 개인은 다중성과 충동의 내적 충돌이라는 매개변수에서 상대적으로 낮은 점수를 받을 수 있다. 이런 점에서 니체에게 현대의 복잡성은 위대함에 더 도움이 되지만, 동시에 위대함을 달성하기 어렵고 심지어 위대함을 상상하기조차 어려운 조건에 우리를 가두기도 한다.

42   Katsafanas 2005: 1 참조.

43   GM, Preface, 5/KSA 5: 252.

44   GM, Preface, 6/KSA 5: 253.

45   우리 자신에 대한 의식적인 믿음 중 일부는 충동의 억제제, 자양분, 위험으로 작용하기 때문에 그것들이 전혀 원인이 되지 않는다는 의미에서의 부수적 현상은 아니다. (참고로 니체가 "정신적 원인이란 없다Es giebt gar keine geistigen Ursachen!"(TI, 'The four great errors', 3/KSA 6: 91)라고 선언한 유명한 구절을 의식적인 정신 상태가 아무것도 일으키지 못한다는 의미로 해석할 필요는 없다. 문맥상 니체의 요점은 생각과 행동의 원인이 되는 정신Geist, 주체, 나는 존재하지 않는다는 것이다. 그는 여기서 '의지, 정신, 나'를 상정하는 오류를 진단하고 있다.) 니체의 부수현상론epiphenomenalism에 관한 논의는 Katsafanas 2005와 Leiter 2002, 특히 92쪽 참조.

46   GM, Preface, 5/KSA 5: 252.

47   D, 38/KSA 3: 45.

48   "가장 기본적인 보존과 성장의 법칙은 …… 모든 사람이 각자 자신의 미덕, 자신의 정언명령을 고안하도록 요구한다." (A, 11/KSA 6: 177) "당신은 아직 자신을 발견하지 못했거나 당신만의 고유한 이상을 만들어 내지 못했다. …… 하지만 우리는 새롭고 독특하고 비교 불

가능한 인간, 스스로 법을 부여하고 스스로를 창조하는 인간, 즉 현재의 우리 자신이 되기를 원한다!" (GS, 335/KSA 3: 563) "인류의 완전한 퇴화 …… 이 가능성을 끝까지 생각해 본 사람은 누구나 다른 사람들보다 한 가지 혐오감을 더 알고 있으며, 아마 새로운 과제도 알 것이다!" (BGE, 203/KSA 5 : 127-8) "반자연적인 성향과 양심의 가책을 결합시키는 정반대되는 시도 자체도 가능하기는 할 것이다. 그러나 누가 그런 시도를 할 만큼 강하겠는가?" (GM II: 24/KSA 5: 335)

49 GM III: 12/KSA 5: 364-5.

50 브라이언 라이터는 중요한 것은 니체가 "더 높은 유형의 사람들을 2000년간의 도덕적 전통에 대한 직관적 헌신에서 벗어나게 흔들어 놓은 것!"(Leiter 2002: 155)이며 "도덕적 가치에 대한 비판은 …… 단지 니체의 글이, 이 주체들이 도덕에 대해 느끼는 의식적 충성을 약화시키는 데 필요한 비이성적이고 무의식적인 반응을 일으키기만 하면 된다."라고 주장한다. (Leiter 2008) 또한 Leiter 2002: 159 참조.

51 Janaway 2007에서 더 자세히 설명한 바 있다.

14장 누가, 무엇이 삶에 '예'라고 말하는가

1 니체의 '삶'이란 용어 사용에 대한 자세한 구분은 Richardson 2013: 758-60 참조.

2 GS, 341/KSA 3: 570.

3 Hussain 2011: 152.

4 앞으로는 출간된 번역문을 인용할 때 'affirm(긍정하다)' 등보다 더 직역해 'say Yes(예라고 말하다)'를 쓰기도 한다.

5 이런 예로는 BGE, 56, 230/KSA 5: 75, 168; GM I: 13; GM II: 6; GM III: 7, 26/KSA 5: 280, 301, 351; EH, 'Birth of Tragedy', 3/KSA 6: 313; EH, 'Daybreak', 1/KSA 6: 330; TI, 'Skirmishes', 49/KSA 6: 152; CW, Epilogue/KSA 6: 52 참조.

6 EH, 'Daybreak', 1/KSA 6: 330.

7 EH, 'Zarathustra', 6/KSA 6: 343.

8 GS, 276/KSA 3: 521.

9 BGE, 207/KSA 5: 136.

10 GM II: 18/KSA 5: 326.

11 KSA, 12: 538, 10 [145].

12 D, 477/KSA 3: 284.

13 GS, 276/KSA 3: 521.

14   BGE, 186/KSA 107.

15   EH, 'Zarathustra', 6/KSA 6: 343.

16   D, 298/KSA 3: 221.

17   GM III: 7/KSA 5: 351.

18   GM III: 28/KSA 5: 411.

19   EH, 'Birth of Tragedy', 3/KSA 6: 313.

20   EH, 'Daybreak', 1/KSA 6: 330.

21   GM III: 23/KSA 5: 396.

22   GM III: 26/KSA 5: 406.

23   A, 60/KSA 6: 249.

24   CW, Epilogue/KSA 6: 51.

25   EH, 'Birth of Tragedy', 4/KSA 6: 313.

26   EH, 'Birth of Tragedy', 2/KSA 6: 311.

27   EH, 'Birth of Tragedy', 3/KSA 6: 312; TI, 'Ancients', 5/KSA 6: 160 참조.

28   WWR, 1, 424/SW 2: 469 참조.

29   EH, 'Destiny', 4/KSA 6: 368.

30   TI, 'Skirmishes', 49/KSA 6: 152.

31   TI, 'Ancients', 1/KSA 6: 154.

32   GM II: 6/KSA 5: 301.

33   BGE, 229/KSA 5: 167.

34   BGE, 207/KSA 5: 136.

35   Z, III: 'Of the spirit of gravity', 2/KSA 4: 243.

36   GS, 307/KSA 3: 545.

37   KSA 12: 555, note 10 [167], 필자 번역.

38   TI, 'Ancients', 5/KSA 6: 160.

39   GS, 307/KSA 3: 545.

40   GS, 307/KSA 3: 545.

41   KSA 12: 555, note 10 [167], 필자 번역.

42   GM I: 13/KSA 5: 280.

43   KSA 12: 455, note 10 [3], 필자 번역.

44   Katsafanas 2013b; Katsafanas 2012: 16 n.16; Clark and Dudrick 2012: 169 n.20 참조.

45 충동에 대한 보다 정교한 설명은 Richardson 1996, Richardson 2004, Anderson 2012, Katsafanas 2013b 참조.

46 Katsafanas 2013b: 729-31.

47 Katsafanas 2013b: 731.

48 BGE, 6/KSA 5: 20 참조.

49 CW, Epilogue.

50 EH, 'Destiny', 2/KSA 6: 366.

51 BGE, 230/KSA 5: 168.

52 WWR, 1, 356/SW 2: 389.

53 쇼펜하우어의 관점에서는 자연 전체가 의지를 나타내지만, 그는 또 '의지'와 '삶에의 의지'를 서로 대체 가능한 용어로 사용한다. (WWR, 1, 301/SW 2: 324)

54 Reginster 2006.

55 Gemes 2008: 462.

56 Gemes 2008: 463. 제메스는 니체에게 이 두 가지 상반된 형태의 긍정이 모두 존재한다는 것을 인정하고, 이 명백한 갈등이 해결될 수 있다고 주장한다. "아마도 …… 니체의 생각은 우리 현대인에게 순진한 긍정은 더 이상 불가능하며, 우리가 목표할 만한 최선은 성찰적 긍정이라는 것이다. 그리고 언젠가 먼 훗날, 우리가 다시 순진한 긍정이나 심지어 순진한 긍정과 성찰적 긍정의 결합을 할 수 있을지도 모른다는 생각을 하는 것 같다." (Gemes 2008: 463)

57 예를 들어 BGE, 3, 6/KSA 5: 17, 19-20; GM II: 16/KSA 5: 322; GS, 354/KSA 3: 590-3 참조.

58 BGE, 6/KSA 5: 20. 비교 참조 D, 119/KSA 3: 111.

59 Clark and Dudrick 2012: 168.

60 GM II: 2/KSA 5: 294.

61 A, 36/KSA 6: 208.

62 A, 29/KSA 6: 199-200.

63 GS, 99/KSA 3: 454. Trieb를 케임브리지판 번역본에서처럼 '욕구'라고 하지 않고, '충동'으로 표준적으로 번역했다.

64 TI, 49/KSA 6: 151.

65 GS, 21/KSA 3: 392.

66 GS, 7/KSA 3: 379.

67 GM, Preface, 5/KSA 5: 252.

68 BGE, 12/KSA 5: 27.

69 Clark and Dudrick 2012: 163. 클라크와 더드릭의 설명에 대한 세부적인 비판은 Janaway 2014a 참조.

70 Ferrari(2007: 165)는 (『국가』 8-9권의 대한 확장된 논의에 나오는) 플라톤의 영혼 요소를 '물질 적 충족을 향한 충동', '승리하고 뭔가를 이루려는 충동', '진리를 발견하려는 충동'로 명명 한다. 이런 '충동'에 대한 논의는 플라톤 논평가들 사이에서 상당히 강한 전통을 이어 가 고 있다. Cornford 1929-30: 219; Robinson 1995: 56; Kahn 1987: 83; Klosko 1986: 71; Cooper 2001: 94-5 참조.

71 플라톤과 니체의 설명을 비교한 일부 내용은 Katsafanas 2011; Nehamas 1985: 182; Parkes 1994: 221-31, 253, 292; Richardson 1996: 126-9; Clark and Dudrick 2006: 149; Thiele 1990: 51-2; May 1999: 87 참조.

72 Lear 2001: 169.

73 Lear 2001: 173-6.

74 GM, Preface, 6/KSA 253.

75 Janaway 2012b 참조. (이 책 13장 참조.)

76 KSA 10: 137, 필자 번역.

77 여기서 논의하는 내용은 Loeb 2005: 74의 영향을 받았다.

78 EH, 'Zarathustra', 6/KSA 6: 343.

79 BGE, 56/KSA 5: 75.

80 EH, 'Zarathustra', 1/KSA 6: 335.

81 GS, 341/KSA 3: 570.

82 유사한 단점이 EH, 'Why I Am So Wise', 3/KSA 6: 268에서도 표현된다.

83 BGE, 260/KSA 5: 208.

84 *Republic*, 592a.

KI신서 13311

쇼펜하우어가 묻고 니체가 답하다

1판 1쇄 인쇄 2025년 1월 20일
1판 1쇄 발행 2025년 2월 3일

지은이 크리스토퍼 재너웨이
옮긴이 이시은
감수 박찬국
펴낸이 김영곤
펴낸곳 (주)북이십일 21세기북스

정보개발팀장 이리현 **정보개발팀** 이수정 김민혜 강문형 김설아 박종수
디자인 표지 수란 **본문** 푸른나무디자인
출판마케팅팀 남정한 나은경 한경화 최명열 권채영
영업팀 변유경 한충희 장철용 강경남 황성진 김도연
해외기획실 최연순 소은선 홍희정
제작팀 이영민 권경민

출판등록 2000년 5월 6일 제406-2003-061호
주소 (10881) 경기도 파주시 회동길 201(문발동)
대표전화 031-955-2100 **팩스** 031-955-2151 **이메일** book21@book21.co.kr

© 크리스토퍼 재너웨이, 2025
ISBN 979-11-7357-021-6 (03100)

(주)북이십일 경계를 허무는 콘텐츠 리더

21세기북스 채널에서 도서 정보와 다양한 영상자료, 이벤트를 만나세요!
페이스북 facebook.com/jiinpill21   포스트 post.naver.com/21c_editors
인스타그램 instagram.com/jiinpill21   홈페이지 www.book21.com
유튜브 youtube.com/book21pub

서울대 가지 않아도 들을 수 있는 명강의! 〈서가명강〉
'서가명강'에서는 〈서가명강〉과 〈인생명강〉을 함께 만날 수 있습니다.
유튜브, 네이버, 팟캐스트에서 '서가명강'을 검색해보세요!

'에쎄' 시리즈가 더 궁금하다면 큐알(QR) 코드를 스캔하세요.

Essai

삶의 새로운 문을 여는 산문, '에쎄'

에쎄는 '시험하다' '경험하다' 등을 뜻하는 '에세이예essayer'에서 유래한 단어로,
'나'로부터 출발해 스스로를 깊게 탐구하며 '재발견'하고 '재정립'함으로써,
삶의 새로운 문을 열게 하는 산문 시리즈입니다.